U1009225

OPTION

品味期权

源于实盘感悟的期权交易指南

余　力◎著

Tasty Option

on Your Future

上海财经大学出版社

图书在版编目(CIP)数据

品味期权：源于实盘感悟的期权交易指南 / 余力著. —上海：上海财经大学出版社，2020.4

ISBN 978-7-5642-3476-8/F.3476

Ⅰ.①品… Ⅱ.①余… Ⅲ.①期权交易-通俗读物 Ⅳ.①F830.91-49

中国版本图书馆 CIP 数据核字(2020)第 022617 号

□ 责任编辑 施春杰
□ 封面设计 张克瑶

品味期权

源于实盘感悟的期权交易指南

余 力 著

上海财经大学出版社出版发行
(上海市中山北一路 369 号 邮编 200083)
网 址：http://www.sufep.com
电子邮箱：webmaster@sufep.com
全国新华书店经销
上海华业装璜印刷厂有限公司印刷装订
2020 年 4 月第 1 版 2025 年 3 月第 5 次印刷

787mm×1092mm 1/16 25.25 印张(插页：3) 494 千字
印数：9001－11000 定价：98.00 元

前　言

期权被誉为衍生品皇冠上的明珠，它有着立体化的交易功能，也有着全面的风险管理功能。在过去的巡讲中，有许多人问我为什么选择做期权的交易，我想最好的回答或许就是它能把命运掌握在自己手中吧。期权，它能在一波趋势里实现以小博大，它也能在震荡环境里做出超额收益，它能在防范“灾难”风险的同时保留上行收益，它也能在仓位控制的前提下设计出“类保本”的理财模式。

今年写下《品味期权：源于实盘感悟的期权交易指南》这本书，是对自己过去十几年的一个总结和浓缩。在过去十多年里，从学生时代到研究生涯，从上交所的市场推广到基金公司的投资交易，“期权实践”成为我的一种习惯、一种理念。

在大学期间，我主修了数学，接触了“概率论”“随机过程”这些课程，当时出于未来工作的需要，我特别希望能找到连接数学与金融的那座桥梁。大三那一年，我第一次接触了《麦克米伦谈期权》《专业期权交易》这些书籍，原来期权价格公式、隐含波动率、希腊字母，这些背后深层次的内在规律都离不开正态分布函数的作用，离不开几何布朗运动的作用。这一年，我第一次意识到期权或许就是数学领域与金融领域之间的最佳桥梁，这个意识也促使了我去申请与金融数学有关的国际硕士项目。

在苏黎世联邦理工的那段岁月，我一方面做着期权定价方面的理论研究，突破 B－S 框架，探索了随机波动率下期权价格怎么变、希腊字母怎么变，在 M. Schweizer 教授的悉心指导下完成了关于随机波动率下期权定价的论文。另一方面，我也希望能从实践中去获得不一样的体验，于是我在海外首次操作了期权，初尝了海外慢牛市场里卖认沽的甜头，实际感受了卖方的时间价值流逝的速度，明白了为什么期权损失有限、收益无限，却有人愿意卖期权，领悟了原来期权买方与卖方的关系正是胜率与赔率的交换，买方用低胜率换取了潜在无限的收益，卖方用潜在的巨额损失换取了月度的高胜率。也是在同一年即 2011 年 8 月，道琼斯指数四天内暴跌500点，我感受到了卖方面临的“黑天鹅”风险，从实践中领悟到了极端行情下的一套风险控制体系。

回国以后，我有幸进入了上交所衍生品业务部，在上交所领导的指导下，在“高标准，稳起步”的大方向下，我和小伙伴们有幸参与了上证50ETF期权的一些制度设计和市场推广。还记得2014年4月开始的策略推广月的活动、2014年7月举办的ETF期权策略大赛、2014年9月开启的百日巡讲的活动，还记得一次次关于做市商指南、持仓限额管理办法的讨论与修改，以及那一场场的全国期权巡讲。也正是上交所期间宝贵的工作经历，以及面向市场的一场场巡讲，给予了我之后持续创作的热情。

到2016年，我开启了在资产管理机构的期权投资生涯。也许是过去曾经小仓位做过交易的缘故，我相信实践是出真知的唯一方法，某个技术指标有没有效，某个因子靠不靠谱，在什么格局下有效，趋势与震荡环境下失效程度如何，只有先做回溯测试才能形成一个基本的认知，于是我每周都会做若干个新回测。用数据来揭示各级均线、KDJ、布林线等种种技术指标的历史胜率和赔率是多少，这些指标在震荡行情里的最长连败次数是多少，这些数据在成为文章素材的同时，更让我认识到线性工具在震荡市中不可突破的那种局限性。要提高胜率，提高对择时的容错性，应该只有通过期权等非线性工具才能解决。

这些年来，用期权把命运掌握在自己手中，成为我的投资信仰。通过这些年来的打磨，逐步形成了强势信号下的买方体系、弱势信号下的卖方体系、行业龙头与领口套保体系、基于波动率偏斜曲线与圆锥曲线的统计套利体系，总共四大策略体系。从入场到仓位，从合约选择到善后风控，每一步都得有理有据，每一步不会模模糊糊。

在这些经历下，我已经成为一名期权的重度爱好者。自2016年5月开始，我设立了一个个人微信公众号——力的期权工作室（optionstudio_yuli），在每周实盘交易的同时，还会撰写不同的话题，与读者分享交流。正是各位读者的支持和提问，让我的创作不断产生新的灵感。

一篇一篇新的文章汇集到一起，终于促成我写下了《品味期权：源于实盘感悟的期权交易指南》这本书。秉承“对个人更通俗，对机构更专业”的理念，我将本书分为通俗篇、解惑篇、复盘篇、问道篇和爱智篇，共五个篇章，内容主要覆盖了期权基础知识、期权品种介绍、合约要素、合约选择、入场原则、风控原则、策略感悟、期权组合、波动率曲面、希腊字母等众多维度的知识信息。

通俗篇是从趣味的视角，从生活中的案例出发与读者交流期权的普及性知识。在这一篇中，您会通过数字一到五，了解到期权入门知识的方方面面，您会看到《灌篮高手》动漫中的“湘北五虎”与五个希腊字母的联系和比喻，您会发现礼尚往来的人情世故与Delta中性原来也有着相似之处，您会知晓世界杯期间的足彩与希腊字母的变化规律有着神似之处。

解惑篇是从问答的视角，以层层剥茧的方式解答许多读者平时存在的疑问。在这一篇中，我选择了几十个交易者经常提到的问题，比如，您会看到对“如何找到期权学习的捷径”“期权交易适合做长线还是短线”“散户究竟需不需要懂些希腊字母”等问题的详细解答。

复盘篇是基于我在国内的实盘经历，以上证50ETF等期权作为案例，把过去历史上相对重要的、值得铭记的交易日进行仔细全面的复盘。在这一篇中，我记录了英国脱欧公投前夕双买策略的提前布局，也记录了美国总统大选当日的赚钱之道，您还会看到几个指数大幅低开当日的重要风控操作。

问道篇是用数据说话，以回溯测试的结果提高说服力，向读者们展示过去四年多的许多统计规律和策略的净值走势。在这一篇中，您会看到备兑开仓、保险策略、领口策略等常见套保策略的长期走势，您会看到诸如比率价差等波动率策略的净值曲线，您也会看到某些技术或事件信号下双买等策略胜率与赔率的统计结果。

爱智篇的取名源自“爱智之学”，顾名思义，这一篇介绍的则是期权交易中的投资理念、方法论，以及我的认知与感悟。在这一篇中，您会发现为什么长期稳健的投资需要用到期权，您会体会到为什么巴菲特曾说“投资很简单，但不容易”，您也会体验到一名期权基金经理日常生活的八个小时。

在前言部分的最后，我真挚地感谢在本书出版过程中帮助我的每一个人。感谢我人生中对我期权之路影响最深的两位老师，苏黎世联邦理工大学的 M. Schweizer 教授和上海证券交易所副总经理刘逖先生。感谢我的家人，他们总是在我创作每一篇文章的背后默默地给予我鼓励和支持。感谢上海财经大学国际银行学院的林伯渊老师、刘俊老师，信达证券七莘路营业部总经理沈毅明先生，这本书的顺利出版离不开他们的全力支持。同时，感谢上海财经大学出版社编辑的仔细编校和用心润色。

我想，在这本《品味期权：源于实盘感悟的期权交易指南》的背后，热爱是我的动力，实盘是我的源泉。相比于记录实盘交易中的一些“输输赢赢”，我更希望能从一个体系的角度，从期权交易的每一个主题出发，从一个个不同的侧面，以深度的形式与您一同品味期权工具的与众不同之处。我相信，正确的投资者教育绝不是去吹嘘某一次不可复制的暴利效应，而是试图把一个好的、正确的体系复制到每一位读者身上。

在这本书的写作过程中，我获得了许多乐趣与感悟，同样也希望您——我的读者们，能在一篇篇文章的“品味”中真正热爱上期权。

余 力

2020年3月于上海

目　录

通　俗　篇

解　惑　篇

复　盘　篇

问 道 篇

爱 智 篇

Tasty Option on Your Future

通 俗 篇

1. 从一数到五，走进期权的神秘世界
——一种未来权利

作为本书的第一篇，作为我们期权之旅的第一站，我想一改往日教科书式的讲法，用一种全新的入门方式，叫作从数字入门期权，把期权的各种入门概念按照数字进行分类，一二三四五，从一数到五，步步为营，帮你完整地入门期权。

每个人首次翻开期权书籍，关心的第一个问题一定就是：到底什么是期权？实际上，回答这个问题并不困难。我们只要从字面上来理解就可以。顾名思义，“期权”二字可以拆成“期”和“权”，“期”是未来，“权”是权利，所以，“期权”两个字就代表了未来的权利，期权合约就是代表了未来权利的一张凭证。

我们一起来想一想，生活中有没有代表未来权利的合约呢？答案显然是有的。第一个生活中的例子就是保险。仔细一想，我们买了一份保险后，就意味着我们获得了未来的一项权利，一个一旦出了意外就可以向保险公司索赔的权利。例如，买了航空延误险，可以在航班延误到一定时间后向保险公司索赔；买了车险，可以在自己的爱车被划伤、刮伤时向保险公司索赔。

再来看一个生活中期权的例子，那就是彩票。我们花了一笔小钱买了彩票后，就拥有了一项未来兑奖的权利，一旦彩票兑奖日我们中奖了，就能行使权利，为自己赢得一大笔收益。

第三个生活中的例子则是预订婚宴。通常而言，在上海这样的大都市，预订婚宴得提前一年去订酒店，一般的流程就是先支付一笔定金，然后获得一年后可以在这家酒店办婚宴的权利。

看了上面三个例子后，我想你可能已经对期权有了初步的直观感受，它说白了就是一张合约，买期权的人在一开始付一笔钱，获得一项未来的权利。卖期权的人一开始先得到一笔钱，给予买方一项未来的权利。但是要注意，买方拥有了这项权利后，他可以选择行权，也可以选择不行权，就像中奖以后也可以不去兑奖。通常而言，期权的买方只会在对他形势有利的时候去行权。

那么，期权的买卖双方相当于什么角色呢？按照我们第一个例子——保险来说，期权的买方就像保险的买方，也就是投保人，一开始支付一笔保险费，获得未来的权

利；卖方就像保险公司，收取保险费，给予买方未来的权利。因此，建议初学期权的投资者可以处处从保险的角度去想期权。期权买卖双方的关系就十分类似于投保人与保险公司的关系。它们之间的交换无非就是保险费和未来权利的交换。

聊完了期权的概念，初学者一定会问这样的问题，那就是同样姓“期”，期权和期货有什么区别呢？同样名“权”，期权和权证的区别到底在哪里？

首先，同样姓“期”，期权和期货有什么区别呢？来看看期货的定义。通俗地说，期货是一种约定到期日一手交钱、一手交货的标准化合约。既然如此，到期可以不交钱或不交货吗？当然不行，这叫作“违约”。期货中到期必须交钱的一方常称为期货的买方（多方），到期必须交货的一方常称为期货的卖方（空方）。由于期货买方有义务交钱，卖方有义务交货，那么对义务最好的约束手段是什么呢？——没错，就是担保金！因此，期货买卖双方都需要缴纳保证金，一旦担保品不足，就会面临着强行平仓的风险。

再看期权，刚才说把期权想成保险，那么，买保险的人已经交了钱，也就是保险费，他还有义务吗？当然没有了，投保人只有权利，没有义务，这就是买期权的人的权利义务属性，记住这句话：买期权的人只有权利，没有义务。那么，卖期权的人呢，想一想保险公司，俗话说，拿人钱手短，收了人家的保费，它们就承担了义务，一旦投保人要求索赔，就必须无条件赔偿，它们不再有权利了。所以，再记住下面这句话：卖期权的人只有义务没有权利。因此，同样姓“期”，期权的买方只有权利没有义务，卖方只有义务没有权利。

事实上，大家有没有想过造成期权买卖双方权利义务不对等的根本原因是什么呢？那就是期权的买方在交易的一开始就付钱了（卖方在交易的一开始就收钱了），而期货的买卖方则在成交的一开始没有任何资金往来，直到到期交割！

再来看看同样名“权”，期权和权证的区别到底在哪里？期权和权证都是代表权利的合约。然而，它们的“出生”方式却很不相同。

期权就好比我们平时的“婚姻”。一方愿娶，一方愿嫁，则可以立刻领证结婚。期权也是一样，在一个场内期权交易市场中，一方愿开仓买，一方愿开仓卖，只要价格和数量撮合得拢，这两个人的成交就诞生了一张期权合约（就像诞生了一张结婚证）。没有一级市场的概念，每一位进入期权市场的投资者既可以成为买方，也可以成为卖方。而权证则不同，它的出生方式就像股票，创设方往往是投资银行或直接是上市公司本身，供给量有限（就像股票，流通股就这么些），所有第一级的投资者都只能通过认购的行为成为权证的买方，随后的转让才形成了一个二级市场。

此外，场内期权是一种标准化的合约，期权合约的所有条款是由交易所统一确定的，如行权日、行权价格、行权方式。而权证是一种非标准化合约，其中的合约要素由发行人自主决定，包括行权方式可以选择欧式、美式、百慕大式等，交割方式也可以自行选择实物或现金交割。

2. 从一数到五，走进期权的神秘世界
——两种分类方式

在上一篇文章中，我们诠释了第一个数字，数字“一”，它在期权的知识版图中代表一种未来权利。在本篇文章里，我们来看看数字“二”——期权的两种分类方式。

期权有两种经典的分类方式。第一种是把期权按照行权方向分类，可以分成认购期权和认沽期权。顾名思义，认购期权是要行权买入，认沽期权是要行权卖出。为了帮助大家更好地理解什么是认购期权和认沽期权，我们来举两个生活中的例子。

什么是认购期权呢？香港市场以前有一个名词叫“楼花”。楼花的发行人往往是房地产商，他们为圈定客户发售了楼花这一产品，产品规定楼花的买方只需支付一笔定金，比如说 30 万元，就能锁定房子在未来某时刻（比如一年后）的买入价格（比如 300 万元）。大家试想一下，如果这个房子的价格在一年后高于 300 万元，楼花的买方就可以行使权利，依然以 300 万元来购买这个房子，对买方来说是划算的。如果这个房子的价格在一年之后跌到 200 万元，楼花的买方就不会行权了，因为几乎没有人会愿意以 300 万元的价格买入市场价只有 200 万元的房子，但需要注意的是，即使楼花的买方不行权，这 30 万元的定金也是不会退回的。这就是认购期权在现实中的例子，花一笔权利金（这个例子中是 30 万元）锁定了未来的买入价（上面例子中是 300 万元）。

那么，什么是认沽期权呢？现实中同样有实际的例子：政府有时会向农民公布粮食的最低收购价，比如以每斤 1.2 元的单价收购农民手中的小麦。那么我们试想一下，如果小麦的市场需求非常旺盛，农民在市场上可以以 1.5 元的单价卖出小麦，农民自然就会把小麦卖给市场上的客户；可是如果市场需求低迷，单价低于 1.2 元（比如 1.0 元），那么农民就可以以每斤 1.2 元的价格把小麦卖给政府，从而锁定了每斤 1.2 元的最低卖出价。这就是认沽期权在现实中的例子。

通过上面两个例子，我们总结了一句口诀来帮助大家记忆认购、认沽期权的基本作用，那就是：认购期权锁定买入价，认沽期权锁定卖出价。所以对于股票认购期权，实质上给予了买方一项买入的权利，帮助投资者锁定了股票的买入价，股票涨得越多，认购期权就越值钱；对于股票认沽期权，实质上给予了买方一项卖出的权利，帮助投资者锁定了股票的卖出价，股票跌得越多，认沽期权就越值钱。

那么，期权的第二种分类方式是什么呢？它是按照可以行权的时间来分类，把期权分为欧式、美式和百慕大式期权。如果关注中国国内期权市场，你会发现第一个场内期权是2015年2月9日上海证券交易所推出的华夏上证50ETF期权，它是一个欧式期权。2017年3月31日和2017年4月19日证监会批准的两个商品期权，也就是郑州商品交易所和大连商品交易所分别推出的白糖期权和豆粕期权，这两个期权就是美式期权。那么，它们的本质区别在哪里呢？

这里我们可以用一个比喻来进行通俗的理解：欧式期权就像电影票，美式期权则像月饼票。这个比喻非常容易被投资者所接受。比如说，一张电影票是8月8日上映《泰坦尼克号》，这张电影票只能在8月8日进场，不可能在8月7日用这张票入场观看电影，也不可能在8月9日入场观看电影，因为这张票已经失效了。所以，欧式期权类似于欧洲人的刻板，只能在到期日当天行使这个权利。上交所推出的上证50ETF期权这一场内期权就是欧式期权。国内郑州商品交易所和大连商品交易所分别推出的白糖期权和豆粕期权则是美式期权，美式期权类似于美国人的灵活，可以在到期日前任一交易日行权，它就像月饼票。比如，9月1日单位发了一张月饼票，而中秋节是9月25日，9月2日到9月25日中的任何一天，只要百货公司开门，你都可以去提货。这个权利可以在到期前任意一天行使，这种期权就是美式期权。

当然，按照行权时间来分，还有一种期权，称为百慕大期权。什么是百慕大期权呢？就像百慕大在大西洋上，融合了美国和欧洲的文化一样，百慕大期权是欧式期权和美式期权的一个折中，表示买方只能在到期日和到期前一系列给定的时间行权，比欧式期权宽松，比美式期权古板。这就好比中超一年期的足球套票，买了套票的人可以在每周末行权进场看球，其他时候都不能行权。许多场外期权都设置了百慕大条款，就好像有些基金是定期开放赎回一样，又有些债券嵌入了百慕大的期权条款，这些都是现实生活中的百慕大期权。

最后，我们来谈一谈这个问题，美式期权的买方可以在到期前任何一个交易日行权，看似给了期权买方更多的权利，但实际上，海外场内期货期权的投资者提前行权的比例很少，这是为什么呢？这就是场内美式期权和场外美式期权的区别。

场外美式期权是买卖双方一对一签订的，中途几乎没有任何流动性，无法平仓兑现，只能提前行权或持有至到期，所以，如果买方真的非常想拿到标的，或是特别想变现，则会提前行权。但是，场内美式期权的流动性是很可观的，买入开仓期权后，可以用卖出平仓的方式变现。我们都知道，期权的价格＝内在价值＋时间价值，如果平仓的话，还可以赚取一部分时间价值，但如果提前行权的话，你就等于只获得了内在价值，放弃了时间价值的收入。人都不希望赚得少，那自然提前行权的人就很少了。

下面用一个案例来说明：樱木先生以3 000元价格买开一张白糖期权合约，过了5天后，期权价格涨到了3 600元，其中内在价值是3 400元，时间价值是200元。如果樱木先生提前行权，那么他的总盈亏基本相当于3 400－3 000＝400(元)，而如果此时平仓的话，总盈亏＝3 600－3 000＝600(元)。孰优孰劣，一看便知！

3. 从一数到五，走进期权的神秘世界
——三种价值状态

在实际交易过程中，大家可能会听到一些分析师或投资顾问建议买入当时平值的认购期权或者是卖出虚值的认购期权。什么叫实值、平值和虚值呢？买入平值、卖出虚值是什么意思？这就涉及期权世界的第三块版图了——三种价值状态。

大家都知道足彩，足彩其实也是一种期权。比如你在看一场巴西对德国的足球赛，如果巴西队 1∶0 领先德国队，这个时候你去买巴西队赢，这样的行为就是买入了实值期权；如果巴西队和德国队现在是 0∶0 打平，你去买巴西队赢，就是一个平值期权；当巴西队 0∶1 落后德国队的时候，你还要买巴西队赢，这个时候你所投资的足彩就属于一个虚值期权。

其实区别实值、平值和虚值，就是站在当下看，行权的概率大于 50%的期权就是实值期权，行权的概率等于 50%的期权就是平值期权，而行权的概率小于 50%的期权就是虚值期权。有时候分析师会建议买入轻度虚值的期权或者买入深度虚值的期权，轻度虚值和深度虚值又是什么意思呢？轻度虚值期权就是行权概率略小于 50%的期权，比如巴西队 0∶1 落后德国队，这个时候买巴西队赢就是一个轻度虚值的期权。如果巴西队已经 0∶5 落后德国队，你还要买巴西队赢，这个操作就是买了一个深度虚值的期权，是相当有风险的。

如果从比较理论的角度来看，我们只需要记住一个判断原则，那就是如果我立刻行权，赚钱了就是实值，不赚不亏就是平值，亏钱了就是虚值。根据这一判断原则，我们来举三个简单的实例：首先，标的价格为 12 元、行权价为 10 元的认购期权，如果我立刻行权，那就意味着我可以以 10 元的价格买到值 12 元的股票，对我来说是赚的，这就好比我只花了 3 000 元就买到了一个 iPhone XR 手机，所以该期权是实值的；当标的价格为 10 元时，对于行权价为 10 元的认购期权，如果我立刻行权，那就意味着我可以以 10 元的价格买到值 10 元的股票，对我来说是不赚也不亏的，所以该期权是平值的；当标的价格为 8 元时，对于行权价为 10 元的认购期权，如果我立刻行权，那就意味着我需要花费 10 元买入当前只值 8 元的股票，对我来说是亏的，所以该期权是虚值

的。这就是我们常说的实值、平值和虚值。

当然，如果你还是记不住，也没有关系。我还有第三种方法能让你一下子记住什么是实值、平值和虚值期权。现在来看一下期权的 T 型报价。期权投资中，很少像股票或者是大宗商品一样，一行一行地看报价，所以大家不一定熟悉这个报价系统，它的报价显示出来叫作 T 型报价（见图 3－1）。

认购								全部月份的期权合约	认沽							
成交量	持仓量	杠杆	时间价	溢价%	内在价	涨幅%	现价	行权价	现价	涨幅%	内在价	溢价%	时间价	杠杆	持仓量	成交量
1381	4823	7.9	0.0012	0.05	0.2870	-4.47	0.2882	2.0000	0.0001	0.00	-	12.55	0.0001	22870.0	13354	1265
667	2976	9.6	0.0019	0.08	0.2370	-4.82	0.2389	2.0500	0.0001	0.00	-	10.37	0.0001	22870.0	15479	1266
1450	3836	12.1	0.0023	0.10	0.1870	-6.24	0.1893	2.1000	0.0002	100.00	-	8.19	0.0002	11435.0	25288	1437
2853	7223	16.4	0.0021	0.09	0.1370	-8.06	0.1391	2.1500	0.0002	-33.33	-	6.00	0.0002	11435.0	29335	1603
8982	16342	25.3	0.0035	0.15	0.0870	-10.48	0.0905	2.2000	0.0006	20.00	-	3.83	0.0006	3811.7	45251	4064
19203	19313	54.1	0.0053	0.23	0.0370	-21.08	0.0423	2.2500	0.0019	11.76	-	1.70	0.0019	1203.7	33152	6182
21544	43935	300.9	0.0076	0.90	-	-50.97	0.0076	2.3000	0.0188	56.67	0.0130	0.25	0.0058	121.6	22888	16629
10874	48998	2541.1	0.0009	2.79	-	-75.00	0.0009	2.3500	0.0628	22.66	0.0630	-0.01	-0.0002	36.4	6720	13645
1676	16291	5717.5	0.0004	4.95	-	-55.56	0.0004	2.4000	0.1101	10.21	0.1130	-0.13	-0.0029	20.8	1073	1383
624	8607	22870.0	0.0001	7.13	-	-80.00	0.0001	2.4500	0.1616	7.95	0.1630	-0.06	-0.0014	14.2	1090	825

图 3－1　某时刻期权 T 型报价界面

对于 T 型报价，大家只要记住一点，图 3－1 的中间这一列是行权价，自上而下行权价由低到高排列，左边的报价都是认购期权，也就是看涨期权，右边的报价都是认沽期权，也就是看跌期权。如何在 T 型报价里区分实值期权和虚值期权呢？图 3－1 中，从左到右的第六列是内在价值，有些单元格的内在价格有数字，比如第一行是 0.287 0，第二行是 0.237 0，但是最下面四个单元格是空值。如果内在价值这一栏为空值，它就是虚值期权。从 T 型报价界面上，我们可以看到，实值期权在西北和东南方向，西北方的是实值的认购期权，东南方向的是实值的认沽期权。东北方向的是虚值的认沽期权，西南方向的是虚值的认购期权。更加形象地说，如果我们把 T 型报价界面想象成中国地图，那么“新疆—台湾”的方向就是实值期权的位置，“云南—黑龙江”的方向就是虚值期权的位置了。

用这样的方式帮助你记忆实值、平值与虚值这个概念，是不是会好很多呢？

4. 从一数到五，走进期权的神秘世界——四种单腿策略

在实盘交易中，我们可以交易认购期权，也可以交易认沽期权；我们可以做期权的买方，也可以做期权的卖方——排列组合一下，2×2，因此期权的最基本操作一共有四个，那就是买认购、买认沽、卖认购、卖认沽。在《3小时快学期权》一书中，有一个24个字的口诀可以帮助初学者入门期权的基本操作。"看大涨买认购，看大跌买认沽，有压力卖认购，有支撑卖认沽"，这24个字涵盖了期权交易的四种基本操作。毫不夸张地说，期权的这四种操作才是真正能穿越各类市场状态的根本核心。大多数横跨一年的市场里，往往是由20%的趋势行情和80%的震荡行情结合而成的，结合技术和其他量化指标，在趋势行情里用买认购或买认沽做一小个波段，在绝大部分的震荡行情里卖期权做好防守，事实上这一年已经足矣！

有许多教科书在讲到四种单腿策略时，一定会说到它的四个到期盈亏图。到期盈亏图究竟有没有意义呢？从认识买认购、买认沽、卖认购、卖认沽四个基本操作的盈亏结构来说，它是有意义的，它告诉了我们期权买方是损失有限、潜在收益无限的，而期权卖方是收益有限、潜在损失无限的。然而，我们有没有去思考过，如果仅仅是期权买方损失有限，而期权卖方收益有限，那么如此不公平的地位难道会成交吗？事实上，这就是到期盈亏图带给我们在交易认知上的陷阱。期权盈亏图只会向读者们展示出期权买方、卖方盈亏上的结构，不会显示出期权买方、卖方胜率上的结构。

如果同时从盈亏和胜率两个角度去看问题，你就会发现期权买方与卖方所交换的东西是盈亏的不对称性和胜率的不对称性，你要在盈亏上占到便宜，那么你就会在胜率上吃到亏。因此，对于四种单腿操作，买认购与买认沽是低胜率、高赔率的，而卖认购与卖认沽是高胜率、低赔率的。

表4-1能够很大程度地帮助初学者理解买期权与卖期权的关系，对于指导实战有着奠基性的意义：

表 4－1　期权买方与卖方的关系

	买　方	卖　方
角色	投保人	保险公司
损失	有限	潜在巨大
收益	潜在巨大	有限
胜率	低	高
赔率	高	低

最后，我们各举一个买方与卖方的案例，来看看实盘中我为什么会买认购，又在什么时候会卖认购。

我想说的第一个案例就发生在 2018 年 1 月份，它是基于技术面上多头排列信号而入场的案例。首先，什么是日线级别最标准的均线多头排列？那就是 5 日线高于 10 日线，高于 20 日线，高于 60 日线，高于半年线，最后高于年线，也就是说，越短期的均线位置越高，越长期的均线位置越低。这样的信号叫作多头排列，事实上在行情中并不算多见，由于信号的发出条件比较苛刻，因此它的出现往往也是一波趋势起来的信号。

根据这一信号，当时我在 2018 年 1 月 4 日收盘前选择了买认购作为对应的策略。在合约选择上，根据当时看涨的程度，我选择了 C2850@1、C2900@1 以及 C2950@1 三个认购合约进行等金额开仓。在风控善后上，对于买认购操作，我不愿受到波动率和时间潜在的双杀，因此事先设置了只要出现一个空头信号就会风控，比如：如果中途下穿最短期均线也就是 5 日均线，或是日线级别结束了多头排列，则平仓善后。

当时的入场日期是 2018 年 1 月 4 日，我大致用 3%的仓位作为买期权的权利金，当时买入的 1 张 C2850@1 的入场价格＝0.087 2×10 000＝872(元)，1 张 C2900@1 的入场价格＝0.052 5×10 000＝525(元)，1 张 C2950@1 的入场价格＝0.027 9×10 000＝279(元)，由于在 2018 年 1 月 24 日一月合约到期前，50ETF 始终没有发出任何一个技术面的空头信号，因此我就把 1 月认购多头一直持有至到期了，在 1 月 24 日当日收盘前平仓，当时每一张 C2850@1 的出场价格＝0.319 5×10 000＝3 195(元)，若不计交易费用，则每张 C2850@1 盈利 2 323 元；每一张 C2900@1 的出场价格＝0.266 2×10 000＝2 662(元)，若不计交易费用，则每张 C2900@1 盈利 2 137 元；每一张 C2950@1 的出场价格＝0.217 0×10 000＝2 170(元)，若不计交易费用，则每张 C2950@1 盈利 1 891 元。从这个案例中，我们会发现，同样买入相同数量的认购期权，买入偏实值期权的实际盈亏要大于买入偏虚值的期权。

然后，我们就再来看看一个期权卖方进攻的案例，它发生在 2018 年 3 月下旬。2018 年 3 月 22 日美国时间，美国总统特朗普在白宫签署了对中国输美部分产品加征关税的总统备忘录，美国高层这一不理智的举动让原本并不稳固的全球经济复苏再次雪上加霜。全球化的冬天要来了？贸易战打响的副作用究竟如何？一石激起千层浪，全球股市也为之埋单。隔夜美股大跌2%以上，次日开盘，上证50指数跳空低开3%，其他板块低开幅度更大，贸易战事件发酵。从当时的技术面来看，上方多根均线压制，短期风险偏好难以提升，预期短期难以回补如此巨大的缺口。

当时50ETF前复权的点位在2.780左右，由于上方有多根均线压制，我判断4月到期前标的很难再逾越2900点，基于这样的想法，于是我卖出了C2900@4认购合约。在风控点位的设置上，我的原则是50ETF价格收盘重回20日均线以上，或者权利金收入消耗掉90%左右则平仓善后。前一个善后信号往往是止损信号，说明市场可能发生反转，要小心了；后一个善后信号则是止盈信号，获得较高的性价比，不再承担更多风险。

2018年3月23日开盘，当时卖开1张C2950@4的入场价格是352元，我大致用20%的仓位作为卖期权的保证金，到2018年4月16日收盘之时，C2950@4的权利金收入已经消耗了90%左右，所以根据我事先设定好的离场原则，我可以在2018年4月16日提前离场，当日平仓的出场价格是29元，因此整个操作的每手盈利是323元。

从这个案例中，你会发现在3月23日～4月24日一个月期间，其实标的价格一直在一字磨底，并没有发生非常明显的下跌，但我卖出的认购期权却赚到了大量的钱，这再一次说明了卖认购赚钱未必是在市场暴跌时，还可以是在横盘不涨时。

5. 从一数到五，走进期权的神秘世界——五大影响因素

期权世界的第五块版图是什么呢？它是影响期权价格的五大因素。在与读者们讨论这五大因素之前，我想先抛砖引玉地提出两个问题：

(1) 期权价格一天只有一个吗？

对于这类问题，我们用图便可对症下药地予以解答。

就以 50ETF 当日收盘价 2.300 为例，如图 5－1 所示，就是行权价为 2.300 的当月认购期权的分时走势图。

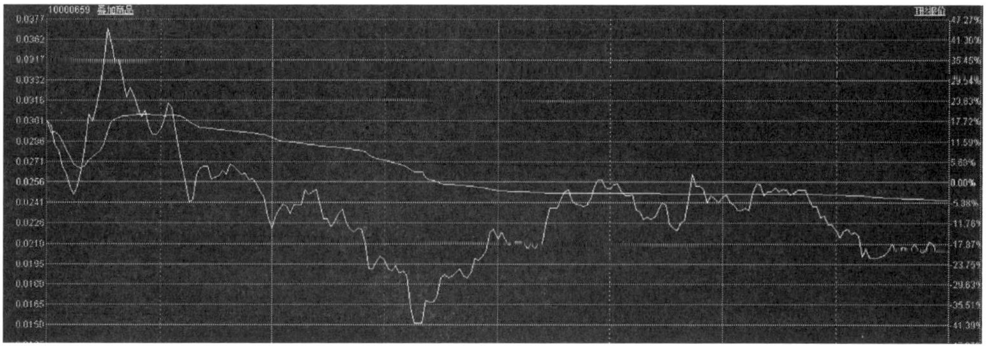

图 5－1　2016 年 8 月 15 日，"50ETF 购 8 月 2.300"合约分时走势

图 5－1 说明，场内期权不是普通开放式基金，它的价格显然不是一天一个，而是与平时大家玩的股票一样，从 9:30 到 15:00 期间，每时每刻都可能发生变化，价格变化的频率取决于交投的活跃度，一般而言，平值、虚值 1 档的期权流动性最好。事实上，有心的投资者还会发现，越是流动性好的期权合约，日内分时价格走势图与标的证券的分时图相关性就越高（认购与标的就像重合一样，认沽与标的就像镜面反射）。

(2) 期权价格是交易所定的吗？

当然不是！场内期权市场在交易价格形成上十分类似于股票交易，市场上每一个愿买的人挂出买单，愿卖的人挂出卖单，市场价格是买卖双方竞价出来的，交易所只是

提供撮合成交的服务。正是由于这样的竞价撮合机制，才会使得同一份期权合约在当天 4 小时内的交易价格变来变去。与股票一样，当价格变高时，说明买方势力变强，需求开始胜过供给；当价格下跌时，说明卖方势力变强，需求小于供给。以 2016 年 8 月 15 日为例，50ETF 当日暴涨 2.82%，由于认购的买方是看大涨的，盘中许多交易者对认购合约的需求突然变得十分旺盛，买盘力量迅速增加，因此当日的认购出现了普涨的现象。表 5－1 列示了几个流动性好的认购合约的涨幅情况。

表 5－1　2016 年 8 月 15 日，上证 50ETF 近月认购期权当日涨跌幅度

认购合约	涨　幅	涨　跌
8 月 2150	+50.82%	+0.062 0
8 月 2200	+89.17%	+0.064 2
8 月 2250	+200.68%	+0.059 4
8 月 2300	+402.11%	+0.038 2
8 月 2350	+716.00%	+0.017 9

那么，影响期权价格起伏变化的因素是什么？为什么会起伏变化？市场上的买方和卖方（需求方和供给方）是因为什么而进行价格博弈的呢？价格博弈的关键因素有三个：标的价格、时间和波动率。关于这三个因素，我也打一个比方，方便大家记忆或者和其他朋友交流推广。影响期权价值的最大的三个因素是标的价格、时间和波动率。刚开始我就强调过，初学者看期权，就把它当成保险。影响保险价值的因素也是三个，即被保资产的价格、保险的时间和被保资产的风险（也就是被保资产的波动率）。波动率就是风险，它在学术上的定义是收益率的标准差，用来衡量资产的风险。

被保资产的价值如何影响保险费？我举一个简单的例子。比如有一辆 POLO 和一辆保时捷，为这两辆车上保险，哪个保费贵呢？自然是保时捷的保费贵，因为被保资产的价值大，所以它对应的期权价值也大。

被保资产的时间，也就是保单的时间，如何影响保险费？试想一下，买一个一年期的健康险和十年期的健康险，哪一份保费更贵？当然是十年期的，因为你在一年内生病的概率不大，但是十年内难免会生一次病，所以保单的时间越长，保费肯定越贵，所以期权价值与时间是正相关的关系。

波动率，也就是被保资产的风险，如何影响保费呢？再举一个简单的例子。比如在上海买一个地震险和在四川买一个地震险，哪一个保费比较贵呢？当然是四川，因为四川一年可能发生多次地震，而上海可能数年只发生一次地震，所以上海的风险会小很多。因此，被保资产的风险越大，保单的价格越贵。换句话说，标的波动率越高，期权价值越高。

所以，期权价格的变化往往是三个因素影响的总和。有的时候你会发现标的是涨的，但由于波动率下降特别快，导致认购期权价格还是绿的。这就好比这样一件事：一个家庭有三个人：爸爸、妈妈和小明。三个人的奖金与家庭的总财富都是正相关关系，虽然今年小明找了一份新工作，年终奖比去年增加了8万元，但是爸爸和妈妈的单位今年盈利情况不景气，年终奖都减少了5万元，于是整个家庭的总财富还是缩水了2万元（见图5-2）。这就是标的涨了，今天买入的认购期权竟然没涨的原因——因为时间衰减了（必然），波动率可能也衰减了（或然）。期权的价格正是由标的价格、时间、波动率三个家庭成员构成的总财富。任何一方的财富缩水都会让期权价格下降，让期权合约在T型报价中由红转绿。

图5-2　小明家三位成员的收入分布变化

当然，期权价格还有两个相对次要的影响因素，它们分别是行权价格和无风险利率。

先来看行权价格对期权价格的影响。若把行权价格理解成保险中的免赔额，那么问题就比较好理解了，免赔额越高，意味着自行承担的赔偿部分就高，保费就越低。我们可以看到，左下角的期权T字报价图，中间一列是行权价格，左边全部是认购期权，右边全部是认沽期权，越往下，行权价格越高，可见行权价格越高，认购期权价格越低，认沽期权价格越高。

再来看无风险利率对期权价格的影响。对于认购期权，无风险利率上升，说明资金成本上升，推迟买入股票的决策是正确的，所以期权价格上升；对于认沽期权，无风险利率上升，现在卖出股票将收入投于无风险资产才是正确的，所以期权价格下降。我们直接用例子说话，比如，投资者购买了1张3个月后到期、行权价位3.200的50ETF认购期权。假设3个月无风险利率为1%。如果投资者行权，需要在3个月后支付 32 000 元的行权资金，对应现值＝32 000/(1＋1%)＝31 683.2(元)。当 3 个月无风险利率上升至 1%时，3 个月后 32 000 元权利金对应的现值＝32 000/(1＋1%)＝31 527.1(元)。无风险利率上升，认购期权买方行权成本的现值下降，期权价格上升。同理，对于认沽期权，无风险利率上升，期权价格下降。

6. 实现自我价值的期权
——献给辛勤耕耘的高考学生们

（本文作于某年6月7日，高考日）

年年岁岁花相似，岁岁年年人不同。今天是高考的第一天，也是18岁年轻人迈向新一阶段的一天。如果把人生的价值看成是标的物，那么高考就给了每位学生一个公平的选择权，一个实现自我人生价值的选择权。

所谓选择权，也可称为期权，代表了未来的权利。天上永远不会掉馅饼，要获得一个未来的权利，必须在今天付出一定的代价，只不过证券市场的期权需要通过花费一笔金钱（称为权利金）来获得，而实现自我价值的期权则必须通过自身不断的努力和积累去获得。

人的一生是由很多个期权构成的，高考只是生命中一个很重要的期权。高考后的每一天都是那么新奇，生活不再仅是做题，生活不再是“语数外”，人生的理想可以勾画，未来的目标可以逐渐确立。人的未来虽然并不可知，然而花费更大的努力可以让未来的权利更值钱，让自己的价值更被认可。

苏轼云：“人有悲欢离合，月有阴晴圆缺。”人生必然会面临各种潮起潮落、挫折低谷，在到期前的每一天，实值可能会变成虚值。但人生是一个长期的期权，年轻就有资本，年轻就有足够的时间价值，只要有时间，只要你的努力足够（标的价格足够反转），相信假以时日，终究会重新变成实值期权的。当你的价值被学界或业界认可时，你平仓兑现的最优时刻或许就来临了。

标的价格是人生内在价值的体现，即使时间价值再大，没有内在价值的提升，期权最终还是会变得一文不值，1.01的n次方会趋于无穷大，0.99的n次方也会趋于无穷小，对于高考后的生活，正是新旅程的开始，一个提升内在价值的开始。长期来看，证券市场也是公平的，企业不努力、不盈利，即使短期价格的哄抬虚高，也最终会被打回原形。标的价格走势好，看涨期权自然会慢慢值钱，只是有时候我们更多地需要信心和耐心，需要努力和积累。

实际上，人的一生不仅通过努力或金钱买下了各种各样的权利，还无时无刻可能充当着期权的义务方（又称期权的卖方），承担着一个个光荣的义务，比如结婚、生子，这些甜蜜的瞬间是你收取权利金的美妙时光,然而,父母的赡养、孩子的成长都将是期权卖方需要承担的义务。每个人的期权策略不同,成为期权买方与卖方的时刻也不同,然而享受收获权利金的喜悦,用已平仓兑现的人生价值去更好地完成义务,这也正是生命中的精彩所在!

权利与义务,穿梭于每个人每天生活中两个最重要的名词,在期权这样一个工具中淋漓尽致地得以体现。我想,一个优秀的期权交易者一定能深刻地理解自己何时应该行权,何时应该承担义务。同样地,一个人生的大赢家也一定能处理好生活中的权利与义务,时而成为权利方,时而成为义务方,让自己的价值最大限度地体现!愿以此文与君共勉!

7. 广告词里学期权

(1) 好时 Kisses:"小身材,大味道"——花小钱买保险

"小身材,大味道",一些不起眼的东西通常能在生活中发挥重要的作用。一份小小的延误险或许能让我获得500元的心理安慰,一张小小的福利彩票或许能让我们获得意想不到的收入。面对过去四年里多次空头排列的格局,花上一份小小的保险金(期权费)买入认沽期权为手中的头寸锁定住下行风险,毫无疑问可以看出认沽期权这份"小身材"的保险在关键时刻蕴含的大味道。

每当沪指均线出现空头排列的第一天,各位有没有吸取教训,提前关注到每张几百元的认沽期权呢?比如2018年6月19日、2018年12月18日。当然,2019年5月6日开盘跳空的半小时内也是一样,若持有大量50成分股头寸的交易者真的想把"劳动劫"安度为"劳动节",那么买入认沽期权的保险策略是少不了的。

长期来看,市场行情总是由趋势市和震荡市构成的,只要一个长期的时间段内有一波明显的趋势市,那么你每月滚动买入平值或虚值1档的认沽期权为自己的大盘股头寸做保险还是值得的。图7-1反映了自2015年2月9日至2019年6月30日期

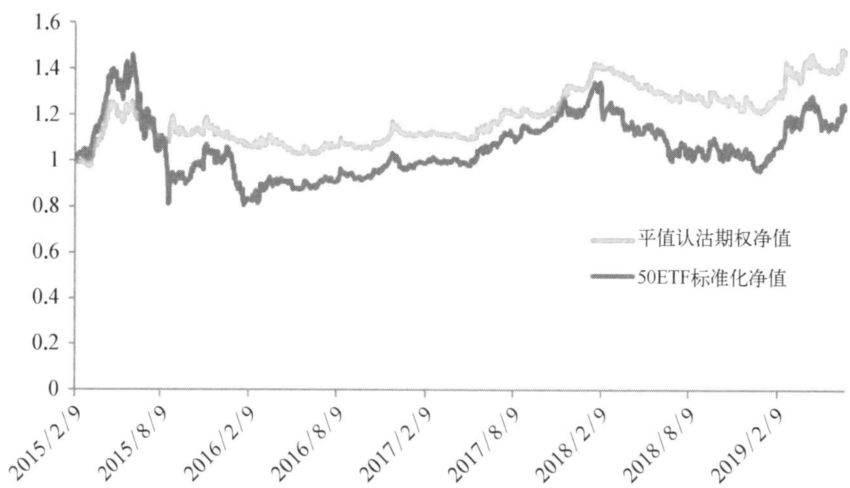

数据来源:Wind,"力的期权工作室"整理。

图7-1 期权保险策略长期净值走势

间，每个行权日的下一交易日开盘买入虚值 1 档认沽期权的绩效结果，在此期间始终没有出现净值破 1 的情况。

(2) 奔驰："The best or nothing"——期权选择的二元性

"The best or nothing"，机器里充满二进制的序列，生命中充满着二元的辩证世界，生与灭，胜与败，清与浊，对与错。奔驰的这句广告语揭示了期权这一工具在到期日收盘时的二元性——要么什么都没有（弃权），要么就是最好（行权）。与期货不同，期货到期必须无条件交割，而期权到底要不要行权交割完全取决于买方的决定，行权对买方而言是最好的情况，弃权对买方而言是最坏的情况。

我们目前国内交易的金融期权都是欧式期权——一种只能到期日当天行权的期权。在芝加哥期权交易所（CBOE）里，有一个期权类别更是把期权选择的二元性体现到了极致，那就是二元期权（binary option）。

比如：买入 10 张"标普 500、行权价 3000 点、1 个月后到期"的二元看涨期权，这意味着如果标普 500 在 1 个月后高于 3000 点，则可以获得一笔收入（比如 1 000 美元），如果 1 个月后未高于 3000 点，则该期权将一文不值，这就是最简单的二元期权。可见，期权到期只会发生两种状况："the best"＝赚取 1 000 美元；"nothing"＝价值归零。可见，奔驰的这句广告词，真切地反映出了期权这一工具在到期日选择上的二元性。

(3) 雷达表："时间改变一切"——期权的时间价值

"时间能改变一切"，一点没错，一个男人的苦苦等待或许可以换来心爱之人的回眸，一个梦想者可以通过长期的努力换来梦想的实现，任何化解不了的伤痛都在时间的流逝中慢慢消退。与其他证券工具不同，期权的交易者除了可以交易标的价格外，还能交易时间。期权买方企图用长长的时间换来标的价格的巨幅波动，期权卖方则希望时间如白驹过隙，一闪而过！

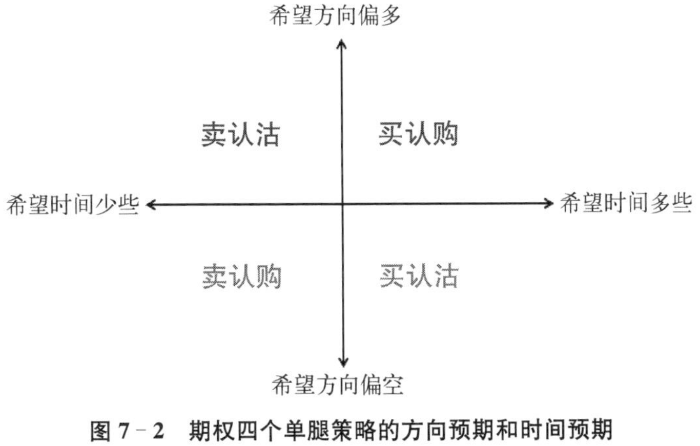

图 7-2　期权四个单腿策略的方向预期和时间预期

图 7－2 简明地告诉了一个入门者期权的 4 个基本交易策略分别对应的方向预期和时间预期。

平时我们所交易的一份期权市场价格也可以分解为内在价值与时间价值，内在价值由标的价格决定，而时间价值就由今天距离到期日的时长决定，一般而言，时间越长，标的价格可以往有利方向发展的幅度越大、概率越高，期权价格就越有价值。所以说，“时间真的能改变一切”！

（4）Adidas：“Impossible is Nothing”——期权策略的多样性

“Impossible is Nothing”，没有什么是不可能的，而这句话是我们 self-driven 的动力所在，也是我们实现梦想的信念支撑。在期权的世界里，我同样信奉这句话，这是因为期权的非线性支付结构可以构造出你想要的各种折线，所以，期权交易能够穿梭牛熊市，甚至在涨跌不确定的市场里发挥巨大的功能。

在只有股票的市场中，我们只能赚取上涨的预期收益，如果我预期某只股票价格下跌，我们是找不到其他工具获得下跌的预期收益的，这就像一辆只有前进挡、没有后退挡的汽车，是一个一维交易的市场。2010 年 4 月 16 日，中金所推出股指期货后，我们既可以赚取上涨的预期收益，也可以赚取下跌的预期收益，形成了一个二维交易的市场。但是有的时候，市场涨跌方向并不明确，或是小幅盘整，或是大涨大跌，此时期权便可以发挥它的重要功能，不管是大涨大跌还是小幅盘整，只要我们有自己的预期想法，都会有对应的期权策略帮助我们实现相应的预期收益。可谓“Impossible is Nothing”！

8. 耳闻身边的相亲故事，认识期权的交易指令

配对难，配对实在难，然而配对说难也不难！在上海的各大公园里，总是存在着这么一个角落，那不是英语角，而是一个露天的相亲“交易”大厅。

在本文中，我们把“相亲”这件事简单化，所有的相亲者都只看一个指标：颜值！假设公园有一套颜值评估系统，给每位相亲者定出容貌的分值 0～100 分，每个相亲者只要颜值到了心理价位就会满意成交。

让我们来回到正题——期权。对于目前国内唯一一个场内期权品种，初学者是不是真正了解自己下单时的指令类型呢？期权交易中，可以粗略地把挂单指令分为四类：

- 限价指令
- 市价剩余撤销指令
- 市价剩余转限价指令
- FOK 指令（分为市价和限价，我们以市价为例）

在公园的小角落里，发生了这么几个故事，而这些故事或许可以让你永远记住期权这四类指令的含义和区别。

(1) 故事一（限价指令）

老王家里有个独生子，老王自认为儿子是只“绩优股”，所以对女方的要求甚高，学历要高、家境要好这些不说了，关键是还以貌取人，一定要女方的颜值超过 90 分。这是找模特的节奏吗？况且模特学历也不一定高啊，呵呵！

	价格	量(手)
卖五	0.0062	42
卖四	0.0061	22
卖三	0.0060	22
卖二	0.0059	39
卖一	0.0058	43
买一	0.0055	20
买二	0.0052	3
买三	0.0051	10
买四	0.0049	51
买五	0.0048	79

图 8－1　某日某期权合约盘口示意图一

于是老王代替儿子在相亲角里“挂了单”，上面写明颜值要超过 90 分。同志们，这样的订单就叫作“限价单”。如果相亲角里所有女方的颜值都低于 90 分，那么老王的儿子就肯定不会成交。同样的道理，如图 8－1 所示，在期权交易中，你以限价 0.005 5 元/手的价格买入，当前卖单队列中愿意的最低卖价是 0.005 8 元/手，

所以当前不能成交。

但或许下一分钟，期权市场上有一个人挂出了 10 张 0.005 4 元/手的卖单，这时你 0.005 5 元/手的限价买单就会成交了。

(2) 故事二(市价剩余撤销指令)

老丁家里有对双胞胎女儿，当然了，你可以认为她们长得一模一样。老丁的两个女儿是随遇而安的人，不是很挑剔，但苦于工作环境和当初所选的专业，一直也没有男朋友。于是，老丁和他女儿开始在公园里寻找机会了。她们的原则很清楚，只要对方真诚，颜值统统无所谓!!!

可是天不遂人愿，今天公园里门可罗雀，只有两个男孩被“挂了单”。由于双胞胎女儿对颜值没有要求，所以很快地，姐姐找到了牵手对象，进入“恋爱”新阶段，但妹妹还没“成交”对象，妹妹心里一失落，就跟着老丁一起回家了。这就是“市价剩余撤销单”——对手方有什么，我成交什么，但我单子太多了，没成交的自动撤销。

	价格	量(手)
卖五	0.0325	1
卖四	0.0324	1
卖三	0.0323	10
卖二	0.0320	13
卖一	0.0315	53

图 8－2　某日某期权合约盘口示意图二

以图 8－2 为例，在期权交易中，我想以市价买入 60 张期权，然而对手方盘口(当前最低价愿卖)只有 53 张单子，所以在“市价剩余撤销”指令下，我的成交结果是 53 张，剩余 7 张自动撤销。

(3) 故事三(市价剩余转限价指令)

还是老丁家里那对双胞胎女儿，还是公园里门可罗雀，只有两个男孩被“挂了单”。由于双胞胎女儿对颜值没有要求，姐姐很快找到了牵手对象，进入“恋爱”新阶段，妹妹还没“成交”对象，但这一次妹妹却不失落，没有和老丁一起回家，而是继续在公园里等着新对象出现。由于姐姐找到的对象颜值是 60 分，所以妹妹心里想，只要新出现的男孩颜值达到 60 分，我就愿意“成交”，那么这就是“市价剩余转限价”指令——对手方有什么，我成交什么，但我单子太多了，没成交的以前面成交价继续挂单等待。

仍以故事二中的盘口行情为例。在期权交易中，我想市价买入 60 张期权，然而对手方盘口(当前最低价愿卖)只有 53 张单子，所以在“市价剩余转限价”指令下，我的成交结果是 53 张，剩余 7 张以 0.031 5 的买入价格等待成交。

(4) 故事四(市价 FOK 指令)

老张家里同样有对双胞胎女儿，只要对方真诚，颜值统统无所谓！他的女儿没空，老张决定代替她们去公园。老张这个人呢，有个怪毛病，就是公平主义！姐姐有的老张总是希望妹妹也有，带着这样的想法，他进了公园。哎！今天可能是下雨的缘故，环境显得有些凄惨，只有一个男孩被“挂了单”。老张左思右想，总不能姐姐有了妹妹没有吧，最后决定先在隔壁星巴克坐会儿，一个小时后，他又重返公园，发现有两个男孩被“挂了单”，于是他记下了两个人的联系方式，一个给了姐姐，一个给了妹妹。

这就是“市价 FOK”指令——要么全部成交，要么全部撤销。仍以故事二中的盘口行情为例。在期权交易中，我想以市价 FOK 买入 60 张期权，然而对手方盘口（当前最低价愿卖）只有 53 张单子，所以在“市价 FOK”指令下，因为不能全部成交，我就全部撤销，所以我的成交结果是 0 张；当卖一的盘口数量超过 60 张时，再下市价 FOK 指令买入 60 张期权，则能够全部成交。

故事中的事，生活中的事，但愿本文的故事能让你笑到，更让你学到！

9. 股票市场有一种投资方式，叫持房出租，你知道吗？

牛短熊长震荡多，这是过去 A 股形态的真实写照。大部分做跟随型投资的股民在大牛市下大举买入，股灾期间成片套住，震荡市下频繁换股，至今难觅一种阶段性稳妥的投资方式。可事实真的是这样吗？

我身边有这样一位朋友李兄，他最近正想卖掉上海中环附近的一套房子（没有那么着急），他的心理卖出价位是 600 万元，现在房产中介给他的卖价只有 550 万元。你说他该怎么办？——出租啊！对了，反正他也最终希望把房子卖掉，现在还没到心理价位，那就先出租，每个月收取 8 000 多元租金呗！

对于这个例子，我想你一定能够看明白吧。那么它与当前的股市有什么关系呢？还真别说，关系大了！我们把这个例子稍微抽象一点，李兄持有一套房子，他的目标卖出价位为 600 万元，现在市价还不到 600 万元，所以他选择把房子出租，赚取每月 5 000 元的租金来增加自己的收益。

那么，我们身处的股市如何呢？回顾 2016 年的行情，当年 1 月末，断崖式下跌结束，2 月底 2650 点双重底建完后，沪指存量资金反复博弈，虽然反复震荡多日，其间有单日的明显拉升，但日线级别或 30 分钟级别的上升和下降浪数量都无法持续一个高位。如果你在 2 月份以后选择 50 成分股（更精确地说，50ETF）杀入，是否已经因为这样的“拉锯战”渐渐失去了耐心了呢？我想说的是，至少在当时 MSCI、美股加息、深港通等不确定因素没有落地前，你也可以像我的朋友李兄一样，持有 50ETF 的同时（相当于持有房子）卖出行权价在 2.200 甚至更高的近月认购期权（相当于出租房子），用权利金的收入（相当于租金的收入）来增加收益，降低近两个月持有大盘股的持仓成本。

以 2016 年 6 月 3 日收盘为例，如果你在之前已经以某个价格（比如 2.050）买入了 10 万 50ETF，那么 6 月 2.200 行权价的认购价格为每股 0.017 0 元，收取 1 700 元（0.017 0×100 000）的租金。那么在 6 月认购期权到期日 6 月 22 日会发生什么呢？图 9－1 展现了全过程。

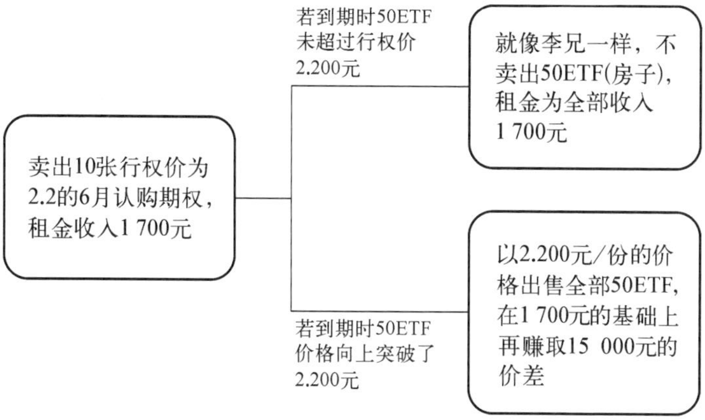

图 9－1　2016 年 6 月 3 日，期权备兑开仓案例示意图

实际上，在几百点内箱体震荡的市场中，持房出租(即持标的卖认购)不失为一个妙计！对于房屋的拥有者而言，既然目前无法以目标价位卖掉，闲着不如生财，通常会在房价不温不火之际将房屋出租，每月赚取租金(就好像期权的权利金)以增加收入。由于不希望用专业名词吓唬初学期权的投资者，所以我们在最后提一下期权投资中“持房出租”的专用名词，它叫“备兑开仓”，或许这个名词你早有耳闻，只是记不住而已，那么但愿此文能让你记住它。

10. 两种另类的“租售比”
——持房出租策略的性价比指标

在上一篇《股票市场有一种投资方式，叫持房出租，你知道吗?》一文中，我把期权交易中的备兑开仓策略比作房市交易中的持房出租，它适用于震荡慢牛的市场环境，并且只要房价不发生大涨，每个月所收入的租金(期权费、权利金)总会产生超额的收益(Alpha)。然而，备兑开仓策略也是一门不大不小的学问，同样是持房出租，同样是持有标的卖出认购，究竟卖出哪一个认购期权会产生更多的潜在收益率呢? 究竟卖出哪一个认购期权的性价比会显得更高呢?

这里，我们就拿房市里的租售比(或者倒一下，售租比)来帮助你更快地入门。说到租售比，粗略地说，就是每个月的月租与房屋市价的比值。这个比值越高，说明房价中的投资需求越大，可以视为房屋出租投资的一个性价比指标。那么，我们来类比一下期权备兑开仓策略。

假设 Mr. John 以市价 14 美元的成本买入了某只股票 HappyHour(相当于你买下了一套房子)，由于温和看涨希望在 15 美元时出售这只股票，于是卖出了行权价为 15 美元的认购期权，该期权的权利金收入为 1 美元(相当于一个月内的租金收入)。在这个例子中，我们如何来衡量 Mr. John 所采用策略的性价比呢? 我们知道，对于任何一个期权策略，如果你打算持有至到期，那么你最终的收益都取决于标的股票在到期日的收盘价格。尽管我们无法事先得知 HappyHour 到期时的股价，但我们一定特别关注以下两种特别的情况：

- HappyHour 到期股价仍然是 14 美元(相当于一个月以后房价不变)；
- HappyHour 到期股价超过了 15 美元(相当于一个月出租结束后，Mr. John 把房子卖掉了)。

如果我们搞清楚了这两种情况下 Mr. John 所获得的收益率，我们就几乎了解了一切! 类比于“租售比”的概念，我们针对上面两种特别的情况分别引出两个概念，这两个概念在“租售比”的基础上稍微做出了一些修改。

- 静态收益率：假设在期权到期日，股票的价格没有发生变化，整个组合的期间收益率。静态收益率＝收入/净成本。
- 或有行权收益率：假设在期权到期日，认购期权被行权，整个组合的期间收益率。或有行权收益率＝(行权价－标的买入价＋认购权利金收入)/净成本。

（注：由于大部分备兑开仓都会卖出虚值认购期权，所以上述定义是针对虚值期权的。）

现在我们就顺藤摸瓜，来算算看 Mr. John 在这次备兑开仓交易中，一个月内的静态收益率和或有行权收益率分别是多少？

先是静态收益率，Mr. John 的股票买入成本是 14 美元，然而他同时又卖出了认购期权，获得了 1 美元的收入，因此他的净成本就是 13 美元。若到期日股价不发生变动，那么他的收入仅为 1 美元的“租金”收入，因此，Mr. John 备兑开仓的静态收益率＝1/13＝7.69％，从年化的角度看，就是 92.28％(7.69％×12)。

再来看看他的或有行权回报率，Mr. John 的股票买入成本是 14 美元，然而他同时又卖出了认购期权，获得了 1 美元的收入，因此他的净成本就是 13 美元。若到期日标的价格超过了 15 美元，他的认购期权将被行权(也就是被 call)，于是 Mr. John 的总收入＝15－14＋1＝2(美元)。

因此，Mr. John 备兑开仓的或有行权收益率就是 15.38％(2/13)，从年化的角度看，就是惊人的 184.56％(15.38％×12)！

今后在做备兑开仓交易时，你可以用上述两个类似“租售比”的指标，通过图 10－1 了解自己在期权最终到期时收益率所处的范围。

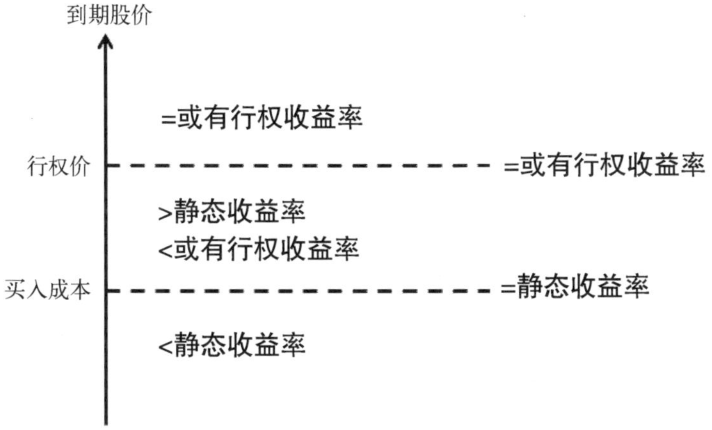

图 10－1　备兑开仓静态收益率与或有行权收益率概念示意图

不仅如此，更重要的是，静态收益率和或有行权收益率的计算能够帮助每位交易者在不同的备兑开仓策略之间进行比较。一个标的有许多个月份的期权，一个月份有许多个行权价的认购期权，在面对 N 个认购期权可选择时，我们就可以再借助上面的两个类似“租售比”的性价比指标，对不同的备兑开仓策略进行对比分析，从而帮助我们进行最终的决策。

在国外的一些期权交易软件里，静态收益率（static return）和或有行权收益率（if called return）都已经作为固化下来的指标，在你选择备兑开仓时自动跳出供你参考。在国内做交易时，你也可以先用 Excel 等工具自行计算对比。表 10－1 就是过去某一天当月虚值认购期权当时所对应的静态收益率和或有行权收益率，这样的表格在决策前有必要参考一下。

表 10－1　某日当月虚值认购期权静态收益率、或有行权收益率计算案例

行权价	权利金	静态收益率（非年化）	静态收益率（年化）	或有行权收益率（非年化）	或有行权收益率（年化）
2.4	0.037 6	1.60%	9.58%	2.24%	13.41%
2.45	0.02	0.85%	5.06%	3.59%	21.51%
2.5	0.009 3	0.39%	2.34%	5.23%	31.31%

数据来源：Wind，“力的期权工作室”整理。

最后，需要提醒每一位投资者的是，期权备兑开仓的静态收益率以及或有行权收益率，并不意味着投资者制定备兑开仓策略时，一定能够用上这两个收益率。如果标的股价并没有出现投资者原先预期的小幅上涨，而是出现下跌，而且跌至盈亏平衡点以下，你仍然将面临亏损，就像房价大跌，你的租金收得再贵，也无济于事。然而，备兑开仓的静态收益率和或有行权收益率仍然有着非常重要的意义，因为一个认购期权就对应着一对静态收益率和或有行权收益率，我们在选择到底用哪一个认购期权做备兑开仓时，可以结合这两个指标进行辅助判断，选择这两个指标达到心理价位的认购期权进行备兑开仓。

11. 由浅入深——波动率的天气物语

在期权交易的世界里，最神秘的变量莫过于波动率。期权把投资带入了立体化的时代，这“立体化”三个字就体现在波动率对期权价格的影响上。

如果要从最通俗的角度解释波动率，那自然就要先说到资产的风险了。从股票的波动率可以看出是资产的风险。在美国，有一种期权叫天气期权，如果我们定义了什么叫雪灾灾害，那么是芝加哥的保险费贵还是佛罗里达州贵呢？答案也是明显的，显然是前者，因为你在芝加哥扫雪的时候，朋友老王可能在佛罗里达享受日光浴呢。所以，对于波动率，你只要理解成资产的风险就可以了，资产的风险越大，资产的波动率就越大，对应的保险费就越贵。期权价格就像保险费，其他因素相同时，被保险的资产风险越大，期权价格就会越贵。

如果上面的说法还觉得有些抽象，那么图 11－1 将彻彻底底从直观角度描述波动率。

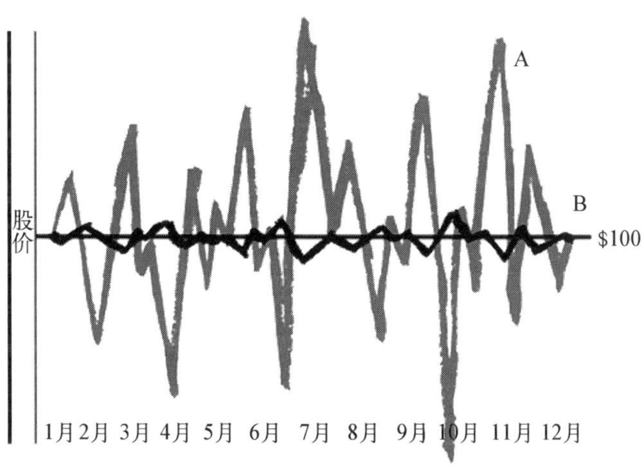

图 11－1　A、B 两只股票波动率直观示意图

对于 A 股票和 B 股票一年间的走势曲线，若找一个炒过股票的散户随便一问哪只股票的波动率大，我想 99.99%都会说 A 股票的波动率更大。为什么 A 股票的波动率更大呢？原因是：波动率衡量的是资产价格偏离平均值的程度，也就是上述 A 股票和 B 股票的股价一年内的平均值都是 100 美元，但 A 股票偏离平均值的程度大，所以我们会说 A 股票的波动率更高。

说到这里，可能你觉得太过容易，那么你有没有听说过以下四种波动率：历史波动率、预测波动率、隐含波动率、已实现波动率？这四个名字若从学术上解释没准又把你给绕晕了，所以我们来说一个上海 6 月梅雨季节里的故事。

6 月 15 日，对某男“纠结君”而言，出门上班注定是悲剧，出门时未见窗外飘雨，但心中难免不放心，不知道今天出门是不是要带伞。从历史过去 10 年的角度看，有 80％的概率 6 月 15 日已经入梅，当日都会下暴雨，好吧！“纠结君”决定带伞出门了。可是，刚要关电视出门，听到电视里天气预报声称今天多云转阴，那就是很可能不下雨咯，刚要带伞的“纠结君”瞬间开始犹豫要不要带伞。于是他跑到阳台窗前，往下一瞧，发现小区里的居民出门时手上都拿了一把伞！这时，我想“纠结君”一定崩溃了，因为历史值告诉他今天降水概率 80％该带伞，天气预报却告诉他今天多云转阴不用带伞，然而小区的居民（把小区想成一个期权市场）共同的市场预期值是今天要带伞。至此，我想“纠结君”只能根据历史值、预测值、市场预期值三个值做出自己的判断了！故事说到这里，今天到底带不带伞呢？这必须等到一天结束后，由已实现的天气情况告诉你答案。

试想一下，“纠结君”的这个故事不正是我们平时在期权市场里遇到的四个波动率吗？上面故事中的历史值就好比“历史波动率”，是度量资产价格历史变动的指标，它度量的是资产价格在过去一段特定时期内偏离均值的程度，通常用日数据进行计算。历史波动率有很多种计算方法，用得最多的是 Close-to-close 的算法，当然 Garman-Klass、Yang-Zhang 的算法也在业界常用。

而预期值就好比“预测波动率”，可以是任何一个市场参与者根据历史数值和自己的模型对未来波动率的一个估计值，说得更极端一点，就拿今天的波动率来估计明天，也是一种预测波动率。

故事里的市场预期值就好比隐含波动率，是期权市场参与者对未来波动率的一个预期值，而这个预期值反映在期权价格之中，而且时刻会发生变化。

最后一个呢，则是已实现波动率，可以理解为今天一天的真实波动率，即今天的日内（intraday）波动率，通常根据分钟或秒的数据计算得出。我们需要记住，不论是历史波动率、隐含波动率还是预测波动率，都不是未来一段时间真实的波动率，而应视为一种估计方式，真实的波动率只有发生了才知道。

最后，让我们通过一个计算实例（以 2016 年 6 月 15 日为例），并用简短的几句话来整理一下这四种波动率的不同之处。

表 11－1　四种波动率的计算实例

波动率种类	数值
历史波动率(2015 年 6 月 16 日～2016 年 6 月 15 日的年化波动率)	37.71%
隐含波动率(当月平值认购认沽算数平均数)	13.98%
预测波动率(EWMA 模型)	22.87%
已实现波动率(2016 年 6 月 15 日的日内波动率)	13.72%

表 11－2　四种波动率的简要对比

波动率种类	简短的理解
历史波动率	通常是过去一段时间内运用日间数据计算出的波动率
隐含波动率	每个期权合约都对应一个隐含波动率，是市场参与者对今天到期权到期日期间波动率的预期值
预测波动率	根据某一模型和历史数据计算出的波动率，作为未来的预测值
已实现波动率	根据当天日内高频数据计算出的波动率

注：波动率通常会乘以年化因子来表示。

12. 灌篮高手！少年的热血时代，今日的期权岁月！

《灌篮高手》，虽然已经是20世纪90年代的动画片了，但回想起来，感觉却依然如此强烈。故事并不复杂，讲述了一支高中篮球队——湘北篮球队立志称霸全国，队内"五虎将"协同一起力争胜利的故事。有一天，在思考期权希腊字母应用时，恰好在公交车上耳闻一首《直至世界终结》，这让我找到了"湘北五虎"与五个希腊字母的联系，希望你会喜欢！

(1) 赤木刚宪(Delta)

赤木刚宪是球队走势的中流砥柱，是方向性投资结果的决定者！对于湘北队而言，赤木是真正的攻防核心，不在场时，球队就如同缺少了主心骨。赤木的状态越差，球队获胜的概率就越接近0；赤木的状态越好，球队获胜的概率就越接近1。而期权希腊字母中的Delta也正是如此，越实值的认购期权，Delta接近于1；越虚值的认购期权，Delta越接近于0。对于方向性交易的投资者，Delta毫无疑问将是其收入的最主要来源。

(2) 樱木花道(Gamma)

赤木刚宪曾经说过，掌控篮板球的人就掌控了比赛。樱木是赤木的继承者，海南一役赤木因伤下场后，樱木化身"金刚弟弟"咬住了比分。可以说，没有赤木的教导，就没有樱木的成长。同样地，Gamma是Delta关于标的股价的一阶导数，有了Delta，才会有Gamma；Gamma也是期权盈亏非线性特征的体现，与期货的Gamma为0相比，期权正是因为有了非零的Gamma而披上了"非线性"的面纱。

不仅如此，Gamma是波动性交易收入的主要来源，樱木超一流的学习能力和"一根筋"的性格又被称为"不稳定因素"，是湘北非线性实力的展现，也是球队中具有很大正Gamma的不稳定天才。对于平值Gamma而言，随着到期日临近，Gamma值就越大，甚至会趋于无穷大，爆发出惊天的力量。樱木也是如此，与山王工业一战中，樱木发挥了射篮集训时的成果投进了绝杀，力助湘北篮球队击败号称"不败"的山王工业。

（3）流川枫（Theta）

流川枫是技巧圆熟的“进攻之鬼”，在海南一战后学会将体能保存到下半场，充分利用得分能力带领球队走向胜利，对比赛剩余时间的敏感度最强！

由于赤木晴子的缘故，樱木花道与流川枫水火不容，正如 Gamma 正的时候则 Theta 为负。然而与山王工业一战中，流川枫在对手的压迫下学会了传球，助攻樱木绝杀，两者共振达到球队收益最大。这正如深度实值的认沽期权，Gamma 和 Theta 可以同时为正，帮助认沽多头方获得最大收益。不过，在海南和翔阳之战中，随着比赛终场时刻的临近，流川枫也会因体力耗尽，被樱木花道盖过风头，导致价值显著衰减。

（4）三井寿（Vega）

因膝伤荒废两年的前 MVP 球员，被誉为湘北篮球队最神秘的男子！这一切都完全符合 Vega 神秘莫测的特性。三井往往是球队“隐含”实力的体现，当赤木（Delta）和樱木（Gamma）同时失灵时，“三井时刻”下的连续三分球立刻会帮助球队走出困境，赢得比赛胜利。期权投资中也正是如此，当股价一动不动，周线以一根十字星收官（就像周围的队友 Delta、Gamma 都突然失去了火力）时，隐含波动率的上升（对买方）或下降（对卖方）将明显地影响一周持仓的盈亏。

除此之外，三井的另一大特质与 Vega 也极其相似，那就是体能。随着比赛终场的临近，三井的体能会明显衰减，不论状态好坏，他的体能都会趋于 0。而 Vega 也是如此，随着期权合约到期日的临近，不论实值、平值还是虚值，它们的 Vega 都会整体趋于 0。

（5）宫城良田（Rho）

宫城良田看似其貌不扬，身高只有一米六八，却被誉为神奈川的“电光火石”，是湘北进攻体系的发动机。一旦球场大环境出现大的变化，他稳定的控球与掌控全局的能力会调动起整个球队的气势，从而间接改变比赛的结果。仔细一想，Rho 也是一样，Rho 是期权价值关于无风险利率的敏感度，而无风险利率就像球场的整体大环境，虽然不经常变化，但一旦出现明显的升息或降息，Rho 依然可以在期权持仓盈亏上刻下属于自己的一笔一画。

13. 世界杯的饕餮盛宴，足彩中的期权世界

2018 年夏天，四年一度的足球盛宴——世界杯，在俄罗斯拉开帷幕了。32 路诸强厮杀于俄罗斯，几十亿球迷们纵情狂欢于全球。世界杯是如此多娇，引无数球王竞折腰，这里有着球王贝利的三次夺魁，这里有着克鲁伊夫的铩羽而归，这里有着罗伯特·巴乔的落寞身影，这里有着马拉多纳的天赋捧杯。

想到每一次的世界杯，自然也会想到各类博彩公司开出的各种足彩。足彩，这一与期权属性颇为相似的品种，在未来一个月的盛宴中，将会呈现出各种各样的期权特征，可供我们学习体验。在本文中，我们结合足彩这一话题，通过足彩通俗地理解那些晦涩难懂的希腊字母指标。

(1) Delta

先是 Delta 指标，这个指标刻画的是标的涨跌 1 个 tick，期权价格变化多少，也可以理解成一份期权到期时处于实值的概率，概率为 100％则 Delta＝1，概率为 0 则 Delta＝0。我们来回顾一场比赛，2002 年小组赛德国队对阵沙特队，那是一场 8∶0 的“大屠杀”，设想有一张德国 VS 沙特的足球彩票，我们可以发掘这样的道理：

- 当德国队大比分 5∶0 领先沙特队时，几乎可以确定德国队肯定能够战胜沙特队，因此一张买德国队获胜的足彩已经处于深度实值的状态，比赛终场结束时处于实值的概率几乎就等于 100％，因此该足彩的 Delta 就等于 1。
- 反之，如果下注沙特赢，则此时该彩票已经一文不值，此时某一方进球，对彩票价值几乎毫无影响，这张彩票在比赛终场结束时处于实值的概率几乎就等于 0，因此它的 Delta 就等于 0。
- 比赛越临近终场时刻，比赛的胜负就越确定，德国队最终获胜的概率就越来越接近于 1，所以一张买德国队获胜的彩票的 Delta 就越接近 1，一张买沙特队获胜的彩票的 Delta 就接近于 0。

这说明越是实值的期权，Delta 越接近 1；越是虚值的期权，Delta 越接近 0。临近到期时，实值期权的 Delta 越接近 1，虚值期权的 Delta 越接近 0。

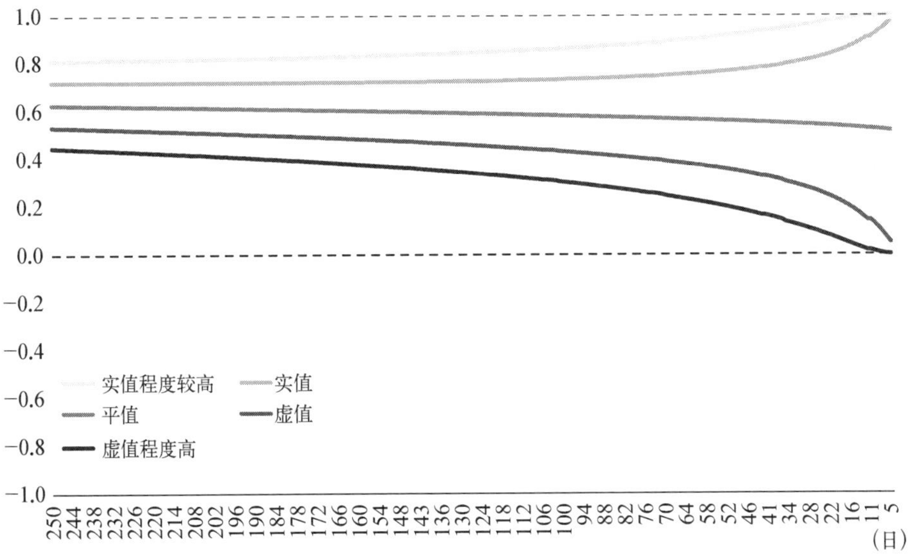

图 13-1　认购期权 Delta 与到期时间的关系

（2）Gamma

再是 Gamma 指标，这个指标刻画的是标的涨跌 1 个 tick，期权的 Delta 变化多少，也可以理解成标的涨跌 1 个 tick 对一份期权最终是否处于实值状态的影响力，影响力越大则 Gamma 值越大，影响力越小则 Gamma 越小。

我们再来回顾一场比赛，2006 年世界杯半决赛德国队与意大利队的经典对决。全场比赛双方势均力敌，直到加时赛下半时 118 分钟，左后卫格罗索接皮尔洛的传球顺势搓射打进决定比赛的一球。对于 2006 年德国 VS 意大利的足球彩票，我们可以发掘这样的道理：

- 当比赛期间一直处于平局时，德国或意大利任何一方的进球都对比赛结果有着很大的影响，而如果一方已经大比分领先了，另一方的进球就显得没有那么重要了，影响力接近 0。这说明相对于实值和虚值期权，同月份的平值期权的 Gamma 最大。
- 对于平值期权，也就是一直处于平分的比赛，越临近终场哨声响起，某一方的进球会对比赛的结局产生决定性的影响，进球方获胜的足彩迅速转为实值，另一方获胜的足彩迅速转为虚值，所谓“一半天堂，一半地狱”“一半火焰，一半海水”，这就是平值期权 Gamma 临近到期时的力量。这说明当临近到期时，平值期权的 Gamma 会趋于无穷大。

- 而对于深度实值或深度虚值期权，如果临近比赛时一方已经 5：0 领先对方，那么某一方再进球对比赛的结局几乎没有任何影响力，也就相当于标的再涨跌一两个 tick 对期权最终是否处于实值状态没有影响力了。这说明越是实值或虚值的期权，临近到期 Gamma 越接近 0。

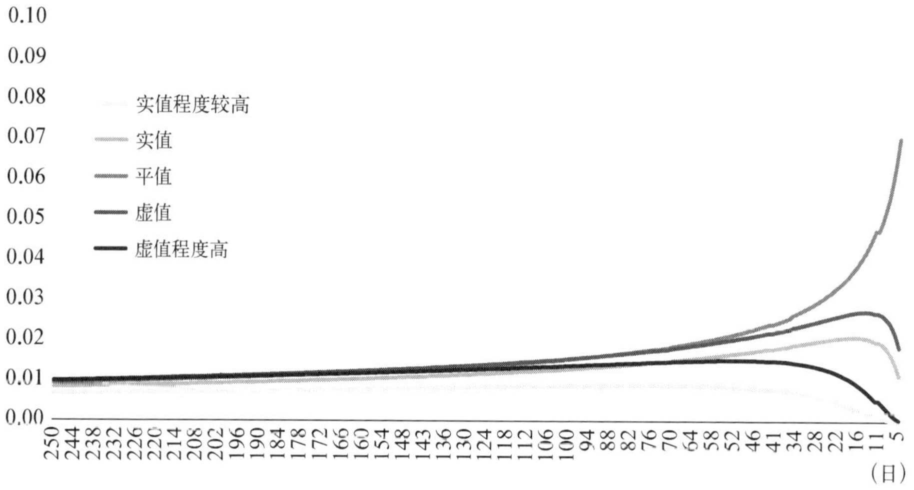

图 13－2　认购期权 Gamma 与到期时间的关系

(3) Theta

最后来看看 Theta 指标，这个指标刻画的是时间每流逝一天，期权的价格变化多少，也可以理解成，时间每过一天对一份期权最终是否处于实值状态的影响力，影响力越大则 Theta 绝对值越大，影响力越小则 Theta 绝对值越小。

- 当比赛期间一直处于平局时，比如 2014 年世界杯决赛的德国队与阿根廷队，比赛时间每过一分钟，买其中某一队获胜的盈利概率都在逐渐变小，这意味着期权的价值正在逐渐流逝。不仅如此，如果临近比赛结束，平局的状态还不能被打破，买其中某个队获胜的彩票价值就会迅速衰减，越来越快。这说明临近到期时，平值期权的 Theta 绝对值是很大的，时间价值的损耗是会加速的。
- 而对于深度实值或深度虚值期权，比如 2002 年巴西队与中国队的比赛，由于巴西队已经 4：0 领先中国队，比赛时间再过个十几分钟，比赛的结局也几乎不会有什么改变，因此买巴西队获胜或者买中国队获胜的彩票价值就不会有什么变化了。这说明越是实值或虚值的期权，Theta 绝对值越小越接近 0。

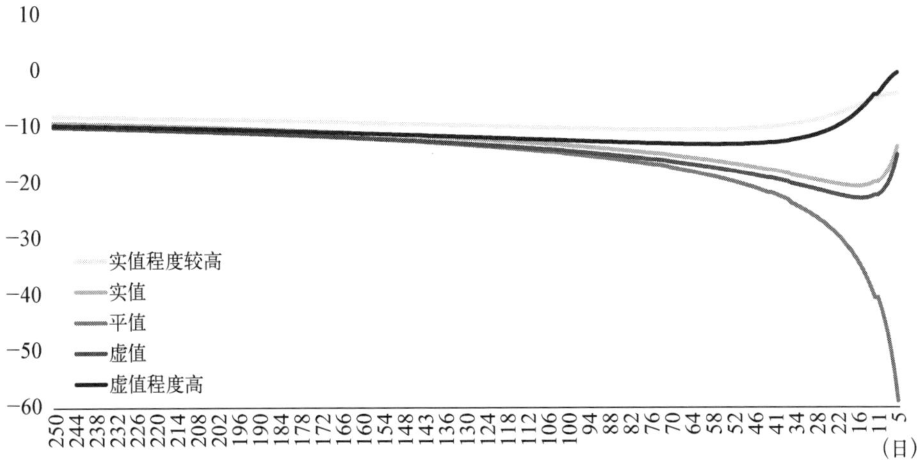

图 13－3　认购期权 Theta 与到期时间的关系

14. 世事洞明皆学问，从人情练达中一览什么是 Delta 中性

期权交易中，有一种交易称为波动率交易。你可能会问究竟什么是波动率交易？你也可能从市场上听说过各种各样对波动率交易的解释，却仍然不知它与方向性交易的区别。我觉得，对方向性交易和波动率交易最合适的区分方法，就是看一个叫 Delta（德尔塔）的希腊字母。当你在持仓过程中保持 Delta 约等于 0，希望赚取波动率这个维度的钱，那么这种交易就算是波动率交易，所以波动率交易就近似属于 Delta 中性交易。那么，刚才我们反复提及的 Delta，究竟是个什么东西呢？

Delta 是期权价格关于标的价格的敏感度，也可以理解为买入一张期权后到期行权的概率。比如其他因素不变，股价上涨了 0.01 元，期权价格上升了 0.005 元，说明该期权的 Delta 为 0.5，等于期权价格变化量除以标的股价变化量，也就是 0.005/0.01，它也表示了站在当前看，你到期行权的概率为 50%。从这个例子中你可以看到，单纯地买入认购期权，你的持仓 Delta 是不可能等于 0 的。而 Delta 中性交易，就是同时买卖不同的期权和标的股票，使得整个持仓的 Delta 值接近于 0，一旦持仓的 Delta 接近 0，那么你的持仓就“免疫”于股价涨跌带来的忧愁和欢笑了，只需在乎波动率变化带给你的盈亏。

如果依然没有看懂，怎么办？没关系，所谓“世事洞明皆学问，人情练达即文章”，让我们从每个人的社会关系来讲起吧。每个身处于人情社会的朋友可以问问看自己，你是一个在乎细节的人吗？你是一个在乎得失的人吗？你对周围人付出许多，别人不回报你，你会心里憋屈难忍吗？如果会，那就说明你的心态已经偏离了中性，而是受到了周围环境的影响。此时，你会发觉自己不再为自己而活，你会觉得自己的一举一动受到了别人一举一动的影响，这种影响关系就是敏感度，这种敏感度越大，你受到的影响就越大。

期权市场上的中性与非中性，其实恰恰相当于每个人待人处世心态的中性与非中性。对于期权的机构投资者而言，越长期的投资就越需要有着 Delta 中性的交易思

维，越稳健的风格就越需要 Delta 中性策略的支持。同样地，大部分人一辈子是很难做到非中性的待人处世的，一个人无条件地对周围付出，而不求回报，这样的境界毕竟是正态分布里的尾部存在。在这个复杂的人情社会中，礼尚往来、知恩图报，这仍然是一个普遍的存在，也是维持许多人际关系必要的方式。当你的 Delta 暴露出很大的敞口，只是一味索取别人的施舍，或是一味奉献全部的精力，那么结果往往与交易结果一样，会面临着心态上巨大的落差和回撤。

那么，初学期权波动率交易时，你需要了解哪些 Delta 中性的方法呢？对于初学者而言，结论并不复杂，基本的 Delta 中性对冲有四种方式。它们分别是：买入认购期权＋卖空 Delta 份股票；买入认沽期权＋买入 Delta 份股票；卖出认购期权＋买入 Delta 份股票；卖出认沽期权＋卖空 Delta 份股票。

在表 14－1 中，就举了 4 个简单的实例，帮助大家更好地理解。

表 14－1

期权操作	当时的 Delta 值	50ETF 的 Delta 中性操作
买 1 张认购	0.65	卖空 6 500 份
买 1 张认沽	−0.5	买入 5 000 份
卖 1 张认购	0.25	买入 2 500 份
卖 1 张认沽	−0.3	卖空 3 000 份

注：50ETF 的标准化期权合约单位为 10 000。

不过在波动率交易的实际操作过程中，并不是在开仓时保持好 Delta 中性就一了百了了。如果你的持仓时间比较长，往往需要定期或不定期地把 Delta 这个希腊字母动态地调整到接近 0。这是因为标的股价大幅变动会导致期权的 Delta 也发生变化，原来 Delta 中性的持仓可能在过了一段时间后就远远地偏离了中性的状态，所以 Delta 中性交易者需要进行动态调仓。从动态调仓的方式看，一般可分为两种：一种是定期调仓（固定时间对冲法），比如每日日终或每隔半天买卖其他期权或股票进行 Delta 对冲；另一种则是不定期调仓（阈值对冲法），比如整体持仓的 Delta 大于或小于某个阈值才进行 Delta 对冲。

图 14－1　Delta 中性动态对冲的两种方式

同样回到人情社会中的场景，我们就把节日里发红包看成是建仓，把别人的回礼看成是 Delta 对冲。你看看别人的行为属于哪一类的对冲方式呢？是固定时间对冲的，还是固定阈值对冲的呢？

大多数朋友通常会出现两种情况：第一类，往往会间隔一定的时间，比如每次都在一个小时以后给你一个回礼，这就好比 Delta 的敞口裸露到一定时间，然后集中性的一次 Delta 对冲，这就是一个生活中固定时间对冲法的例子；第二类，则会觉得马上回礼有点点唐突和做作，觉得寻找下次合适的机会再回礼，于是当你在下一个节日再发一个红包过去时，这位老友就回了双倍的礼给你，这就好比期权交易中，Delta 的敞口触碰到一定阈值，进行了一次对冲，发 N 次小礼回 1 次大礼，这种就属于阈值对冲法。

15. 当你发现期权就是爱，于是世界变了

“如果爱像微风，和你一起吹过，连空气味道都变成甜的。”有一天，当你发觉期权就是爱，于是天空晴了；有一天，当你发觉期权就是爱，于是世界变了。如果说美国期权市场的飞跃早在 1973 年 4 月 16 日就已实现，那么国内期权市场的里程碑就发生在 2015 年 2 月 9 日。也许你还是一位期权新手，也许你正在学习期权 ABC，那么就让本文来帮你发掘 2015 年 2 月 9 日前后，投资世界到底发生了什么变化吧！

(1) 期权让盈亏线变成了折线

在 2015 年 2 月 9 日前，不论你是买入股票，还是做多/做空股指期货，你的盈亏总是线性的，既寄望着无限的收益空间，也忍受着无限的下行风险。

然而，从 2015 年 2 月 9 日开始，用有限的成本获取潜在无限的收益就不再是天方夜谭，买入一份认购期权就能改变你的资产盈亏曲线，一个简单的弯折，把直线变成了折线，下有底，上不封顶，于是世界变了！

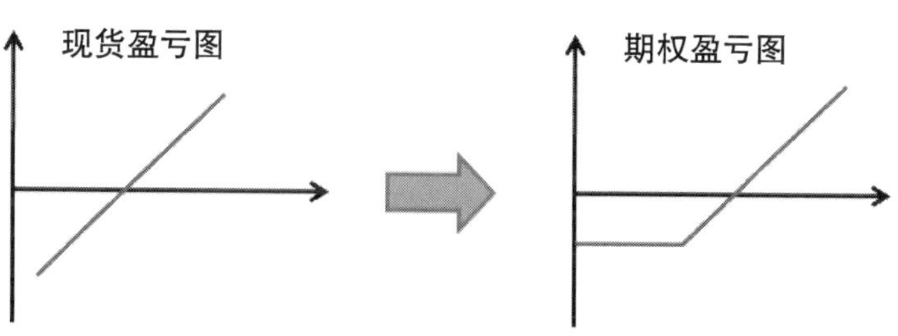

图 15－1 买股票与买期权的盈亏图的区别

(2) 期权让杠杆与爆仓变成了平行线

在 2015 年 2 月 9 日前，杠杆从来像是坏孩子，不论是融资融券还是股指期货，想要用杠杆，就会有负债；想要用杠杆，就与“爆仓”二字扯上了干系。

然而，从 2015 年 2 月 9 日开始，以小博大的杠杆竟然可以是无负债的，而且不用缴纳保证金，也不会再面临强制平仓了，这一切只是通过买入期权就得到了实现。期权的买方类似保险的买方，只有权利，没有义务，没有保证金的约束，让杠杆与爆仓变成了完完全全的两码事，于是世界变了！

图 15－2　买期权与买期货、配资等杠杆交易的区别

(3) 期权让世界上多了一份“后悔药”

在 2015 年 2 月 9 日前，踏空与套牢是投资世界永恒的主题，牛市起来后不敢进场，生怕自己成为最后一棒接力者；熊市来了不敢相信，生怕自己离场后卖在了“地板”上。

然而，从 2015 年 2 月 9 日开始，证券市场上多了一个品种的“后悔药”，它叫 50ETF 期权。买认购防踏空，在趋势性牛市途中用小资金买入认购期权，就能为自己锁定未来的买价；买认沽防回撤，在趋势性熊市的初期买入认沽期权，就能为自己锁定未来的卖价。一个花钱防踏空，一个花钱防套牢，于是世界变了！

图 15－3　买认购防踏空、买认沽防套牢示意图

(4) 期权让人可以实现任何想法

在 2015 年 2 月 9 日前，看多买入，看空卖出，可如果我既不看多也不看空呢，如果指数像 2016 年 5 月中旬那样在 100 点内连续盘整 15 天呢？我该寻求谁的帮助？

然而，从 2015 年 2 月 9 日开始，不论你是看大涨、看小涨，还是看大跌、看小跌；不论你是看空波动性、看多波动性，还是先看涨后看跌、先看跌后看涨……只要你能说得出你的想法，期权策略库中一定有对应的“武器”符合你的需要，于是世界变了！

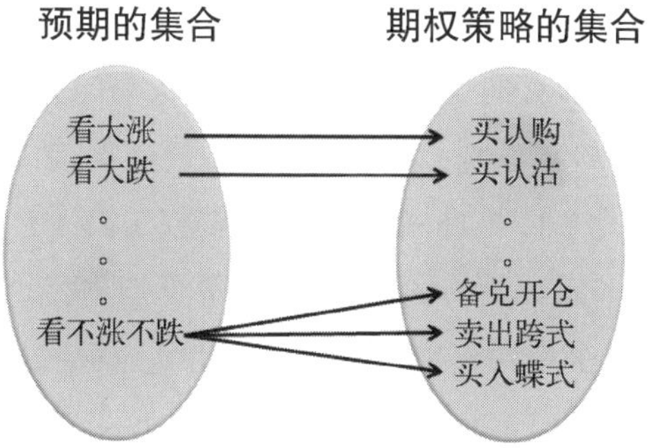

图 15－4　预期对应期权策略

(5) 期权让强者可以尽显才华

在 2015 年 2 月 9 日前，你的朋友预期 50 指数会上涨，而你预期 50 指数会在 10 天内上涨，涨幅还会超过 5%，可大家都只能乖乖地买入 50 指数基金，10 天后，你们的收益率完全相同，老天不会因为你更有才华而给你额外的恩惠。

然而，从 2015 年 2 月 9 日开始，你的朋友还是买入 50 指数基金，你却学会了买入认购期权，最后你的朋友赚了 6.56%，而你却赚了 278.79%。你比别人的预期更精确，使用期权后，你就赚得更多，于是世界变了！

背景：2015年3月中旬

购买期权		
	投资策略	10日期间的收益率
你的朋友	50指数基金	6.56%
你	50ETF认购期权	278.79%

图 15－5　期权交易的精确制导性

(6) 期权让股市多了一份安全

在 2015 年 2 月 9 日前，面对连续下行，我们习惯了空仓或止损，我们习惯了套牢与补仓；千股跌停让人一度绝望，卖出手中的头寸甚至都成为一种奢望。

然而，从 2015 年 2 月 9 日开始，学会买入认沽期权成为我们必备的一项技能，标的下跌时，认沽大概率上涨，而且涨幅很明显，在 2015 年 6 月 25 日、26 日和 29 日三天千股跌停的日子里，不少当日买入股票的投资者中，已经学会在同日买入认沽期权，共为价值约 21 亿元的股票提供了保险。于是，他们的世界变了！

(7) 期权让你在趋势市里实现财富翻番

在 2015 年 2 月 9 日前，我们见证了每一波来之不易的大牛市，人人都想在这一波趋势市里实现财富自由，却又习惯了在趋势市里频繁换股，频繁踏空。

然而，从 2015 年 2 月 9 日开始，是时候学会期权工具了！在上一波趋势市里，某投资者在 3 月初买入了一定数量的认购期权，花费每张 292 元的权利金，一个月后以 4 915 元的收盘价平仓，5 个星期收益率达 1 583.22%。趋势性牛市里实现财富翻番或许只需要一个多月就能做到了，于是这些投资者的世界变了！

(8) 期权让人无惧于箱体震荡

在 2015 年 2 月 9 日前，人们最害怕箱体震荡，震荡市里择时难，震荡市里选股难，主题热点不持续，市场板块切换过于频繁。

然而，从 2015 年 2 月 9 日起，我们终于有工具可以避开这些世界难题，用期权在震荡市里备兑开仓、带止损地卖出，让收益在时间的消逝中慢慢落入自己的口袋里，让收益在波动率的下降中慢慢进入自己的账户中，于是你的世界变了！

(9) 期权让套利者玩出新花样

在 2015 年 2 月 9 日前，机构只关注着期货与现货组合的套利、期货与期货之间的套利，套利模式单一，套利花样有限。

然而，从 2015 年 2 月 9 日开始，平价套利、箱体套利、垂直价差套利、水平价差套利、凸性套利……一个个全新的名词、一个个全新的套利花样进入了机构投资者的视野，这一个个新策略仅仅就是一个期权品种所带来的，不同的行权价、不同的到期月份、不同的合约类型，期权的多个维度为世界创造了更多的套利机会，于是世界变了！

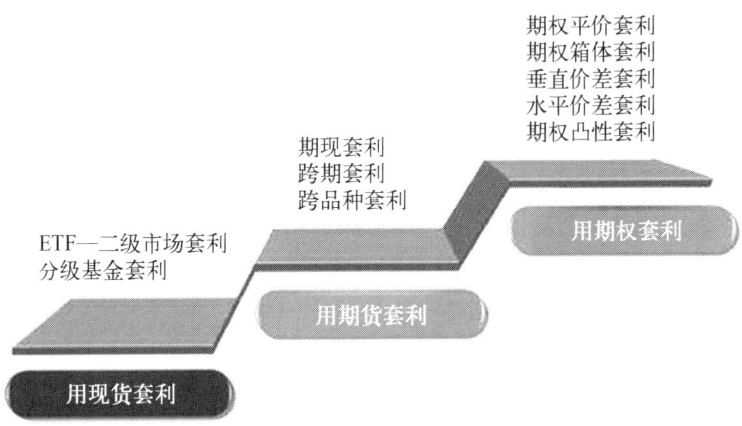

图 15-6　从现货套利到期权套利进阶图

（10）期权让我们多了观察世界的角度

在 2015 年 2 月 9 日前，我们习惯于通过均线、MACD、各种传统的技术指标来判断后市的多空，我们习惯于只从现货市场去挖掘现货走势。

然而，从 2015 年 2 月 9 日开始，期权为我们带来了更多观察市场、挖掘市场信息的因子。认购—认沽成交比、认购—认沽持仓比、波动率曲线结构、波动率指数、期权黑天鹅指数、期权波动率溢价……这些新信息的深度挖掘，为我们创造了更多靠谱的轮动策略，为我们观察世界增添了新的视角，于是世界变了！

Tasty Option on Your Future

解惑篇

16. 如何找到学习期权的捷径?

在成熟的海外市场里,期权对于整个二级市场的统治力是不言而喻的,因为它能穿梭趋势市和震荡市,因为它能完成现货、期货力所不及的事情。尽管相比于现货、期货,它的知识概念更多,交易策略更为丰富,理解起来或许更加困难,然而一切"高冷"的事物都会有着不可替代的魅力,而期权的魅力值得每个交易者去认识、去体会。截至2019年6月,上证50ETF期权、豆粕期权、白糖期权、铜期权、棉花期权、玉米期权、天然橡胶期权陆续问世!今后,更多的金融和商品期权还将挂牌上市,国内期权市场的规模已经稳步扩大。

那么,初学者究竟应该怎样学习期权,怎样找到学习期权的捷径呢?在本文中,我将分享以下四个方法。

(1) 第一个入门期权的方法叫作"用比喻学期权"

所谓"用比喻学期权",就是用自己熟悉的事情去理解还不熟悉的事情,这就是一种学习的方法。期权名词的世界里充满了各种各样的比喻,首先,期权费的英文叫option premium,而premium就是保险费的意思,可见期权和保险的确有着十分相似的地方,期权的买方就像是投保人,期权的卖方就像是保险公司,一个付出保险费、享有权利,另一个收取保险费、承担义务。又如,在学习期权分类时,会听说欧式期权、美式期权、百慕大期权的概念。于是你会发现欧式期权好比电影票,只能到期当天行权(8月8日的电影票是不能在8月7日提前入场观看的);美式期权就像月饼票,它可以在到期前任一交易日行权(9月1日公司发的月饼票可以在中秋节前任何一天去提货);而百慕大期权就像中超球赛套票(每周末可以进场看球,一系列时间点可以行权,其他时候不能行权)。再如,你在学习期权隐含波动率时,觉得抽象难懂,但隐含波动率有一个重要的特征,那就是用来判断期权价值高估与否,仔细想想,这不正好比股票市场的市盈率(PE)吗?市盈率越高的股票,价值越是被高估,越有可能存在泡沫,同样地,隐含波动率反映了全市场交易者对期权未来价值的估值,这个估值越高,则期权的价格越贵,反之则越便宜。其实,这样的比喻有很多,在你理解一个概念时,尝试着用身边熟悉的东西去类比理解,效果无疑会好很多。

（2）第二个入门期权的方法叫作"用口诀学期权"

在市面上，诸如《3小时快学期权》这样通俗版的期权入门书里，总结了大量的期权口诀。用别人已经总结好的口诀帮助自己记忆，是一种很不错的学习方法。比如，在初学期权时最头疼的就是期权的基本交易方向有四个，即买认购、卖认沽、买认沽、卖认购，比期货多了一倍，面对这么多操作怎么记忆，就使用口诀。我一直很强调期权的交易是预期对应策略，什么样的预期就有什么样的策略，所以就形成了预期对应策略的24字口诀："看大涨买认购，看大跌买认沽，看不涨卖认购，看不跌卖认沽。"如果你愿意记录下这24个字并把它贴在交易电脑边，那么至少在实际操作时，事先看一下不至于发生交易反掉的操作失误。这样的口诀还有很多，比如买期权的盈亏计算可记忆为"先减后加"、卖期权的盈亏计算可记忆为"先加后减"等。

（3）第三个入门期权的方法叫作"用复盘学期权"

我对投资的理解大概总结了14个字："多看新闻多复盘，多看报告多回测。"想要做好一笔投资，最重要的就是做好这14个字，其中的复盘尤为重要。所谓"期权复盘"，就是把一天的行情、事件做个回顾，看看认购期权、认沽期权的涨跌情况，并思考为什么有些认购期权涨得多、有些认购期权涨得少？为什么有些认购期权在标的上涨的情况下反而下跌了？对复盘总结出来的问题，及时咨询专业的朋友和从业者，带着问题去翻阅书中的原理，那个原理你必然会掌握得更深刻。比如，特朗普当选之日前后，美国VIX指数如何变化，提前几天埋伏一笔双买组合（既买认购又买认沽）赚钱概率最大？又如，在2015年6月～2016年1月期间的三轮断崖式下跌过程中，如果提前买入了认沽期权做保险，我的资产会少损失多少？这些问题思考得越多，复盘总结的时间越长，你距离一个专业期权交易者就越近了一步。

（4）第四个入门期权的方法叫作"用模拟交易学期权"

老话说得好，"实践出真知"，在学习了各种期权概念和交易策略后，需要一个平台让你真实地进行实践。交易所正是出于保障投资者利益、希望投资者经过实践后进入期权市场的本意，设立了期权的全真模拟环境。在模拟交易中，你会慢慢学习到什么叫作期权的T型报价，期权的盘口怎么变化，期权下单的方式有几种（横式下单、竖式下单、闪电下单），怎么用模拟交易计算器计算合约的理论价值，以及怎么观察每个期权的相关指标。自己亲自下过单了，胜过千言万语，有可能在书本上不理解的概念会在实践过程中一下子顿悟。我以前接触过一个投资者，他怎么都记不住"实值、平值、虚值期权"的概念，可是当他登录过期权交易界面后，他发现了一个小技巧，那就是凡是内在价值指标这一栏出现"－"或空值的期权就是虚值期权，这就是一个实践出真知的案例。

认购						
成交量	持仓量	杠杆	时间价	溢价%	内在价	涨幅%
655	3612	13.0	0.0211	0.89	0.1610	-4.26
447	2823	16.5	0.0318	1.35	0.1110	-5.18
1281	6620	21.6	0.0483	2.05	0.0610	-5.29
2162	15114	29.1	0.0702	2.97	0.0110	-5.25
9468	40709	39.2	0.0602	4.20	-	-4.90
2220	11311	58.0	0.0407	5.49	-	-6.22
2616	17172	84.3	0.0280	7.07	-	-4.76
6405	38195	126.3	0.0187	8.80	-	-3.11

图 16－1　某日认购期权交易界面

当你在模拟交易里亲自下过几次单后，你还会发现原来买期权是不需要缴纳保证金的，只有卖方才需要；你还会发现卖出了一份期权后，保证金变化的速度原来与期货是不相同的。因此，理论联系实际，才补齐了学习过程的最后一块版图。

说了这么多，只是希望通过我这些年来的体会和感悟能帮到你，让你在学习期权的过程中少走弯路。我想只要你真的爱上期权，一定会想出更多的比喻，了解到更多的策略，体会到更新的感悟。祝你早日在期权交易世界里寻找到自己的赚钱之道！在期权投资之路上走出自己的特色！

17. 冰与火的对立，如何区别期权买方与卖方的优与劣？

关于期权的买方与卖方，就犹如冰与火的对立一样！买方如火焰一般，一旦有一股趋势的东风吹来，就会燃烧得格外耀眼！它有着火一般的疯狂，但也会在冰冷的行情中慢慢熄灭。而卖方则如冰雪一般，每天静静地积累着、增厚着，慢慢地堆成一座小山，又渐渐地变成一片雪海！它有着冰一般的冷酷，但也会在火焰下迅速融化，在日照下迅速崩塌。

所谓“萝卜青菜，各有所爱”，在期权交易的世界里，有的人喜欢买期权以小博大，有的人喜欢卖期权每月赚取相对安全的保险费。大家对市场的看法不同，各自的风险偏好不同，从而选择也不同。

究竟冰好还是火好？究竟买期权好还是卖期权好？我的答案是，因人而异，需要从四个角度来综合考虑。如果每个人都觉得买方好，或者都觉得卖方好，那么市场也就不存在对手盘了，价格被单边炒得很高而买不到，或是被单边压低到卖不掉，最终导致流动性枯竭。对于具体的每一个人，究竟你适合做期权的买方还是卖方，取决于你的心态和市场所处的状态。下面我们就从具体的四个角度来叙述。

(1) 第一个角度，是你的本金有多少

这是一个很现实的问题，本金的多少决定了你暂时只能做买方还是可以大量做卖方。我们知道，期权买方最大的功能就是看对方向时可以花小钱办大事，通常只需要花费少量的权利金，初始成本很低，而期权卖方就像保险公司，需要很多担保，每一张都要占用很多保证金。以目前的场内 50ETF 期权为例，买一张虚 1 档的期权可能只需花费 300～600 元，但卖出一张虚 1 档的期权可能占用 3 000 元的保证金。当你只有几万元时，做卖方的收益你或许也看不上，因为绝对金额太低了，5 万元的本金一年做下来基本上也就是四位数的收益；而当你有几十万元、几百万元时，你自然就可以留出一部分仓位去做卖方，再留一小部分做买方，卖方作为底仓为总资产增厚一些安全垫，而买方持仓就负责把安全垫的收益去做一些适当的放大。因此，当你的本金很有限，而且需要通过小额本金获取收益的时候，做买方会是比卖方更好的选择。

(2) 第二个角度，是你在投资上到底在乎胜率还是盈亏比

投资交易上有两个名词：一个叫作胜率，一个叫作盈亏比。胜率是什么意思呢？这个简单，顾名思义，就是获胜的概率，也就是整个投资期你开平仓总次数中以收益告终次数的占比，这个数字自然是越高越好。那么盈亏比是什么意思呢？盈亏比就是整个投资期内你收益次数里的平均收益率除以亏损次数里的平均亏损率，这个数字也是越高越好。然而，“鱼与熊掌，不可兼得”，世界上几乎不存在胜率和盈亏比都非常高的策略。期权也是一样，期权买方以小博大，有时候类似买彩票，一年 12 个月下来，你会发现就赢了 2～3 次，输了 9～10 次，但赢的那两次收益率非常高，也许可以覆盖那 10 次的亏损，这就说明期权买方属于低胜率、高盈亏比的策略。而期权卖方则类似开设保险公司，一年 12 个月下来，可能连赢 12 次，但也可能赢 10 次、输 2 次，但有时输的那 2 次亏损率远高于赢 10 次的收益率，所以期权卖方属于高胜率、低盈亏比的策略。有的朋友表面上说在乎盈亏比，胜率低一些都无所谓，但在执行一些策略时连错 5 次以上就会受不了甚至放弃了，其实这位朋友内心更在乎的是胜率。因此，你到底应该以期权买方作为底仓，还是以期权卖方作为底仓，很大程度上取决于你内心更在乎胜率还是盈亏比。

(3) 第三个角度，是你的风险偏好如何

尽管做买方的胜率并不高，但期权买方亏损毕竟是有限的，卖方在标的价格突然暴涨或暴跌的那一天可能面临巨大的亏损。以 2018 年 2 月第一周为例，之前 50 指数在年初走出了惊人的 19 连阳，原来卖出认沽期权的投资者赚钱赚得非常舒服，1 月的收益率轻轻松松达到 5％以上，但 2 月第一周美股风险外溢导致的市场突然暴跌，让许多做期权卖方的朋友在短短的半天或一天内把 1 月的收益损失完，而这样的浮亏速度是不会出现在买入认购期权上的。因此，如果你是一个风险较为厌恶的投资者，或许用小仓位以小博大做买方更加适合你。我有一个朋友，他也知道做期权卖方胜率高，类似开保险公司，但每次卖完期权后，他都会惶恐不安，天天担心我会不会被行权，我明天的风险会不会一下子很大，我明天会爆仓吗？那么对他而言，为了一些微薄的租金而承担了很大的精神压力，他就不适合做卖方，即使权利金收入再诱人，他的风险偏好和心态也不适合做期权的卖方。

(4) 第四个也是最后一个角度，是你对后市环境的判断

我们始终要记住一点，不论是期权买方还是期权卖方，不可能有一种策略可以适用于任何市场环境，不可能放之四海而皆准。对于期权交易，它相较于期货的优势就在于，期货只能做多做空，对后市看涨是买入开仓期货，对后市看跌是卖出开仓期货，但对于方向不明确的牛皮震荡市，期货做多也不对，做空也不对，几乎就是束手无策的。而对于期权，期权买方和期权卖方不再是多与空的区别，而是趋势与震荡的区别。一旦一波趋势来临，就适合做买方，上涨的大趋势里买认购顺势而为，下跌的大趋势里买认沽顺势而为；一旦市场进入了箱体震荡，就适合做卖方，可以单边卖出认沽或认购，也可以双边卖出认沽和认购，稳稳地赚取保险费收入。因此，究竟当下适合做买方还是卖方，除了从你个人心态、资金实力、风险偏好考虑外，还需结合对后市的基本判断。大家记住一句话："趋势行情里买期权，震荡行情里卖期权。"

可以这么说，买方就怕行情不来，而卖方就怕行情乱来！对任何交易而言，"胜败乃兵家常事"。我们一般不太可能永远借着东风之势把大火始终烧得很旺，也不太可能永远靠抱着冰冷雪花避开一切潜在的阳光！在实际操作中，我们往往需要买卖结合操作。期权交易的核心就是有买有卖，当行情不来时让卖方去抵消买方的时间消耗，而当行情乱来时让买方去对冲卖方的迅速浮亏。

18. 一步两步三步四步，如何连成期权思维体系的一片天？

要在期权市场上长期稳健地获得收益，靠的往往是一套体系。在本文中，为了避免许多初学者进入一种错误的交易思维模式，仅仅去赌方向，导致自己反复亏钱，我想与读者们分享我的期权思维体系，也就是期权交易的思维“四部曲”——预期、策略、合约、善后。下面，我们来具体看一看这“四部曲”分别是什么含义。

(1) 第一步是预期

所谓“预期”，就是用一些指标判断标的的方向，为我们提供入场信号。这些指标主要包括四类指标：一是技术类指标，二是资金类指标，三是行为类指标，四是事件类指标。

第一类技术类指标，往往是最及时、最能识别趋势的指标，比如最朴素的均线、MACD、布林线等。通常而言，上穿关键均线、MACD 金叉、上穿布林线上轨被认为是一种右侧上涨趋势的确认，下穿关键均线、MACD 死叉、下穿布林线下轨则被认为是上涨趋势短暂终结的信号。

第二类是资金类指标，往往是与量能、资金净流入流出有关的，比如两市量能、两融余额、沪深股通每日资金净流入等。一般而言，从统计规律看，在一个存量博弈的市场中，地量容易见地价，两市成交额萎缩到一定程度会被许多机构视为一个多头的信号；两融余额则是代表了杠杆资金的参与热情，沪深股通每日资金净流入则代表了外资的参与热情，这两个指标的连续升高也通常被视为一个看涨的信号。

第三类是行为类指标，比如美国著名的 VIX 波动率指数，它刻画了市场对未来 30 天的预期波动率，如果短时间内飙升，则往往意味着美国投资者对后市产生了恐慌情绪，是一个常用的空头信号。又比如，50ETF 期权市场的认购认沽比等。所谓“认购认沽比”，是指对于单个期权品种，所有认购期权的成交量加总得到认购总成交量，再把所有认沽期权的成交量加总得到认沽总成交量，最后用认购总成交量去除以认沽总成交量，得到每一天收盘时的认购认沽比。认购认沽比越高，往往意味着认购成交量在上升，认沽成交量在下降，通常被视为一个看涨的信号。

第四类是事件类指标，这需要我们平时多关注新闻，把下个月或下个季度的重大事件记载在一张日历表里，某些事件影响重大，比如中美贸易摩擦关税公布日、2016年英国脱欧公投日等，这些都值得我们去提前布局。

（2）第二步是根据预期选择对应的期权策略

由于期权本身分为认购和认沽期权两个种类，操作上又分为买入和卖出，所以 2×2，期权的基础策略就有4种，即买认购、买认沽、卖认购、卖认沽。如果将这四种策略再加以组合，就可以对应你任何的市场预期，不论你是看大涨、看小涨，还是看大跌、看小跌；不论你是看空波动性、看多波动性，还是先看涨后看跌、先看跌后看涨，只要你能说得出你的想法，期权策略库里一定有对应的“武器”符合你的需要。所以，第二步要做的就是根据自己的预期从期权策略库中选出最合适的策略。

（3）第三步是选择期权合约

打开期权客户端的T型报价，你很有可能被几百上千个合约所迷惑，具体开仓时往往不知道选择哪个期权合约。比如，同样看涨需要买入认购，你究竟是买入近月还是远月的期权，是买入实值的、平值的还是虚值的期权，这些困惑在每一次开仓时都会浮现，我们要做的就是寻找到一套合适的原则来帮助大家科学地确定究竟应该交易哪一个期权合约。

这里，我先抛砖引玉（后面的文章里还会详细解释），用一个指标先来帮助大家筛选出合适的合约，避免一些错误的起步，这个最重要的指标就是Delta。打开T型报价界面，每一个期权合约每时每刻都对应着一个Delta指标，那么，Delta指标是什么呢？其实初学者不用惧怕，就把它看成一个指标，就跟你看股票的市盈率、市净率一样！Delta可以看成是期权价格关于标的价格的活力。如果一个期权的Delta绝对值很大，那么标的价格变动一点，它也能跟着变动一点；但如果一个期权的Delta绝对值很小，接近0，那么即使标的价格变动很大，它的价格也可能一动不动。这就像一个弹簧，对于优质的弹簧，你压下去多少，它就弹回来多少；而对于劣质的弹簧，你压下去多少，它可能只会弹上来一点点。记住这样的原理，我们就明白，做期权买方时，希望价格涨得动，所以持仓的Delta绝对值不能太小；做期权卖方时，希望价格涨不动，所以持仓的Delta绝对值不能太大。

（4）第四步是如何善后

投资交易不可能有常胜将军，胜败乃兵家常事，有盈利就有可能有亏损。就拿最简单的买入认购期权来说，我们用同样的一套入场信号不可能每次都买对，也会有浮亏的时候，这时我们就需要进入期权交易思维的第四步，那就是必须在开仓前就设置好善后原则——如果我们买错了，我们怎么办？如果买对了，我们又该怎么办？在具体设定善后原则时，我们必须清楚两件事情：一个是善后点是什么，也就是什么时候、什么点位触发善后；另一个就是触发善后点后，我们怎么进行善后。

先来说说常用的善后点有哪些。通常而言，我们可以用技术指标、标的是否向上向下跳档，以及其他指标来释放善后的信号。

首先来看技术指标的善后信号。对于买入认购操作和卖出认沽操作而言，它是不希望标的下跌的，所以当技术指标发出空头信号（比如下穿某根均线、均线拐头向下，或是 MACD 死叉）时，我们就可以采取善后措施了。对于买入认沽操作和卖出认购操作而言，它是不希望标的上涨的，所以当技术指标发出多头信号（比如上穿某根均线、均线拐头向上，或是 MACD 金叉）时，我们就可以采取善后措施了。

再来看看标的跳档的善后信号。对于买入认购操作和卖出认沽操作而言，它是不希望标的下跌的，所以当标的向下跳了一档以后，比如从 2700 下跌到 2650，又比如从 2500 下跌到 2450，我们就可以对持有的头寸采取善后措施了。对于买入认沽操作和卖出认购操作而言，它是不希望标的上涨的，所以当标的向上跳了一档以后，比如从 2700 上升到 2750，又比如从 2500 上升到 2550，我们就可以对持有的头寸采取善后措施了。

知道了期权四个基本操作的善后点，我们就要建立一个善后措施体系。以买入认购期权为例，假如我买入了 C2700 认购合约，当时标的价格在 2700 附近，但过了几天市场不太给力，标的向下跳了一档，已经跌到了 2650，根据我们上面给出的一种善后信号，此时我们已经可以考虑善后。如果这时我已经不再看涨，那么操作上就非常简单，那就是止损平仓离场，承认这次的亏损，等待下一次理性的入场信号。但如果这时我继续看涨，那么我应该如何操作呢？很多投资者会说自然就是持有不动，继续等待标的价格重新涨回去，但这绝对不是我所建议的操作方式，因为期权是一个非线性工具，各位操作过就会知道，标的价格从 2700 跌到 2650 再回到 2700，标的价格是回到了前期点位，但期权的价格可能已经回不到前期价位了。所以，为了继续保持期权价格上涨的活力，如果我继续看涨，应该进行另一种善后操作，那就是向下移仓，操作上

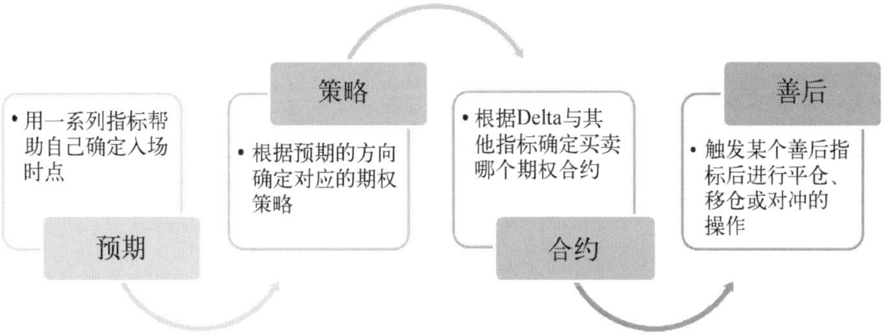

图 18-1　期权交易思维四部曲示意图

就是先平掉 C2700，然后买入相同数量的 C2650，由于新买入开仓的认购期权的 Delta 指标比较大，这样，一旦后市出现了上涨，新开仓的合约上涨就会更具有弹性和活力，价格变化的速度更快，这样就有可能达到弥补损失甚至盈利的目的。

不论做什么，正确的道路是最重要的。我们需要尽量在操作期权的一开始就踏上正确的道路，一开始就树立正确的期权交易思维，用一步步严谨自律的原则交易期权。从怎样建立入场信号，到怎样选择期权策略，到怎样选择期权合约，再到怎样善后手中的持仓和头寸，一步两步三步四步，连成期权思维体系的一片天。

19. 怎样选择期权合约，价格越便宜就越该买吗？

在实盘交易中，有许多朋友问过怎么选择合约这件事。这也难怪大家了，打开期权T型报价界面，面对满屏的期权合约，同样买认购，应该买入偏实值还是偏虚值的呢？同样卖认沽，又应该卖出偏实值还是偏虚值的呢？正因为摸不着头脑，有些投资者初涉期权时就有了买股票的惯性思维，总觉得买的价格越低越好，买的价格越低，自己就越占便宜。

或许有些投资者是受到虚值合约"收益翻倍"的某些片面宣传的影响，觉得深度虚值合约杠杆大，能实现财富自由，殊不知这一切需要"天时、地利、人和"。对期权价格变化本质了解得越清晰，你会发现这样重仓的风险就越大。

如果中短期看涨，什么样的合约选择方式是更加科学合理的呢？我为读者们原创了一个非常简单实用的合约筛选方法，不妨就称它为"Delta—权利金双指标选择法"。初学者不妨就先看两个指标就行了，一个是权利金的价格，另一个则是Delta，既简单，又实用！

对于权利金，大家都明白，就是期权的市场价格，打开T型报价界面，每一个期权合约在每个时刻都会有自己的成交价格。那么，Delta指标是什么呢？每一个期权初学者就把它看成是一个指标，就跟你看股票的市盈率、市净率一样，不用恐慌！Delta可以看成是期权价格关于标的价格的活力。如果一个期权的Delta绝对值很大，那么标的价格变动一点，它也能跟着变动一点；但如果一个期权的Delta绝对值很小，接近0，那么即使标的价格变动很大，它的价格也可能一动不动。这就像一个弹簧，对于优质的弹簧，你压下去多少，它就弹回来多少；而对于劣质的弹簧，你压下去多少，它可能只会弹上来一点点。

有了这个认识以后，我们就来看看"Delta—权利金双指标选择法"的两大原理。第一个原理是关于Delta的，那就是Delta指标绝对值越大，这份期权合约的价格就越有活力，就像一辆保时捷，标的一动（油门一踩）就涨得动；而Delta绝对值越小，这份期权的价格就越没有活力，就像一辆快报废的老爷车，标的一动（油门一踩）也涨不起来。第二个原理是关于期权价格的，这个更好理解，期权价格越低，这意味着买期权的成本就越低，卖期权的收入就越低；反之，则买期权的成本就越高，卖期权的收入就越高。

一般而言，越是价格贵的期权，Delta 绝对值就越大，所以就产生了一对矛盾，也就产生了一种权衡。对于每一个买期权的人，就类似买保险，他肯定是希望手中的期权能够涨得动，有活力，由于 Delta 指标反映期权价格变化的活力，因此在买入期权时，不宜选择 Delta 绝对值太小的期权去买入，但买期权是支出权利金的，所以大家普遍也不想买入过于昂贵的期权。这就引出了我们关于买入期权合约的选择方法，也就是为 Delta 绝对值和权利金分别设置两条线，操作上可以认定只买入 Delta 绝对值大于 a（比如 30%），同时期权价格不高于 b 的期权合约。这就是期权买方的“Delta—权利金双指标选择法”。在圈定了这个买入范围后，遵循 Delta 绝对值尽量不能小，而同时权利金成本也不能太贵的原则，对比买入自己心目中性价比最高的期权就行了。图 19－1 就反映了整个合约选择的逻辑。

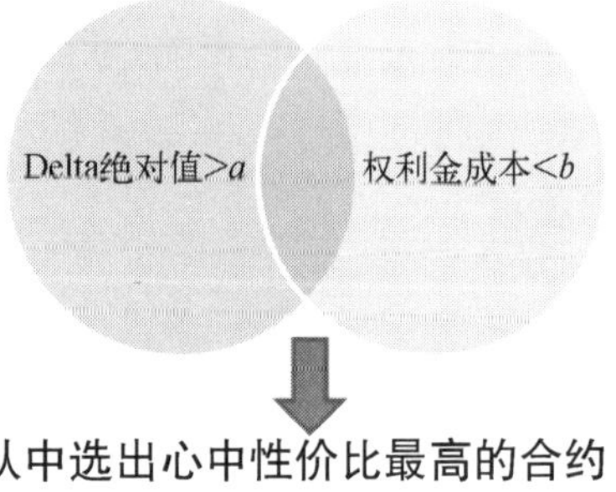

图 19－1　期权买方双指标选择法示意图

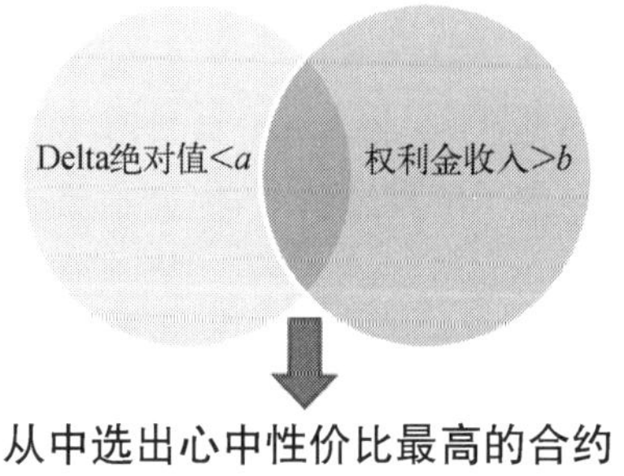

图 19－2　期权卖方双指标选择法示意图

再来看看期权卖方，它就像开保险公司，最好收入全部的保费，所以期权卖方最不希望期权价格出现大涨大跌，最好没有活力，一动不动，因此在卖出期权时，不宜选择 Delta 绝对值太大的期权去卖出，同时卖期权是收取权利金的，因此也不必选择权利金过分便宜的去卖。这就引出了我们关于卖出期权合约的选择方法，也就是为 Delta 绝对值和权利金分别设置两条线，操作上可以认定只卖出 Delta 绝对值小于 a（比如 20%），同时期权价格不低于 b 的期权合约。这就是期权卖方的“Delta—权利金双指标选择法”。同样地，在圈定了这个卖出范围后，遵循 Delta 绝对值尽量不能大，而同时权利金成本也不会太低的原则，对比卖出自己心目中性价比最高的期权就行了。图 19－2 就反映了整个合约选择的逻辑。

写到这里，大家会发现有了这样的合约选择原则，为我们节省了脑子的存储空间，我们甚至都不需要刻意去记忆什么是实值、平值、虚值，更不用去记忆、辨别什么是实 1 档、实 2 档，什么是虚 1 档、虚 2 档，只需要知道买入期权时 Delta 绝对值最好不要低于 30%，而卖出期权时 Delta 绝对值最好不要高于 20%。这样从记忆和学习的角度看，又方便了很多。

我们再用具体的例子来回顾一下这套方法论的逻辑。以期权买方为例，假如你当时看大涨希望买入认购期权，根据“Delta—权利金双指标选择法”，你设定了买入的合约 Delta 绝对值不能低于 30%，再设定了心里的权利金成本不能超过 800 元，于是从下面的这张 T 型报价图里，你会发现满足你成交需求的认购合约就是“购 2900”和“购 2950”两个合约，这样进行合约选择，不可能让你重仓到某个深度虚值的合约上去，到期价值迅速归零的概率也会降低不少。

Delta	最新	代码	购<行权价>沽↑
0.9867	0.3850	10001771	2.500
0.9720	0.3363	10001751	2.550
0.9464	0.2885	10001752	2.600
0.9061	0.2436	10001753	2.650
0.8482	0.2029	10001754	2.700
0.7720	0.1645	10001755	2.750
0.6798	0.1300	10001756	2.800
0.5769	0.1018	10001757	2.850
0.4703	0.0779	10001758	2.900
0.3675	0.0590	10001759	2.950
0.2749	0.0437	10001769	3.000
0.1347	0.0241	10001795	N 3.100 N

图 19 - 3 “Delta—权利金双指标选择法”的运用案例

那么，圈定了适合选择的合约范围以后，下一步你应该怎么做？假设你准备买认购，目前用上面的权利金和 Delta 两个指标，选出了 C2900、C2950 两个合约，那么在这两个合约中，你的仓位又如何分配呢？最简单、最不动脑筋的做法就是等金额分配仓位，假设有 2 万元的本金，那么 1 万元买入 C2900，剩下的 1 万元买入 C2950。除了这个机械的办法外，更灵活的合约选择方式可以结合时间来看，如果距离到期还剩 4 周到 3 周时，我会买入 Delta 较小的 C2950；如果距离到期还剩 3 周到 2 周时，我会买入 Delta 较大的 C2900；而如果当前距离到期日还剩 1 周左右时，我就会进行上下移仓去买入更偏实值一些的合约，或是移仓换到下月合约。因此，对于买期权而言，距离到期越远，则可以偏向一些轻度虚值、Delta 尚有活力的合约；距离到期越近，就可以偏向更为实值一些的合约，以防范波动率和时间对价格的双杀。

事实上，不论哪一套方法论，在运用时都有它的灵活之处，你也可以结合自己的体系进行填补或优化。在实战交易中，我们还需要结合更多的案例去思考、去体验，思考和体验永远是让自己交易持续进步的源泉！

20. 如何在趋势里做好买方的加仓与减仓?

2019 年伊始,沪指从 2400 点拔地而起涨到 3000 多点,既令人激动,也超乎预期。随着点位的抬高和行情的深入,各大板块从普涨、连涨的格局如期切换到了分化的格局中,到了 4 月中旬后,涨停家数很少动辄超过 100 家,盘面也越来越趋于冷静。

做期权买方与持有标的不同,它有着自己独有的一些风险需要考虑:

① 价值归零风险:价值归零风险听上去很专业,但顾名思义其实就是亏完所有的权利金。这个风险是期权买方特有的风险。在实际操作中,很少有人会持有至到期,所以赚取或亏损的是权利金的差价。

② 高溢价风险:通常指虚值期权被爆炒的风险。我们可以打个比方,比如说一套房子在一个交通不方便很偏僻的地方,仍然卖四五百万元,这套房子很明显被高估。如果在房价很高时追涨买入,当价格回归理性时,就会亏得很惨。期权也相同,虚值期权到期日价值是一定会归零的,如果在到期前追涨高价买入而到期时却是虚值,则会面临权利金的很大亏损,这就是高溢价风险。

③ 路径依赖风险:同样从 3000 点涨到 3200 点,不同的路径,买入持有一份期权的市值变化是不同的,即使标的的价格变化相同,时间间隔相同,但波动率的变化不同,你所赚到的钱也不同。买入一份期权后,标的是先大涨再大跌,或是慢慢涨,或是先下跌再回抽,同样的位移,结果是完全不同的。

正因为买期权存在这些独特的风险,因此在一波趋势里,要根据行情的强度,或是不同的技术点位,进行加仓与减仓的调整。只是对于现货或是期货而言,所谓的加仓只有一种方法,那就是拿出更多钱买同一个标的;所谓的减仓也只有一种方法,那就是平仓一部分标的兑现,保留剩下的持仓。正是因为绝大多数交易者做现货和期货久了,在做期权交易时也容易产生一个思维和操作的惯性,最后就会在同一个合约上补仓,而结果就是在越虚值的期权上补仓,越补越糟。事实上,在同一波趋势行情里,相比于期货式的补仓思维,用正确又科学的买期权加减仓操作,效果是天壤之别的!期权买方的加仓与减仓,比现货与期货都更为灵活,大家可以记住:对于期权买方而言,行权价之间的移仓可以视为一切加减仓的桥梁!

对于买入认购的交易者而言,变相加仓的方式至少有以下四种方式:

① 等金额向上移仓:平仓原来认购权利仓,把兑现的金额买入上方行权价的认购期权。

② 等张数向下移仓:平仓原来认购权利仓,追加一部分资金买入相等张数下方行权价的认购期权。

③ 上方降仓卖购:保留原来认购权利仓,如果上方有一定数量的认购义务仓,则平仓一部分该义务仓。

④ 向上移仓卖购:保留原来认购权利仓,如果上方有一定数量的认购义务仓,则平仓该义务仓,继续卖出开仓更高行权价的认购期权。

对于买入认购的交易者而言,变相减仓的方式至少有以下四种方式:

① 等张数向上移仓:平仓原来认购权利仓,买入相等张数上方行权价的认购期权。

② 等金额向下移仓:平仓原来认购权利仓,把兑现的金额买入下方行权价的认购期权。

③ 上方加仓卖购:保留原来认购权利仓,如果上方有一定数量的认购义务仓,则加仓一部分该义务仓。

④ 向下移仓卖购:保留原来认购权利仓,如果上方有一定数量的认购义务仓,则平仓该义务仓,继续卖出开仓较低行权价的认购期权。

对于买入认沽的交易者而言,变相加仓的方式至少有以下四种方式:

① 等金额向下移仓:平仓原来认沽权利仓,把兑现的金额买入下方行权价的认沽期权。

② 等张数向上移仓:平仓原来认沽权利仓,追加一部分资金买入相等张数上方行权价的认沽期权。

③ 下方降仓卖沽:保留原来认沽权利仓,如果下方有一定数量的认沽义务仓,则平仓一部分该义务仓。

④ 向下移仓卖沽:保留原来认沽权利仓,如果下方有一定数量的认沽义务仓,则平仓该义务仓,继续卖出开仓更低行权价的认沽期权。

对于买入认沽的交易者而言,变相减仓的方式至少有以下四种方式:

① 等张数向下移仓:平仓原来认沽权利仓,买入相等张数下方行权价的认沽

期权。

② 等金额向上移仓：平仓原来认沽权利仓，把兑现的金额买入上方行权价的认沽期权。

③ 下方加仓卖沽：保留原来认沽权利仓，如果下方有一定数量的认沽义务仓，则加仓一部分该义务仓。

④ 向上移仓卖沽：保留原来认沽权利仓，如果下方有一定数量的认沽义务仓，则平仓该义务仓，继续卖出开仓较高行权价的认沽期权。

为了读者记忆上的方便，我把它总结成下方的表格：

表 20－1

买认购		买认沽	
加仓	减仓	加仓	减仓
等金额向上移仓 等张数向下移仓 上方降仓卖购 向上移仓卖购	等张数向上移仓 等金额向下移仓 上方加仓卖购 向下移仓卖购	等金额向下移仓 等张数向上移仓 下方降仓卖沽 向下移仓卖沽	等张数向下移仓 等金额向上移仓 下方加仓卖沽 向上移仓卖沽

那么如何去理解上面的表格呢？我想大家可以从以下角度去理解：如果是等张数移仓，那么你就从净成本的角度去理解；如果是等金额移仓，你可以从杠杆率的角度去理解。以买入认购期权的加减仓为例：

比如，买入认购期权的等张数向上移仓，向上移仓意味着新买入的认购期权更为便宜，由于张数相等，这意味着我的净成本变小了，这样的操作方式就是减仓；再如，买入认购期权的等金额向上移仓，向上移仓意味着新买入的认购期权更为虚值，虚值期权的杠杆率往往更高，由于金额是相等的，所以杠杆率越高，就意味着这样的操作方式就是加仓；又如，上方减仓卖购的行为也属于加仓，因为卖出认购是获得权利金收入的，减仓上方行权价的认购期权意味着你放弃了一部分的权利金收入，净成本变大了，这样的操作方式也是加仓。

以 2019 年 2 月份至今的行情为例，这样的变相加减仓操作可以怎么做呢？有一种方法操作起来相对比较机械，那就是根据标的向上或向下跳一档（即平值期权发生了变化），来进行向上或向下的变相加减仓。图 20－1 的每个箭头显示了某交易者在 2019 年 2 月 11 日～2019 年 2 月 25 日期间买认购期权的整个加减仓的过程，从图中你可以一目了然地看到该交易者每次移仓时做的决定到底是变相加仓还是减仓。

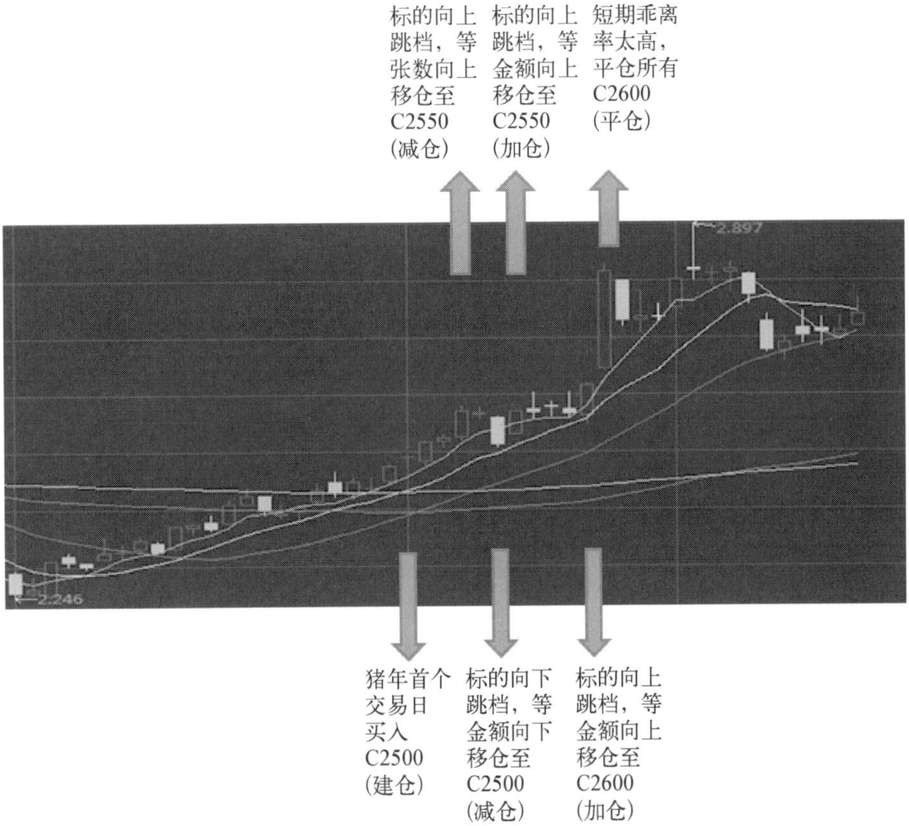

图 20-1　2019 年 2 月 11 日～2019 年 2 月 25 日期间买认购期权的整个加减仓的合理操作过程

通过上面的案例和解释，我想对于期权买方而言，变相加减仓的好处就在于两点：一是兑现或保住一部分收益，同时继续保留一部分收益空间；二是对合约进行换血，保证所持有的合约始终有活力，持仓结构更为科学，更符合期权价格变化的规律。

21. 金字塔建仓法，期权买方也适用吗？

做股票交易的人都知道一招，叫作金字塔建仓法。所谓“金字塔建仓法”，就是在股价越低的时候买得越多，在股价越高的时候买得越少，从而平均摊薄建仓成本。由于绝大部分人很难买在最低点，所以这个建仓的法则都有意或无意地使用过。举个非常简单的例子，小明同学在 2017 年 8 月中旬继续看好“贵州茅台”这只股票，他先以每股 305 元的价格买了 100 股，没想到建仓建在了底部的左侧，于是当股价跌到 295 元时再买入 200 股，再过了两周，茅台价格依旧不涨，于是他在股价跌到 285 元时再买入了 300 股。

至此，小明同学总共以每股 291.67 元[(305×100＋295×200＋285×300)/600]的成本买入了 600 股贵州茅台的股票，一旦茅台的价格攀升至 291.67 元以上，他就会迅速出现浮盈。事后茅台股价屡创新高，事实证明他对了。这就是金字塔建仓法，整个建仓的过程如图 21－1 所示。

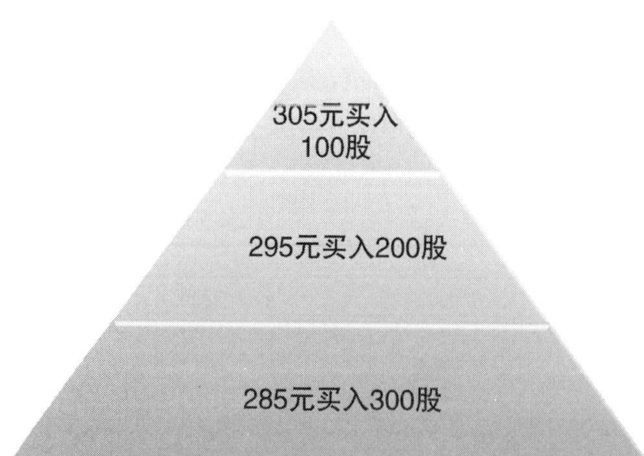

图 21－1　金字塔补仓贵州茅台示意图

那么，这种股票交易常用的金字塔建仓法是否同样适用于期权交易呢？重要的事情先说三遍，我的回答是：不，不，不！

乍一看，好像买期权与买股票一样，不就是花了一笔钱买入一份合约吗？总归是越便宜的时候越多买一点，平均摊薄成本合算咯？为什么你却说这样做是不妥当的呢？下面，我们就用尽量通俗的语言告诉你原因。

原因一：期权是有价值归零风险的！

首先，想一想，你为什么会选择金字塔建仓法？最大的原因往往是你买了期权后，期权的权利金(期权的市值)一直在跌。

如果是股票，即使你建仓建在了局部低点的左侧，只要你还有可用资金，只要你能坚持不断地补仓，只要你能等待足够长的时间，总有解套翻盘的那一天。就像前一阵的一个玩笑：工农中建四大行的股票在6124点套牢的朋友竟然可以在3300点的时候解套了！等待的时间大约10年。回看任何一个股票市场(无论是美国还是亚太)，只要股票的质地是好的，不面临退市的风险，解套永远是时间问题。

然而，期权是这样吗？不论你买的是近月期权，还是远月期权，每一张期权合约总有属于它的到期日。到期日是什么？它就是一个宣判日，以行权价为分界线，最后的状态可谓“一半天堂，一半地狱”，如果到期日期权处于虚值，则期权合约最终分文不值。这就是期权特有的价值归零风险。

举个例子，买入一份行权价为2.500元的近月认购期权，由于标的一直不涨，从300元一张的市值一步一步地衰减到了只有3元一张的市值，最终变成一文不值到期摘牌。如果在整个下跌过程中，你不断地补仓，比如300元买10张，200元买20张，100元再买30张，50元再买40张，10元再买50张……乍一看，你好像是以平均成本83.33元买入了150张期权，但实际上，因为有着到期日的存在，一旦到期日标的价格不能超过2.500，这张期权就会变成废纸一张，你所投入的12 500元(300×10+200×20+100×30+50×40+10×50)的成本就全部打水漂了！试想一下，你如果投入的不只是12 500元，而是125万元呢？后果就比较严重了。

原因二：期权市值越跌，越涨不动！

刚才，我们站在到期日的角度来告诉大家，对于同一个合约，金字塔补仓的结果很可能由于期权到期虚值而全部亏光。这里，我们再换一个角度，从到期前价格变化的角度来进行观察——毕竟绝大部分期权交易都不会持有至到期，而是提前平仓掉的。

我的结论是：即使你不把期权持有至到期，我也不建议你对于同一个合约，进行金字塔式的补仓。你经常会听到“期权是个非线性工具”的说法。对于期货而言，不论标的处于什么价格，标的涨跌多少，期货基本上就涨跌多少。举个例子：沪深300在3000点附近涨跌100点，IF合约基本上涨跌约100点；沪深300在4000点附近涨跌100点，IF合约也基本上涨跌约100点。

可是，期权是不是这样的？以 2017 年 8 月 1 日的行情为例，当日 50ETF 大涨 1.57%，来看看当月到期的 10 个期权合约当日的价格变化情况。注意，从上至下越来越虚值。

表 21－1　2017 年 8 月 1 日，部分认购期权涨跌行情

行权价	7 月 31 日收盘	8 月 1 日收盘	当日涨跌
2.5	0.192	0.232 1	401
2.55	0.144 1	0.182 6	385
2.6	0.1	0.135 6	356
2.65	0.065 4	0.094	286
2.7	0.038 6	0.059 8	212
2.75	0.023	0.035 8	128
2.8	0.012 2	0.020 2	80

从表 21－1 中可以看到，越是虚值的认购期权，绝对涨跌(需注意，不是涨跌幅)越来越小！一张行权价为 2.500 的合约当日可以涨 401 元，而一张行权价为 2.800 的合约当日只涨了 80 元。事实上，这张表格绝对不是偶然现象，其背后隐藏着一个普遍存在的真理——越是虚值的期权越涨不动！

从专业术语来说，我们需要引入一个简单的期权指标，它叫作 Delta。Delta 是一个希腊字母，刻画了当标的价格变化一个单位，期权价格的变化量。这个概念特别像我们小学就知道的速度的概念。我们可以做这样一个比喻：标的上涨了一个单位，就好比我们踩了一下油门，越是实值的期权，就越像法拉利那样的超级跑车，稍微碰一下油门飕地出发了！接近平值的期权就像标配版的宝马与奔驰！而越是虚值的期权，就越像用了几十年的、性能衰减的老爷车了！

说到这里，你或许明白了！对于一个权利金市值在不断下降的期权，它就是一个越来越虚值的期权，越虚值的期权，Delta 就越小，如果你用金字塔方式一直补仓下去，就会出现仓位很重，但在标的上涨时，这些期权涨幅很小，甚至涨不动的情况，其实变相加大了你翻盘保本的难度。这就是从到期前价格变化的角度，我也不认为金字塔式补仓适用于期权交易的原因。

22. 逆回购＋买期权的收益可以增厚多少?

（本文作于 2016 年 12 月）

关于 2016 当年的行情，有人戏称“始于股指熔断，终于债市大跌”。接近 2016 年年末，大类资产配置的赚钱效应几乎被完全消除，面临股、债、汇“三国杀”的悲惨局面。然而，具有市场赚钱嗅觉的交易者可能发现事实并非如此，这个嗅觉恰恰是从年末银行资金面吃紧开始的。

12 月的债市又一次可被载入证券市场历史：有券商人员私刻公章；有 20 多家基金公司紧急澄清货币基金未遭巨额赎回；还有 5 年期、10 年期国债期货盘中一度跌停，创上市来最低价与最大跌幅；更有 13 家企业取消了 120 亿元债券的发行！某些天的资金真的紧张到恐怖，隔夜最高成交价到了 9%，以至于银行交易员曾说了这么一句话：“现在肯借钱的都是大爷。”

看了这光景，具有市场赚钱嗅觉的交易者显然坐不住了。图 22－1 是 2016 年 12 月的上交所 1 天期逆回购利率日线图。

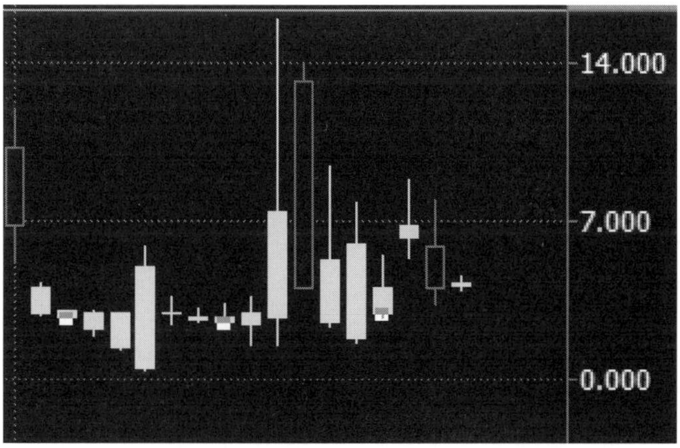

图 22－1　2016 年 12 月，GC001 日线图

所谓“1 天期逆回购”，就是你把钱只借出去 1 天，然后下一日就得到本利和的投资。操作时，个人投资者往往是资金借出方，属于“卖出”操作，当你的成交价是 10 时，就意味着你把钱借出 1 天的年利率按照 10% 去计算。下面是一个简单的案例：

投资者小飞以本金100万元，在2016年12月16日盘中以10的年化利率完成了一笔逆回购操作，那么小飞第二天能获得的利息为277.78元(1 000 000×10%/360)，本利和等于1 000 277.78元。

由于交易所逆回购市场几乎可视为一个无违约风险的市场，因此小飞相当于用100万元的本金在逆回购市场上一天内无风险地赚到了277.78元。

市场上是不会长期存在“免费的午餐”的，平时资金面较为宽松或正常时，逆回购利率大多很低，有时年利率连1%都不到；但当市场资金面开始紧张时，逆回购市场的资金拆借利率就会陡然上升。此时，有着一定规模本金的投资者就不妨一试，不赚白不赚！

不过，今天我们要提的不仅仅是通过逆回购利率来实现收益，因为这样18天下来最多也就赚到3 162.13元，有很多人依然觉得赚得不多！

表22－1　2016年12月1日～2016年12月23日期间，100万元本金投资逆回购的资产变化

日　期	GC001 最高价	GC001 收盘价	按最高价复利本利和	按收盘价复利本利和
			1 000 000.00	1 000 000.00
2016年12月1日	12	10.295	1 000 333.33	1 000 285.97
2016年12月2日	4.36	2.94	1 000 454.48	1 000 367.66
2016年12月5日	3.135	2.7	1 000 541.61	1 000 442.69
2016年12月6日	3.1	2.205	1 000 627.77	1 000 503.97
2016年12月7日	3.01	1.325	1 000 711.43	1 000 540.79
2016年12月8日	5.91	0.47	1 000 875.71	1 000 553.85
2016年12月9日	3.75	2.92	1 000 979.97	1 000 635.01
2016年12月12日	3.2	2.635	1 001 068.95	1 000 708.25
2016年12月13日	3.42	2.495	1 001 164.05	1 000 777.61
2016年12月14日	3.7	2.385	1 001 266.95	1 000 843.91
2016年12月15日	16	2.69	1 001 711.95	1 000 918.69
2016年12月16日	14	13.24	1 002 101.51	1 001 286.81
2016年12月19日	9.5	2.535	1 002 365.95	1 001 357.31
2016年12月20日	7.89	1.73	1 002 585.64	1 001 405.44
2016年12月21日	5.5	2.88	1 002 738.81	1 001 485.55
2016年12月22日	8.855	6.255	1 002 985.45	1 001 659.56
2016年12月23日	7.92	5.92	1 003 206.11	1 001 824.27

数据来源：Wind，“力的期权工作室”整理。

那么问题就来了：有没有什么办法在保住100万元本金的同时，让收益来得更猛烈些呢？

答案是，有！而且扭转局面的还是我们的老朋友——“期权”！由于期权在欧美市场的普及性，许多海外对冲基金惯用的一种保本策略已不再是 CPPI，而是一种叫作 OBPI(Option-Based Portfolio Insurance)的方式。

所谓 OBPI，就是用一定的本金先在债券市场或货币市场赚取一个利息收入(这称为安全垫)，然后用这笔利息收入买入对应数量的期权博取方向性收益。整个过程中，你是拿自己的利息在投资期权，关键的关键是买期权就像买保险，亏损有底线，最多就是你的全部利息收入，但潜在的收益理论上无限，所以图 22-2 反映了整个投资逻辑。

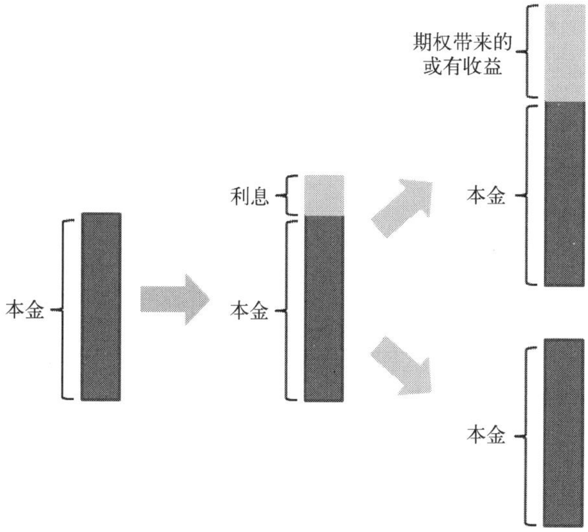

图 22-2 OBPI 策略的投资逻辑

好！在这个投资理念下，你再想想从 12 月起，债券收益率蹭蹭蹭上行，资金面极度紧张，监管层对险资投资股票市场重拳出击，市场情绪面受挫从 2016 年 12 月 5 日的开盘跳空那一刻起可见一斑！

所以，按照这个逻辑，你会把每日的利息收入投资于认沽期权多头，而不是认购多头。

如果你 12 月 1 日以 1 000 万元的本金，以 12%的年利率满仓成交 GC001，然后 12 月 2 日把利息收入(3 260 元)开盘买入 4 张“50ETF 沽 12 月 2495A”合约(假设不计交易成本)，那么到了 12 月 26 日开盘，你持有的期权市值已经到了 8 884 元！

表 22-2 2016 年 12 月 2 日～2016 年 12 月 26 日期间，买入 4 张“50ETF 沽 12 月 2495A”合约资产变化情况

	12 月 2 日开盘	12 月 26 日开盘
认沽期权单价	815 元	2 221 元
期权持有市值	3 260 元	8 884 元
总资产	10 000 000 元	10 008 884 元

期间收益率＝0.09%，远高于逆回购本身带来的0.03%！

有可能你会问，如果我没有实时盯盘在12月1日的最高点进行逆回购，我的收益又会如何？下面我们就简单测算一下从12月1日到12月16日期间，每日以当日逆回购(最高价＋收盘价)/2的点位成交后，第二天开盘用利息收入买入虚1档当月认沽合约，截至2016年12月23日收盘的收益情况(未计入交易成本)。

表22-3　2016年12月2日～2016年12月26日期间，OBPI策略与逆回购收益率变化对比

逆回购操作日期	操作日到12月26日开盘期权收益率	总资产期间收益率(投资期权)	总资产期间收益率(仅投资逆回购)
2016年12月1日	426.56%	0.16%	0.03%
2016年12月2日	277.62%	0.04%	0.01%
2016年12月5日	216.82%	0.03%	0.01%
2016年12月6日	229.13%	0.02%	0.01%
2016年12月7日	315.18%	0.02%	0.01%
2016年12月8日	338.12%	0.04%	0.01%
2016年12月9日	752.69%	0.08%	0.01%
2016年12月12日	389.51%	0.04%	0.01%
2016年12月13日	465.00%	0.05%	0.01%
2016年12月14日	264.52%	0.03%	0.01%
2016年12月15日	−11.43%	0.02%	0.03%
2016年12月16日	−4.62%	0.04%	0.04%

由表22-3可以清楚地看到，在当时12月资金面偏紧、监管层去杠杆、严监管的格局下，期权依然有着用武之地，用期权搭配逆回购的操作，既能保证本金安全，又能增厚或有收益，这样的美事岂不快哉！

23. 怎样才能成就一个长久经营的保险公司？
——期权卖方的善后方式

所谓“期权的卖方”，类似于开保险公司，每个月通过卖“保险”赚取“保险费”（相当于期权权利金）。然而，我们怎样才能相对安稳地赚取这些保费，使我们成为类似一家长久经营的“保险公司”呢？

我们首先需要知道交易一份期权，你赚的钱可以分解成三块：方向、波动率以及时间。对于期权卖方而言，从方向的角度看，卖认沽希望标的不跌，卖认购希望标的不涨；从波动率的角度看，不论是卖认沽还是卖认购，都希望标的波动率能下降，不要太高；从时间的角度看，时间流逝是卖方的朋友，每消耗一天，对卖方都是有利的。因此，时间对卖方都不是问题，卖认沽的交易者最怕标的价格急速下跌，或是中途波动率急剧上升；卖认购的交易者最怕标的价格快速上涨，也担心中途波动率急剧上升！

从道理上讲，只要到期日你卖出的期权不被行权，这些权利金就会全部赚到你的口袋中。比如，卖出一份 2800 的当月认沽，只要到期日 50 指数不跌破 2800 点，你就会赚取所有的权利金；又如，卖出一份 3300 的当月认购，只要到期日 50 指数不涨过 3300 点，你就会赚取所有的权利金。

然而，事实没有如此简单，对于许多卖方而言，如果 50 指数在到期前中途的波动率持续上升，或是标的发生大幅变动，都会导致卖出持仓浮亏巨大，进而产生巨大回撤，最终忍无可忍平仓止损。

期权卖方应如何在中途自救呢？我的答案是这样的，既然卖出了期权，我们不可能做到完全不回撤、不波动，但我们可以做到尽可能地少回撤，甚至有时还可能化回撤为收益。这需要我们始终贯彻一系列的善后方法。对于任何一笔重大的交易，从开仓到善后，这是一个完整的过程，我们不仅仅要了解开仓的信号，还需要设计一套符合自己回撤容忍度的善后信号和善后方法。在期权卖方的世界里，我们获得重生的善后方法至少有以下 5 种：

（1）同向移仓

当标的出现短暂回调，并预期波动率不会大涨时，比如三天内从 3000 回调到 2950，我们就可以利用同向移仓法把 2900 的认沽空头进行向下移仓，即平掉 2900 的认沽空头，重新卖出开仓 2850 的认沽期权，让自己的持仓变得更加安全。

（2）反向移仓

当标的单日出现巨幅下挫，并预期波动率不会持续大涨时，比如单日从 3000 大跌 2%回撤到 2940，我们就可以认为上升的趋势短暂"熄火"，要创出新高不会太快、太容易，此时利用反向移仓法平仓了结 2900 认沽空头，卖出开仓 3000 或 3100 的认购期权，让明天盘中的继续下探反而变成明天的收益，抵消当日的亏损。

（3）买标的对冲

如果你卖出的认购期权头寸不多，资金量也充裕，则不妨在标的急速上涨时，分批买入标的进入对冲，直到 Delta 暂时中性。虽然买入标的会非常费钱，但只要资金账户里资金足够，这还是一个很好的办法，因为标的的 Delta 是 1，比所有其他期权的 Delta 都要大，标的不受 Vega 和 Theta 的影响。举个例子，卖出认购后盘中急速浮亏就像头寸生病了，买入标的现货就像注射青霉素，它的副作用是最小的，能够不受隐含波动率变化和时间流逝的影响。

（4）买期权对冲

卖出认购急速浮亏可以买入标的现货分批对冲，但有时你的资金账户里已经没有了那么多可用资金，买不起那么多标的，怎么办？或是卖出认沽急速浮亏时，融不到标的卖出去对冲，怎么办？此时，我们就可以暂时放弃"青霉素"，而去使用其他"抗生素"，比如买入深度实值的认购对冲原有的认购卖出持仓，买入深度实值的认沽对冲原有的认沽卖出持仓，结合自己设计的防守体系分批对冲，直至 Delta 暂时中性。用买期权对冲还有一个好处，那就是可以 T+0 交易，一旦盘中标的扭头，我们就可以分批解除对冲头寸，用尽可能小的对冲代价完成整个防守与善后。

（5）直接转换策略

这个方法非常适用于波动率急速上升的行情，比如 2017 年 12 月 27 日的行情，当日 50ETF 从开盘的 2888 一路下跌，到了下午 2:00 竟然已经跌到 2850，卖出 12 月 2847 认沽合约的交易者此时可谓命悬一线！这时你会怎么做？还死扛吗？2850 距离 2847 只有三个点，"此诚危急存亡之秋也"！我们回头来冷静想一想，对于 A 股行情而言，下午 2 点确实是一个很敏感的时点，有可能最后一小时一路下挫加速下跌，也有可能在某些大资金的护盘下 V 字反转最后收出一根长下影。既然我们站在当下无法判断方向，但大概率确定最后一小时不是大反弹就是加速跳水，那么我们就应该直接转换策略，赶紧趁标的还没有跌破 2847 时平掉认沽空头，立刻同时买入 2847 的当月认购和认沽合约，力争赚取 Gamma 最大化的钱，事实证明当日如果在下午 2 点这么做，买入跨式赚来的钱可以完全覆盖之前 2847 认沽空头亏损的钱，可谓完成一次乔丹式的经典逆袭绝杀！

这些就是我认为在这一年间期权卖方的存活之道，事实上，不论我们使用哪种善后方法，都需要遵循以下三个原则：

第一，即使收盘前善后已经有些晚了，也必须善后，否则下一日低开或高开，回撤会更加大。

第二，善后完了就要设置新的止损对冲点，随时准备进行第二次善后，或是解除第一次善后。这样反复做可能会增加一些对冲成本和冲击成本，但这一切都是值得的，相信老天在一周内不会反复开玩笑超过三次。

第三，善后阈值尽量设置多道防线，每到一个阈值善后一部分，分批善后比集中善后要好，如此下来活着是最重要的。

买期权和卖期权都有着独特的吸引力，买期权以小博大赚赔率，卖期权增强收益赚胜率。我们在实操中究竟运用哪一种善后方法，既是一门科学，更是一门艺术，不可能有一种方法放之四海而皆准，需要结合善后时的趋势强度、波动率环境、自己的风险承受度、持仓合约集中度等因素综合考虑。

24. 怎样结合均线做好期权的卖方?

2017 年与 2018 年的两年内,白糖期货的价格几乎一路下行。在与许多交易者交流时,他们的第一句话往往会问"白糖到底有没有跌到底?"有的交易者顺势而为一路卖开白糖,有的交易者买开白糖时不时地想博取一个反弹的波段。在本文中,我们采取倒叙的方法,你先看看图 24－1 中的资金曲线,然后猜猜看它背后究竟运用了怎样的交易策略。

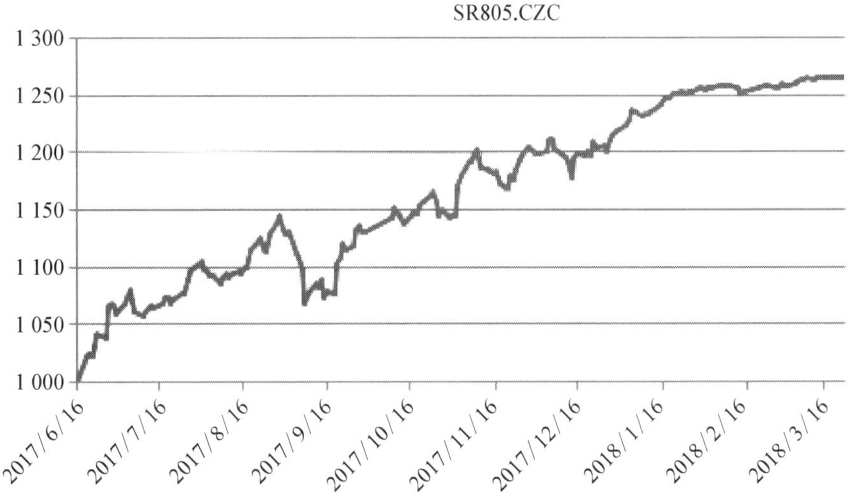

图 24－1　某白糖期权策略的历史业绩

看到这张资金曲线图,我的第一反应是它背后的策略至少不太可能是套利型策略。为什么这么说呢? 因为在图 24－1 中,资产的收益率达到了 25%以上,最大回撤大约在 5%左右(发生在 2017 年 9 月中上旬),而如果做跨月份套利或是期现基差套利,即便满仓,整个期间的收益率应该无法做到这么高,回撤应该会更小一些。

接着,我的第二反应是它背后的策略也不太可能是用期货做出来的策略,为什么呢? 因为白糖期货价格在这段时间内经历了两段比较明显的震荡。我们知道做期货最怕的就是震荡盘整,没有趋势,所以从这个角度来看,或许这根曲线也不是用期货来进行趋势追踪的。

那么,这根资产曲线背后的策略是究竟是什么呢?答案是运用了白糖期权的卖方策略!之前的短文中已经多次提到卖出期权的一方具有高胜率、低赔率的盈亏特点,并且卖方能在震荡市里赚取波动率和时间的双重衰减。在实际操作中,对于卖期权而言,入场信号相对简单,风控信号(离场或善后)才是关键。那么,这根曲线是用什么指标作为入场信号,又是用什么指标作为风控信号的呢?大道至简,就是简单移动平均线(Moving Average)!

回过头去看白糖期货连续指数,20 日均线成为过去几年间一直比较有效的均线。可是,即使这样,如果是上穿 20 日均线做多期货标的,下穿 20 日均线就反手做空期货标的,长期下来回撤还是不小,胜率也没有办法突破 50%。怎样更好地利用这根 20 日均线做文章呢?这就要通过期权了!同样,还是以 20 日均线作为入场和风控信号,如果上穿 20 日均线就卖出认沽期权,下穿 20 日均线就卖出认购期权,每一次所占用的保证金仓位约为总资产的 20%,其他 80%作为可用资金。于是,对 SR805 合约进行一年左右的操作,基本上就是图 24 - 1 中的资产曲线。

我们来看一个具体的操作过程案例。

比如在 2017 年 12 月 11 日,SR805 在一个月内首次有效跌破 20 日均线,当时收盘价位 6 095 元/吨。按照我们上述策略的原则,就必须在收盘前把原来卖出认沽的头寸平仓掉,然后卖出开仓认购的头寸,如 SR805C6200(虚 1 档)。

表 24 - 1 结合 20 日均线卖出白糖期权反向移仓操作举例

要 素	卖出认沽期权操作	卖出认购期权操作
入场时间	2017 年 10 月 25 日	2017 年 12 月 11 日
入场理由	SR805 有效上穿 20 日均线	SR805 有效下穿 20 日均线
仓位设置	用 20%仓位作为占用保证金	用 20%仓位作为占用保证金
入场价格	SR805P5800 81.5 元/吨	SR805C6200 89.5 元/吨
善后方式	反向移仓	反向移仓
出场时间	2017 年 12 月 11 日	2018 年 2 月 12 日
出场理由	SR805 有效下穿 20 日均线,且 MACD 处于绿柱	SR805 有效上穿 20 日均线,且 MACD 处于红柱
出场价格	SR805P5800 32 元/吨	SR805C6200 6.5 元/吨
每手收益	495 元	830 元

具体的要素和收益可以从表 24 - 1 中窥见一斑。在 2017 年 10 月 25 日到 2018 年 2 月 12 日期间,仅仅通过卖出认沽转换成卖出认购一次操作,就完成了从风控到收益的过程,图 24 - 2 中的圆圈就是移仓日,可以看到移仓以后的收益又重新接了上去。

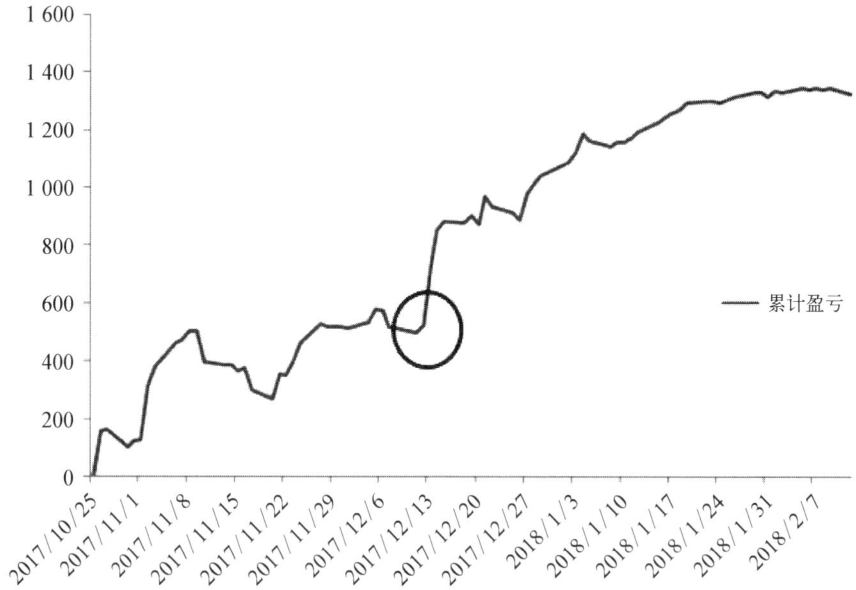

图 24－2　2017 年 10 月 25 日到 2018 年 2 月 12 日期间，卖出白糖期权反向移仓累计盈亏

那么就像这样，从 SR805 合约上市开始到它的到期日期间，持续地进行这样的操作，最终就形成了图 24－1 中的资产曲线。整个样本期内，每次开仓、移仓时用 20％的仓位去使用这个策略，最终整个期间收益率为 35.29％，年化收益率为 36.80％，年化波动率为 10.61％，最大回撤小于 5％，等于 4.70％。当然，不论是 SR805 也好，SR809 也好，SR801 也好，它们的走势都是相近的，因此，同样的策略运用在 SR801、SR809 合约身上也是差异不大的。

一个看似只是用卖期权替代买标的的策略，却能有这么大的优化和改进，这背后又反映了什么呢？这就要引出期权工具的一个重要功能了——对择时系统的容错性。相比于买卖期货，期权的赚钱维度有三个——方向、波动率、时间，卖期权是“时间的朋友”，时间每过一天对卖方都是有利的，所以它至少在时间的维度上是赚钱的，那么剩下的就是方向和波动率的博弈。当均线黏合缠绕不清时，尽管这个策略也面临着卖认沽和卖认购的反复切换，但由于盘整等因素，波动率可能会出现下行，卖期权在波动率维度也可能赚了钱，这时卖期权在波动率和时间两个维度赚的钱就有可能覆盖由趋势追踪导致的方向维度的亏损，这就是卖期权对择时系统的容错性。

再次回顾这个卖方轮动的策略，我们至少还能获得这样几条感悟：

① 均线尽管具有一定的滞后性，但它可以分辨大是大非，只要这根均线不是太慢速的均线，在市场由牛转熊或由熊转牛之际，它一定能起到极大的风控功能。

② 在这个策略里,我们需要看出最大的风险是模型的参数失效风险。均线时间窗口是唯一的参数,过去两年多的最佳均线是 20 日均线,这个参数或许会随着标的未来波动率的变化等因素而不再成为最优。

③ 然而,不论最佳参数是 20 日还是 40 日均线,这个参数大概率会落在 20～60,这是因为 5 日、10 日均线太敏感,这会导致移仓过于频繁,在方向的维度付出太多代价,最后抵不过波动率和时间维度的盈利;而太过慢速的均线又太滞后,识别趋势反转的灵敏度不够,也会导致较大的回撤。

④ 这个策略的本质是基于趋势追踪的卖方轮动,均线是一种最简单的趋势追踪指标,这样的指标还有很多,比如 MACD、布林线等,因此用诸如 MACD、布林线等指标也能构造出类似的姐妹型策略。大道至简！好的策略未必有很复杂的模型和参数,它只是适合一段时间的市场环境,适合一段时间的市场行为。

25. 用 10 万元本金一天赚三杯奶茶的收益，你想知道是怎么回事吗？

在大多数投资者的心中，投资什么资产永远是一个令人头疼的难题。投资股市吧，担心一买就跌，承受不住期间的波动回撤；投资货币吧，又面临一大堆同质化的理财收益率；投资房市吧，更是未必有这样的资金实力。通常而言，身边比较求稳的朋友都会把小部分资金投资于股市搏一搏潜在收益，而把大部分资金投资于货币类产品（或者自己每天择机做场内逆回购），以期有个 3%～5%的年化收益率！这种理财方式很常见，也非常合乎一个风险偏好较低投资者的逻辑。

好！那让我们就来算一笔小账，对于普通的上班族，如果投资 10 万元申购某只年化收益率为 5%的货币基金（以目前的行情来看，收益率算是不错了），那么每天的平均收益大概在 13.69 元左右。如果他爱喝奶茶，可以买一些什么呢？查了一下当前红遍上海滩的“一点点”，你会发现刚刚好买一份“波霸奶绿”（13 元），还没法加奶霜哦（因为加奶霜再要加 2 元）。

可是，如果我告诉你今后一年里有 36 天，每个月有那么 3 天，你能够用当大理财收益的钱买下 3～5 杯奶茶，你会相信这是真的吗？今天的短文，我希望能给每一位投资者一个全新的视角，用案例和数据来告诉你，这是千真万确的！

（1）简单的原理

一天用理财收益买 3～5 杯奶茶，怎么做到？这就需要引入今天的主角——期权！期权这个工具你可以想象成保险，期权买方就是投保人，期权卖方就是保险公司。也许你还不太了解期权，也许你还没有交易过期权，但这些都不重要，我通过保险公司这个比喻一定能让你听明白！

仔细想一想，如果我们开了一家保险公司，卖出什么样的保险是最赚钱的呢？自然是卖出出险概率非常低的保险，比如上海地区的地震灾害险、国内航空的航空意外险等。在期权市场上，卖出一份期权就相当于卖出一份保险，如果到期没有被行权（好比没有出险），那么你就赚取了全部的期权费（好比保费）。

一般而言，有经验的期权交易者通常会在期权到期前 1～3 天卖出“出险概率”非常低的期权(称为卖出极度虚值期权)，目的就是在 3 天内，赚取全部的“保费”。

那么，什么样的期权“出险概率”算得上低呢，我来教会大家计算：

以 2017 年 7 月 21 日为例，50ETF 的当日收盘价是 2.680 元。在图 25－1 中，行权价从 2.300～2.800 一共有 11 个期权，它们都是认沽期权，这些期权的到期日就在 2017 年 7 月 26 日收盘，所以这些期权还剩 3 个交易日就要到期。

行权价	最新价	涨跌幅	成交量	持仓量	隐含波动率	Delta
2.300	0.0001	-50.00%	504	13419	44.53%	-
2.350	0.0001	-50.00%	877	15058	38.67%	-
2.400	0.0001	-50.00%	1488	40781	33.20%	-
2.450	0.0002	0.00%	2820	47182	29.30%	-
2.500	0.0004	0.00%	3590	53101	24.42%	-
2.550	0.0004	-20.00%	7394	60373	18.36%	-0.0008
2.600	0.0008	-27.27%	1.64万	63800	13.77%	-0.0261
2.650	0.0051	45.71%	4.12万	61365	11.94%	-0.2272
2.700	0.0272	58.14%	6.52万	31734	11.90%	-0.6637
2.750	0.0698	39.32%	3.24万	9245	13.23%	-0.9420
2.800	0.1211	28.83%	4849	780	23.63%	-0.9965

图 25－1　2017 年 7 月 21 日，当月各行权价认沽期权的行情

大家注意看右上角，我用椭圆画出的指标！它叫作 Delta，用来刻画期权到期“出险”的概率，于是你会发现行权价 2.300、2.350、2.400、2.450、2.550 的期权都显示“－”，这表示 Delta＝0，也就是“出险概率”为 0；行权价为 2.550 和 2.600 的期权显示－0.000 8、－0.026 1，这说明这两份期权的“出险概率”分别为 0.08％和 2.61％。以此类推……

那么，哪些期权合约在到期日会最终“出险”呢？只需记住一句话，到期时 Delta 绝对值等于 100％的期权最终就会“出险”。一般而言，到期前 3 天内，Delta 绝对值小于 5％的期权，它们的 Delta 绝对值最终要变成 100％，是非常困难的！所以卖出这些期权，就相当于卖出“出险概率”极低的保险，3 天内几乎就能赚取全部保险费。

(2) 测算的案例

好！既然我们大致明白了到期前 1～3 天卖出极度虚值期权的赚钱原理，我们就来看看最近的 3 个月，每个月期权到期前 3 天收盘卖出这些“出险概率”小于 5％的期权，3 天后究竟可以赚取多少钱。

做几个简单的测算假设：假设每个月你的本金是 10 万元，用 90％的仓位去卖出，当月期权到期前 3 天收盘卖出，每张期权保证金 2 000 元。于是，我们就能够得出如下测算结果：

表 25－1　2017 年 7 月 21 日卖出 7 月极度虚值认沽期权

期权名称	卖出价格	卖出张数	3 天内收入	平均每天收入
50ETF 沽 7 月 2600	8	45	360	120
50ETF 沽 7 月 2550	4	45	180	60
50ETF 沽 7 月 2500	4	45	180	60
50ETF 沽 7 月 2450	2	45	90	30
50ETF 沽 7 月 2400	1	45	45	15
50ETF 沽 7 月 2350	1	45	45	15
50ETF 沽 7 月 2300	1	45	45	15

数据来源：Wind,"力的期权工作室"整理。

表 25－2　2017 年 6 月 23 日卖出 6 月极度虚值认沽期权

期权名称	卖出价格	卖出张数	3 天内收入	平均每天收入
50ETF 沽 6 月 2450	5	45	225	75
50ETF 沽 6 月 2446A	5	45	225	75
50ETF 沽 6 月 2400	3	45	135	45
50ETF 沽 6 月 2397A	2	45	90	30
50ETF 沽 6 月 2350	4	45	180	60
50ETF 沽 6 月 2348A	3	45	135	45
50ETF 沽 6 月 2300	2	45	90	30
50ETF 沽 6 月 2299A	2	45	90	30
50ETF 沽 6 月 2250A	2	45	90	30
50ETF 沽 6 月 2250A	2	45	90	30
50ETF 沽 6 月 2202A	1	45	45	15
50ETF 沽 6 月 2200	1	45	45	15
50ETF 沽 6 月 2153A	2	45	90	30

数据来源：Wind,"力的期权工作室"整理。

从上面几张表格里，你会发现，在当月期权到期前的 3 天，平均每天的收入少则 15～30 元，相当于多买 1～2 杯奶茶；多则 75～120 元，相当于多买 5～8 杯奶茶；平均下来每个月总有这么三天，比平时可以多买 3 杯"波霸奶绿"。

对比一下纯粹把 10 万元投资于货币基金的收入，即使是到期前卖出极度虚值期权的策略最差的情况，也相当于年化收益率 5.5％的货币基金产生的收益。如果你平时经常投资于货币基金，每个月仅仅在期权到期前 3 天，用期权进行这样的收益增强，这一年下来，岂不美哉！

表25－3　不同年化收益率货币基金对应的每日收入

年利率	平均每天收入(元)
0.025	6.85
0.03	8.22
0.035	9.59
0.04	10.96
0.045	12.33
0.05	13.70
0.055	15.07
0.06	16.44

数据来源：Wind，“力的期权工作室”整理。

货币基金＋卖出策略，每个月，那3天，从一杯奶茶的收益到平均三杯奶茶的收益，你是否已经明白了其中的奥秘呢?!

26. 如何做到捡烟蒂却不烫到手
——细谈到期前卖保险的优化措施

在上文中，我们介绍了一种增强收益的策略，在到期日前卖出一些几乎不可能被行权的期权（深度虚值的认购或认沽期权），静静地等待它的到期失效。由于这样的行为非常类似于“捡烟蒂”，因此有的交易者形象地称其为“捡烟蒂”策略。

那么问题来了，“捡烟蒂”策略有风险吗？答案是显而易见的，有！在过去四年的A股市场中，到期前最后3天发生正负5%以上的大涨大跌是多次出现了。如果说远的，那就在2015年8月26日，当时上证50在8月期权到期日前5天内大跌19.82%，到期日前3天大跌14.42%，直接击穿下方10档行权价；如果说近的，那就是2019年2月25日，上证50ETF从前一日收盘的2.618直接窜到2.816！C2800的2月期权当日涨了192倍，从开盘的3元直接蹦到收盘的581元。这几次“捡烟蒂”不仅烫到了手，甚至还容易引火上身，遭受毁灭性的打击。下面，我做了一个简易的统计，从2015年3月到2019年3月完整的四年内，你可以分别看到在当月期权合约到期前5天、4天、3天、2天、1天内，50指数的收益率分布大致是怎样一个情况，做到心中有底。

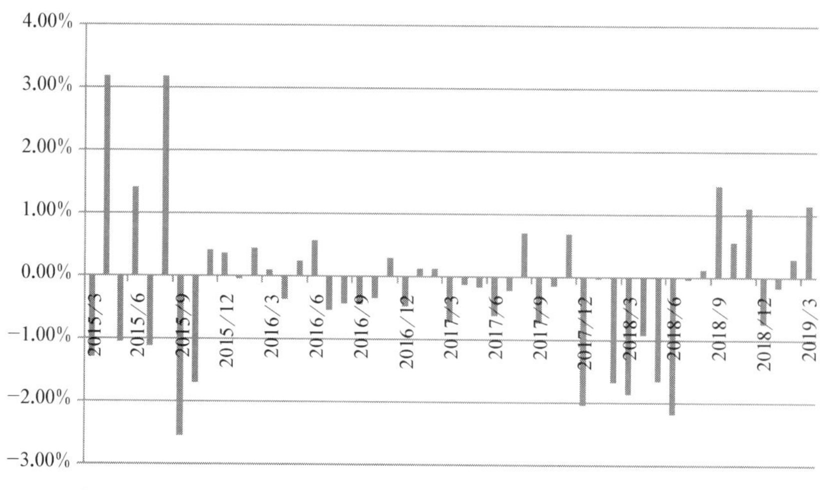

数据来源：Wind，“力的期权工作室”整理。

图26-1　当月期权到期日前1日涨跌幅

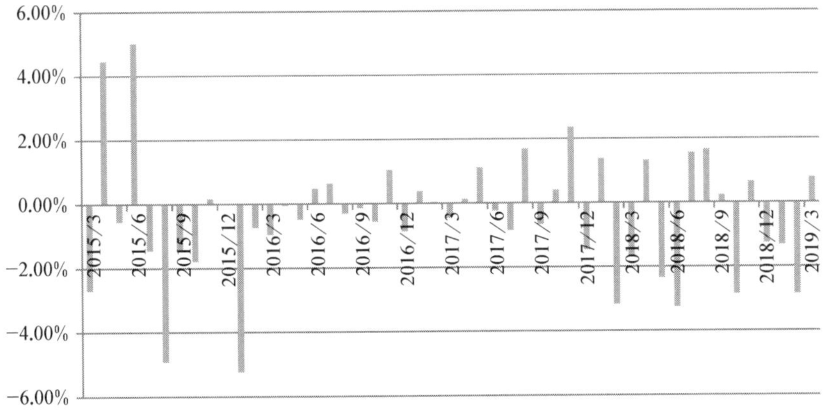

数据来源：Wind,“力的期权工作室”整理。

图 26－2　当月期权到期日前 2 日涨跌幅

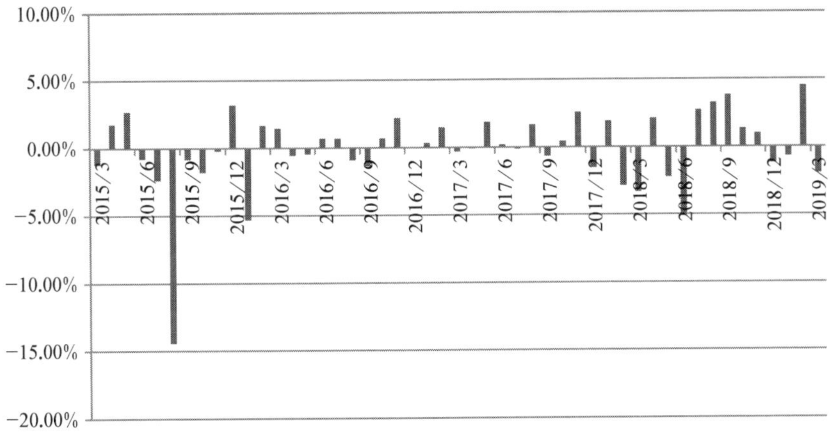

数据来源：Wind,“力的期权工作室”整理。

图 26－3　当月期权到期日前 3 日涨跌幅

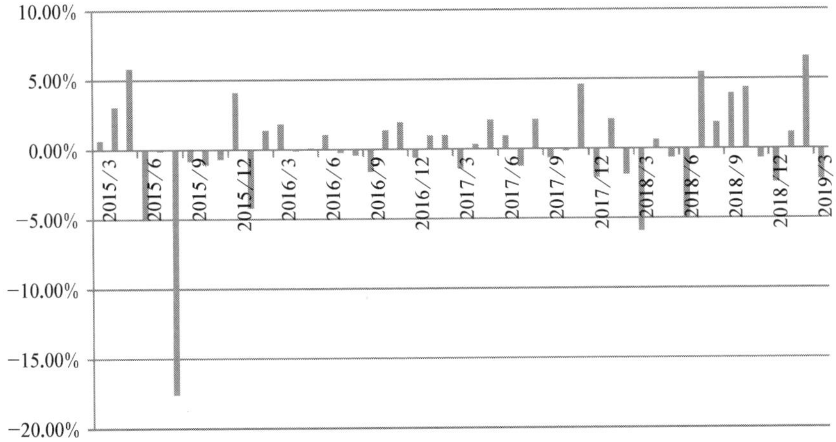

数据来源：Wind,“力的期权工作室”整理。

图 26－4　当月期权到期日前 4 日涨跌幅

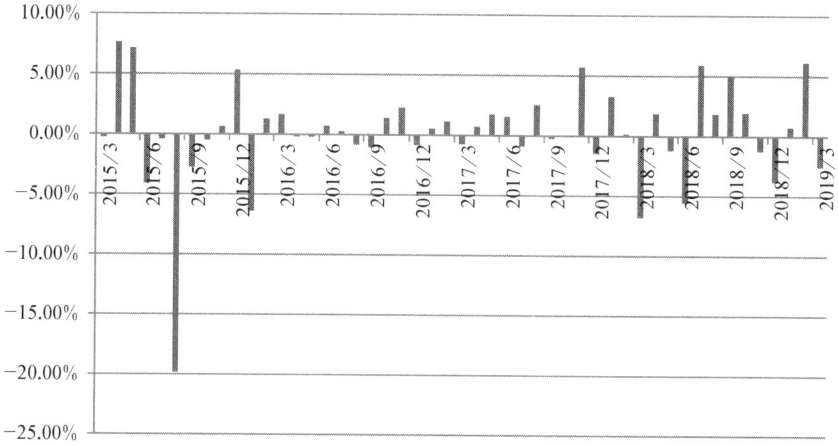

数据来源：Wind，"力的期权工作室"整理。

图 26－5　当月期权到期日前 5 日涨跌幅

表 26－1　当月期权到期日前 1～5 日涨跌幅分布（R 表示涨跌幅）

次　数	到期前 1 日	到期前 2 日	到期前 3 日	到期前 4 日	到期前 5 日
R 大于 5%	0	1	0	3	6
R 大于 3%，小于等于 5%	2	1	4	5	2
R 大于 1%，小于等于 3%	4	8	13	11	11
R 大于－1%，小于等于 1%	33	24	19	17	18
R 大于－3%，小于等于－1%	10	11	9	8	6
R 大于－5%，小于等于－3%	0	3	1	3	2
R 小于－5%	0	1	3	2	4

数据来源：Wind，"力的期权工作室"整理。

表 26－2　当月期权到期日前 1～5 日涨跌幅的均值与极值（R 表示涨跌幅）

	到期前 1 日	到期前 2 日	到期前 3 日	到期前 4 日	到期前 5 日
R 的最大值	3.18%	5.01%	4.51%	6.63%	7.64%
R 的平均值	－0.16%	－0.39%	－0.12%	0.07%	0.15%
R 的中位数	－0.14%	－0.31%	－0.04%	0.10%	0.27%
R 的最小值	－2.55%	－5.23%	－14.42%	－17.58%	－19.82%

数据来源：Wind，"力的期权工作室"整理。

从上述五张图与两张表格中，我们会发现上方的危险比下方略微小一些。以当月合约到期前 3 天为例，涨幅大于 5%的次数为 0，跌幅超过 5%的次数倒有 3 次。从概率的角度说，最后三天的涨跌幅基本上在－5%到 5%之间，位于－5%到 5%的历史概率为 93.88%，位于-3%到 3%的历史概率降为了 83.67%。几次极端的行情，比如 2015 年 4 月 22 日前五日 50 指数大涨 7.64%，2015 年 8 月 26 日前三日 50 指数大跌 14.42%，2016 年 1 月 27 日前两日 50 指数大跌 5.23%，2019 年 2 月 27 日前四日 50 指数大涨 6.63%，往往出现在大牛市与大熊市途中，都值得被铭记，也值得认真思考。

看了这些年来期权到期前的收益率分布，我们能从中思考出些什么呢？如何能尽量使得“捡烟蒂”策略不烫到自己的手呢？我做了一些实操上的思考与优化。

（1）事前择时

到期前卖出深度虚值合约，无非三种情况：第一种是只卖出深度虚值的认沽，第二种是只卖出深度虚值的认购，第三种是同时卖出深度虚值的认沽与认购。尽管择时有很多种方法，但真正能规避大风险的指标依然是趋势指标，所谓的择时也是以尊重趋势为主。大道至简，在当月期权到期前 N 天（$N=1,2,3$），我们可以设定：

- 当标的价格站在所有均线上方时，只卖出深度虚值认沽期权；
- 当标的价格站在所有均线下方时，只卖出深度虚值认购期权；
- 当标的价格上方存在 20 日周期以上均线（比如 20 日均线、30 日均线、60 日均线等）的压力，同时标的价格下方存在 20 日周期以上均线的支撑时，考虑同时卖出深度虚值认沽与认购期权。

当然，这样的事前择时显然不是唯一的，实践下来比较好的信号还可以换成：

- 当标的价格位于 20 日均线上方，且相对 20 日线乖离率超过 5%时，只卖出深度虚值认沽期权；
- 当标的价格位于 20 日均线下方，且相对 20 日线乖离率低于-5%时，只卖出深度虚值认购期权；
- 其他情况，考虑卖出深度虚值认沽的同时卖出深度虚值认购期权。

在趋势性择时指标的辅助下，我们在事前就能排除很多“捡烟蒂烫到手”的惨案，这样避免一次或许就拯救了一整年的命运。

（2）下单方式与仓位管理

由于深度虚值期权的 Delta 非常小，它们在一天内的价格变化就非常小，操作时可以尽量先挂单，分散挂在不同的价位，以期待能够尽量以更高的价格卖出这些“不值钱”的期权。以图 26-6 中的“50ETF 沽 4 月 2650”为例，当你想要卖出的那个合约现价是 6 元时，你在盘中就可以分别挂出 6 元、7 元、8 元的卖价，虽然现价是 6 元，但你所挂出的 8 元价格也非常有可能因为盘中供求关系的暂时偏离而成交。

Delta	最新	代码	购<行权价>沽↑	代码	最新	Delta
1.0000	0.4900	10001771	2.500	10001772	0.0004	-0.0000
1.0000	0.4415	10001751	2.550	10001760	0.0005	-0.0000
1.0000	0.3913	10001752	2.600	10001761	0.0005	-0.0000
0.9996	0.3415	10001753	2.650	10001762	0.0006	-0.0004
0.9978	0.2900	10001754	2.700	10001763	0.0009	-0.0022
0.9905	0.2415	10001755	2.750	10001764	0.0012	-0.0095
0.9679	0.1906	10001756	2.800	10001765	0.0020	-0.0321
0.9135	0.1428	10001757	2.850	10001766	0.0041	-0.0865
0.8115	0.0980	10001758	2.900	10001767	0.0098	-0.1885
0.6600	0.0624	10001759	2.950	10001768	0.0234	-0.3400
0.4798	0.0353	10001769	3.000	10001770	0.0458	-0.5202
0.1700	0.0094	10001795	3.100	10001796	0.1208	-0.8300
0.0337	0.0030	10001803	3.200	10001804	0.2130	-0.9663
0.0037	0.0012	10001811	3.300	10001812	0.3095	-0.9963
0.0002	0.0007	10001819	3.400	10001820	0.4089	-0.9998

图 26－6　2019 年 4 月 19 日，当月期权行情界面

从图 26－6 中，我们也可以看到，要说真正风险相对小，一般它的 Delta 绝对值都小于 1%，其中的认沽期权一共有 6 个，认购期权一共有 2 个，但它们的保费价格还是各不相同的，有些是 12 元，有些是 7 元，有些是 6 元，有些却只有 4 元。一个基本的规律是，保费越贵的期权，3 天内的“出险”风险也越大，所以在建仓时不必重仓于某个特定的期权，而是可以开仓一部分 9 元的期权，再开仓一部分 6 元的期权，尽量不要一股脑儿重仓在一个卖出合约上，仓位一重则容易出事，心态也容易崩盘，因此每个合约可以设置一个卖出开仓仓位上限，比如 20%，或是 30%。

(3) 事后处理

尽管到期卖出深度虚值期权策略看似非常管用，但仍然存在“黑天鹅”的巨大风险。尽管这些风险很少发生，并且在事前择时的角度做了一定的规避，但在开仓前依然要做好防守的准备！一旦一份深度虚值期权在到期日变成了实值，这些期权就会面临“出险”的亏损。从 Delta 这一指标的角度看，我们通常总是卖出 Delta 绝对值小于 5%的期权，从事后风控的角度说，如果这些期权的 Delta 绝对值超过了 20%，我们就可以认为这个月的“灾难”来临了，这些保险快要“出险”，于是需要尽快处理这些期权。怎么处理？有两种方法值得借鉴！

第一种方法是反向移仓。比如你卖出了 100 张深度虚值认购期权 C3000，那么当 C3000 期权的 Delta 指标触发 20%时，往往意味着标的价格已经在 2.950 这个位置，此时我们可以采取一部分反向移仓的操作，买入平仓 50 张 C3000，然后卖出开仓 50 张 P2900，使得整体持仓的 Delta 再次变为中性附近，如果后市真的继续暴涨到 2.975，那么再进行一次反向移仓，买入平仓 25 张 C3000，卖出开仓 25 张 P2950，如此一来，最后剩下的一两天，不论标的价格是继续上行还是又跌回去了，只要反向移仓的动作快、操作及时，至少有一个方向的权利金收入是能赚回来的。

第二种方法是由卖转买。所谓“由卖转买”，相当于彻底改变了思维，由于“捡烟蒂烫到了手”，标的价格气势如虹，我不再希望伤及全身了，因此从卖深度虚值期权转为双买组合。以过去的一个实盘案例为例，回顾 2017 年 12 月 27 日的行情：当日 50ETF 从开盘的 2.888 一路下跌，到了下午两点附近竟已跌到 2.855，当时卖出 12 月 2850 认沽合约在那一瞬间可谓命悬一线！这时你会怎么做？还死扛吗？2855 距离 2850 只有五个点，可以说“此诚危急存亡之秋也”！我们来冷静想一想，对于 A 股行情而言，在快速下跌的过程中，下午两点有时就是一个很敏感的时点，有可能最后一小时一路下挫加速下跌，也有可能在某些大资金的护盘下 V 字反转最后收出一根长下影。既然我们在当下无法判断方向，但大概率能确定最后一小时不是大反弹就是加速跳水，当时我们选择在标的跌破 2.870 时就直接转换策略，赶紧趁标的还没有跌破 2850 时平掉认沽空头，同时立刻买入 2850 的下月认沽和 2900 的下月认沽合约，用双买组合替代原有的卖方头寸。事实证明，在当日下午两点这么做，用双买组合替代原来的卖出持仓，这对双买组合赚来的钱完全可以覆盖之前 2850 认沽空头亏损的钱，完成了一次由实亏到实盈的转化！

27. 再回首“持房出租”，它的长期收益会跑赢指数吗？

在之前《股票市场有一种投资方式，叫持房出租，你知道吗?》一文中，我们大致地介绍了期权中一类重要的策略——备兑开仓。

事实上，在金融工具十分发达的美国，几乎任何一个固定的策略都可被基金公司(像 PowerShares、Vanguard 等)做成策略 ETF，期权备兑开仓策略也不例外。在美国，不论是个人还是机构投资者，希望在震荡市中用备兑开仓策略增加收益的，都可以直接购买备兑开仓策略 ETF，实现自己的投资目标。

根据 Greenwich Associates 前些年的调查结果，在美国市场，有大约 50%比例的机构年内使用过备兑开仓策略增加持股收益。其中，有 55%比例的机构表示期权的使用对投资业绩提高非常有效，有 40%比例的机构表示期权的使用对投资业绩提高比较有效，两种合计高达 95%。

在本文中，我们沿着产品基本原理、境外已有产品、境内绩效回测这三部曲的思路，继续备兑开仓的策略之旅。

(1) 基本原理

投资者因长期看好大盘持有着某只 ETF，并希望 ETF 的价格能上涨到心理目标价位，如果没有达到心理价位，他也希望能够寻找一种方式来增强持股收益，降低 ETF 的持仓成本。针对投资者的这一需求，期权备兑开仓策略就能顺利实现其投资目标。

备兑卖出认购策略＝持有标的证券＋同时卖出对应数量认购期权合约。该策略放弃了标的证券大幅上行所获的利润，在标的证券小幅上行的情况下，该策略因为卖出期权而增加收益。在标的证券价格下行的情况下，该策略由于含有卖出期权合约所获得的权利金，因此可以减少部分损失。策略组合随标的证券价格变化的损益如图 27－1 所示。

以 2016 年 5 月到 8 月的大盘行情为例，这几个月内，上证综指一直在 2800 点到 3100 点的箱体内反复震荡。假设某投资经理在 2016 年 7 月 1 日以 2.140 元/份的价格买入了 30 万份 50ETF，他的心理目标价位是 2.250 元/份。基于他对后市震荡区间的判断，备兑卖出“50ETF 购 10 月 2300”，开仓时获得每份 0.019 0 元，共 5 700 元的权利金收入。

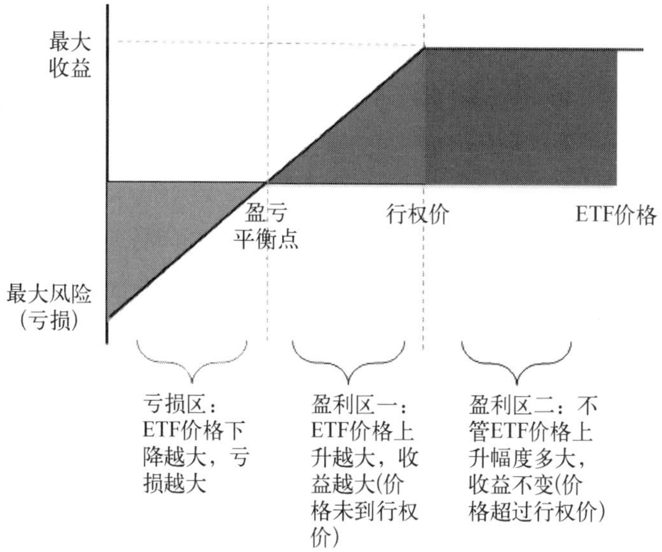

图 27-1 备兑开仓策略到期盈亏

若到期日 50ETF 的收盘价未超过行权价 2.250 元,则认购期权到期失效,该投资经理开仓时获得权利金收入 5 700 元,将把每股的持仓成本从 2.140 元降低到 2.121 元;若到期日 50ETF 的收盘价超过了行权价 2.250 元,则所持有的认购头寸将被行权,该投资经理必须以每份 2.250 元的价格出售手中的 30 万份 50ETF,但同时也达到了自己心理价位,共获得 38 700 元。

(2) 境外已有产品

2002 年 4 月,芝加哥期权交易所(CBOE)推出了关于标普 500(S&P500 or SPX)的备兑认购期权策略(BuyWrite)指数,CBOE 用 BXM 作为 SPX 的 BuyWrite 指数的指标简称。这套指数由 CBOE 与标普公司共同开发,作为一个反馈性的基本利润指标,描述了针对标普 500 股票现货市场和标普 500 指数期权构建出的一个备兑理论收益组合。

参照 BXM 指数的编制,境外市场推出了一系列以 BuyWrite 为投资策略的基金产品。这些产品在期权的选择上,指数期权、个股期权、ETF 期权均有运用,其中以使用指数期权的产品最多。在期权合约选择上,通常取剩余期限较短(例如 1 个月或 3 个月)、平值附近的认购进行滚动展期操作。

表 27-1 境外运用备兑卖出认购策略的主要基金名单

名　称	发行时间	规模(亿)	货币	费率
PowerShares S&P 500 BuyWrite Portfolio ETF	2007 年 12 月 20 日	2.06	美元	0.75
PowerShares NASDAQ-100 BuyWrite Portfolio ETF(*)	2008 年 6 月 13 日	0.06	美元	0.75

（续表）

名　　称	发行时间	规模(亿)	货币	费率
MIDAS KOSPI	2011年2月15日	343.89	韩元	0.47
Recon Capital NASDAQ－100 Covered Call ETF	2013年12月12日	0.03	美元	0.6
Simplex Nikkei	2011年12月20日	3.89	日元	—
Horizons S&P 500 Covered Call ETF	2013年6月24日	0.27	美元	0.65
Horizons S&P Financial Select Sector Covered Call ETF	2013年11月18日	0.04	美元	0.7
First Asset Can－60 Covered Call ETF	2011年6月1日	0.06	加元	0.65
First Asset Can-Energy Covered Call ETF	2011年6月1日	0.03	加元	0.62
First Asset Can-Financial Covered Call ETF	2011年6月6日	0.03	加元	0.58
First Asset Materials Covered Call ETF	2011年6月3日	0.14	加元	0.72
First Asset Tech Giants Covered Call ETF	2011年10月26日	0.35	加元	0.7
BMO Covered Call Canadian Banks ETF	2011年2月3日	8.82	加元	0.73
BMO Covered Call Dow Jones Industrial Average Hedged to CAD ETF	2011年10月27日	1.44	加元	0.73
BMO Covered Call Utilities ETF	2011年10月27日	2.95	加元	0.73
BMO US High Dividend Covered Call ETF	2014年2月14日	—	加元	0.65
AdvisorShare STAR Global BuyWrite ETF	2012年9月18日	0.25	美元	1.85
Lyxor ETF DAXplus Covered CALL(＊)	2007年3月8日	0.08	欧元	0.4
Lyxor ETF EURO STOXX 50 BuyWrite(＊)	2007年1月9日	0.1	欧元	0.4

数据来源：*Bloomberg*。

以 PowerShares S&P 500 BuyWrite ETF 为例，该基金的投资组合就是同时持有 S&P 500 股票多头与 S&P 500 股指期权空头。与 S&P 500 指数相比，下跌行情亏损相对较小，但大幅上涨行情下跟不上 S&P500 指数；与 S&P 500 BuyWrite 指数相比，考虑仓位、管理费等，基金净值略微跑输 S&P 500 BuyWrite 指数。图 27－2 展示了 PowerShares S&P 500 BuyWrite ETF 的业绩走势。

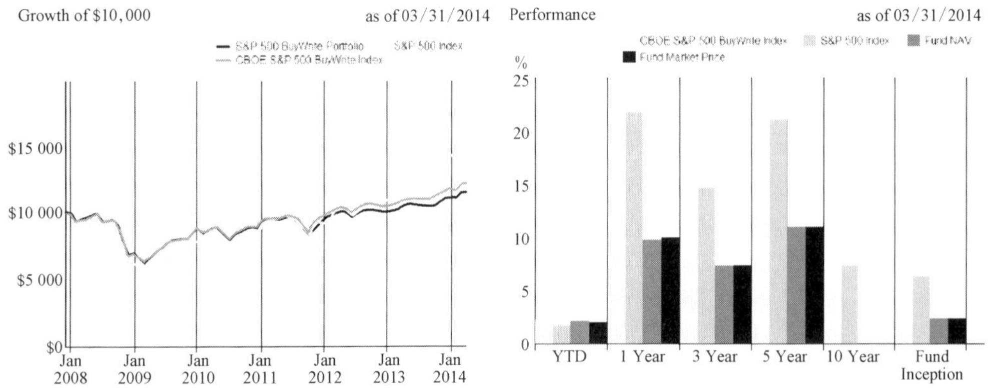

资料来源：PowerShare。　　资料来源：PowerShare。

图 27－2　PowerShares S&P 500 BuyWrite ETF 的业绩走势

从1998年到2014年的历史数据看，CBOEBXM的平均年化收益率为11.77%，略高于标普500指数的11.69%，而BXM的年化标准差却为9.29%，低于标普500指数的13.89%，夏普比率0.25还略高于标普500指数的0.23。由此可见，从美国市场中长期看，相较于直接持有ETF，备兑开仓策略的确是一个有助于获得持续稳定收益的期权策略。此类策略基金对吸引长期资金的入市起到了积极正面的作用。

(3) 境内绩效回测

① 回测区间：2015年2月9日～2019年6月30日。

② 初始资金：1 000万元；初始净值为1。

③ 策略换仓：到期前提前5个交易日移仓到下月合约，到期日按收盘价备兑平仓计算认购期权盈亏，到期日下一交易日开盘转仓备兑卖出下月平值或5%虚值认购期权。

④ 保证金与交易费用。

保证金：由于该基金采用备兑开仓策略，因此无现金保证金占用。

交易费用：备兑开仓不收费，备兑平仓每张10元。

根据以上设置，我们可以得到如图27-3所示的净值曲线。

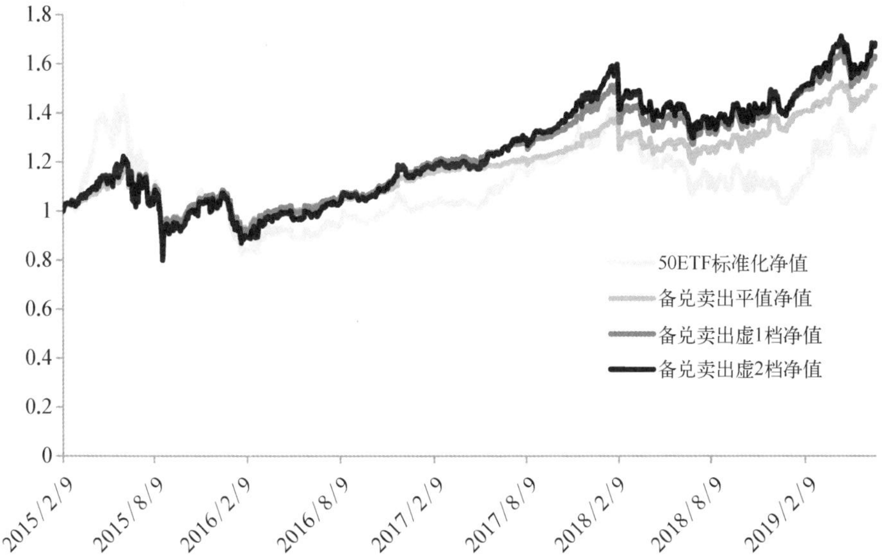

数据来源：Wind，“力的期权工作室”整理。

图27-3　2015年2月9日～2019年6月30日期间备兑开仓策略净值走势

具体的绩效指标统计如表27-2所示。

表 27-2　2015 年 2 月 9 日～2019 年 6 月 30 日备兑开仓策略绩效评价表

	备兑卖出 平值认购	备兑卖出 虚值 1 档认购	备兑卖出 虚值 2 档认购	50ETF
累计收益率	50.75%	62.85%	68.12%	34.49%
年化收益率	9.69%	11.52%	12.27%	7.00%
年化波动率	17.47%	19.23%	20.72%	25.37%
最大回撤	29.80%	32.36%	34.73%	44.96%
Calmar 比率	0.325	0.356	0.353	0.156
Sharpe 比率	0.383	0.443	0.447	0.158

数据来源：Wind，"力的期权工作室"整理。

当然，上面的回测期间内经历了史上第二波大股灾，市场波动巨大，有很长一段时间并不适合使用备兑开仓策略。然而，即便如此，长期备兑开仓的绩效也好于 50ETF 本身。从年化收益率的角度看，分别备兑卖出虚值 2 档、虚值 1 档、平值的年化收益率为 12.27%、11.52%和 9.69%，超过 50ETF 的 7.00%；从最大回撤的角度看，分别备兑卖出虚值 2 档、虚值 1 档、平值的最大回撤为 34.73%、32.36%和 29.80%，低于 50ETF 的 44.96%。能在提升累计收益率的前提下降低最大回撤，可以说，备兑开仓从长期的角度看，真正意义上起到了增强收益的作用。

备兑开仓策略的主要目的在于降低市场的波动，缓解风险的同时获得权利金收入。我们将这种策略运用于国内市场的产品设计，在小幅震荡和下跌的市场中能起到减小回撤、提高收益的作用。甚至在温和上涨市场中，通过备兑卖出平值或轻度虚值的期权也能获得不错的绩效。因此，此类基金适合在震荡市下希望略跑赢大盘，同时能够承受市场下行风险的投资者。

28. 用期权做保险，长期会有多保险？

期权保险策略到底有多保险？这个问题比起“永远到底有多远”要好回答很多！假如有一个朋友告诉你下面三句话：

- 他是指数型投资者；
- 他从去年2月初至今竟然还能获得10%左右的年化收益率；
- 他在三轮股灾期间的最大回撤是普通指数投资者的一半。

那么我们的问题是：这样的朋友靠不靠谱？这样的策略存不存在？答案是：唯熟悉期权者可为之！而实现这一收益—回撤状态的策略，就是我们通常所说的“期权保险策略”(Option Protective Put)。

(1) 基本原理

股票期权另一个重要的功能就是保险功能。所谓“期权保险策略”，是指当投资者持有或买入ETF时，再买入相应数量的认沽期权，为所持的现货上一个保险。以2015年6月25日的大幅波动行情为例，在持有现货的投资者中，共有768户持有认沽期权(共4.16万张)，面额约12亿元。该部分投资者通过前期构建保险策略，有效规避了当日因股价下跌而导致的0.44亿元损失，保险作用显著。期权保险策略既防范了无限的下行风险，同时保留了标的价格潜在的上行收益。图28-1展示了保险策略的到期盈亏。

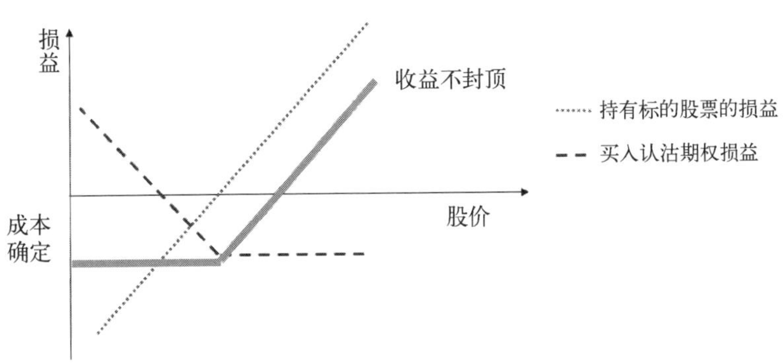

图28-1 期权保险策略到期盈亏

(2) 境外已有产品

相较于境外关于BuyWrite和PutWrite的策略基金，以期权保险策略为主的策略基金相对不是太多，境外以其作为主要策略的规模最大的一只基金是Lyxor ETF DAXplus Protective Put，于2007年5月成立，在德意志证券交易所上市交易。该产品是由DAX指数成分股与基于DAX指数的虚值认沽期权多头组成的。该产品已经于2013年6月21日终止运作。图28-2展示了该基金在6年间的净值走势。可以发现，保险策略在大盘大幅下跌时显著减小了基金净值的回撤，并在大盘上涨过程中仍然保留着净值潜在的收益。

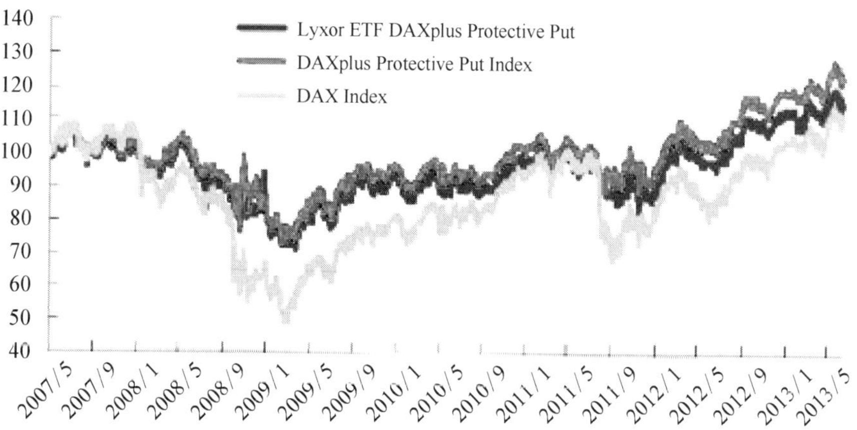

图28-2 Lyxor ETF DAXplus Protective Put基金净值走势

(3) 境内绩效回测

① 回测时间区间：2015年2月9日～2019年6月30日。

② 策略换仓：到期日前不提前平仓，到期日以VWAP价格卖出现货和平值(或虚值1档)认沽期权，并以下一交易日的现货与期权VWAP价格换仓买入。

③ 保证金与交易费用。

期权交易无保证金；买入开仓、卖出平仓每张10元；50ETF双边手续费设为万分之六。

在进行历史回测时，我们选取了50ETF期权的真实数据，可以发现在整个回溯的时间段内，相较于50ETF净值，保险策略组合基金的净值的波动较小，在大盘急速下跌的时期发挥了及时止损的功能；在大盘上涨的时期，尽管因认沽权利金的支出而降低了整体收益，但仍保留着现货端的收益，净值略低于50ETF。图28-3、图28-4是保险策略基金净值随时间的变化图。

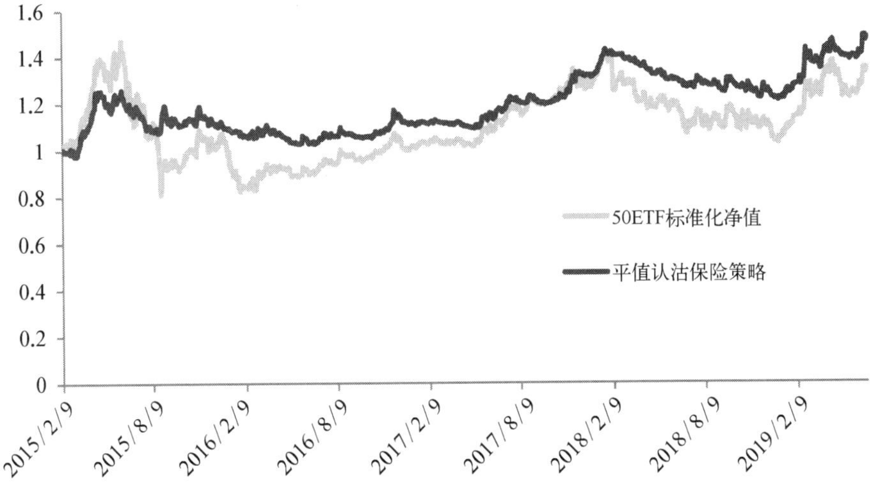

数据来源：Wind，"力的期权工作室"整理。

图 28－3　2015 年 2 月 9 日～2019 年 6 月 30 日
50ETF 平值期权保险策略基金净值走势

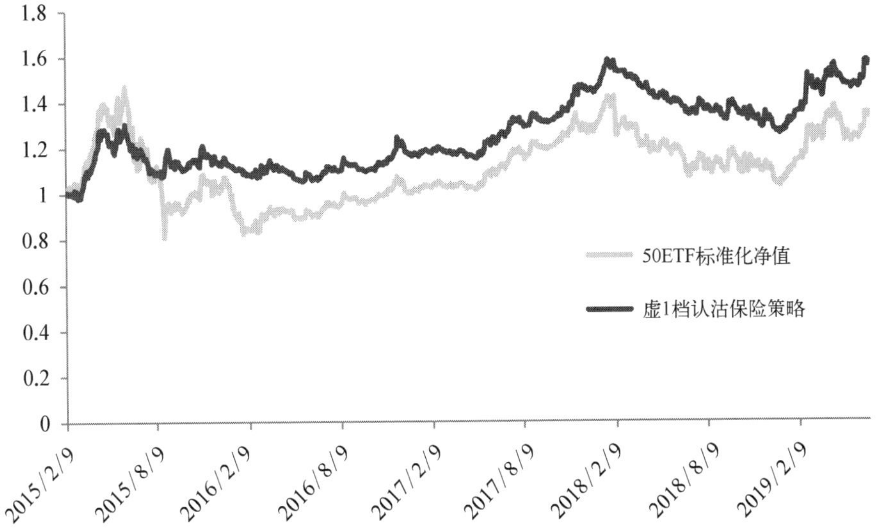

数据来源：Wind，"力的期权工作室"整理。

图 28－4　2015 年 2 月 9 日～2019 年 6 月 30 日
50ETF 虚值 1 档期权保险策略基金净值走势

从基金的业绩表现看，2015 年 2 月 9 日～2019 年 6 月 30 日大盘经历了多次系统性下跌，而平值和虚值 1 档保险策略基金的期间收益率却保持在 9.22％和 10.63％，超过 50ETF 的 6.99％。不仅如此，这两个策略基金的年化波动率分别为 13.21％和 15.05％，也明显低于 50ETF 的 25.37％；最大回撤分别为 18.30％和 20.39％，大约是 50 指数最大回撤的一半以上。表 28－1 从绩效指标上反映了该策略的业绩。

表 28－1　2015 年 2 月 9 日～2019 年 6 月 30 日 50ETF 期权保险策略长期绩效指标

	平值认沽保险	虚值 1 档认沽保险	50ETF
累计收益率	47.76％	56.85％	34.49％
年化收益率	9.22％	10.63％	7.00％
年化波动率	13.22％	15.05％	25.37％
最大回撤	18.30％	20.39％	44.96％
Calmar 比率	0.504	0.521	0.156
Sharpe 比率	0.471	0.507	0.158

数据来源：Wind，“力的期权工作室”整理。

从表 28－1 中可以看出，OTM1 策略的年化收益率果然在 10％左右，最大回撤是基准的一半左右。到了这里，再来会会我们开头假设的那位朋友，便可以通过他的口述大致猜测出他背后的策略了。

事实上，保险策略的主要目的在于防范指数的大幅下行风险。这种策略运用于国内市场的产品设计，可以在市场系统性风险下明显减小基金净值的回撤。保险策略型基金适合希望获得长期的指数收益，同时避免市场持续、大幅下跌的投资者。它的吸引力相信会在未来被更多的人所发现。

29. 27 年后的首只千元股，当茅台遇上 50 期权，究竟会如何？

从 2015 年开始，你会眼睁睁地看到一只股票从当时所谓的高价 150 元，一年后涨到 300 元，在“二八分化”的 2017 年突破 600 元，然后终于在 2019 年 7 月 1 日突破了 1 000 元大关。没错！它就是众多机构投资者所追捧的消费大白马——贵州茅台！

记得在 2019 年 4 月 24 日，贵州茅台披露 2019 年第一季度财报时，公司营收同比增长 23.92%，净利润同比增长 31.91%，这已经是茅台连续 14 个季度实现营收和净利润同比的正增长。与四年前不尽相同，“贵州茅台”这只个股已经常常出现在基金重仓股名单中，也常常出现在沪股通十大活跃股的名单中，不论是内资还是外资，它俨然已成为机构投资者们的宠儿。

看着茅台的净值飞天图，我想每个踏空者都会为此而懊恼！然而，这四年间真正能拿住者有几个？我想始终持有不动的人或者已经成为私募大佬，或者几乎没有。原因很简单，当初 2015 年 150 元左右时买入的人，早就在这四年间的波澜起伏中，或“割肉”，或“恐高”而放弃，面对这样一只个股，无数人希望上车持有，也永远担心它到底还能走多远。2016 年 12 月监管趋严时会担心，2017 年 6 月月末跌破 20 日均线时又会担心，2018 年 10 月 29 日茅台跌停时你又会担心，总之一句话，茅台股价越往高处走，你越会担心持续数日的回调滞胀。这是交易者的人性，是盈利后对亏损天然的恐惧。

在茅台盘中达到 1 001 元之际，我们再来好好仔细地回顾那个测算，来回溯测算一下当从当月平值认沽和虚值 1 档认沽对茅台进行等市值套保时，我们这四年来究竟能保留多少收益？

首先，我需要解释一下什么是等市值对冲。比如我买了 100 万元市值的茅台，50ETF 价格是 2.500 元，期权的合约单位是 10 000，那么按照等市值，也就是市值 1∶1 对冲法，我需要买入 40 张[1 000 000/(2.500×10 000)]平值认沽期权或者虚值 1 档认沽期权去做保险。好的，在下面的测算中我们始终保持等市值对冲的原则，每月第四个周三的下一交易日(因为 50 期权的到期日是每月第四个周三)重新计算需要对冲的数量，然后买入对应数量的当月平值认沽期权，或者是买入当月虚值 1 档认沽期权，一直持有这些认沽期权，直到它们到期，再重新计算需要对冲的数量，买入新的当月认沽期权，一直滚动地对冲下去。于是在这样的设置下，我们来看一看，从 2015 年 2 月 9 日至 2019 年 6 月 30 日，用认沽期权对冲贵州茅台的效果究竟如何。

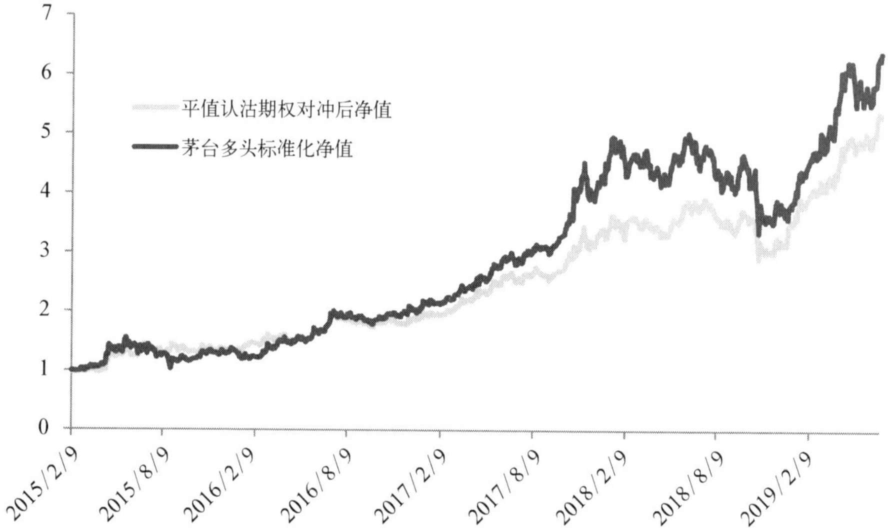

数据来源：Wind，"力的期权工作室"整理。

图 29-1　等市值买入平值认沽对冲茅台的净值走势

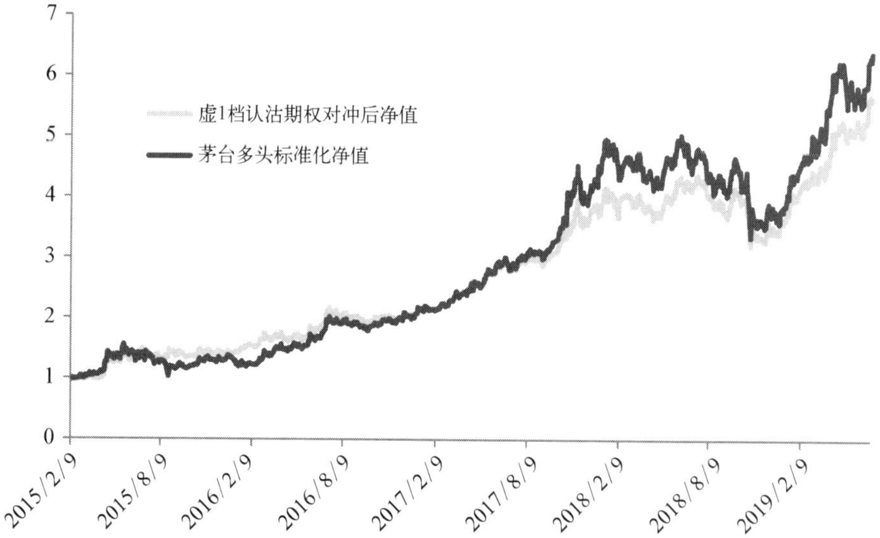

数据来源：Wind，"力的期权工作室"整理。

图 29-2　等市值买入虚值 1 档认沽对冲茅台的净值走势

在这两张图中，浅色线分别表示按照等市值对冲法买入平值、虚值 1 档认沽期权对冲茅台后的资产曲线，深色线表示直接买入并持有茅台股票本身的资产曲线。可以直观地发现，浅色和深色曲线能够防范大的回撤，并同时保留大量的上行收益。

进一步再来看看这么做的绩效表现，你会发现，直接持有贵州茅台股票多头的年化收益率为 54.31%，但它的回撤也高达 33.79%，但按照等市值对冲法买入虚值 1 档认沽期权对冲后的年化收益率为 49.90%，下降不到 5 个百分点，回撤却下降到了 24.92%，降低了将近 10 个百分点，收益回撤比从 1.607 提高到了 2.002；即便是按照等市值对冲法买入平值认沽期权，对冲后的年化收益率也能达到 48.00%，下降大约 6 个百分点，回撤则下降到 24.03%，降低了将近 10 个百分点，收益回撤比也从 1.607 提高到了 1.998，尤其是在 2015 年、2016 年股灾期间，防范回撤的效果可以说是非常显著的。

用数据说话，我们可以看到，对于诸如茅台这样上涨幅度明显的白马股，用买入当月认沽期权逐月滚动对冲的效果是非常明显的。

30. 有没有办法能够降低期权保险的成本？

在《用期权做保险，长期会有多保险？》一文中，我们与大家探讨了用认沽期权对冲50ETF的实战效果。那我们试想一下，如果交易者都在担心后市下行风险，随着市场上买入认沽期权的需求量上升，买入认沽期权的"保险成本"也就会变得相对较高了，那么这个时候有没有什么办法可以折中一下，帮助我们降低期权保险的成本呢？这就是我们在本文中要回答的问题。

(1) 基本原理

领口策略不是白白诞生的，它是保险策略的外延策略。我们知道，如果交易者担心后市下行风险，随着市场上买入认沽期权的需求量上升，期权保险策略的"保险成本"也可能相对较高，而领口策略则是一种降低保险成本的期权策略，即在期权保险策略的基础上再卖出虚值认购期权，以认购期权的权利金收入来降低买入认沽期权的成本。图30-1展示的是领口策略的盈亏图。

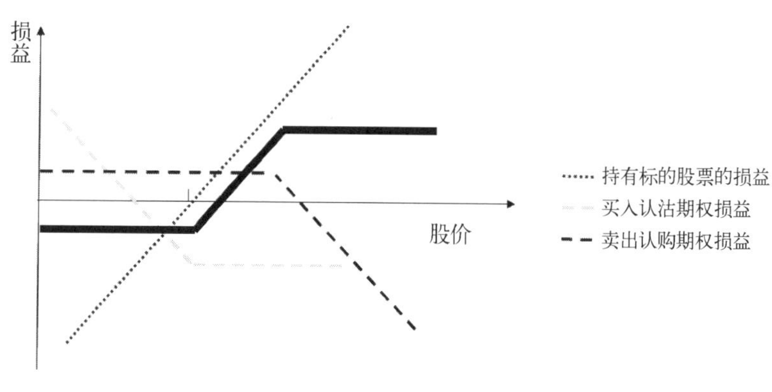

图 30-1　领口策略到期盈亏

领口策略就是这样一种折中策略，最大盈利有上限，最大亏损有下限，而且这个上限和下限往往比较接近，交易的到期收益就在一个区间内徘徊，这就好像一个领口或领结把人的脖子固定在一个范围内一样。

以2015年6月26日行情为例，假设有人在早盘以每份2.865元的价格买入10万份上证 50ETF,之后市场急速跳水,该投资者在跳水几分钟后又赶紧买入 10 张“50ETF 沽 7 月 2850”合约作为股价下行的保险对冲,盘中支付了 13 900 元的“保险费”,那么在期权到期日该投资者就能锁定以 2.850 元的价格卖出 10 万份 50ETF。如果该投资者在构建期权保险策略后,再卖出 10 张“50ETF 购 7 月 2950”收取了 6 500 元权利金(即构建了领口策略),则该投资者既降低了 7 400 元(13 900－6 500)的保险成本,也放弃了标的价格在 2.950 元以上更高的潜在收益。因此,领口策略也被称为一种“双限”保护策略。

(2) 境外已有产品

2008 年,CBOE 推出了关于标普 500 指数的 CLL 指数,采取的策略是领口策略,即持有 SPX 对应的成分股,同时买入 3 个月后到期的 SPX 认沽期权抵消现货在大盘下跌时的风险,并卖出 1 个月后到期的 SPX 认购期权抵减认沽期权的保险成本。在期权行权价选择上,认沽多头选择买入 5%虚值的认沽期权,认购空头选择卖出 10%虚值的认购期权,该策略保证了收益和损失都是有限的。

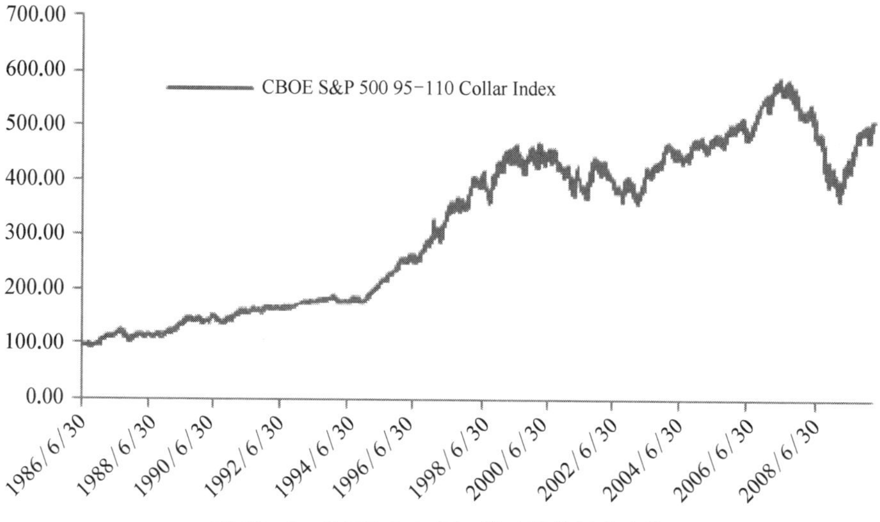

图 30－2　CBOE CLL 领口策略指数历史走势

2014 年,CBOE 曾对旗下的几个策略指数从 1988 年以来的平均收益和标准差进行了比较分析,发现 BXY 和 PUT 策略指数从长期来看,收益略跑赢标普 500 大盘指数,且波动率也小于大盘,因此夏普比率都比大盘更高;CLL 策略指数从收益和波动率来看都低于大盘,呈现出低收益—低风险的稳健性特征。

(3) 境内绩效回测

那么,你想不想了解期权领口策略的长期表现究竟如何呢?我同样也来帮你进行回溯测算。

① 回测时间区间：2015 年 2 月 9 日～2019 年 6 月 30 日。

② 仓位设置：以 90%基金资产投资于上证 50ETF 多头、近月 5%虚值认沽期权多头、近月 10%虚值认购期权空头，剩余资产以现金方式持有。

③ 策略换仓：到期日前不提前平仓，到期日以 VWAP 价格备兑平仓认购期权，卖出平仓认沽期权，并在下一交易日以 VWAP 价格重新买入下月认沽合约、备兑卖出下月认购合约。

④ 保证金与交易费用。

期权交易无保证金；期权卖出开仓不收费，买入开仓、买入平仓、卖出平仓每张 10 元；50ETF 设为双边万分之六手续费。

于是，在这样的设置下，我们一共测算了三对领口组合在境内的长期表现。它们分别是买入虚值 1 档认沽期权＋卖出虚值 2 档认购期权做领口组合，买入平值认沽期权＋卖出虚值 2 档认购期权做领口组合，以及买入平值认沽期权＋卖出虚值 1 档认购期权做领口组合。为了讲述方便，我把买入虚值 1 档认沽期权＋卖出虚值 2 档认购期权做领口组合叫作 95－110 领口组合，把买入平值认沽期权＋卖出虚值 2 档认购期权做领口组合叫作 100－110 领口组合，把买入平值认沽期权＋卖出虚值 1 档认购期权做领口组合叫作 100－105 领口组合。

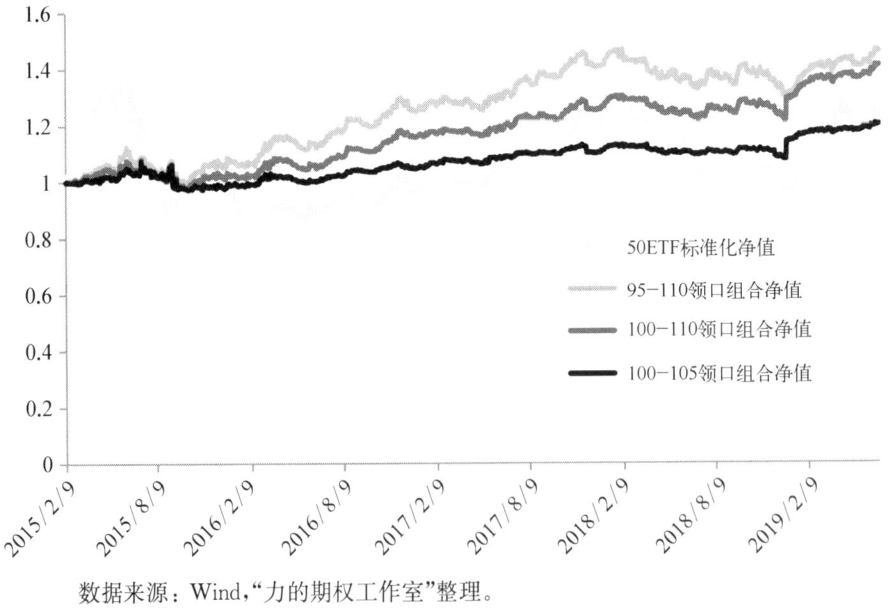

数据来源：Wind，“力的期权工作室”整理。

图 30－3　2015 年 2 月 9 日～2019 年 6 月 30 日领口策略基金净值走势

在图 30－3 中，次浅色的曲线表示 95－110 领口组合的资产曲线，次深色的曲线表示 100－110 领口组合的资产曲线，深色的曲线表示 100－105 领口组合的资产曲线。从图中这三根曲线的位置关系，可以大致看出来 95－110 的领口组合收益率最高，而 100－105 的领口组合收益率最低。

下面，我们再来全面地看看具体的绩效指标统计，见表 30－1。

表 30－1　2015 年 2 月 9 日～2019 年 6 月 30 日领口策略基金绩效指标

	95－110	100－110	100－105	基　准
累计收益率	46.10％	40.92％	20.00％	34.49％
年化收益率	9.27％	8.35％	4.36％	7.00％
最大回撤	9.54％	8.27％	7.14％	25.37％
年化波动率	11.70％	9.32％	9.40％	44.96％
Sharpe 比率	0.792	0.896	0.463	0.156
Calmar 比率	0.616	0.608	0.177	0.158

数据来源：Wind，“力的期权工作室”整理。

从策略的业绩表现看，2015～2018 年，三年期间大盘经历了多次比较明显的下跌，而 95－110、100－110、100－105 三个领口组合的期间收益率却分别还能达到 46.10％、40.92％和 20.00％，其中 95－110、100－110 领口组合均高于 50ETF 本身 34.49％的期间收益率。从年化收益率的角度看，95－110 的领口组合最高，等于 9.27％，高于 50ETF 本身 7.00％的年化收益率。

从最大回撤的角度看，95－110、100－110、100－105 三个领口组合的最大回撤分别为 11.70％、9.32％和 9.40％，远远小于 50 指数 44.96％的最大回撤，可以说大大起到了降低回撤的功效。

从收益回撤比，也就是年化收益除以最大回撤这个指标看，由于收益越高越好，回撤越小越好，所以，收益回撤比这个指标是越大越好。100－110 这个领口组合的收益回撤比等于 0.896，远远高于 50 指数的 0.156，值得后续进一步跟踪关注。

综上，我们可以看出，三个领口组合中比较折中的方法就是 100－110 领口组合。在趋势不明朗、震荡上行为主的市场环境中，领口策略的确有它的独到之处，这样的策略可以在市场系统性风险下明显减小总资产的回撤，适合对上涨收益预期有限、希望免受市场下行风险影响的投资群体。

31. 突破教科书的羁绊，如何从需求出发深入理解期权组合？

有许多初涉期权交易的朋友经常会留言问我这样一个问题："我买了许多期权入门书，面对那么多期权组合，牛市价差、跨式、蝶式、日历……我记都记不住，这该怎么办?"其实，这完全不怪可爱的期权新手们。试想如果一个人从未接触过期权，突然要记忆几十种组合，一会儿买，一会儿卖，一会儿近月了，一会儿又是远月了，即使他是从业几十年的股票分析师，也未必能在两三天内记得滚瓜烂熟。

一开始，我也有着同样的经历，希望把 N 个期权组合全部记住以追求融会贯通。然而，古话说得真是好，"实践出真知"，随着实战操作的深入，我发现完全没必要刻意去死记那些期权组合。这是因为，所有期权组合的建仓都源自我们的实际需求，有些人或许一辈子都不会用到期权组合，有些人却总是在不经意之间就构建了属于自己的期权组合。对于每一位初学者，我们只需要从最基本的四个单腿策略出发，结合自己的需求，就会逐渐自然而然地记住各种常用的期权组合。

事实上，在平日的投资中，不论你是买股票，或是做期货，还是玩期权，交易的核心始终都只有一个，那就是尽量买得便宜一些，尽量卖得贵一些。当你持有权利仓时，觉得涨不动了或是成本太贵了，你就会自然地卖出一些其他期权来降低成本；当你持有义务仓时，感觉风险偏大了，你就会自然地买入一些其他期权来对冲风险。下面我就举一些例子，帮助你理解什么叫作从需求出发构建期权组合。

(1) 买认购修补成牛市价差组合

我们先从单腿买认购入手：2018 年年初我对 50 指数看大涨，买入了平值认购期权，随后 50 指数一路上涨，最终在 1 月份创出了惊人的 19 连阳。然而，或许是 2017 年 12 月连续的阴包阳、阳包阴，让我在 5 连阳后心中渐渐开始有些瘆得慌，或许是认为该有根小阴线调整一下了，看着我手持的认购期权已经从虚值变成了实值期权，于是随着行情的延续，我的想法也开始有些改变了，这时我觉得短期要涨过 3100 点不是特别容易，于是我卖出了"50ETF 购 1 月 3100"合约，形成了"一买一卖"的期权组合。

持有"50ETF 购 1 月 2850"的权利仓，持有"50ETF 购 1 月 3100"义务仓，这是什么

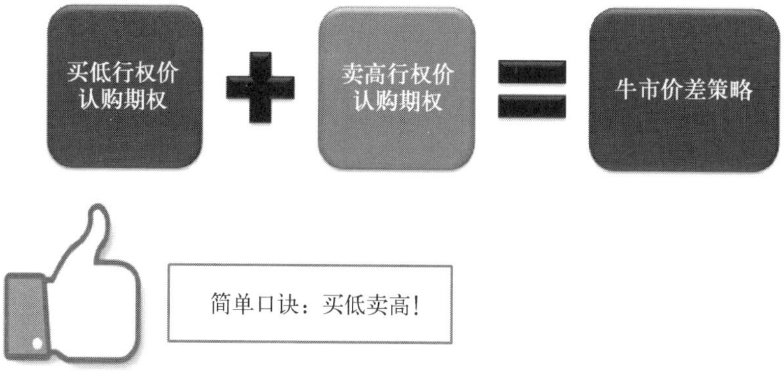

图 31－1　牛市认购价差建仓示意图

呢？这就是牛市价差组合，教科书中只会告诉你它是一种温和看涨的期权组合策略，然而我们通过这次实践，从需求出发，对它的理解就更加深入了一层。其实，牛市价差组合更像是一种另类的备兑看涨策略，它用卖出期权降低了原来权利仓的做多成本，在涨势途中应用起来更加妙，自然而然地把激进看多的头寸转成温和看多的头寸。

(2) 买认沽修补成熊市价差组合

我们再举一个单腿买认沽的例子：2018 年年初 50 指数 19 连阳后，市场开始发生了剧烈的波动，终于在美股风险外溢的影响下，2 月 8 日盘中 50 指数在房地产、保险、银行的集体走低下终于跌破了 20 日均线，于是触发了盘中买入认沽的信号，然而买入“50ETF 沽 2 月 3000”后，我们并不确定美股的风险还会持续多久，短期可能继续因估值较高或者受情绪影响而继续下杀，但 A 股中期的基本面，尤其是 50 指数、300 指数并没有转变甚至恶化，于是当时判断下行空间可能也就在 2700 附近(也就是很难跌穿 2700)，正是基于这一想法和降低认沽多头成本的需求，于是卖出了“50ETF 沽 2 月 2700”合约。

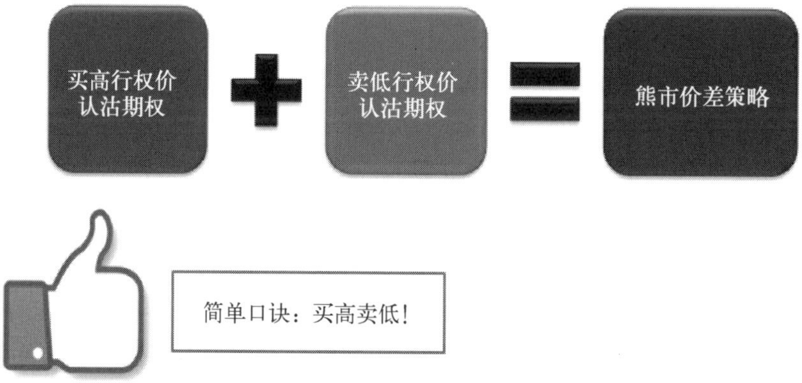

图 31－2　熊市认沽价差建仓示意图

这样，我们相当于持有“50ETF 沽 1 月 3000”的权利仓，持有“50ETF 沽 1 月 2800”义务仓，而这又是什么呢？这就是熊市价差组合。教科书中只会告诉你它是一种温和看跌的期权组合策略，然而我们通过这次实践，知晓了熊市价差组合更像是一种另类的备兑看跌策略，它用卖出期权降低了原来权利仓的做空成本，自然而然地把激进看空的头寸转成温和看空的头寸。

(3) 买跨式组合修补成买入铁蝶式组合

我们再举一个买跨式的例子：2018 年 2 月 10 日收盘前，50 指数暂时盘中企稳，但隔夜的美股风险谁也不知道，到底下周是涨是跌，确实很难判断。初学者就会困惑此时究竟是买认购还是买认沽呢？一切从你的需求出发，由于你并不明确方向，但确信后市一定会来一个大波动，于是，你很自然地会同时买入“50ETF 购 2 月 2800”和“50ETF 沽 2 月 2800”，这是什么呢？这就是买入跨式组合。

然而问题来了，这两份期权对隐含波动率的风险暴露都是正的，换言之就是隐含波动率一旦下降，对这个组合是很不利的，而当时波动率指数已经高到 40 左右，隐含波动率很有可能瞬间下降 5～10 个点，我们该怎么办？基于这个需求，我们就会自然地去想，究竟如何降低买入跨式组合的成本呢？根据当时行情判断，短期要跌穿 2700 和重回 2900 是非常不容易的，于是我们就可以在买入跨式组合的基础上同时卖出“50ETF 沽 2 月 2750”和“50ETF 购 2 月 2850”，用这一对组合对隐含波动率的风险暴露去抵消原来的买入跨式组合。于是，四个合约四条腿，我们从需求触发，构建了一个全新的期权组合。

“50ETF 购 2 月 2800”权利仓，“50ETF 沽 2 月 2800”权利仓，“50ETF 沽 2 月 2700”义务仓和“50ETF 购 2 月 2900”义务仓，这是什么呢？这叫作买入铁蝶式组合，教科书里只会告诉你它是一种中性的、希望后市大涨大跌的期权组合策略。然而我们通过这次实践，对它的理解更加深入了一层，它更可以被理解成是一种降低买入跨式组合成本，同时降低买入跨式组合对波动率风险暴露的修补组合。

通过这三个简单的案例，外加一定时间的实践，我们就会逐渐体会到其实一切期权组合都来源于四个单腿策略（买认购、买认沽、买认沽、买认购），期权组合往往不会为了建而建，而是一种对你想法和需求的精确修补。从四个单腿策略出发，随着行情变化，你的想法变化了，你的持仓盈亏变化了，于是新的期权组合持仓也自然而言地产生了。有的时候，你是会像教科书说的那样，同时买入认购、卖出另一个认购，构建出牛市价差组合。但有的时候，你会突破教科书的羁绊，把牛市价差视为备兑开仓，不追求一定要同时成交两腿头寸，而是故意留个半天的时间差以求更低的成本、更高的收益。某一天你会发现，其实把你所有期权持仓放在一起本身就是一个期权组合，只是它并不像教科书说的那样是同时建起来的，而是随着需求的变化一步一步修补出来的。

32. 牛市价差的攻与守，长期绩效有多优秀？

回顾2017年全年，指数板块分化非常严重，以“漂亮50”为首的上证50指数，屡次充当护盘使者，一个台阶接着一个台阶、一步一个脚印地创出年内新高，以25.08%的年内涨幅笑傲全市场，沪深300以接近21.78%的年内涨幅紧随其后；而与之相对地则是中小创的屡遭重创，2017年当年，中证500年内跌幅为0.20%，创业板年内跌幅为10.67%，还有一个已被忽略的中小盘指数中证1000更是跌出了全年17.35%的深坑。

面对那时候的指数分化，是割了小盘股追涨大盘股，还是不断加仓诸如贵州茅台、中国平安这样的大白马，我想从我的风险偏好角度看，都不是一个可攻可守的策略。市场上你或许会听到很多声音，有的人喜欢预测，有的人喜欢跟随。然而，不论哪一种声音最后被验证是对的，作为事前交易的你，都很难有勇气重仓任何一只已经被推高的50个股，也很难有勇气在左侧重仓一些跌出“安全边际”的小票，怎么办？

一如既往，我们还是用期权这个工具来解决现有的烦恼！我们必须知道的是，期权策略不只是可以以小博大，而是可攻可守！在本文中，我所介绍的一个策略就叫作期权的牛市价差策略，它是一种适用于慢牛环境、在短期趋势中攻守兼备的策略。

(1) 牛市价差是什么？

牛市价差组合是一个组合策略，我们以牛市认购价差为例(用认购期权来构建)。它的构建方法有一个四字记忆口诀，叫作“买低卖高”，通过买入较低行权价的认购期权，同时卖出较高行权价的同月份认购期权来构建，构建成本就是买期权的权利金支出扣去卖期权的权利金收入(也就是净权利金收入)。买入牛市价差组合后一直持有到期权到期日，你的盈亏情况就如图32-1所示。

对于牛市价差组合，到期日标的价格无非出现三种情况：

- 标的价格高于较高行权价：此时收益最大，为两个行权价差减去构建成本；
- 标的价格低于较低行权价：两份认购期权都会过期作废，此时损失为构建成本；
- 标的价格处于两个行权价之间时，收益也处于最大收益和最大损失之间。

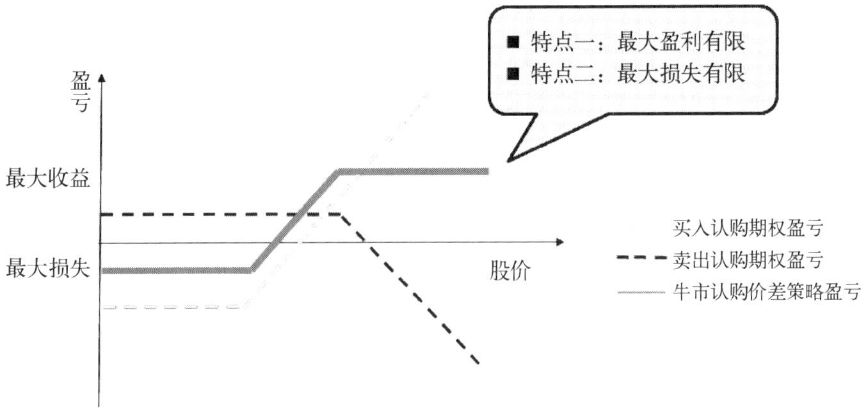

图 32-1　牛市认购价差到期盈亏

(2) 牛市价差与普通买认购的区别

同样是看涨型策略，直接买入认购期权的成本为权利金，牛市认购价差策略涉及一买一卖期权，所以权利金成本比直接买入认购期权要便宜。买入认购期权的到期潜在收益是无限的，牛市认购价差策略却是一个双限策略(即最大收益有限，最大亏损有限)，限制了上端潜在更大的收益。然而，当标的一动不动时，单腿买认购策略抵御时间价值衰减的能力比较弱，对于防守不利，而牛市价差策略则不然。

因此，与买入认购期权相比，牛市认购价差策略更是一个进可攻、退可守的策略，它通过牺牲上端收益的代价降低了做多的成本，抵御了一部分时间价值的衰减。

(3) 牛市价差与普通卖认沽的区别

同样是温和看涨型策略，直接卖出认沽期权的最大收益是全部权利金，牛市价差策略涉及一买一卖期权，所以最大收益会比直接卖出认沽期权要逊色，然而卖出认沽期权无法防住标的价格持续下行的风险，如果标的持续下行，你必须通过事后止损的方式完成防守，相对比较被动。而牛市价差策略却是一个双限策略(即最大收益有限、最大亏损有限)，即使标的价格持续下跌，最大损失也事先被主动锁定。

因此，与卖出认沽期权相比，牛市价差策略更是一个进可攻、退可守的策略，它通过牺牲上端收益的代价主动先锁定了标的价格持续下行的风险。

(4) 牛市价差的长期绩效结果

我一如既往地坚持凡事必回溯的风格，来与大家一起回望下，从 2015 年 2 月 9 日到 2019 年 6 月 30 日，每月滚动用 20％的仓位去构建牛市价差组合，效果会如何呢？牛市价差组合涉及买 N 份较低行权价的认购期权、卖 N 份较高行权价的认购期权，因此，下面的测试中，我选择了三种行权价的组合，分别跑出了三根牛市价差组合的曲线，其中：

95－110 牛市价差：买入实 1 档近月认购，同时卖出虚 2 档同月份认购。

100－110 牛市价差：买入平值近月认购，同时卖出虚 2 档同月份认购。

100－105 牛市价差：买入平值近月认购，同时卖出虚 1 档同月份认购。

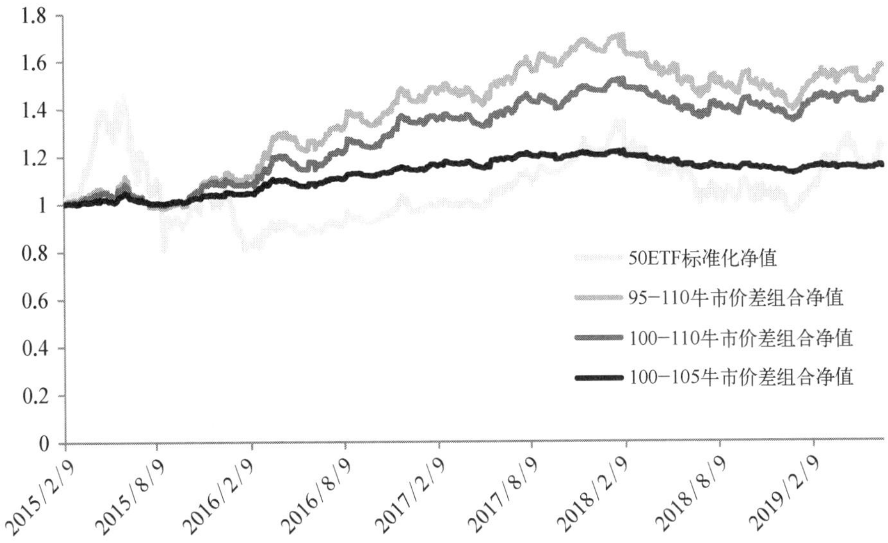

数据来源：Wind，“力的期权工作室”整理。

图 32－2　2015 年 2 月 9 日～2019 年 6 月 30 日牛市价差策略净值走势

表 32－1　2015 年 2 月 9 日～2019 年 6 月 30 日牛市价差策略绩效评价

绩效指标	95－110 牛市价差	100－110 牛市价差	100－105 牛市价差	50ETF 标准化净值
累计收益率	57.44%	46.55%	15.10%	34.49%
年化收益率	11.20%	9.35%	3.34%	7.00%
年化波动率	10.15%	7.44%	3.84%	25.37%
最大回撤	18.49%	11.56%	7.95%	44.96%
Calmar 比率	0.606	0.809	0.420	0.156
Sharpe 比率	0.751	0.799	0.076	0.158

数据来源：Wind，“力的期权工作室”整理。

结果发现，2015 年 2 月 9 日～2019 年 6 月 30 日，牛市价差组合中收益回撤比最高的大约为 0.809，对应的夏普比率为 0.799，在容忍 11.56%最大回撤的前提下大约赚取了 9.35%的年化收益率，下行风险有限并可控。牛市价差组合中年化收益率最高的大约为 11.20%，收益回撤比依然显著高于 50ETF 本身，下行风险同样可控。

我想，从中长期角度看，投资的核心并不是纯粹的预测，也不是纯粹的跟随，而是找到一个可攻也可守的方法。如果我在左侧建了仓，那么我该怎么守、怎么止损；如果我在右侧建了仓，那么我该怎么攻、怎么止盈。这才是更需要我们去考虑的。牛市价差组合是一个特别难得的、自带止盈与止损功能的组合。那么，当你判断未来趋势还是慢牛的时候，何不随缘，在对的时候遇见那个对的“他”呢?!

33. “似面却非面的料理”
——合成类期货多头的全面认识

在儿时的经典动漫——《中华小当家》中，天才厨师小当家在广州的特级厨师测试决赛中，遇上了料理评审界最为严厉的雷花夫人，她要求选手做出“似面却非面的料理”，着实让小当家和其他选手费了一番脑力。最终，天才厨师小当家用鲇鱼肉和鱿鱼干做成面条的形状，以此代替面的方式，与另一名天才厨师阿飞一同获得了当年特级厨师的称号。

尽管这是一部久远的动漫，但“似面却非面的料理”在生活其他各处也有相似的事物去对应。本文中要说的“合成类期货”的策略，就属于这一类事物，让我们来一睹它的风采吧。

如果说期货多头是“面”，那么用期权合成期货多头就好比是“不是面的面”。用期权合成期货多头的操作很简单，那就是买入平值认购期权，然后卖出平值认沽期权，如图 33－1 所示。这样操作后的到期盈亏就构成了期货的盈亏形状，故称为合成期货多头组合。

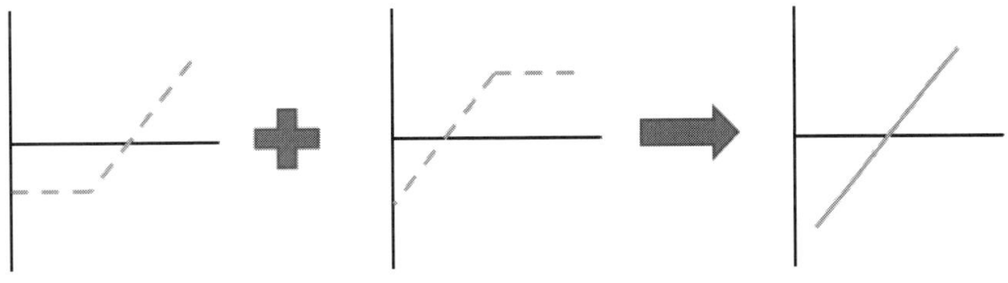

图 33－1　合成类期货多头组合盈亏示意图

然而，在实际盘面中，标的价格实时地在变化，我们很难正好找到平值期权去合成，故出于安全考虑，退而使用合成类期货多头的方式去实现我们的期望与心愿。因此，与期货多头相比，合成类期货多头就是更进一步的“似面却非面的料理”啦！

那么具体什么是合成类期货多头呢？简言之就是 6 个字的口诀“买虚购，卖虚沽”，买入一份虚值认购(操作时不宜太虚值)，卖出一份虚值认沽，这就是合成类期货多头。在《突破教科书的羁绊，如何从需求出发深入理解期权组合？》一文中，我始终坚持不要死记硬背任何一个期权组合的构建，而是从需求出发去思考，这里也一样，构建合成类期货多头前，首先你一定是看涨后市的，于是你会买一份虚值期权以期望博取后市上行的收益，但买期权都有它的“阿喀琉斯之踵”，那就是后市涨幅不大，甚至一动不动，所以，此时如果你认为后市下跌空间已经很有限，就可以继续卖出一份下方的认沽期权（虚值认沽），完成整个组合的构建。这样做，一方面降低了买期权时间价值衰减的速度，另一方面降低了买期权花费的权利金成本。然而，好事不可能都让一个人占尽，作为交换，你的卖认沽头寸将面临理论上很大的下行风险，因此操作时必须设置严格的下行止损点。

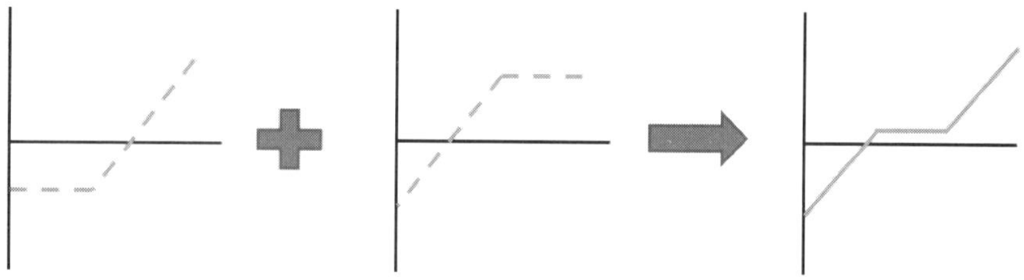

图 33－2　合成类期货多头组合盈亏示意图

为帮助你一览买认购、卖认沽、买期货、合成类期货多头四者之间的优劣，我把它们的优势和劣势总结到表 33－1 中，供读者实战时参考。

表 33－1　买认购、买期货、卖认沽、合成类期货多头四者之间的优劣对比

看涨时的操作	优　势	劣　势
买认购	保留巨大的上涨收益空间，且下行时损失有限	标的不大涨则面临每天时间价值损耗
卖认沽	只要标的不大跌，就能赚取全部权利金	标的大跌则浮亏巨大，标的再大涨收益也有上限
买期货	标的上行时浮盈	标的下行时浮亏
合成类期货多头	标的上行时浮盈，浮盈速度小于期货	标的下行时浮亏，浮亏速度小于期货

下面，我用自己在白糖期权中的一个实战案例，带你体会一遍合成类期货多头的操作全过程。

2017 年 10 月 25 日，当时 SR805 在数月以后首次上穿关键的 20 日均线，且 20 日线呈现拐头向上趋势，入场信号发出，于是先买入了虚值 1 档的“SR805C6100”认购合约，然后出于相对谨慎的心态，用卖出虚值 2 档的“SR805P5800”认沽合约来降低买入成本，这样做既降低了时间价值损耗的速度，又保留了无限的上涨空间。不过更重要的是，建仓时我就必须设置好离场的时空点，那就是以 20 日均线及其斜率正负作为离

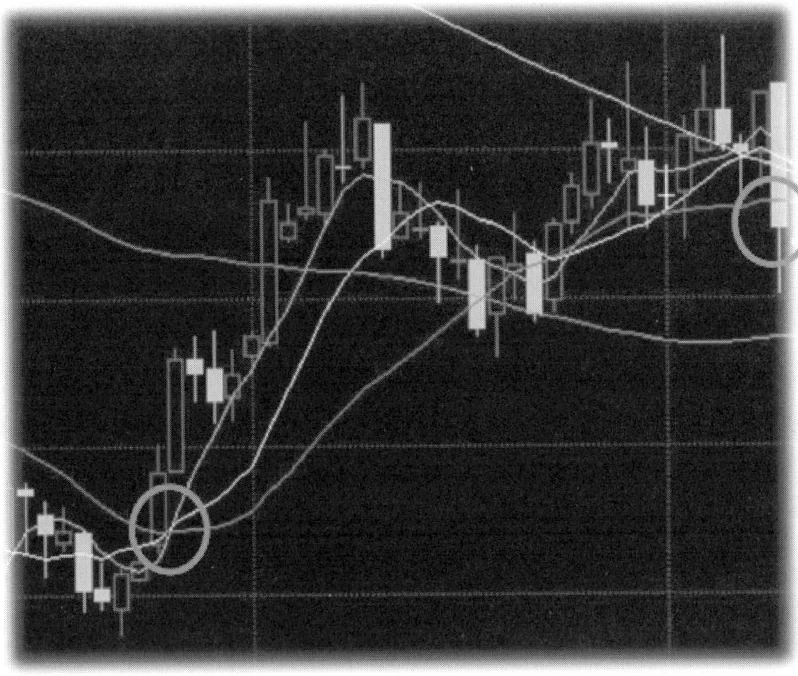

图 33－3　合成类期货多头实盘案例对应行情图

场点，一旦触发则果断止盈止损。

当时 1 手“合成类期货组合”的入场成本为 35 元[(85－81.5)×10]，我大致用 10%的仓位作为买期权的权利金和卖期权的保证金，从上面的蜡烛图中你会发现，2017 年 12 月 11 日，SR805 期货收盘价格下穿 20 日均线，同时均线出现拐头向下态势，于是该日平仓所有头寸，最终每手盈利 1 015 元。这就是一次合成类期货组合操作的全过程。

在操作时，我出于谨慎的考虑，卖出下方更安全一些的虚 2 档认沽期权，事实上，如果更激进一些，卖出虚 1 档认沽，你的权利金成本会由负转正，也就是说，卖认沽的权利金收入高于买虚值认购的权利金支出，在这样的盈亏结构下，只要标的价格不要下跌太多，最终你一定会赚到钱，至少是两者的净权利金。

在本文最后，我和大家一起来聊聊关于这个策略的一些运用感悟：

① 尽管合成类期货多头很像期货多头，但它毕竟不是，整个组合的 Delta 始终是小于 1 的，所以，上行浮盈的速度会小于实际期货多头，但好处是下行浮亏的速度也会小于期货多头，下行亏损容忍的空间会更大一些。

② 如果虚值认沽期权的市场价格较贵，或是卖的认沽期权虚值程度较低，那么整个组合的净权利金很有可能从净成本转为净收入，此时，只要标的不要跌破下方认沽

的行权价，持仓时就不必过于担心。

③ 组合涉及两腿，一买一卖的操作，有时操作较好的顺序是先买后卖，因为每一次做多是很难做在最低点的，买期权相对浮亏有限，所以先买入虚值认购，一旦发现买错，方向还在下行，此时不如顺水推舟，再卖出下方虚值认沽期权（此时卖得更贵），由于建仓时两腿之间有一个时间差，这时的净权利金就有可能从原来的净成本转为净收入。

④ 合成类期货多头的下行风险是比较大的，所以每一次开仓前必须先设置好止盈止损点，一旦触发坚决执行。最简单的止盈点可以设置在上方行权价右侧一点的位置，等上方认购期权 Gamma 赚钱效应释放完毕后止盈；最简单的止损点可以设置在下方行权价右侧一点的位置，在下方认沽期权 Gamma 亏损效应发生前止损。

⑤ 当你对组合进行了一次止损后，观察当时盘面，发现多头信号依然还在（这是一个重要的前提），可以尝试再进行一次建仓，比如重新买入新的虚 1 档认购，卖出虚 2 档认沽，这样的操作称为一次移仓。然而，衍生品交易切记不能逆势而行，如果移仓后亏损还在延续，则必须再次止损，以免亏损扩大。

34. 那些“二八分化”的时光，你会买认购还是买价差？

2017年全年，上证50的一枝独秀让许多原本“炒小炒新炒概念”的投资者大跌眼镜。全年25.08%的涨幅冠绝所有指数，保险、酒类、银行、家电的轮番发力也使得市场出现了罕见持久的“二八分化”。2017年11月，全市场仅五个主题行业飘红，其中“金三胖”（银行、保险、券商）就占据了三席，“二八分化”进一步演变为“一九分化”，11月末，全市场仅10%不到的股票在周四、周五具有赚钱效应。

回过头看，2017年这样的“二八分化”是比较持续的，从2016年12月30日到2017年12月31日，如果剔除上市的新股效应，全市场涨幅超过20%的股票占比不会超过20%，这说明如果你在2017年没有买到这些股票，大概率会以亏损告终。只赚指数不赚钱似乎在2017年的行情中体现得淋漓尽致。然而，存在就是合理的，就笔者的浅见，这样的效应不会是一朝一夕的，它的存在至少有着以下这些逻辑的支撑：先是政策面角度，监管层引导价值投资，IPO常态化让壳价值效应逐步衰减，资本市场为实体经济服务不再是说说而已，自2016年1月断崖式下跌以来，业绩驱动的慢牛行情事实上已经到来。再是资金面角度，养老金渐进入市的持续预期，MSCI纳入A股的意外利好，外资和养老资金对这些大票天然的偏好也不会只是一朝一夕的，低估值与业绩匹配成为投资逻辑本位；然后是风险偏好角度，市场上存在大量的右侧交易者，不论是“国家队”、大机构还是外资，或许一开始都是因为业绩与估值的匹配性从而建仓了诸如贵州茅台、中国平安、美的集团这样的优质蓝筹股，但随着小票的赚钱效应一直起不来，市场交易者的抱团情绪和风险偏好也会发生转移。

然而，这样的“二八分化”不会每个星期甚至每个月都存在，尤其在一波大资金集中入市后，获利盘的技术性回吐，监管层可能存在的监管趋严，以及外围市场突如其来的事件性回调，都可能对大盘蓝筹的进一步上涨产生噪声和影响。如果指数中期真的稳中有进，却在短期又时不时地回调，我们如何才能够在尽量避免踏空的基础上，更好地控制资产的波动和回撤呢？我们来对比一下两种看涨的策略：一个是直接单腿买认购，另一个就是买入牛市价差。来看一看同样看涨，究竟是单腿买认购好，还是买入牛市价差组合好呢？关于这个问题，我们可以从以下三个角度进行比较透彻的对比：

从下单便利性和资金占用的角度，牛市价差组合会处于劣势。一方面，从下单的便利性看，毕竟只买卖一个头寸一定会省心很多，牛市价差涉及两个头寸，有的下单软件需要点单两次，在标的上涨途中，期权合约盘口价格变化非常迅速，下单时的时差可能就会造成一些意外的滑点，即使有的下单软件可以用组合订单的方式让用户一次性下单两腿，也无法完全解决两腿同时成交的问题，所以在下单的技术上，牛市价差的要求会稍微高一些。另一方面，从资金占用的角度看，在现有的保证金制度下，构建牛市价差需要缴纳卖开义务仓的保证金，资金占用会稍微大一些，对于仓位较重的投资者而言，这笔保证金的占用可能会损失一些诸如场内逆回购等无风险收益，不过好在未来组合保证金制度推出后，交易者在用认购期权构建牛市价差后，可以申请配对组合，然后豁免掉那份义务仓的保证金缴纳。

从事后收益的角度看，一定是单腿策略更高。一方面，从持有至到期的角度，买认购持有至到期亏损有限，潜在收益却是无限的，这个“无限”给予很多人一个想象的期望空间；而牛市价差策略上下收入均有限，标的价格涨到一定的程度，买认购赚的钱与卖认购亏的钱基本上就抵消掉了，所以如果50ETF真的能连续上涨，事后收益肯定是买单腿认购大！另一方面，从到期前的角度看，买单腿认购的Delta一定会大于牛市价差的Delta，这是因为买认购是正Delta的（比如0.5），卖更高行权价的认购是负Delta的（比如−0.2），所以牛市价差持仓的总Delta等于买认购的正Delta加上卖认购的负Delta，虽然整体效果依然为正（等于0.3），但Delta的大小就不如单腿买认购了（0.5）。由于在市场上涨途中，你的期权持仓主要盈亏约等于持仓的总Delta乘上标的价格的上涨量，所以Delta越大，你在上涨途中的收入就越多，所以单腿买认购的盘中收益也更高。

但从盘中波动和回撤的角度，一定是价差策略更好。对于机构等大资金而言，做投资不光看重收益，盘中或日频的波动和回撤也是一个重要的考量指标。对比牛市价差和买单腿认购两个策略，牛市价差实际上就是用更低一些的收益换取了更低的波动率和回撤。可别小看这样的效果哦，从实盘中的心理状态而言，你可能就会因为牛市价差的低波动率和低回撤，才更容易拿得住这个组合，最终获得更大的收益。

我们都知道，一波趋势的上涨不可能是头也不回的，即使是某一天50指数出现2%以上的单日涨幅，也在盘中有过数次纠结。人在交易时往往有着这样的心理：买完认购后，持仓市值从10 000元涨到了20 000元，会非常高兴，虽然买认购的潜在收益无限，若当日继续上涨，则可能涨到30 000元甚至40 000元，不过日内的走势不可能一蹴而就，一旦发生了阶段性的回调，你会看到持仓市值从 20 000 元直线下降到 15 000 元，甚至更低，这个时候你会怎么办？大多数投资者要么直接平仓就只赚 5 000 元，要么等到持仓市值重回 20 000 元时再平掉，极少数投资者能够继续淡定地等到持仓市值真的达到 40 000 元！这是为什么呢？就是因为单腿买认购的日内波动率和回撤过于剧烈。试想一下，如果波动率和回撤降低一半，从 10 000 元先涨到 15 000 元，再回撤到 12 500 元，然后再涨到 20 000 元，回撤到 17 500 元，最后再到 25 000 元，你是不是会更晚地平掉这个持仓，你在持有途中会不会更加淡定些呢？而这正是牛市价差组合带给你的心理变化。

图 34-1 “买单腿认购 vs 牛市价差”的三个思考角度

在 2017 年“二八分化”的时光里，相信原本的股票投资者若能学会用买认购的方式防止指数层面的踏空，将是一个重要的技能获取；如果你对自己的操盘要求更高一些，追求更低的波动率和回撤，那么学会牛市价差将是一个更进一步的技能获取！

35. 组合下单时，我更应该先下哪一腿？

期权交易魅力无穷，其中很大的一个原因就在于它的组合性。“Option is a gift the God gives you”，买认购、买认沽、卖认购、卖认沽，这四条单腿可以在不同行权价、不同月份的维度进行任意组合，从而像搭乐高积木一样组合出自己想要的盈亏结构，这一点是吸引众多交易者开始交易期权的理由，也是让我们喜爱期权的理由！

备兑开仓组合、期权保险组合、期权领口组合、买入跨式组合、牛市价差组合等，不同的组合对应不同的市场预期。然而在实际交易下单时，你有没有碰到过这样的问题，那就是在组合下单时究竟应该先下哪一腿，也就是哪一个合约呢？换句话说，应该先下单哪一腿会让我成交得更舒服呢？

当我们特别想构建一对期权组合时，下单的原则一定是尽量同时成交。不过在实际操作中，可能受限于客户端的下单功能，也可能由于自己的下单技能不熟练，未必能做到多腿的同时成交。那么，在这样的情况下，我们下组合单时就需要考虑先下哪一个合约。关于这个问题，我的原则有两个：第一个是流动性原则，第二个则是趋势性原则。

（1）流动性原则

我们先来说说流动性原则。举个例子，你要构建 100 对买入跨式组合，比如 C2900 和 P2900，需要买入 100 张 C2900 认购期权，也需要买入 100 张 P2900 认沽期权。于是，你首先应该打开这两份合约的盘口报价界面，观察哪一个合约的流动性更差，先挂单流动性较差的那一份期权，等它成交后，再用市价委托（也就是我们交易里通俗说的“吃单”）成交另一份期权合约。总之，我们应遵循一个原则，那就是先挂单成交流动性较差的一腿，再市价成交流动性较好的一腿。

那么接下来的问题来了：怎样判断一个合约的流动性好坏呢？这就需要同时比较合约的买卖价差、盘口深度、成交量以及报价的紧密度。

买卖价差的意思就是盘口卖一价减去买一价，买卖价差越窄，就说明这份期权合约的流动性越好。从图 35－1 中，我们发现左图的买卖价差等于 0.093 1～0.092 9，乘以合约单位 10 000 后等于 2 元；而右图的买卖价差等于 0.040 5～0.039 9，乘以合约单位 10 000 后等于 6 元。这就说明在买卖价差这个维度，左图代表的期权合约流动性要好于右图代表的期权合约。

图 35－1　两个期权合约盘口行情对比

接着我们来解释盘口深度，盘口深度就是盘口买一价对应的挂单量或者卖一价对应的挂单量，这个数量越大，说明这份期权合约的流动性越好。如果我们需要买入期权，就需要观察卖一价对应的挂单量。我们发现，图 35－1 中左图的盘口深度（也就是卖一量）等于 37 张，而右图的盘口深度只有 1 张，这就说明在盘口深度这个维度，左图代表的期权合约流动性也要好于右图代表的期权合约。

另外，从全天的成交量与报价的紧密程度来看，这两个维度也可以反映期权合约的流动性情况。比如图 35－2 左边这张图，它的成交量较大，也就是下方的柱子很高、很多，同时分时走势图展现出的曲线很连续、很紧密。再来看看右边这张图，它的成交量较小，也就是下方的柱子比左边图的柱子低而且少，同时分时走势图展现出的曲线很稀疏，很多时候都是一字形的曲线，这说明这段时间内这个合约几乎没有什么成交。

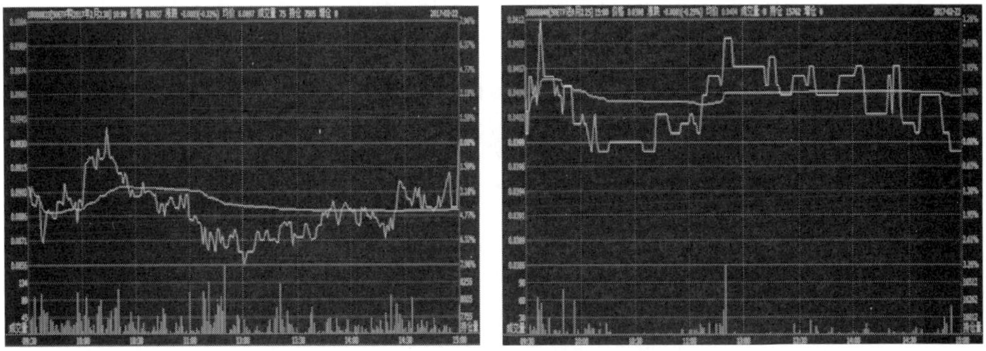

图 35－2　两个期权合约分时走势行情对比

（2）趋势性原则

在我们学会对比每个期权合约流动性好坏后，就可以谈第二个原则了。在下组合单时，有时还需要结合当时行情的趋势性来判断究竟先下哪一个合约。我们先以构建牛市认购价差组合为例，牛市认购价差是一个温和看涨的策略，由买一份认购期权和卖一份认购期权构成。我们一起来想一想，交易的本质是什么？那就是我们在成交时希望尽量买得便宜一些，卖得贵一些。对于牛市价差组合而言，如果买得那一腿买得便宜一些或者卖得那一腿卖得贵一些，整个牛市价差组合的净权利金成本就会更低一些，整个成交价就会很舒服。

通常而言，在盘中上涨途中，平值附近的认购期权大概率跟着涨，认沽期权大概率下跌；在盘中下跌途中，平值附近的认购期权大概率跟着跌，认沽期权大概率上涨。基于这两个原理，我们一起来思考以下两个问题：

第一个问题是，准备下单牛市价差组合时，恰逢市场上涨，你会怎么做？如果恰好碰到单边上行的趋势，那我们就可以选择尽快先成交买入的那一腿，然后再成交卖出的那一腿，由于标的价格在这个时间差里还在上行，所以卖出的那一腿认购期权会卖得更贵一些。

第二个问题是，当你准备下单牛市价差组合时，恰逢市场下跌，你会怎么做？如果在盘中恰好碰到单边下行的趋势，那我们就可以先尽快成交卖出开仓的那一腿，然后再成交买入开仓的那一腿，由于标的在这个时间差里还在下行，所以买入的认购期权会买得更便宜一些。

反过来，我们再以构建熊市认沽价差组合为例，熊市价差是一个温和看跌的策略，也是由买一份期权和卖一份期权构成，只不过期权的类型换成了认沽。同样的道理，准备下单熊市认沽价差组合时，如果恰好碰到单边上行的趋势，我们就可以选择尽快先成交卖认沽的那一腿，然后再成交买认沽的那一腿，由于标的价格在这个时间差里还在上行，所以卖认沽的那一腿会卖得更贵一些，买认沽的那一腿会卖得更便宜一些。如果在盘中恰好碰到单边下行的趋势，我们就可以先尽快成交买认沽的那一腿，然后再成交卖认沽的那一腿，由于标的在这个时间差里还在下行，所以买认沽的那一腿会买得相对便宜一些，卖认沽的那一腿会卖得更贵一些。

36. 更多期权蓄势待发，初期必须了解的套利机会有哪些？

2019 年 1 月 28 日，棉花期权、玉米期权、天然橡胶期权分别在国内三大商品交易所上市交易。相较于金融期权，商品期权的到期月份有 6～12 个，并且存在明显的季节性效应，每个月份的流动性也会存在一定的差异，加之初期做市商们也是刚刚试水商品期权的报价，所以，上市初期，喜欢套利的朋友倒是真的可以好好关注一下！

(1) 什么是期权套利？

套利分为无风险套利和统计套利。前者几乎是没有风险的，取决于市场的报价是否出现偏差；后者则是运用某种统计规律，长期在市场上赚一个大概率的钱盈利。

我们可以这样理解什么是“套利”：上海地铁的设计是非常严密的，因为你从一个点到另一个点，几乎没有捷径可走，不论是坐 A 号线还是坐 B 号线，不论是 C 号线转 D 号线还是 E 号线转 F 号线，你的用时都是差不多的。比如，我们现在在申花队的主场虹口足球场，希望前往上海交易所，那么我们需要在东昌路地铁站下车或者浦东大道下车，然后步行到达，你会发现不论是 8 号线换 2 号线，还是 3 号线换 4 号线，用时是差不多的。这说明上海的地铁网络不存在显著的套利机会。

套利具有以下三大特点：

① 速度快：利用合约价格出现短暂偏差，立刻进行操作。

② 买与卖：套利策略同时涉及买与卖，一定是买了某个合约，卖了另一个合约。

③ 赚钱概率大：开仓时就知道到期日的赚钱概率极大，统计套利的胜率一般要超过 80%，无风险套利的胜率几乎为 100%。

期权套利则是利用某些期权合约短暂的定价错误，同时买入或卖出不同行权价，或者不同到期日的期权合约，当价格回归正常状态时反向平仓，以达到“空手套白狼”的目的。

(2) 初学者需要了解的三种期权基本套利操作

笔者一直主张用通俗的方法把复杂的概念说明白，所以我并不打算从复杂的数学公式来解读各种经典的套利招式，而尽量用常识和图片来让大家都能明白。

① 正向平价套利。

正向平价套利 ＝ 买开仓期货＋买开仓认沽＋卖开仓认购

我们大多知道期权的到期盈亏图，图 36－1 的第一列是期货多头的盈亏图，第二列是认沽多头的盈亏图，第三列是认购空头的盈亏图，这三条曲线在纵轴方向合成出的一条水平直线是整个组合到期的总盈亏。通常情况下，扣除交易费用后，这个总盈亏总是负的。

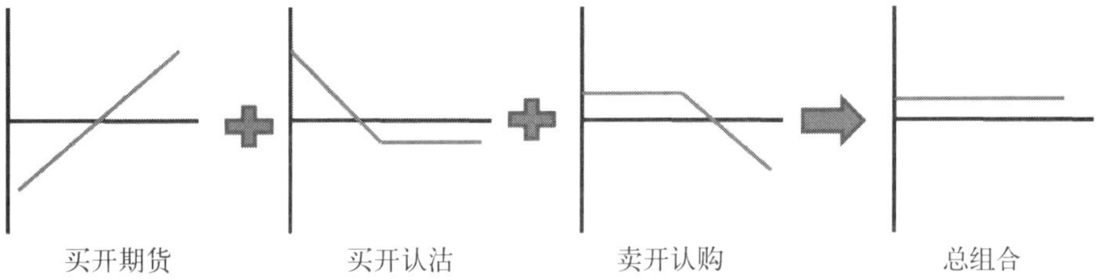

图 36－1　正向平价套利原理示意图

然而，当认沽的卖价太便宜，而认购的买价太高估时，我们可以立刻把握住这个机会，按盘口数量买入认沽，卖出相应数量认购，这样就可以把整个组合的总盈亏曲线抬高到横轴以上，这意味着到期时 100％会盈利，是一个无风险套利机会。

操作上，交易客户端很友善地为你想到了这一点（我们以汇点软件、50ETF 期权举例）。登录期权交易客户端后，首先在上方菜单里选择期权策略交易（图 36－2 中椭圆框标注）。

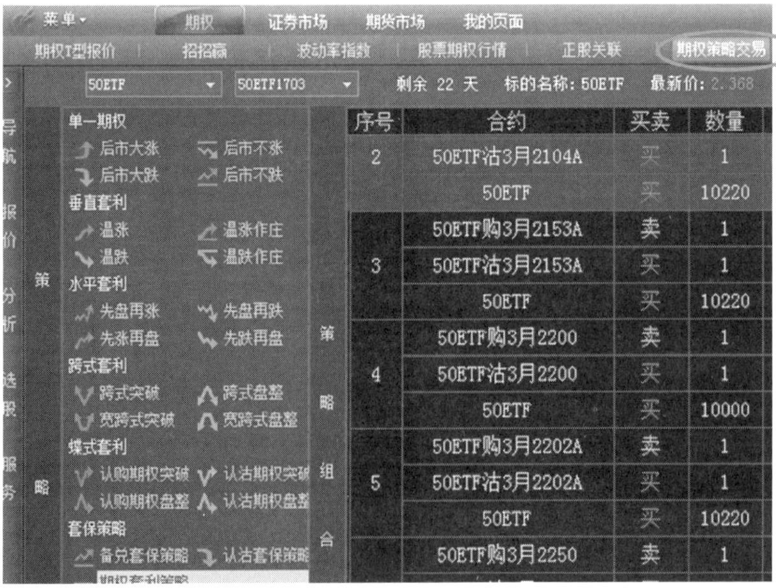

图 36－2　正向平价套利操作示意图一

接着在左侧的策略一栏中选择“期权套利策略”（图 36－3 中椭圆框标注）。

然后在界面的右侧就会出现各种可能的正向套利组合，图 36－4 中椭圆框标注的就是一种可能的正向套利组合。怎么判断它是不是套利机会呢？只需要比较图中权利金净值和期权合约行权价＊合约单位就可以了：

如果权利金净值的绝对值＜行权价×合约单位的绝对值，就是套利机会（若不计交易手续费），赶紧点击右下角下单键。

如果权利金净值的绝对值≥行权价×合约单位的绝对值，就还不是套利机会，暂时不必下单。

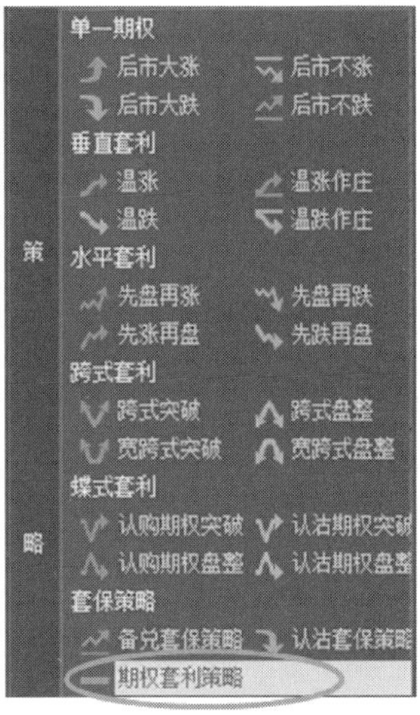

图 36－3　正向平价套利操作示意图二

序号	合约	买卖	数量	最新价	对手价	滑点	权利金净值	对手一档量	对手二档量	成交量	持仓量	合约单位
1	50ETF购3月2055A	卖	1	0.3130	0.3127	0.0013	-21006.19	11	1	2427	14242	10220
	50ETF沽3月2055A	买	1	0.0004	0.0004			9	37	787	22868	10220
	50ETF	买	10220	2.3680	2.3690			1907	2987	1632510	—	—
2	50ETF购3月2104A	卖	1	0.2644	0.2644	0.0010	-21505.95	10	1	1659	5206	10220
	50ETF沽3月2104A	买	1	0.0007	0.0007			2	4	283	12349	10220
	50ETF	买	10220	2.3680	2.3690			1907	2987	1632510	—	—
3	50ETF购3月2153A	卖	1	0.2155	0.2156	0.0010	-22005.70	1	11	1598	4453	10220
	50ETF沽3月2153A	买	1	0.0007	0.0008			27	40	895	17551	10220
	50ETF	买	10220	2.3680	2.3690			1907	2987	1632510	—	—
4	50ETF购3月2200	卖	1	0.1690	0.1690	0.0011	-21999.00	1	2	2930	8333	10000
	50ETF沽3月2200	买	1	0.0009	0.0010			92	146	550	12775	10000
	50ETF	买	10000	2.3680	2.3690			1907	2987	1632510	—	—
	50ETF购3月2202A	卖	1	0.1675	0.1670			1	1	1869	3988	10220

帮助　份数 1　下单

图 36－4　正向平价套利操作示意图三

由此可见，图 36－4 中椭圆框标注的组合目前还不是套利机会，因为其权利金净值绝对值等于 21 006.19，行权价＊10 220＝21 002.10，21 006.19＞21 002.10，所以还不是套利机会。

② 反向平价套利。

反向平价套利 ＝ 卖开仓期货＋买开仓认购＋卖开仓认沽

同样地，图 36－5 的第一列是期货空头的盈亏图，第二列是认购多头的盈亏图，第三列是认沽空头的盈亏图，这三条曲线在纵轴方向合成出的一根水平直线是整个组合到期的总盈亏。通常情况下，扣除交易费用后，这个总盈亏总是负的。

然而，当认购的卖价太便宜，而认沽的买价太高估时，我们可以立刻把握住这个机

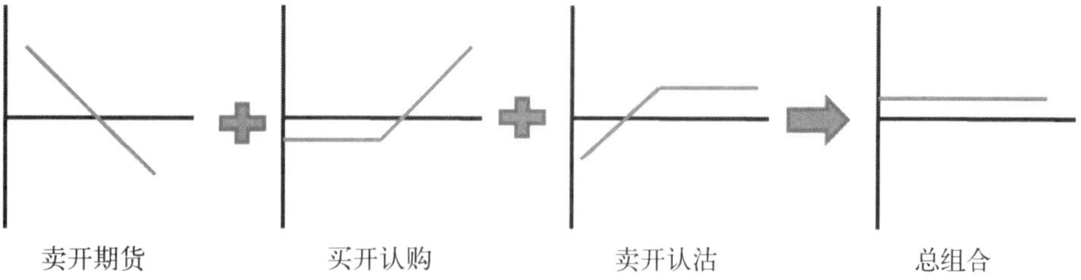

图 36－5　反向平价套利原理示意图

会，按盘口数量买入认沽，卖出相应数量认购，这样就可以把整个组合的总盈亏曲线抬高到横轴以上，这意味着到期时 100％会盈利，是一个无风险套利机会。

值得注意的是，由于目前 A 股市场的融券机制还不是特别完善，融券成本高，且券源不够丰富，所以，50ETF 期权的反向平价套利相对是比较少见的；但商品期货却可以方便地开多仓和空仓，所以，这样的机会一开始或许并不少见。

③ 简单垂直套利。

简单垂直套利是利用了期权中一个非常简单的道理：同月份的认购期权，行权价越高，则期权价格越低；同月份的认沽期权，行权价越低，则期权价格越低。

这个原理不必去死记硬背，而是应该结合交易客户端的期权 T 型报价进行学习。我们知道，T 型报价界面的左侧全部是认购期权，右侧全部是认沽期权，中间那一列是行权价，所以从上往下看，认购期权的价格应该降序排序，认沽期权的价格应该升序排序。

最新	购<行权价>沽↑	最新
0.1021	2.2500	0.0091
0.0655	2.3000	0.0219
0.0382	2.3500	0.0444
0.0198	2.4000	0.0769
0.0090	2.4500	0.1162
0.0041	2.5000	0.1608

图 36－6　同一月份、不同行权价认购、认沽价格大小关系

因此，垂直套利的机会就发生在上述规律被短暂违反的时刻。

如果上方的认购价格低于下方的认购价格（实际操作时，这个价格是对手盘口价），买入上方的认购，卖出下方的认购；

如果上方的认沽价格高于下方的认沽价格，卖出上方的认沽，买入下方的认沽。

操作上，我们还是进入“期权策略交易”的界面，选择左侧策略栏“垂直套利”中的“温涨”或者“温跌”，见图 36－7 椭圆框标识处。

然后，在界面的右侧就会出现各种可能的垂直套利组合。怎么判断某一对组合是不是套利机会呢？遵循以下原则：想买的期权的对手价<想卖的期权的对手价，就是套利机会（若不计交易手续费），赶紧点击右下角下单键；否则就暂时不是套利机会。

对于图 36－8 中的第一个组合，它就暂时不是一个垂直套利机会。这是因为想买的期权的对手价为 0.313 0，想卖的期权的对手价为 0.264 4，买的成本比卖的收入高，所以暂时不是套利机会。

未来，随着国内期权市场的发展，越来越多的商品期权、金融期权会呈现在我们面前。相信每一个期权品种上市的初期，一定会存在各种各样类型的投资者，产业资本、套期保值者，当然更少不了平滑市场错误定价的套利者。面对几十个甚至几百个期权合约，两两配对发现规律和机会，岂不是一桩美事！

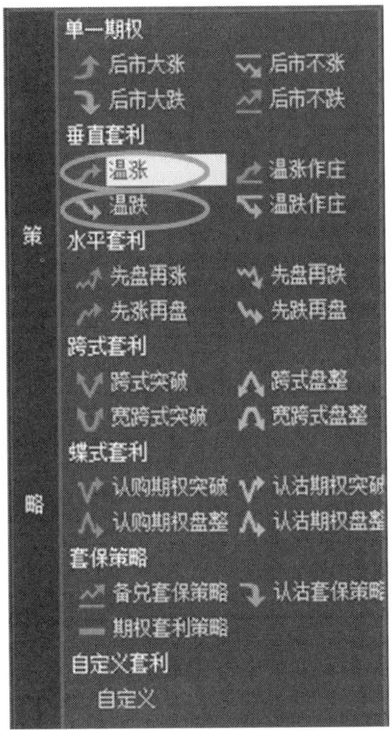

图 36－7　垂直价差套利操作示意图一

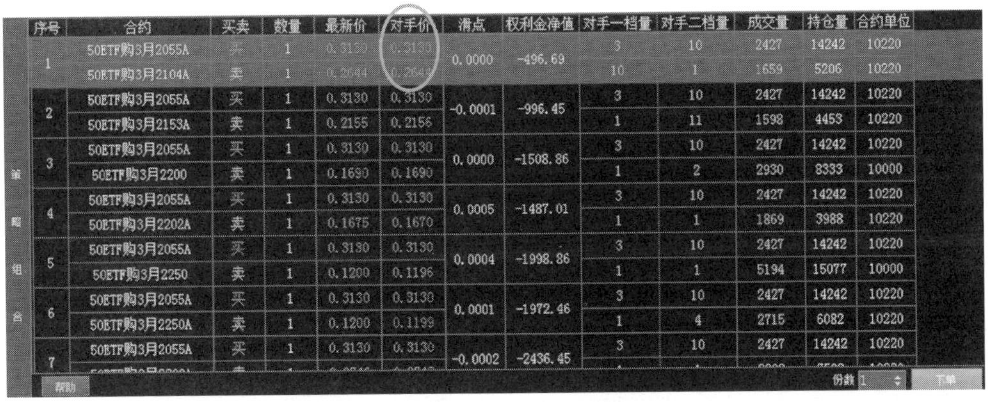

序号	合约	买卖	数量	最新价	对手价	滑点	权利金净值	对手一档量	对手二档量	成交量	持仓量	合约单位
1	50ETF购3月2055A	买	1	0.3130	0.3130	0.0000	-496.69	3	10	2427	14242	10220
	50ETF购3月2104A	卖	1	0.2644	0.2644			10	1	1659	5206	10220
2	50ETF购3月2055A	买	1	0.3130	0.3130	-0.0001	-996.45	3	10	2427	14242	10220
	50ETF购3月2153A	卖	1	0.2155	0.2156			1	11	1598	4453	10220
3	50ETF购3月2055A	买	1	0.3130	0.3130	0.0000	-1508.86	3	10	2427	14242	10220
	50ETF购3月2200	卖	1	0.1690	0.1690			1	2	2930	8333	10000
4	50ETF购3月2055A	买	1	0.3130	0.3130	0.0005	-1487.01	3	10	2427	14242	10220
	50ETF购3月2202A	卖	1	0.1675	0.1670			1	1	1869	3988	10220
5	50ETF购3月2055A	买	1	0.3130	0.3130	0.0004	-1998.86	3	10	2427	14242	10220
	50ETF购3月2250	卖	1	0.1200	0.1196			1	1	5194	15077	10000
6	50ETF购3月2055A	买	1	0.3130	0.3130	0.0001	-1972.46	3	10	2427	14242	10220
	50ETF购3月2250A	卖	1	0.1200	0.1199			1	4	2715	6082	10220
7	50ETF购3月2055A	买	1	0.3130	0.3130	-0.0002	-2436.45	3	10	2427	14242	10220
	[illegible]	卖	1	[illegible]	[illegible]			[illegible]	[illegible]	[illegible]	[illegible]	[illegible]

图 36－8　垂直价差套利操作示意图二

37. 看似奇异的折价，套利的“小食”是吃还是不吃？

“期权价格＝内在价值＋时间价值(绝大多数情况下，时间价值为正)；
相同行权价的远月期权价格高于近月同类期权价格。”

在任何一本期权教科书中，你都会了解到上述两条价格定律。然而，在 2018 年 12 月的 50 期权行情界面中，你却会时常观察到以下两个奇异的价格现象，那就是：

① 深度实值的认沽期权的时间价值为负；

② 相同行权价的远月深度实值认沽期权价格却低于近月认沽期权价格。

以 2018 年 12 月 18 日的行情为例。图 37－1 是上午收盘时的截图。

12月期权

最新	购<行权价>沽↑	最新
0.0159	2.4500	0.0673
0.0064	2.5000	0.1088
0.0068	2.5000A	0.1085
0.0027	2.5490A	0.1529
0.0027	2.5500	0.1543
0.0013	2.5980A	0.2006
0.0014	2.6000	0.2027
0.0010	2.6470A	0.2466
0.0008	2.6500	0.2519
0.0007	2.6960A	0.2953
0.0005	2.7000	0.2987
0.0005	2.7450A	0.3439
0.0003	2.7940A	0.3929
0.0002	2.8430A	0.4431
0.0004	2.8920A	0.4906

1月期权

最新	购<行权价>沽↑	最新
0.1302	2.3030A	0.0224
0.0985	2.3500	0.0374
0.0981	2.3520A	0.0378
0.0700	2.4000	0.0590
0.0701	2.4010A	0.0600
0.0490	2.4500	0.0880
0.0489	2.4500A	0.0870
0.0320	2.5000A	0.1197
0.0323	2.5000	0.1214
0.0200	2.5490A	0.1578
0.0190	2.5500	0.1575
0.0120	2.5980A	0.1984
0.0111	2.6000	0.2001
0.0063	2.6500	0.2429
0.0035	2.7000	0.2915

图 37－1　2018 年 12 月 18 日，50ETF 12 月期权和 1 月期权上午收盘时行情界面

以 P2700 期权为例，12 月 18 日上午收盘时的 50ETF 标的价格是 2.393 0，于是 2.700 0 行权价的认沽期权的内在价值就是 0.307 0 元(2.700 0－2.393 0)，然而，上面截图中的成交价却仅为 0.298 7，小于 0.307 0，这说明这份期权在上午收盘时的时间价值是负数！不仅如此，来看看同为2.700的1月认沽期权价格，它等于0.291 5，竟小于12月P2700的价格0.298 7！打破了我们平时认为“长期保险的保费会高于短期保险的保费”这一定律！

如果你觉得这是个偶然，那么再来看看当天收盘时的行情截图（见图37－2）。

12月期权

最新	购<行权价>沽↑	最新
0.0297	2.4010A	0.0343
0.0136	2.4500A	0.0664
0.0132	2.4500	0.0672
0.0053	2.5000	0.1088
0.0052	2.5000A	0.1081
0.0021	2.5490A	0.1545
0.0021	2.5500	0.1550
0.0012	2.5980A	0.2018
0.0012	2.6000	0.2037
0.0010	2.6470A	0.2605
0.0008	2.6500	0.2531
0.0006	2.6960A	0.2991
0.000[illegible]	2.7000	0.3006
0.0004	2.7450A	0.3486
0.0004	2.7940A	0.3962
0.0003	2.8430A	0.4465
0.0002	2.8920A	0.4943

1月期权

最新	购<行权价>沽↑	最新
0.1663	2.2540A	0.0120
0.1303	2.3000	0.0219
0.1291	2.3030A	0.0221
0.0962	2.3500	0.0377
0.0950	2.3520A	0.0383
0.0690	2.4000	0.0602
0.0677	2.4010A	0.0598
0.0465	2.4500	0.0875
0.0464	2.4500A	0.0869
0.0294	2.5000A	0.1207
0.0301	2.5000	0.1207
0.0180	2.5490A	0.1583
0.0176	2.5500	0.1588
0.0104	2.5980A	0.1987
0.0093	2.6000	0.2010
0.0049	2.6500	0.2462
0.0030	2.7000	0.2930

图37－2　2018年12月18日，50ETF 12月期权和1月期权下午收盘时行情界面

仍然以P2700期权为例，12月18日下午收盘时的50ETF标的价格是2.391 0，于是2.700 0行权价的认沽期权的内在价值就是0.309 0元(2.700 0－2.391 0)，然而，上面截图中的成交价却仅为0.300 6，小于0.309 0，这说明这份期权在下午收盘时的时间价值也是负数！不仅如此，来看看同为2.700的1月认沽期权价格，它等于0.293 0，也仍然小于12月P2700的价格0.300 6！同样打破了我们平时认为“长期保险的保费会高于短期保险的保费”这一定律！

事实上，从下面几幅图中，你会发现这一整天，不论是12月认沽还是1月认沽，诸如P2700、P2650，甚至P2600这些深度实值的认沽期权都出现了不同程度的折价，它的时间价值一整天几乎都是负的，远月的价格一整天内相对于近月的价格也大多是折价的（也就是倒挂的）。

作为交易者的我们，需要明白的是：在这两个价格异象下，我们是不是能寻找到一些可操作的套利机会呢？我们一起来好好讨论一下。

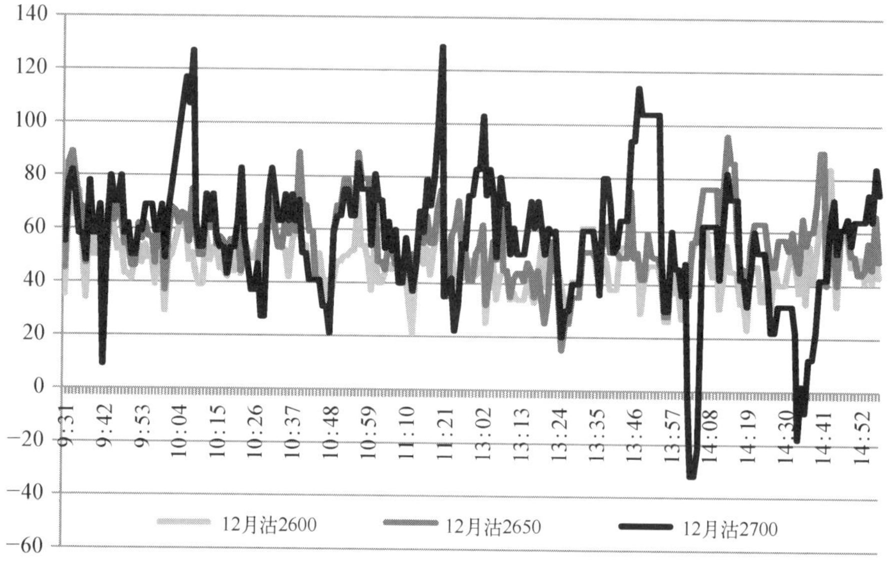

数据来源：Wind，"力的期权工作室"整理。

图 37－3　P2600@12、P2650@12、P2700@12 合约在 2018 年 12 月 18 日内折价走势（纵轴为每张折价金额）

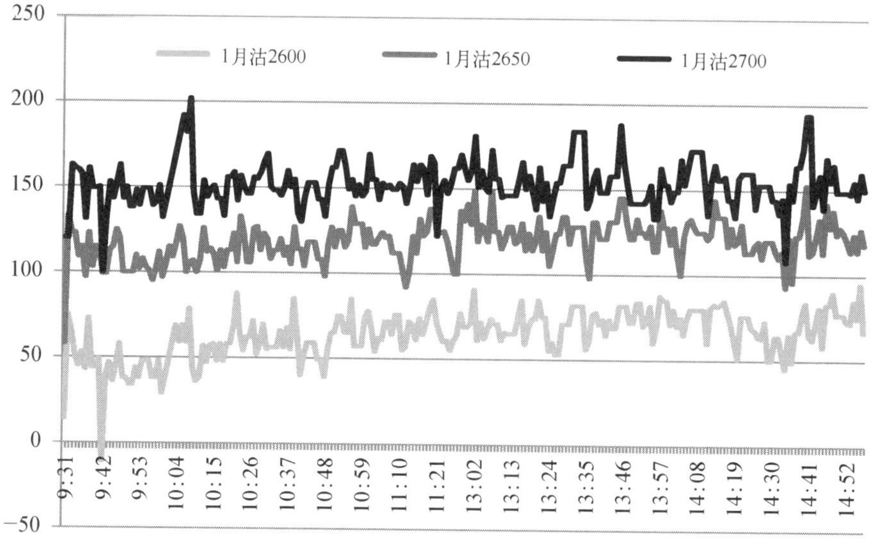

数据来源：Wind，"力的期权工作室"整理。

图 37－4　P2600@1、P2650@1、P2700@1 合约在 2018 年 12 月 18 日内折价走势（纵轴为每张折价金额）

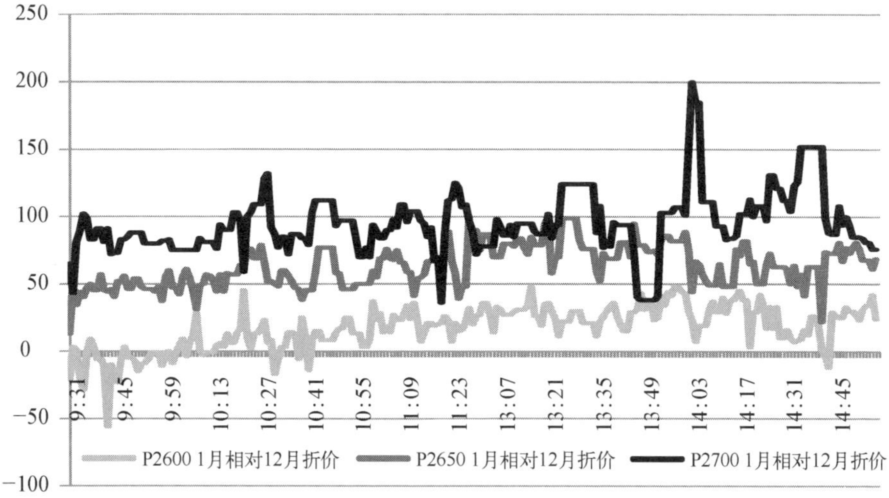

数据来源：Wind，“力的期权工作室”整理。

图 37－5　P2600@1、P2650@1、P2700@1 合约相对于 P2600@12、P2650@12、P2700@12 合约在 2018 年 12 月 18 日内折价走势(纵轴为每张折价金额)

(1) 深度实值认沽本身的折价套利

当认沽期权处于折价状态时(也就是时间价值为负时)，我们的第一反应一定是它被低估了，低估了应该干什么呢？那自然就是买入它，然而由于标的可能会上涨，认沽期权的价格会进一步下行，因此，仅仅买入这份认沽还不能算是一个套利头寸，为了防止标的在后市的“涨涨涨”，我们需要再买入相同数量的标的作为对冲和保护，这样就构建了一对套利头寸：买入折价的认沽期权，同时买入对应数量的标的。

假设我们在 2018 年 12 月 18 日以收盘价买入了 1 张 P2700 的 12 月认沽期权，同时买入了 10 000 份 50ETF，那么持有到期会发生什么呢？

如果到期时标的价格位于 2.700 0 以下(比如 2.550 0)，这份认沽期权理论上会收敛于内在价值 0.150 0，于是，整个持仓期间的总盈亏＝－3 006－23 910＋1 500＋25 500＝84(元)。

如果到期时标的价格位于 2.700 0 以上(比如 2.750 0)，这份认沽期权就处于了虚值状态，理论上价值为 0，直接卖掉手中的标的，盈利会变得更多，于是，整个持仓期间的总盈亏＝－3 006－23 910＋27 500＝584(元)。

通过简单的分析，你会发现，如果标的到期位于 2.700 0 下方，不论实际标的价格是多少，套利利润都是相同的，在这个案例中等于每对 84 元；如果标的到期位于 2.700 0 上方，那么 50ETF 涨得越高，在标的多头上赚得更多，上不封顶。即使你假设单张期权的交易费用为 20 元，ETF 的交易费率为成交金额的万分之五，我们会发现这个实例中也仍然有利可套。

在诸如 50ETF 期权等实物交割的期权品种中，由于我一开始支付了折价认沽期权的权利金成本和买入标的的成本，如果到期标的价格低于行权价，那么我就行权，一手交券，一手获得行权价对应的金额；如果到期标的价格高于行权价，那么我就放弃行权，直接把手中的 50ETF 在市场上卖掉即可，此时的盈利就会比行权价金额收入更高。所以，在这一套利组合下，标的到期价格低于行权价的情形就是每对组合最少的套利利润。

在实际操作中，由于买卖价差的冲击成本，套利利润还会稍微被侵蚀一点。以 2018 年 12 月 18 日下午 1:00～2:00 的盘口变化为例，如果我以卖一价成交 P2700@12 的盘口，同时以卖一价成交 50ETF 的盘口，那么我持有至到期时每对头寸的最少套利利润大约如图 37－6 所示（未计算交易费用）。

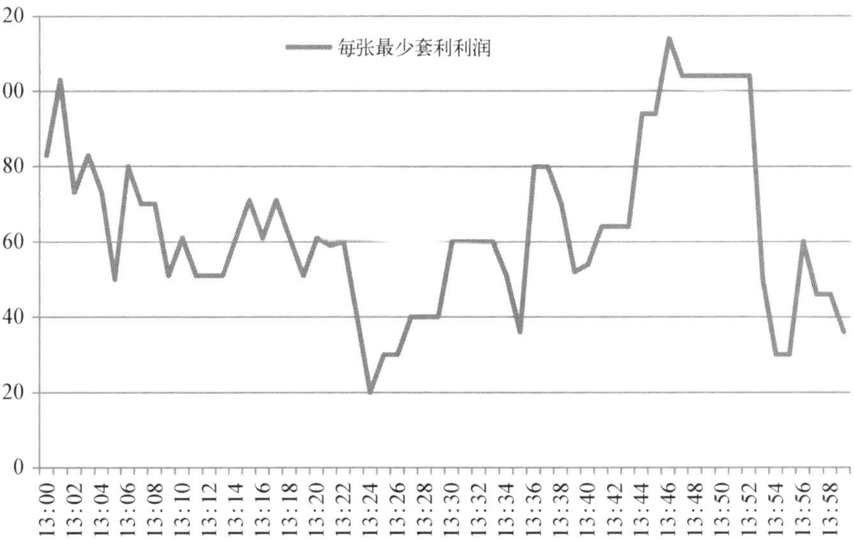

数据来源：Wind，“力的期权工作室”整理。

图 37－6　2018 年 12 月 18 日下午 1:00～2:00，折价套利最少利润分布

（2）近远月认沽倒挂套利

当相同行权价远月认沽期权相对于近月认沽期权处于折价状态时（也就是价格倒挂时），我们的第一反应是远月期权价格被相对低估了，那么此时应该干什么呢？那自然就是买入远月认沽期权，同时作为一个套利头寸，需要卖出相同行权价对应数量的近月认沽期权，这样就构建了一对潜在的套利头寸。

好！那让我们假设在 2018 年 12 月 18 日以收盘价买入了 1 张 1 月 P2700 认沽期

权，同时卖出了 1 张 12 月 P2700 认沽期权，那么持有到 12 月合约到期日会发生什么呢?

为了表述上的方便，我们假设 12 月 18 日买入开仓 P2700@1 的成交价是 $P(t,1$ 月)，卖出开仓 P2700@12 的成交价是 $P(t,12$ 月)，12 月合约到期收盘前卖出平仓 P2700@1 的成交价是 $P(T,1$ 月)，12 月合约到期收盘前买入平仓 P2700@12 的成交价是 $P(T,12$ 月)，于是整个持仓的总盈亏就是：

$$\text{总盈亏} = [\underbrace{P(t,12\text{月}) - P(t,1\text{月})}_{(A)}] - [\underbrace{P(T,12\text{月}) - P(T,1\text{月})}_{(B)}]$$

这个看似可以套利的组合是不是一定是无风险的呢? 我们对上面的等式稍加推敲就能得出结论：

可以发现，当 12 月合约到期时，如果(A)减去(B)是正的(也就是 P2700@12 与 P2700@1 的价格之差变得更小)，那么整个组合头寸的总盈亏就会是正的；如果(A)减去(B)是负的(也就是 P2700@12 与 P2700@1 的价格之差变得更大)，那么整个组合头寸的总盈亏就会变为负。

那么整个套利过程的风险点在哪里? 我想，除了流动性的一些风险以外，最大的风险点在于 12 月合约到期时，1 月合约会不会出现进一步的深度折价。一般情况下，在 12 月合约到期时，由于时间价值大多为正，因此 1 月合约价格会比相同行权价的同类 12 月合约价格更贵一些，这就使得(B)是一个负数，从而(A)减去(B)就是一个正数，在这种情况下，整个组合头寸是套出利润的。但如果 P2700@1 合约在 2018 年 12 月 26 日(即 12 月期权合约到期日)收盘时出现进一步折价，就有可能导致(B)是一个正数，甚至出现(A)小于(B)的现象，在这种情况下，整个组合就无法获得盈利了。

读到这里，有些读者或许会问到，既然这样的价格关系属于一种异象，为什么最近的盘面行情中还会有挺多这样的折价存在呢? 黑格尔说得好，“存在即是合理的”，资本市场里每一位玩家都是逐利的。我想，一方面的原因是相较于标的 50ETF，IH 可以双向 T+0 交易，方便对冲，做市商们也更愿意用 IH 期货作为标的价格来报价挂单；另一方面的原因或许就在于场内期权的交易者觉得“折价套利”这块“肉”有时还不够厚，占用的资金大，不如一些其他略有风险的策略的年化收益率高。

简单来算笔账，假设 100 万元的资产，每张深度虚值认购或认沽期权的保证金为 2 000 元，那么到期前一周左右满仓卖那些深度虚值的认购一共可以卖 500 张

(1 000 000/2 000)，2018 年 12 月 18 日盘中，50ETF 年线上方的深度虚值认购期权(如 C2647@12、C2650@12)还能卖到 6～10 元，卖 500 张，那么下周三到期时极大概率一共可以收取 3 000～5 000 元的权利金，相对于总资产 100 万元一周内的收益率等于 0.3%～0.5%，对应的年化收益率为 15%～25%。

而用 100 万元的总资产买入当月深度实值认沽和标的的套利组合头寸(以收盘前 N 分钟均价计)，扣除 ETF、ETF 期权的交易费用以及行权费用后，可以产生的年化收益率大致如表 37-1 所示。

表 37-1　2018 年 12 月 4 日～2018 年 2 月 18 日，买入折价认沽套利的年化收益率测算

日　期	资金占用天数	P2600@12 折价套利年化收益率	P2650@12 折价套利年化收益率	P2700@12 折价套利年化收益率
2018 年 12 月 4 日	16	−3.50%	−1.47%	3.88%
2018 年 12 月 5 日	15	−1.97%	0.65%	4.95%
2018 年 12 月 6 日	14	0.58%	5.25%	6.46%
2018 年 12 月 7 日	13	1.50%	7.58%	7.90%
2018 年 12 月 10 日	12	1.02%	5.43%	6.53%
2018 年 12 月 11 日	11	1.24%	4.92%	5.77%
2018 年 12 月 12 日	10	1.17%	4.99%	3.65%
2018 年 12 月 13 日	9	−0.11%	2.31%	5.40%
2018 年 12 月 14 日	8	0.95%	8.67%	6.41%
2018 年 12 月 17 日	7	1.35%	10.90%	8.68%
2018 年 12 月 18 日	6	1.20%	9.02%	14.41%

数据来源：Wind，“力的期权工作室”整理。

整个 2018 年下半年，由于 50ETF 价格在箱体内运行的态势越发明显，年线拐头向下后 50 指数再未逼近过年线。相信有许多交易者认为短期内标的越过年线是“天方夜谭”，于是相较于折价套利，他们宁愿在到期前一周左右卖出年线上方的深度虚值认购期权，尽管它称不上是完全无风险的，但这样占用的资金天数会少，所产生的年化收益率也会更高！这或许就是为什么在那段时间里，有些交易者宁愿在到期前几日冒着 1%的风险捡点“烟蒂”，而不愿在很早前就占用一大笔资金买入认沽和标的，直到到期日套利兑现的原因了。

38. 怎样以“不等式”的名义，捕捉期权市场的套利机会？

在大千世界里，相对等式而言，不等式才是永恒的！等式相对不等式而言显得太特殊，1=1，既可以写成 1≤1，又可以写成 1≥1。等式相比于不等式而言又显得太渺小，平面上（$y=x$）的点集全体的面积等于 0，（$y>x$）的点集全体的面积却是无穷大的。

每一天的交易开盘价等于收盘价是很特殊的情况，不相等却是很普遍的情况。每个期权合约价格也是一样，大部分情况互相之间的关系都是不等式关系。今天，我们就以“不等式”的名义，向各位投资者揭示出埋藏在期权合约价格之间更深层次的奥秘与魔力！

(1) 凸性的奥秘

期权价格间最常见的不等式关系就是我们过去所说的垂直价差关系。且看下面这张期权 T 型报价图，中间一列表示不同行权价，2.200 0、2.235 0、2.300 0……从上至下行权价依次变大，左侧列表示不同行权价对应的认购期权价格，可以发现从上至下认购价格逐步下降；右侧列表示不同行权价对应的认沽期权价格，可以发现从上至下认沽价格逐步上升。这就是期权价格之间一个经典的垂直价差不等式。用符号表示就是：

如果 $K_1 < K_2$，则 $C_1 > C_2$，$P_1 < P_2$。

其中，K_1、C_1、P_1 分别是较低行权价、对应的认购价格、对应的认沽价格；K_2、C_2、P_2 分别是较高行权价、对应的认购价格、对应的认沽价格。

最新	购<行权价>沽↑	最新
0.1270	2.2000	0.0012
0.0813	2.2500	0.0047
0.0420	2.3000	0.0151
0.0173	2.3500	0.0409
0.0066	2.4000	0.0795
0.0022	2.4500	0.1262
0.0011	2.5000	0.1746

图 38－1　同一月份、不同行权价认购、认沽价格大小关系

然而，我们不会仅仅满足于此。就像“侯亮平查案一样”，往深处去挖，在图 38－1 中，你会发现对于上、中、下相邻三个认购期权的价格 C_{i-1}，C_i，C_{i+1}，还呈现出这样的规律：$C_{i-1}+C_{i+1}>2C_i$。从图中可以逐个验证：

$$0.127\,0+0.042\,0=0.169>0.162\,6=2\times0.081\,3$$

$$0.081\,3+0.017\,3=0.098\,6>0.084\,0=2\times0.042\,0$$

$$0.042\,0+0.006\,6=0.048\,6>0.034\,6=2\times0.017\,3$$

$$0.017\,3+0.002\,2=0.019\,5>0.013\,2=2\times0.006\,6$$

$$0.006\,6+0.001\,1=0.007\,7>0.004\,4=2\times0.002\,2$$

具体可见表 38－1：

表 38－1　相邻三个认购期权价格的凸性关系

$C_{i-1}+C_{i+1}$	不等式关系	$2C_i$
0.169 0	>	0.162 6
0.098 6	>	0.084 0
0.048 6	>	0.034 6
0.019 5	>	0.013 2
0.007 7	>	0.004 4

同样的道理，对于上、中、下相邻三个认沽期权的价格 P_{i-1}，P_i，P_{i+1}，也呈现出了这样的规律，$P_{i-1}+P_{i+1}>2P_i$。具体见表 38－2：

表 38－2　相邻三个认沽期权价格的凸性关系

$P_{i-1}+P_{i+1}$	不等式关系	$2P_i$
0.016 3	>	0.009 4
0.045 6	>	0.030 2
0.094 6	>	0.081 8
0.167 1	>	0.159 0
0.254 1	>	0.252 4

这难道只是一个偶然吗?！为什么这三个期权的价格之间会稳定地呈现出这样的不等式关系呢？真相只有一个！

那就是源自经常挂在我们口中的那句话：“期权是一个非线性的工具。”

许多交易者都知道，期权是一个非线性的工具，这个非线性究竟体现在哪儿呢？

本质上它就体现在期权价格曲线的形状上。图 38-2 的横轴表示期权的每个行权价,纵轴表示期权到期前某时刻的价格,可以发现认购期权价格、认沽期权价格都呈现出一个下凸(Convex)的曲线形状。这与股票、期货价格的直线形状截然不同,正是因为期权价格曲线是一条下凸的曲线,并不是直线,所以期权又被称为"非线性的工具"。

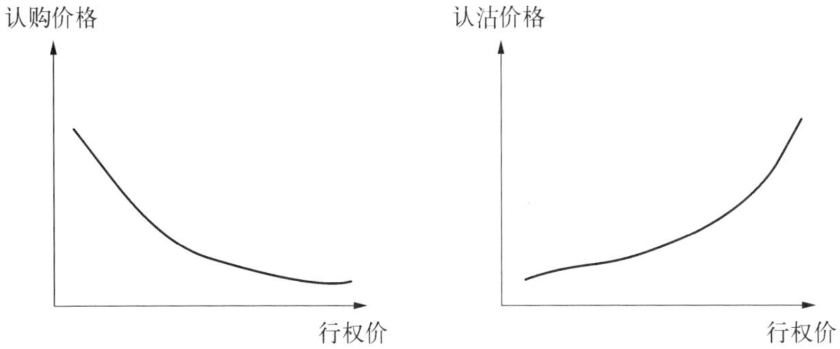

图 38-2　认购、认沽期权价格相对于行权价的变化规律

既然期权价格关于行权价格是一个下凸的函数,那么我们根据高数知识直接可以得到以下的一般化结论:

$$(1-\lambda)C_1+\lambda C_3 \geqslant C_2$$

$$(1-\lambda)P_1+\lambda P_3 \geqslant P_2$$

注意,这里 C_1, P_1 分别表示行权价为 K_1 的认购、认沽期权价格;C_2, P_2 表示行权价为 K_2,相同到期日的认购、认沽期权价格;C_3, P_3 表示行权价为 K_3,相同到期日的认购、认沽期权价格;$\lambda=(K_2-K_1)/(K_3-K_1)$。

这两个漂亮的不等式就是期权价格的凸性性质,也揭示出了同一月份任意三个不同行权价认购期权(或认沽期权)价格之间应该满足的不等式关系。

大家试想一下,如果这两个不等式中的 λ 取为 1/2,会怎么样呢? 这两个不等式就会变成 $C_{i-1}+C_{i+1}>2C_i$,以及 $P_{i-1}+P_{i+1}>2P_i$。这就解释了我们刚才观察到的现象绝对不是普通的偶然现象,它是一种内在规律,称为期权的凸性性质。

(2) 凸性的魔力

凸性不等式的理论规律是一种相对的真理,那么的漂亮,那么的浑然天成! 然而,期权的报价和成交毕竟是由市场上各方交易者共同作用出来的,有的时候,这种理论规律会因为人为短暂报价的失真而偏离,而这个时候,就是我们利用这个奥秘,展现交易魔力的时候了!

在实际交易中,凸性不等式被短暂违反时,我们应该迅速抓住这个机会,反向操作进行套利。具体操作如图 38-3 所示。

$C_2-(1-\lambda)C_1-\lambda C_3-$各类交易费用$>0$ ⇒ 买入开仓$(1-\lambda)$份C_1 ＋ 买入开仓λ份C_3 ＋ 卖出开仓1份C_2

$P_2-(1-\lambda)P_1-\lambda P_3-$各类交易费用$>0$ ⇒ 买入开仓$(1-\lambda)$份P_1 ＋ 买入开仓λ份P_3 ＋ 卖出开仓1份P_2

图 38－3　凸性套利操作示意图

下面，我们用 50ETF 期权来举个活生生的案例。2016 年 8 月某日，盘中“50ETF 沽 7 月 2550”“50ETF 沽 7 月 2600”和“50ETF 沽 7 月 2650”三个合约的市场价格关于行权价接近于线性的分布，并未呈现出正常情形下的凸性分布。表 38－3 是盘中这三个期权合约的价、量情况。

表 38－3　2016 年 8 月某日盘中相邻三个认沽期权的行情

品　种	买　价	买　量	卖　价	卖　量
50ETF 沽 7 月 2550	/	/	0.074 5	17
50ETF 沽 7 月 2600	0.113 4	29	/	/
50ETF 沽 7 月 2650	/	/	0.136 0	12

根据表 38－3 中的即时行情，买入开仓 1 张 2 550 合约，买入开仓 1 张 2 650 合约，卖出开仓 2 张 2 600 合约，你在开仓时的成本就是 163 元[(0.113 4×2－0.074 5－0.136 0)×10 000]，大于所有交易费用(假设每张 10 元)，于是我们可以立即果断做出如下套利操作：

买入开仓“50ETF 沽 7 月 2550”，12 张；

买入开仓“50ETF 沽 7 月 2650”，12 张；

卖出开仓“50ETF 沽 7 月 2600”，24 张。

最终，本次凸性套利的最终结果是：50ETF 在 7 月 22 日的收盘价为 2.755 0 元(大于 2.650 0 元)，所有认沽期权过期失效，最终盈亏定格为 1 956 元(163×12)(未扣除交易费用)。

39. 波动率的下降真的会毫无底线吗?

期权交易的三大维度:方向、波动率与时间。一生中,除了时间流逝是绝对确信的事以外,方向与波动率都是存在一定不确定性的,正因为这种不确定性,买卖双方就有了博弈的冲动,多空双方就有了博弈的理由。然而,与方向相比,博弈波动率是一件容易的事吗?

来看一下 2019 年 7 月的期权市场行情吧。从 2019 年 7 月 1 日开始,上证 50ETF 期权的波动率指数几乎呈现一路下行的走势:

7 月 1 日,波动率指数大约在 25.23;

过了一周,7 月 8 日,降波至 22.57;

又过了一周,7 月 15 日,降波至 22.04;

再过了一周,到了 7 月 22 日,波动率指数已经降到了 21.79;

没完,还没完,这周前四天的波动率貌似开启了“平抛运动”的模式,21.79、19.93、18.74……

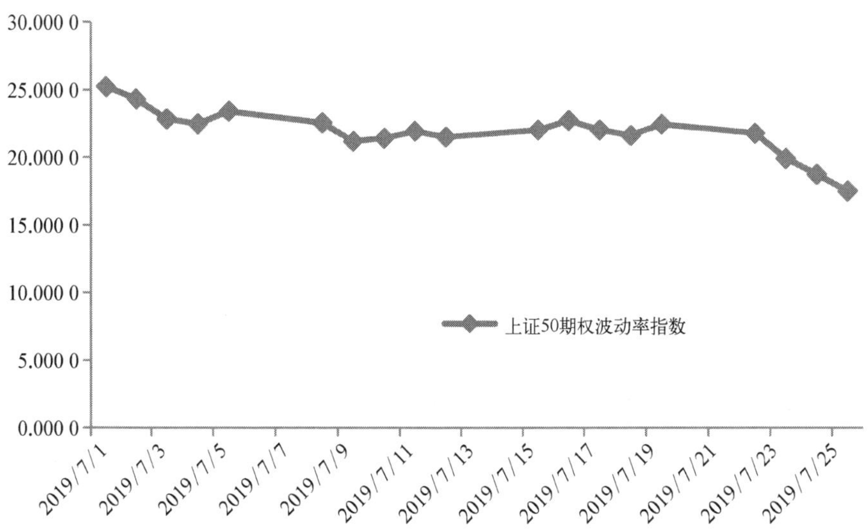

数据来源:Wind,“力的期权工作室”整理。

图 39-1　2019 年 7 月 1 日至 7 月 25 日,上证 50ETF 期权波动率指数走势

2019年7月初卖出过P2700、P2750、C3300、C3400的投资者一定感受最为明显，几乎一周不到的时间，它们的权利金就已经跌掉了一半。在那一周里，标的始终位于2900点到3000点之间，可以想象这一周权利金的快速下跌，根本原因就是波动率的快速下降。

那么，每天降波，降波，再降波！难道这样的降波真的就会毫无下限了吗？回答一定不是这样的。波动率是一个神奇的变量，它不同于价格，从长期的角度来说，它反而类似于市盈率、市净率这样的估值指标。

从图39-2中你会发现，自2018年以来，上证50期权的波动率指数基本上位于15～40，低于15或高于40的时间段非常少，而且具有明显的均值回归特征。什么叫均值回归？那就是疯过头了会趋于冷静，压抑过久了会快速爆发。这一年半以来，每当波动率指数下穿18以下，后续都出现了暴涨的升波现象；每当波动率指数上穿40以上，用不了多久，快速降波模式就会不自觉地开启。

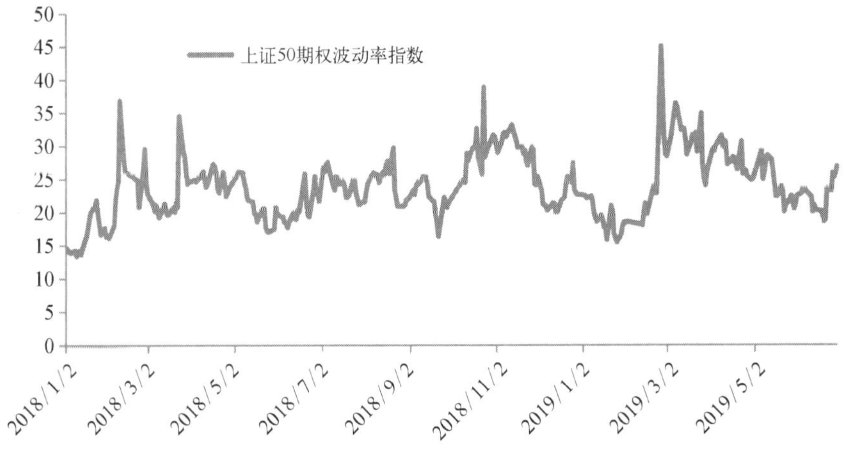

数据来源：Wind，“力的期权工作室”整理。

图39-2　2018年1月～2019年7月，上证50期权波动率指数走势

如果用统计分位数的角度对数据加以整理，你就会更清楚地看到，2018年1月～2019年7月，波动率指数超高和超低的极端值究竟在什么点位。

表39-1　2018年1月～2019年7月，波动率指数的90%～100%分位数

统计量	具体数值
最大值	45.03
99%分位数	36.63
98%分位数	34.89
97%分位数	32.79
96%分位数	32.33

(续表)

统 计 量	具体数值
95%分位数	31.99
94%分位数	31.62
93%分位数	31.50
92%分位数	31.23
91%分位数	30.75
90%分位数	30.51

数据来源：Wind,“力的期权工作室”整理。

表 39-2　2018 年 1 月～2019 年 7 月,波动率指数的 0%～10%分位数

统 计 量	具体数值
最小值	13.40
1%分位数	14.01
2%分位数	14.32
3%分位数	15.91
4%分位数	16.38
5%分位数	16.58
6%分位数	16.96
7%分位数	17.60
8%分位数	17.76
9%分位数	18.05
10%分位数	18.35

数据来源：Wind,“力的期权工作室”整理。

波动率与价格,这两个变量看似穿梭于我们每一天的交易中,但它们的属性却是完全不同的。如果把价格说成是人的左脑,那么波动率就是人的右脑。

价格是有趋势的,它是这样一个变量：做多时高了还可能更高,做空时低了还可能更低。当一波趋势真正来临时,“创新高”这样的词就会反复出现在耳边,而此时最好的择时策略就是跟随趋势,用简单的均线、MACD 或是布林线中轨作为右侧趋势的止损点。如果我们长期投资于一个指数或是一只股票,真要赚到大钱,肯定不是靠每天频繁进场、出场,而是拿住它,耐心持股,等待右侧大趋势的来临。因此,可以这么说,做多做空价格所赚到的大钱是来源于趋势的。

然而,波动率呢?波动率的属性是“中值回归”这四个字。它是这样一个变量：达到历史较高分位数时,或许它短期还会再上升,但空间已经不会特别大了,一旦市场情绪得到平抑,则会立刻掉头向下寻找长期中值回归的那个平衡点;反过来,当它达到历史较低分位数时,它往往会按捺不住寂寞,在之后的市场里为大家演绎出一场意外的

"升波"秀。因此，要在波动率的维度上赚到大钱，反而需要一种左侧思维，隐波高得过分了，把握好开仓的节奏，以卖出开仓为底仓，买入开仓做防守；隐波低得过分了，那就以买入开仓为底仓，卖出开仓降成本。

如果我们再往更深处去发散性遐想一下，价格与波动率，一个具有趋势性，一个具有中值回归性，那么藏在它们背后的差异是否能用一个变量来刻画呢？那就让我们拓展一下视野，简单了解一下一个名为 Hurst 的指数吧。

Hurst 指数是何出身？它来自"分形几何"这门学科。各位读者或许看过《最强大脑》这个节目，有的时候，选手们被要求在很复杂的图形中记忆其特征，这些看似美妙的图形很多就来源于分形几何图形。

图 39－3　某分形几何图形

作为初涉，我们暂且不用管它的计算公式，只需要知道这样一个结论，那就是输入一个时间序列（如波动率日频数据、价格的日频数据），它会输出三种可能的取值：

① 如果 $H=0.5$，表明时间序列可以用随机游走来描述；

② 如果 $0.5<H<1$，表明时间序列存在长期记忆性；

③ 如果 $0\leqslant H<0.5$，表明时间序列具有均值回归特征。

那么，我们平时交易的波动率真的是均值回归的吗？而价格又真的是具有趋势性（长期记忆性）的吗？答案是肯定的，波动率指数对应的 Hurst 指数的数值小于 0.5，具有均值回归性，而大部分资产价格的 Hurst 指数是大于 0.5 的，具有趋势性。

更发散性地测试一下，我们任意配对两档行权价的期权隐波，相除的比值对应 Hurst 指数也竟然全部小于 0.5。

表 39-3　任意两档行权价的期权隐波比值的 Hurst 指数

配　对	Hurst 指数
虚 1 档/平值	0.239 2
虚 2 档/平值	0.243 9
实 1 档/平值	0.251 4
实 2 档/平值	0.251 1
虚 2 档/虚 1 档	0.248 3
实 1 档/虚 1 档	0.249 7
实 2 档/虚 1 档	0.247 5
实 1 档/虚 2 档	0.256 4
实 2 档/虚 2 档	0.251 5
实 2 档/实 1 档	NaN，因为有异常值

数据来源：Wind，"力的期权工作室"整理。

仔细回眸一下，这个结果好像在冥冥之中暗示着什么？对了！这恰恰就是波动率套利背后的原理！当我们在合约 A 隐波很高，而另一个合约 B 隐波不高时，卖出 A、买入 B，等待波动率的正常回归，实际上运用的原理竟然就是这个 Hurst 指数！

40. 用期权抄底，你真的学会了吗？

做交易的每一周，似乎总会有未落地的事件摆在面前。2019 年 7 月末，原本以为政治局会议召开了，美联储降息了，第 12 轮中美经贸谈完了，三大事件逐步落了地，才发现这又将是新一个循环的开始。在岸、离岸人民币汇率双双破 7 后，市场尚需要信心层面的修复，外围市场也在静待美联储、欧央行对降息的进一步表态，中美之间的进一步谈判如何，新的事件又“一波未平，一波又起”了。

一周内，从证金降费率到扩大两融标的，监管层鼓励股市加杠杆的政策频出，这很能说明新一轮下跌的政策底在哪里。想起了 2018 年 10 月，当时沪指触及 2449 点，高层罕见集体发声维稳，银行理财子公司可直接入市，纾解股权质押的各类措施，个税抵扣征求意见等，之后在 2449 点的政策底后，市场底在 12 月的新一波情绪释放后产生。

不少投资者或许已经开始想着抄底哪一轮的下跌，然而事实上，在有了期货、期权以后，抄底这个活儿，不仅仅是时机的问题，用对、用好工具有时候更为重要！

与通常理解的做多现货或期货不同，期权的抄底方法主要是两种操作：一个是买认购，另一个是卖认沽。两种方式都是做多标的，但两者的操作逻辑则不尽相同。

(1) 买认购抄底怎么抄？

如果你想用买认购的方式去抄底，那么更合理的时机最好是在确定指数有效企稳之后，也就是静待右侧去入场，比如耐心等待沪指或是 50 指数站上 5 日线，甚至 5 日线拐头向上。收盘价是道氏理论中最重要的价格，假如标的价格收盘时连 5 日线都站不上，那么它仍然位于所有均线下方，难言真正的企稳。

2018 年几乎一整年，沪指多次位于所有均线下方，记忆中最清晰的是 6 月和 12 月。我们以 6 月份行情为例，6 月 19 日收盘，当日千股跌停，上证 50 指数开始位于所有均线下方，之后发生了什么呢？一路盘整下跌，其间出现过 6 月 25 日－1.83%的阴线，出现过 6 月 27 日－2.16%的阴线，尽管 6 月 29 日曾出现过一根 2.26%的修复性中阳线，但当日依然没有有效站上 5 日均线，最终 7 月 2 日那天以－3.77%的大阴线还以颜色。

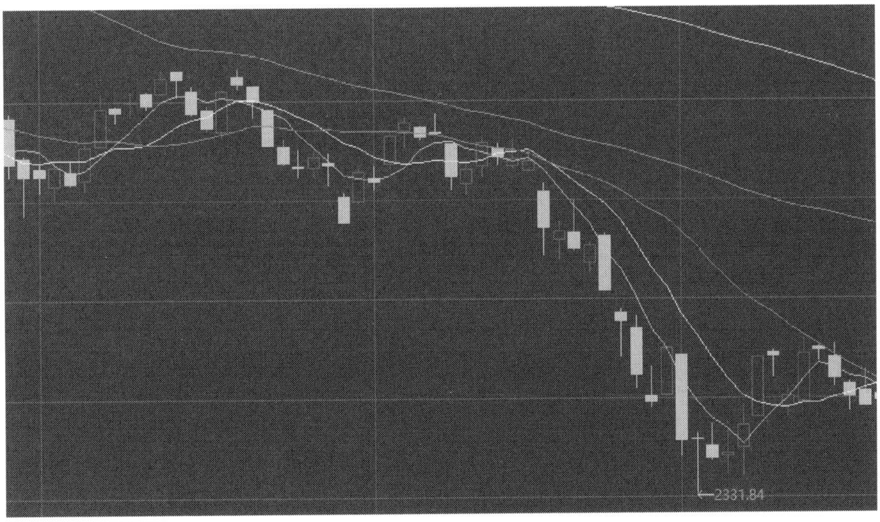

图 40－1　2018 年 5 月～2018 年 6 月的行情示意图

在这个过程中，曾经有很多朋友问是否应该抄底，是否已经企稳，然而相较于各种花哨的指标，价、量信息是最不会骗人的，也是最能在几个小时内就能被市场定价在内的。当时的回答是既然标的收盘连 5 日线都没有站上，那么中途某天抄底买认购就显得过于着急了。事实上，如果在 6 月那波下跌中，中途“抄底”买认购了，结果会怎样呢？我们以 2018 年 6 月 26 日开盘买入下月平值认购期权为例，此后的 5 天内，这笔操作亏损明显。

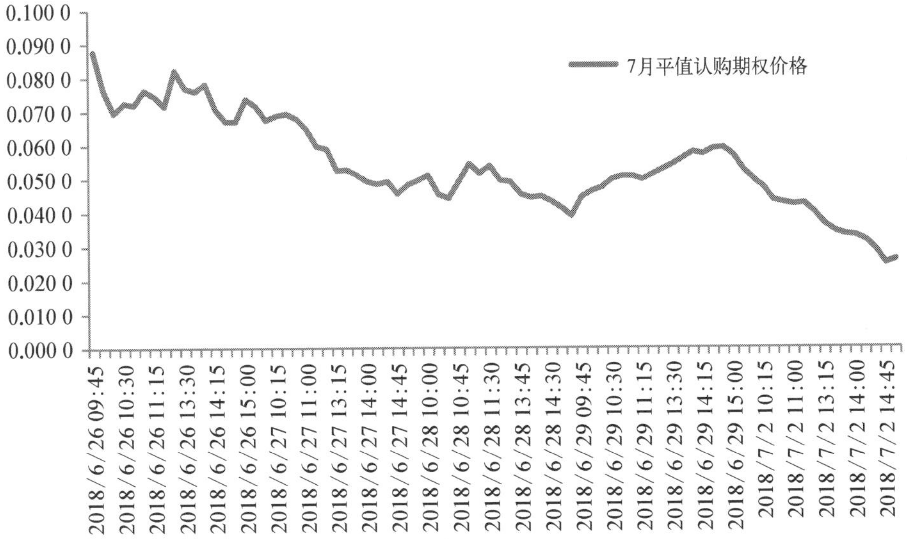

数据来源：Wind，“力的期权工作室”整理。

图 40－2　2018 年 6 月 26 日开盘到 2018 年 7 月 2 日收盘，每隔 15 分钟买平值认购的市值变化

事实上，同样是看涨，买认购与卖认沽有个很大的区别，那就是买认购是做多波动率(long Gamma and Vega)、做空时间的(short Theta)，因此时间是它的敌人。如果我们在上涨趋势的左侧过早地抄底，或是连续补仓同一个合约，就有可能在几个交易日内面临价格、波动率、时间的“三杀”！在左侧抄底买认购，如果标的不能及时拉出几根中阳线，那么这份买认购的市值怕是一时半会儿回不来了。

那么，如果技术面出现了右侧企稳的信号，接下来的问题就是合约选择了——月份怎么选？行权价怎么选？

从月份的角度，由于8月合约还剩两周半就要到期，再过一周后，期权合约的Theta效应(时间衰减效应)就要开始逐步显现，因此，当前如果真的要抄底，更科学的选择应该是选9月而不是8月。从行权价的角度，更科学的选择应该结合空间的角度来看，如果标的价格刚刚进入上涨趋势的右侧，比如刚刚上穿某根均线，或者KDJ等技术指标刚刚金叉等，这意味着如果事后证明它确实是一波上涨的趋势，那么指数在空间上一定处于相对的底部，因此我们可以相对大胆一些，结合自己的仓位买入一些偏实值期权。这是因为实值期权的Delta绝对值更大，同样买入100张期权，买入实值期权获得的绝对收益一定会比买入虚值期权大，交易手续费占权利金的比重也会小很多。

(2) 卖认沽抄底怎么抄？

相对地，如果想用卖认沽的方式去抄底，又应该注意些什么呢？相对于买认购而言，卖认沽的开仓条件可以稍微弱化一些，可以适度地进行左侧开仓，但绝不建议在指数刚跌破所有均线的那一天就急于抄底卖沽，更合理的做法是耐心等待一根比较明显的阴线，甚至是一根带长下影的阴线出现后，再择机卖出认沽。

为什么说在下穿所有均线的初期去卖沽是危险的？我们就反过来想想，当上穿所有均线的初期，卖出认购的行为吧。2019年2月25日，受前一周末多重利好的影响，上证50指数当日大涨7%以上，券商股集体涨停，C2800@2合约当天大涨192倍，也就意味着当天持有卖购头寸的交易者苦不堪言，几乎一夜回到解放前。然而，看一看均线就明白其中的危险性了，2019年2月18日，上证50已经站上了所有均线，这意味着短期从均线的角度来说，上方暂时没有什么太大的压力了，因此在站上均线的初期卖出大量的认购就会蕴含着潜在的巨大风险。同样的道理，2018年6月也好，12月也罢，在标的下穿所有均线的初期卖沽，也同样蕴含着不小的风险。

那么，对于卖沽抄底而言，合约应该怎么选择呢？

从月份的角度，先卖出当月，然后在到期前一周左右，滚动移仓卖出下月，会是一个更为科学的选择。从行权价的角度，可以卖出轻度虚值认沽，再为自己留出一些安全的空间。如果事后被证明这确实是一波上涨的趋势，那它一定在空间上还处于相对的底部，此时同样卖出 100 张期权，卖出轻度虚值期权获得的绝对收益一定会比深度虚值期权大。

另外，对于卖出认沽期权而言，它还有一个变相抄底的功能。很容易理解，标的价格在到期日只会出现两种情况：一种是位于卖沽的行权价以上，这样我将赚取全部的权利金；另一种是位于卖沽的行权价以下，在仓位可控的前提下，大不了我就买入 50ETF 或是买入深度实值的认购期权替代原来的卖出认沽头寸。这样的操作十分类似于 1993 年巴菲特抄底可口可乐公司的股票，称为卖出认沽在底部空间的“变相抄底”。

对于这样的“变相抄底”，你在操作前需要做好以下几项心理准备：

你在经济和心理上是否有能力买该股票？你有没有该股票的购买力？被行权买入该股票后，会不会让你夜不能寐？

该股票的购买成本(行权价－权利金)，是不是你心中的买入点位？

你是否意识到，如果卖认沽后股价开始上涨，你的最大收益最多为全部权利金？

你是否知道，你被行权后依然承担着一般股票持有者的所有风险？

我想，不论是买认购还是卖认沽，我们需要做的是更贴近期权价格变化规律来进行“变相抄底”操作，一切按照科学合理的方式来操作，坦然面对每个交易日，坦然面对每一次对与错。

Tasty Option on Your Future

复 盘 篇

41. 期权的 Gamma 助你一“脱”成名

（本文作于 2016 年 6 月 24 日）

2016 年 6 月 23 日，北京时间下午 2:00 起，英国针对是否退出欧盟开始举行全民正式公投，这让全世界交易者开始体验了一番英国人的“作”。此次公投于北京时间 24 日 5:00 结束，而从这一刻起，优秀的 Gamma 型交易者完成了可谓一“脱”成名的华丽表现。

期权的交易维度超过现货和期货，可以说是事件驱动的极好帮手。面对重大事件的公告和揭晓，除了赌 Delta，我们更需要的是赌 Gamma。从简单的角度来说，Delta 型交易就是我们常说的方向型交易。如果认为“留欧”概率愈发增大，英镑升值，那么做多英镑兑美元期权的 Delta 即可(买入认购)；反之，则做空英镑兑美元期权的 Delta (买入认沽)。然而，Delta 交易就像抛硬币一样，在留欧、脱欧势均力敌、反复博弈的情况下，公投结果出来之前谁也不知道硬币是朝向正面还是反面。既然这样，聪明的外汇交易者早已将眼光转向 Gamma 型和 Vega 型交易，也就是波动率交易。对于波动率交易的仓位，不论英镑是大幅升值还是超预期贬值，只要汇率变动的幅度足够大(附加隐含波动率大幅上升)，及时平仓都能获利。

说 Gamma 型交易更像球赛前揭晓比分一样，一点也不为过。从交易软件下方的资讯框来看，似乎每一分钟都在往这个市场加入新的信息，“一会儿骑士队领先了”“一会儿勇士队领先了”。

“9:30：北爱尔兰投票 56%支持留欧，44%支持脱欧；

10:23：爱丁堡投票 74.4%支持脱欧，25.6%支持留欧；

10:43：博尔顿投票 58.3%支持留欧，41.7%支持脱欧；

11:00：卡斯尔波恩特地区 72.7%支持脱欧，27.3%支持留欧。”

截至上午 10:30，682 万票支持脱欧，648 万票支持留欧。

在亚市盘中，英镑兑美元曾跌至 10%以上，跌破 1.35，触及 1985 年来最低。英国各区脱欧投票结果陆续出炉，脱欧阵营领先幅度扩大。一周期英镑兑美元隐含波动率跳升至 53.375%，为 1998 年来最高。

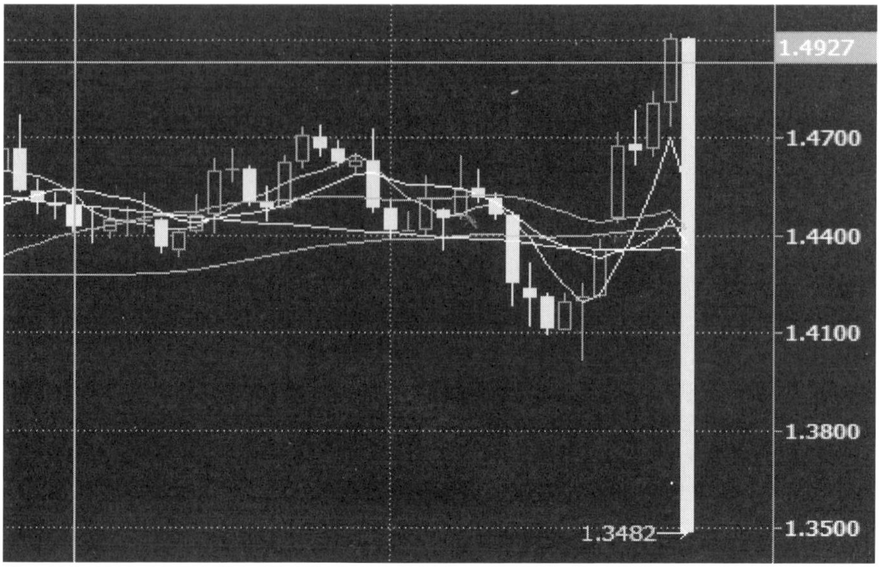

图 41－1 英国脱欧公投当日，英镑兑美元日线图

随着这些新的信息越来越一边倒，long Gamma 的外汇交易员也走进了天堂。事实上，早盘期间，不论对美元指数、各类英镑汇率还是 COMEX 黄金，只要有着 long Gamma 的思维和意识，又懂得分批止盈的，就意味着逼近成功！

英镑兑欧元	1.2563	1.2572	-0.0572	-4.35%	-7.42%	10:37
英镑兑日元	145.14	145.23	-14.800	-9.25%	-18.06	10:37
英镑兑港币	10.869	10.902	-0.7700	-6.62%	-4.81%	10:37
英镑兑澳元	1.8796	1.8830	-0.0874	-4.44%	-6.97%	10:37
英镑兑加元	1.8144	1.8154	-0.0970	-5.07%	-10.98	10:37
英镑兑瑞郎	1.3529	1.3546	-0.0921	-6.37%	-8.40%	10:37

图 41－2 英国脱欧公投当日，英镑兑主要国家（地区）货币瞬时行情

反观整个过程的亚太市场，日经 225 和恒生指数急速下杀，到了 11:55，日经 225 指数期货在大阪跌 8.1%，甚至触发罕见的熔断，日经 225 指数跌幅已超 8%。而恒生指数日内最大跌幅也达到 5.73%，“一阴吞五阳”的现象几乎随处可见。

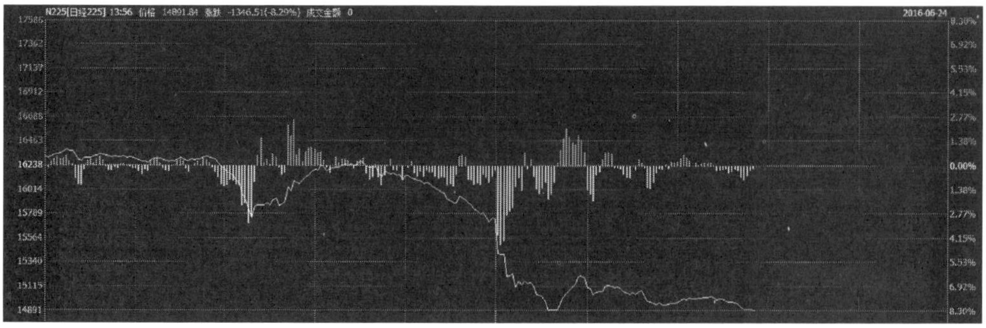

图 41－3 2016 年 6 月 24 日盘中，日经 225 分时走势

再来回到 Gamma 型交易者，机会远不只是在外汇市场上。以香港市场恒生指数期权为例，恒生指数昨日报收 20868 点，如果某股票交易员在英国脱欧公投前夕具有“双保险”的意识，那么会怎样呢?

若 2016 年 12 月 23 日收盘前构建“HSI1606C20800”与“HSI1606P20800”的买入跨式策略，那么建仓成本为 663 点，到了次日 12 点时，整个跨式组合的市值已经达到 1067 点，每点 50 港币，这意味着买入一份跨式赚取 20 200 港币，买入 100 份赚取 202 万港币。即使没有在昨天收盘前赶上，那么根据 2016 年 6 月 24 日的开盘价看，“HSI1606C20800”与“HSI1606P20800”的买入跨式策略构建成本在 674 点左右，到了中午 12 点，可赚取 393 点，即买入一份跨式赚取 19 650 港币，买入 100 份跨式赚取 196.5 万港币。

若 2016 年 12 月 23 日收盘前构建“HSI1606C21000”与“HSI1606P20600”的买入宽跨式策略，那么建仓成本为 492 点，到了次日 12 点时，整个宽跨式组合的市值已经达到 847 点，每点 50 港币，这意味着买入一份宽跨式赚取 17 750 港币，买入 100 份赚取 177.5 万港币。即使没有在昨天收盘前赶上，那么根据 2016 年 6 月 24 日的开盘价看，“HSI1606C21000”与“HSI1606P20600”的买入宽跨式策略构建成本在 530 点左右，到了中午 12 点，可赚取 317 点，即买入一份宽跨式赚取 15 850 港币，买入 100 份宽跨式赚取 158.5 万港币。

从这两个例子，我们也充分看出了 long Gamma 策略在重大事件发生时的有效性，并且同样是 long Gamma，买入跨式的 Gamma 比买入宽跨式的收益更大、更显著!

终于，英国广播公司(BBC)报道，英国脱欧公投完成所有选区的点票工作。结果共有 1 741 万人投票赞成脱欧，占总有效票数的 51.9%;1 614 万人投票赞成留欧，占总有效票数的 48.1%。理性的 Gamma 交易者也可以在 12 点前尽快分批平仓了。

5 倍 Sigma 以外的事情已经靴子落地，汇率已经出现了一条长长的下影，脱欧后的负面影响还会余波不断，隐含波动率已经跳升至 53.375%。同样再从 Delta、Gamma、Vega“三维一体”的角度思考一遍，我想理性淡定的 Gamma 交易者心中一定有了答案!

42. 一个大坑与尾盘护盘，今天的期权故事足以让你饱餐一顿“惠灵顿牛排”

（本文作于2016年7月27日）

2016年7月27日，上证综指早盘最后10分钟开始跳水，午后跌破3000点，也是近11个交易日首次回到3000点下方。事后诸葛亮永远好当，有的认为继资管“新八条”后，史上最严银行理财监管新规或很快公布实施；有的认为再融资监管趋严、管理层遏制炒作题材股，近期打板个股快速减少，赚钱效应开始减退；也有的认为今日有两只新股发行，这是年内第一次，证监会IPO有提速之势，资金面或进一步收紧。不论是哪一种观点，恰逢今天又是期权市场的到期日，我想说今天下午关于期权的故事实在是很精彩！

先说说买期权的故事吧！

沪指自从1月断崖式下跌后，就一直呈现出一两根大阳线然后盘整多日的局面，这与监管环境趋严、每上100点的抛压力量雄厚有关，导致市场情绪一直偏谨慎，谁也不愿意在政策面没有明显趋好的环境下做一回“出头鸟”，所以我相信市场上一定存在一批在多日盘整期间逐步加仓Straddle（跨式组合）的交易者。今天沪指的跳水，直接使得“沽7月2200”的平值期权（昨日收盘6元，今日开盘4元）盘中一度达到214元，最高涨幅达到3 466%。图42－1便是该合约日内下午半天的分时走势图。

通过这样的实盘体验，你会发现期权交易一个重要的道理，那就是Gamma的威力！随着到期日的临近，平值期权的Gamma理论上趋于无穷大，之前我们说过，对于Gamma越大的认沽期权合约，一旦股价出现明显跳水，那么该合约的买方就会出现巨大的浮动盈利。图42－2从三维的角度展示了Gamma值的分布图。

然而今天的Gamma收益来得如此突然，加之7月合约又是最后一天就到期了，昨天的一根中阳应该让很多跨式多头平仓了，所以能在开盘就埋伏好跨式组合的交易者可以称得上具有“神级”的盘感和“狼级”的赌性！不过，这里想要说的是，即使没有这样神级的盘感，也并非完全没有赚钱机会。

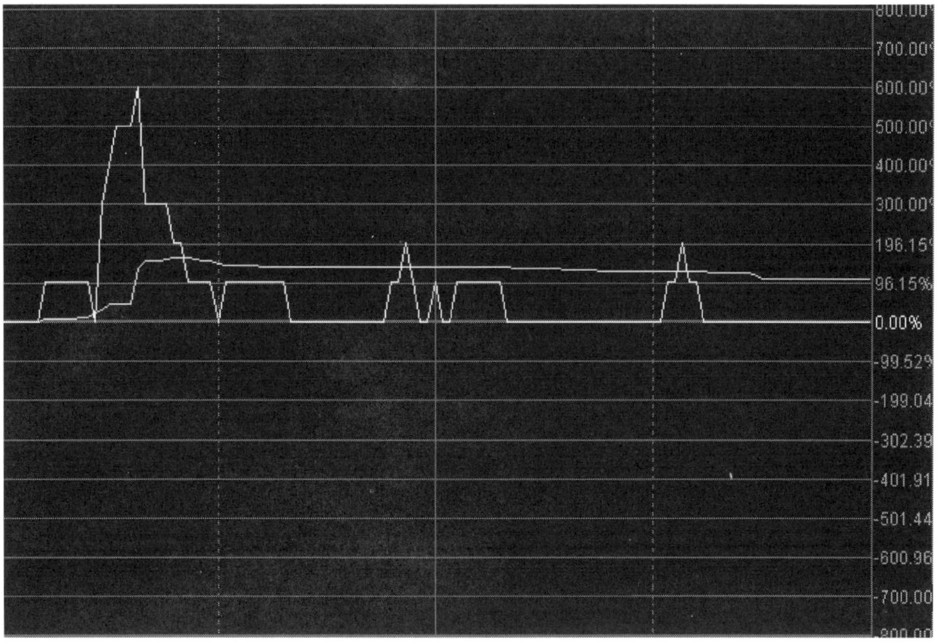

图 42－1　2016 年 7 月 27 日午盘，“50ETF 沽 7 月 2200”合约分时走势

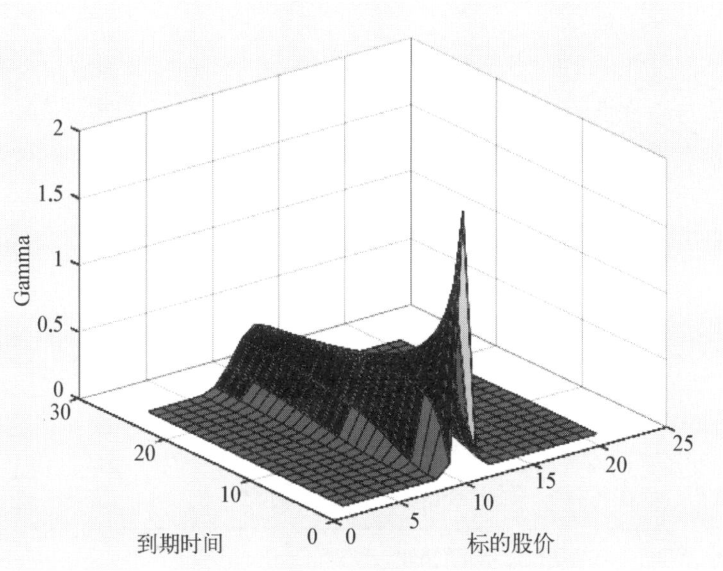

图 42－2　期权 Gamma 的三维曲面

来看看怎么赚！早盘虽然出现了快速跳水，但“沽 7 月 2200”的价位却还只有 12 元一张，此后市场公平地给了每个人一个半小时的冷静时期。我的逻辑很简单，一是上午收盘时的认沽价格被低估了，二是上午出现了一波未止住的跳水，下午大概率将继续恐慌性下探（当然也有可能 V 字反转）。然而，不论是哪一种情形，13:00 前准备好做多 Straddle（跨式组合）在那时必然是一个最好的选择。计算一下，13:00 做多跨

式组合的成本为每张 154 元(39＋115)，该组合到了 13:16，已经达到 218 元的市值，如果开仓量不算很大，算 10 张吧(一对跨式的成本假设为 15 元)，那各位投资者在 16 分钟的累计收益率已经达到 31.81%，绝对收益 490 元，赢个几顿晚饭钱，自己一个人品尝一顿惠灵顿牛排，应该已经不成问题了。

表 42 - 1 是午盘前 20 分钟期间，“购 7 月 2200”与“沽 7 月 2200”的分钟收盘价与成交量，其中的奥妙足够为今后出现类似的跳水攒足经验！

表 42 - 1　2016 年 7 月 27 日午盘前 20 分钟，“50ETF 购 7 月 2200”与“50ETF 沽 7 月 2200”的分钟收盘价与成交量

时　间	认购价格(元)	认购成交量(张)	认沽价格(元)	认沽成交量(张)	一对跨式的市值(元)
13:00	0.011 5	0	0.003 9	305	154
13:01	0.004 9	219	0.003 9	0	88
13:02	0.003	92	0.003 9	0	69
13:03	0.002 8	167	0.004 8	843	76
13:04	0.003	111	0.006 8	178	98
13:05	0.003 8	107	0.006 8	0	106
13:06	0.003 4	104	0.006 8	0	102
13:07	0.002 7	374	0.006	1 203	87
13:08	0.002 5	47	0.008 3	1 028	108
13:09	0.002 5	0	0.008 9	194	114
13:10	0.002 5	0	0.008 9	0	114
13:11	0.002	59	0.008 9	0	109
13:12	0.001 1	21	0.011 9	1 248	130
13:13	0.001 1	0	0.013 5	92	146
13:14	0.001 1	0	0.013 5	0	146
13:15	0.000 8	62	0.013 5	0	143
13:16	0.000 4	10	0.021 4	1 741	218
13:17	0.000 4	0	0.018 5	1 687	189
13:18	0.000 4	0	0.014 2	946	146
13:19	0.001	87	0.014 2	737	152

数据来源：Wind，“力的期权工作室”整理。

接着怎么办？毫无疑问两个字——“平仓”！原因只有一个：你在交易的合约还有 90 分钟就要从这个世界上消亡了。永远记住一句话：“Gamma 大的期权合约时间价值衰减一定快”，有赢就撤！更何况 16 分钟内带来丰厚收入的合约都快要到期了。

再来说说卖方的故事吧！

之前 Straddle 平仓后，大盘开始止跌，随之进入横盘。于是便催生出了第二波机会，那就是卖出“沽 7 月 2150”合约。但个人认为较为安全的卖出时点在 14:30 以后，历史上除非像 2015 年股灾期间的尾部极端事件发生，一般而言，大盘出现恐慌性抛售之际，银行股出面护盘的现象屡见不鲜。敢于卖认沽，主要基于以下四个信仰：

一是 50 指数乃银行股聚集之地的特征，银行股筹码具有稳定性。

二是今天的日内最大跌幅已经超过 50 指数历史上日内跌幅 90%的分位数−2.40%。

三是如果 50 指数要跌破 2150 点，则日内最大跌幅需要达到−3.46%，超过了历史上 97%的分位数。

四是期权合约在 30 分钟内就要“消亡”。

于是，怎么办？挂单等候卖认沽增厚些许收益。表 42－2 展示了最后 30 分钟内“沽 7 月 2150”每 5 分钟的价格与成交量。

表 42－2 2016 年 7 月 27 日收盘前 30 分钟，“50ETF 沽 7 月 2150”每 5 分钟的价格与成交量

时　间	认沽价格	认沽成交量
14:30～14:35	0.000 1	13
14:36～14:40	0.000 2	95
14:41～14:45	0.000 1	76
14:46～14:50	0.000 1	420
14:51～14:55	0.000 1	10
14:55～15:00	0.000 1	0

数据来源：Wind，“力的期权工作室”整理。

如果你以为你挂的卖单最后半小时根本无法成交，那你就大错特错了，事实上认沽的买方力量是隐性存在的。比如说，若你在 14:30，迅速挂出 100 张 0.000 1 卖价的卖单，那时在你之前排队的单子只有 109 张，也就是说，如果买单累积到 209 张，你就能完成全部挂单的成交。

表 42－3 2016 年 7 月 27 日收盘前 30 分钟，“50ETF 沽 7 月 2150”每 5 分钟的买盘数量

时　间	挂卖单时已排队等待的卖单数量	需要新买单挂单数量	成交 100 张卖单消耗的时间	5 分钟内累计买单数量
14:30～14:35	109	209	2 分钟内	5 896
14:35～14:40	70	170	1 分钟内	31 649
14:40～14:45	104	204	30 秒内	19 294
14:45～14:50	109	209	30 秒内	1 659
14:50～14:55	40	140	无法成交	0
14:55～15:00	40	140	可在 15:00 前全部成交完毕	164

数据来源：Wind，“力的期权工作室”整理。

表42－3具体反映了你在14:30～14:55期间，每隔五分钟挂出100张0.000 1元卖价的卖单所对应的成交情况。结果发现，除了14:50～14:55阶段的成交情况较差外，若在其余时间段的初始时刻挂单100张卖单，都能很快成交，也就是说，如果你有心，是有希望在最后30分钟内赚到500元钱的。到了这里，加上之前做多跨式的490元，1 000元的半天收入应该够你带着太太或朋友去高档西餐厅点两份惠灵顿牛排了！

古人云："不积跬步，无以至千里；不积细流，无以成江海。"像今天下午的两小时内，不论是一开始的long Gamma还是尾盘的short Gamma，只要你的建仓逻辑和信仰是站得住脚的，对现货端完全无从下手的个人投资者而言，半天慢慢地积累500～1 000元的收入也不是一件天方夜谭的事情！

43. 只有一种工具半日赚 20%+，美国总统大选日之惊心动魄

（本文作于 2016 年 11 月 8 日）

2016 年是各类资产的一个多事之秋，6 月末的脱欧公投还历历在目，市场无独有偶，在 11 月上旬又给了一次“做多波动”的良机。2016 年 11 月 8 日，希拉里与特朗普的终极对决终于要最终出结果了，与脱欧的末日轮一样，这一次的美国总统大选，不到最后一天，不到最后一刻，没有一个人能够告诉你谁将入主白宫。

回顾一整日的各类值得关注的要闻：

眼看着几大摇摆州大多把票投给了特朗普，貌似特朗普的美国梦越来越近……

由于特朗普候选时的激进言论和换党执政带来的不确定性，正常的事情接踵而至：

日经 225 指数 10 点起至收盘暴跌 5%以上。见图 43－1。

香港恒生指数 9:30 起就一路下挫，最多跌了 4.12%。

国际金价打了鸡血般地一路上冲，最高上涨 4.83%。

风险资产家族的 WTI 原油暴跌近 4%。

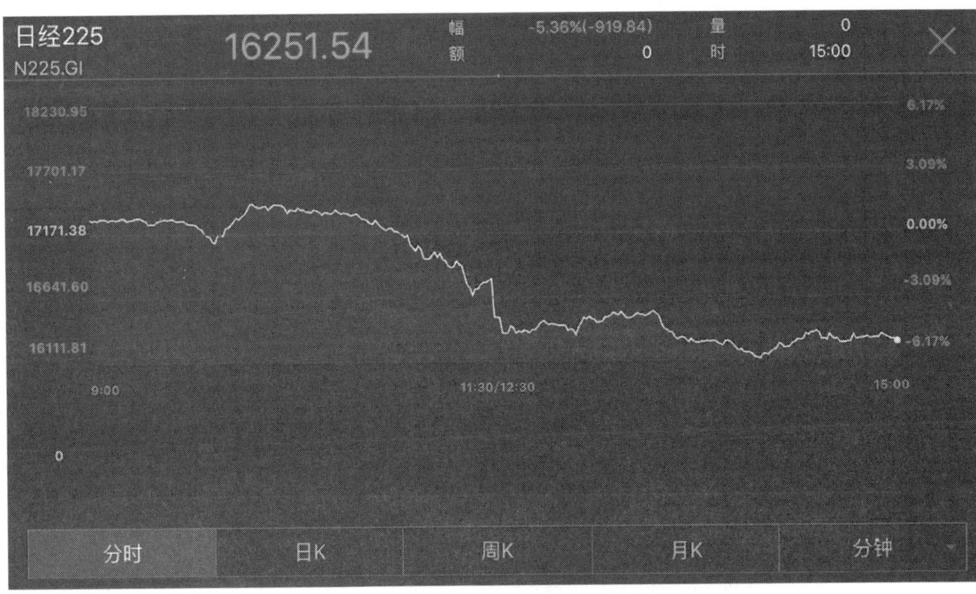

图 43－1　2016 年 11 月 8 日，日经 225 的日内分时走势

伴随而来的就是美元指数下跌2.03%，把整个10月对美元升值幅度回吃完，着实让冲动换汇的朋友寒了心……

特朗普的大嘴影射着美国对墨西哥的封锁，墨西哥比索日内跌幅逾13%。

蹊跷的事情也伴随而来：

美国联邦基金利率期货显示的12月加息概率从之前的80%暴跌至35%。

美国标普500股指期货下跌5%，竟然熔断了！这两个字是多么深刻地印在我们脆弱的心灵中，面对这样的暴跌，再想想美国人自己401K账户的市值缩水，可见美国人支持特朗普是多么的"大义灭亲"啊……

搞笑的是：

"川普概念股"川大智胜当日放量收长阳上涨8.44%，回补9月12日的大缺口……

"希拉里概念股"西仪股份当日跳空下跌8.63%……这是什么情况!!!

我们的上证综指呢？与脱欧当日几乎一样，风险事件没揭晓前，学着外围市场恐慌下跌，盘中最低下跌1.59%，靴子落地后原来该如何还是如何。见图43-2。

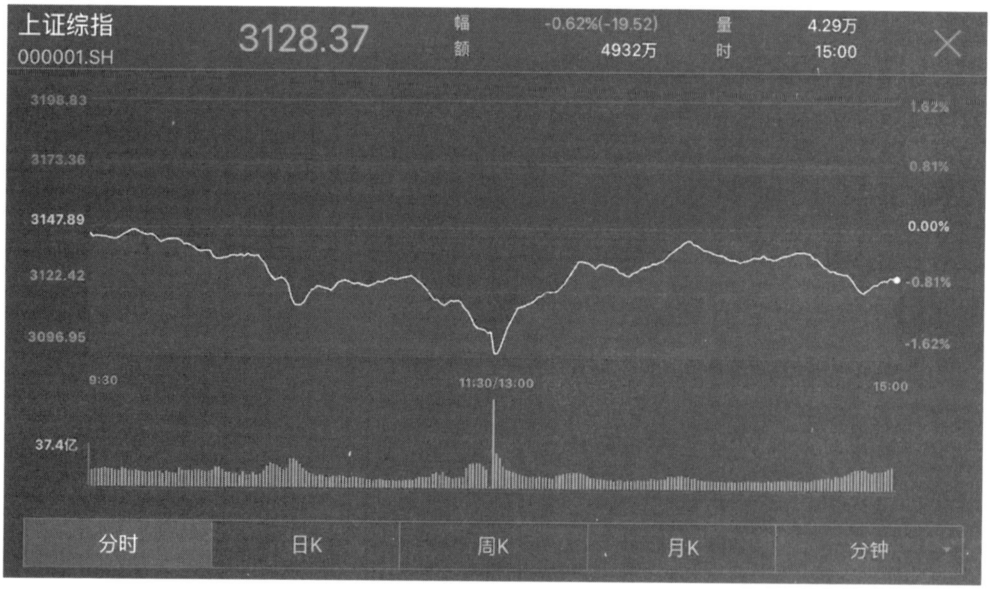

图43-2　2016年11月8日，上证综指的日内分时走势

我们把2016年11月8日各类主要资产的收益率总结成表43-1。

表43-1　2016年11月8日,各类主要资产的收益率表现

资 产 品 种	截至上午收盘涨跌幅	北京时间15点最大涨跌幅
日经225	−2.23%	−6.17%
香港恒生指数	−2.82%	−4.12%
黄金	/	+4.83%
WTI原油	/	−3.97%
标普500股指期货	/	−5.66%
美元指数	/	−2.03%
上证综指	−1.32%	−1.59%

数据来源：Wind,"力的期权工作室"整理。

回到我们常谈的期权交易,与上周六的观点一致,外围市场的重大风险事件才是影响A股市场风险偏好的关键。在这周三前,任何关于方向的猜测都是一种碰运气!

一会儿希拉里被FBI调查了,一会儿又暂停调查了,一会儿民调又逆转了! 这些有意思吗? 没有! 只有当选民在真正投出那一票时,市场的趋势方向才会真正清晰,这一点与脱欧事件一模一样,所以这几天停留在赌方向层面的投资,要么受到上帝的眷顾,要么被老天抛弃……

还是那句话：期权让交易上升了维度。

我们在无法判别真正的趋势方向前,还能用期权做点别的吗? 完全可以! 那就是做多指数位移的策略(主要目的是long Gamma,long Vega只是辅助),通俗地说是"双买"策略,即同时相等数量平值认购、认沽期权。

必须注意的是,"双买"策略不是不动脑筋地买,而需要一些止盈止损和简单择时的思维。操作上,"双买"策略历来快进快出,日内有较为明显的浮盈就可以考虑提前平仓,切忌持有数日不动。

先是不要持有数日不动,宁愿几天内多次操作,用高赔率战胜低胜率。

很简单的道理,我们用物理中的概念"位移"举例：指数先下跌100点,再上涨100点,两日位移是0,但每一日的位移(绝对值)是100。标普500、美元指数、黄金等联动性极强的资产,上周和本周分别做两次"双买"策略可以赚双倍的钱,而持有不动则什么都没有,甚至还亏损了时间价值。

再是"双买"策略的止盈思维：由于"双买"策略是低胜率、高赔率的策略,所以当赔率足够高且兑现时,平仓走人是最好的选择。对于今天而言,聪明的平仓点(未必是最佳平仓点)显然是在中午11:30附近,原因非常明确,就是当时特朗普的选票已经超过270票,这意味着他其实已经成为新一任总统。而对于A股而言,风险事件一旦靴子落地,就是"双买"策略的止盈平仓之际。

表 43-2 是今天运用 50ETF 期权执行“双买”策略在上半日内的收益情况。

表 43-2　2016 年 11 月 8 日上午，“双买”组合的收益率情况

50ETF 期权	“双买”策略 9:30 市值	“双买”策略 11:30 市值	期间收益率 （计入交易费）
11 月期权	589	729	20.67%
12 月期权	1 092	1 187	7.26%

数据来源：Wind，“力的期权工作室”整理。

“年年岁岁花相似，岁岁年年人不同。”还记得脱欧当日吗，A 股的日内分时走势与今天何其相似，事件落地后立刻按照原有的惯性继续前进，就像学生考试一样，吓过了头也就硬着头皮冷静了，盘中的恐慌情绪蔓延到极点也便不再那么可怕！期权的波动性（Gamma）交易再一次给了送钱的机会，当博弈方向（Delta）变得十分困难时，永远记住还有 Gamma 这个朋友可以靠一靠……

44. 同样的剧本，相似的大盘，那就用期权耗过这难熬的时光

（本文作于 2017 年 9 月下旬）

2017 年 9 月，历经了 21 个交易日，上证综指最低 3332 点，完美回补前期缺口；最高 3391 点，完美不触碰 3400 点。60 点的箱体，21 天的震荡，下面这张图（见图 44－1）或许将永远地印在我的脑中。

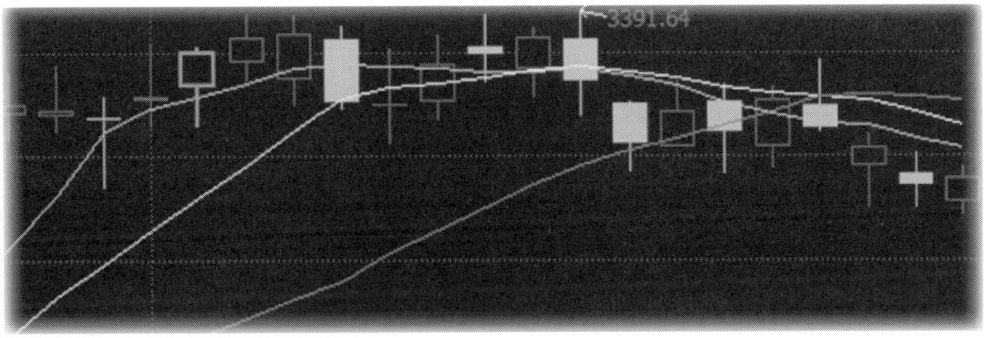

图 44－1　2017 年 9 月，上证综指日线图

最近的 21 个交易日，每一个波段都来之不易，几乎每一天都有长影和下影线。不是尾盘四大行、两桶油的崛起，就是保险、大行的砸盘，总之，涨多了就要跌，跌多了就要涨，均线上要让 5 日、10 日、20 日三线自然地回合，完成金叉的构建。每天同样的剧本，每天相似的 K 线！随着季末逆回购利率的大幅上升，以及长假前的人心不齐，或许不出意外，9 月剩余的交易日也将以类似的剧本继续向右书写着大盘的足迹。

在这样的超窄幅震荡市中，不免又让我想到了卖期权的好处！

首先，卖期权的盈利原理和卖保险具有异曲同工之妙！卖保险的人希望在保险期限内投保人不出事，从而赚取全部保费；卖认沽期权的人希望市场不要大跌从而赚取全部权利金，卖认购期权的人希望市场不要大涨从而赚取全部权利金。既然卖期权不希望大涨大跌，所以卖期权的人把波动视为敌人，把时间视为朋友，希望大盘不动，用一天天的耗时来让权利金（保险费）全部落袋为安。

在实盘操作中，期权真正的交易难点在于买期权与卖期权的切换。在长长的一年时间里，有时候 50 指数处于很好、很快的上涨通道，这种我们称之为趋势市；但绝大部分时间则处于一个箱体内反复震荡，这种我们称之为震荡市。

诚然，大盘在 8 月 25 日以迅雷不及掩耳之势突破 3300 点时，我也切换成了买方的思维，买了一部分认购期权，等待着后续几根小阳线的惯性，希望能以小博大赚个快钱，然而在大盘盘整了 7 个交易日后，我逐渐放弃了这样的想法，因为不论是量化信号，还是主观判断，盘面的控盘意图已经十分明显，再买入持有下去，耗得全是时间，而对于期权买方而言，时间恰恰是最耗不起的。于是，我把策略切换成期权卖方，将时间化敌为友。既然每天大盘都是同样的剧本，那就让我们用卖期权来陪着大盘耗掉剩下的时间吧！

从数据测算上，我假设从 2017 年 9 月 6 日开始同时卖出不同的认购与认沽期权，然后一直持有至今，于是你会看到如下结果：

先来看看卖出一对“9 月 2700 沽、9 月 2800 购”的盈亏情况（见表 44 - 1）。

表 44 - 1　同时卖出“9 月 2700 沽、9 月 2800 购”的每日盈亏

日　期	9 月 2700 沽	9 月 2800 购	每日盈亏
2017 年 9 月 6 日	0.012 5	0.029 8	0
2017 年 9 月 7 日	0.016 0	0.017 9	84
2017 年 9 月 8 日	0.013 8	0.016 5	36
2017 年 9 月 11 日	0.016 1	0.015 4	−12
2017 年 9 月 12 日	0.010 2	0.018 3	30
2017 年 9 月 13 日	0.010 8	0.015 1	26
2017 年 9 月 14 日	0.012 4	0.006 9	66
2017 年 9 月 15 日	0.010 8	0.004 8	37
2017 年 9 月 18 日	0.006 5	0.005 1	40
2017 年 9 月 19 日	0.008 3	0.002 3	10
2017 年 9 月 20 日	0.008 0	0.001 4	12
2017 年 9 月 21 日	0.004 3	0.001 3	38
2017 年 9 月 22 日	0.002 6	0.000 9	21
2017 年 9 月 25 日	0.002 3	0.000 4	8
2017 年 9 月 26 日	0.000 2	0.000 2	23

数据来源：Wind，“力的期权工作室”整理。

如果我们把最后一列的数字加总起来，可以发现 15 个交易日以来，你的总盈亏是 419 元。如果你事先卖出了 100 对，那么 15 天的收入就是 41 900 元。

再来看看卖出一对“9 月 2650 沽、9 月 2850 购”的盈亏情况（见表 44 - 2）。

表 44－2　同时卖出“9 月 2650 沽、9 月 2850 购”的每日盈亏

日　期	9 月 2650 沽	9 月 2850 购	每日盈亏
2017 年 9 月 6 日	0.004 5	0.016 0	0
2017 年 9 月 7 日	0.005 4	0.008 0	71
2017 年 9 月 8 日	0.004 2	0.008 1	11
2017 年 9 月 11 日	0.005 1	0.007 5	−3
2017 年 9 月 12 日	0.002 8	0.008 8	10
2017 年 9 月 13 日	0.002 8	0.007 1	17
2017 年 9 月 14 日	0.002 9	0.002 8	42
2017 年 9 月 15 日	0.002 3	0.002 0	14
2017 年 9 月 18 日	0.001 4	0.001 6	13
2017 年 9 月 19 日	0.001 2	0.000 9	9
2017 年 9 月 20 日	0.001 3	0.000 6	2
2017 年 9 月 21 日	0.000 8	0.000 6	5
2017 年 9 月 22 日	0.000 3	0.000 5	6
2017 年 9 月 25 日	0.000 2	0.000 2	4
2017 年 9 月 26 日	0.000 1	0.000 1	2

数据来源：Wind，“力的期权工作室”整理。

同样地，如果我们把最后一列的数字加总起来，可以发现 15 个交易日以来，你的总盈亏是 203 元。如果你事先卖出了 100 对，那么 15 天的收入就是 20 300 元。

最后来看看卖出一对“9 月 2600 沽、9 月 2900 购”的盈亏情况（见表 44－3）。

表 44－3　同时卖出“9 月 2600 沽、9 月 2900 购”的每日盈亏

日　期	9 月 2600 沽	9 月 2900 购	每日盈亏
2017 年 9 月 6 日	0.002 1	0.008 0	0
2017 年 9 月 7 日	0.002 5	0.003 3	43
2017 年 9 月 8 日	0.001 7	0.003 7	4
2017 年 9 月 11 日	0.002 2	0.003 3	−1
2017 年 9 月 12 日	0.001 6	0.004 0	−1
2017 年 9 月 13 日	0.001 5	0.002 6	15
2017 年 9 月 14 日	0.001 4	0.001 5	12
2017 年 9 月 15 日	0.001 0	0.001 1	8
2017 年 9 月 18 日	0.000 7	0.000 7	7
2017 年 9 月 19 日	0.000 7	0.000 6	1
2017 年 9 月 20 日	0.000 6	0.000 3	4
2017 年 9 月 21 日	0.000 5	0.000 3	1
2017 年 9 月 22 日	0.000 3	0.000 3	2
2017 年 9 月 25 日	0.000 2	0.000 2	2
2017 年 9 月 26 日	0.000 1	0.000 1	2

数据来源：Wind，“力的期权工作室”整理。

同样地，如果我们把最后一列的数字加总起来，可以发现 15 个交易日以来，你的总盈亏是 99 元。如果你事先卖出了 100 对，那么 15 天的收入就是 9 900 元。

当然，或许我们从图的角度看整个 15 天的累计盈亏将更为形象生动。在图 44－2 中，浅色曲线是卖出一对虚 1 档 9 月购与沽的累计盈亏结果，卖出 100 对总共赚 41 900 元；深色的曲线是卖出一对虚 2 档 9 月购与沽的累计盈亏结果，卖出 100 对总共赚 20 300 元；次深色的曲线是卖出一对虚 3 档 9 月购与沽的累计盈亏结果，卖出 100 对总共赚 9 900 元。很显然，虚 1 档冒的潜在波动风险最大，它的收入自然最高！更重要的是，对于卖出虚 1 档的购与沽，时间价值的衰减到今天还有 23 元，这一点都大于其他两对的 2 元钱。

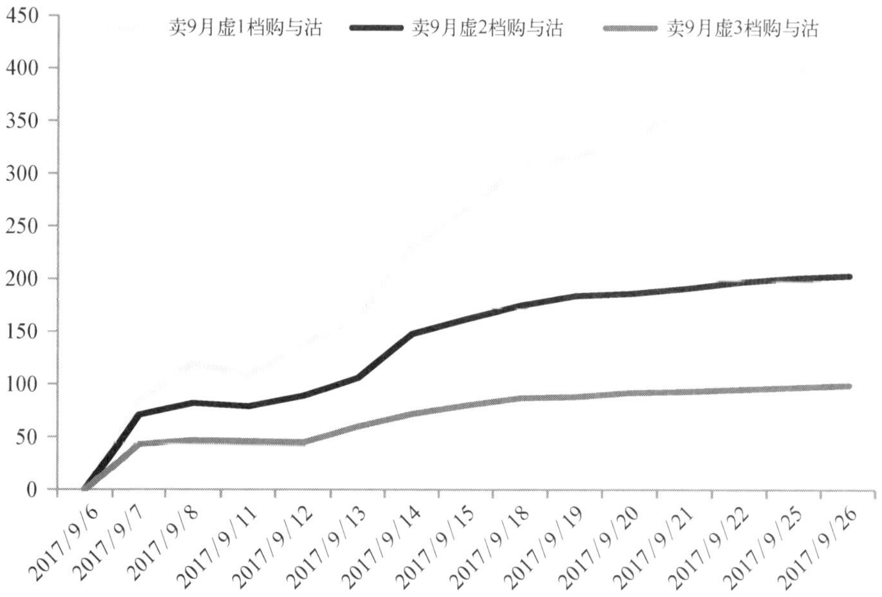

数据来源：Wind，"力的期权工作室"整理。

图 44－2　卖出一对 9 月购与沽的累计盈亏曲线

如果你对震荡的预期时间更久，选择了卖出 10 月的购沽组合，你会发现，同样是卖出虚 2 档，或是虚 3 档的购沽组合，它们在 15 天内的累计收益来得更高。

在图 44－3 中，浅色曲线是卖出一对虚 1 档 10 月购与沽的累计盈亏结果，卖出 100 对总共赚 42 100 元，仅比 9 月的虚 1 档组合多 200 元；深色的曲线是卖出一对虚 2 档 10 月购与沽的累计盈亏结果，卖出 100 对总共赚 34 000 元，竟然比 9 月的虚 2 档组合多出 13 700 元；次深色的曲线是卖出一对虚 3 档 10 月购与沽的累计盈亏结果，卖出 100 对总共赚 25 600 元，比 9 月的虚 3 档组合多出了 15 700 元。

A 股投资确实难，风格轮动太快，今天周期，明天金融，后天消费，风水轮流转。

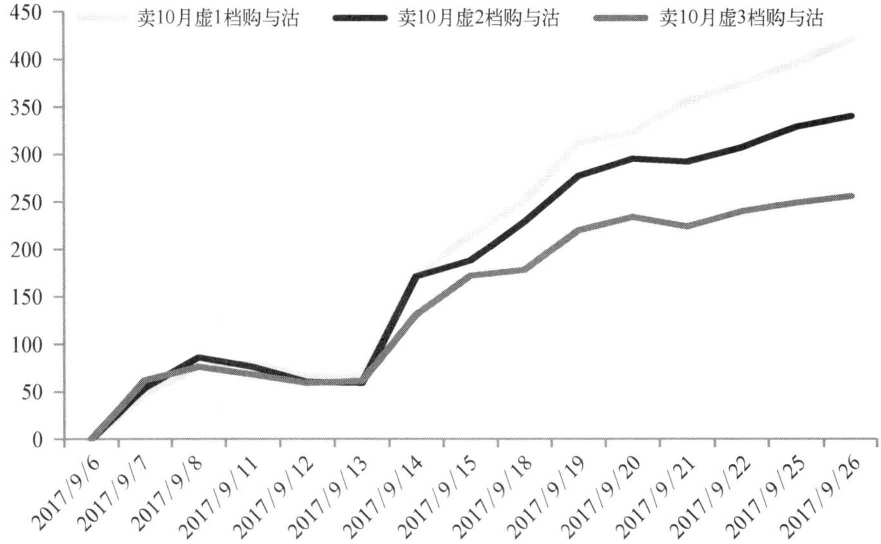

数据来源：Wind，“力的期权工作室”整理。

图 44－3　卖出一对 10 月购与沽的累计盈亏曲线

A 股投资确实难，震荡市里跟不住，十点拉升，一点砸盘，两点托底，波段团团转。然而，再看看这种窄幅震荡的市场里，永远有一个工具默默地等在窗外，它就是卖期权，一种看跌波动率、同时耗尽时间的策略。

45. 无敌的趋势力量，奇迹的 11 连阳

（本文作于 2018 年 1 月 13 日）

看到了本文的标题，你或许会与我有着同样的感慨！从 2017 年的倒数第二个交易日开始，上证综指和上证 50 已经携手创下了 11 连阳的壮举，一举创下了 1993 年来的最长连阳纪录，除了感慨遇到此“盛世”，你还会有其他什么感受呢？

从盘面上看，自 2018 年第一个交易日起，市场热点频现，从周期股、房地产的疯狂到券商的超跌反弹，从券商股再到本周三的银行崛起，从银行股最终在本周四轮到保险板块，中间夹杂着如两桶油、家电、食品饮料等大消费时不时地一再冲高，区块链、次新股等概念板块的接力，可以看出市场在去年年底长达一个月震荡筑底，年底资金面紧张过后，风险偏好已经急剧上升。

都说一二月隐藏着春季躁动，即便是有着这样的预期，即便是有着去年年底的深度回调，你能想到一弹就能弹得那么高吗？总之我是没有想到能够 11 连阳！回头看，这两周来的持续连阳不无根源。根源或许就是在监管层倡导价值投资风格，市场保持融资功能，养老、社保、外资等增量资金持续入市的预期下，机构等主力资金在去年已经逐步意识到今年的风口在哪，到底买什么板块，买什么股票才能稳定地赚钱。随着年初对春季行情的预期，随着年初机构纷纷抱团蓝筹白马，一个一个板块的补涨也就不奇怪了。有的人在上周称本轮的上涨主线在周期，是这样吗？至少我持有怀疑态度，周期在第一周上涨的幅度很大没错，但在周期股较为疲软的本周，大金融和白马股的持续接力才是导致连涨的根本原因。

在风险偏好提升的市场内，国际油价一涨就能带起“两桶油”，国际金价一涨就能带动贵金属，周期股超买后，市场各类资金主动寻找补涨板块，最后终于找到了银行和保险。或许在这一波上涨中，所有前期回调稍微大一点的板块不超买，就不会看到真正意义上的回调！纪录本来就是用来打破的，更何况放眼外围市场，当下的恒生指数已经 14 连阳创下最长连阳纪录，美国三大股指也连续 6 日齐创收盘新高，难道连阳都有全球效应?！呵呵，人家是在减税加息的大背景下发生的，而我们在中性货币政策和

稳健的财政政策背景下，又恰逢一月份基本面数据处于相对空窗期，无非炒的还是对那些票的预期！

放眼下周，连阳还会继续吗？这个问题我在本周的各个评论中也看到了许多猜测，然而猜测是没有意义的。统计学本身就是一门基于很多样本下才有意义的学科，在当下已经11连阳，历史都没有发生过的新样本下，基本量化统计对明天做出预测或许只能是心理安慰了！猜明天是阳线还是阴线，如同掷硬币猜正反，毫无意义。先看看中小创、中证500等指数，已经基本上连续横盘7个交易日，中小盘无法接力权重股、蓝筹股，权重股就得不到休整喘息的时机，这意味着这样的上涨不会再持续太久。此外，站在当下看，大周期、大消费、大金融，甚至房地产，都已经在年初至今炒过了一遍，沪指已经接近了前期的3450点高点，50指数也接近了3038点的高点，银行也接近了前期的高点，保险也快接近本轮震荡区间的箱体上沿，共同面临着压力位，或许会形成一次共振的回吐。这次的11连阳从数字上看很恐怖惊人，甚至连2006～2007年和2014～2015年的牛市里都没有出现过，但这次的上涨幅度远不能与快牛市相比，更像是“虚假繁荣”的数字概念而已。

除了上述四个指数同时面临着短期的压力线以外，沪指在本周的阳线实体也是逐渐衰减的，从周一的0.52%、周二的0.13%、周三的0.23%、周四的0.10%到周五的0.11%，上涨幅度已经基本出现了边际递减，周一、周二还碰不到5日均线，而近三天，沪指在盘中已经触碰了5日均线，量能也开始出现萎缩，量价背离的迹象已经逐步显现。接下去，能让大盘结束阳线的情况可能有以下三种：

一是近期监管层出了什么政策面上的利空，比如严监管等，周中证监会叫停券商资管委贷业务已经是今年监管的第一枪，券商板块在无基本面数据预期的支撑的情况下，果然出现了四连阴。

二是外围市场某个晚上发生了明显回调，这种回调无非是两种情况：要么是标普500、道指等指数理性地技术性回调，这种回调在美股中太常见了，涨个4～8天来一根小阴线或中阴线；要么就是国际局势又出现了一些动荡，导致美股再次恐慌性下跌。个人觉得第一种的可能性更大一些，毕竟第二种情况属于突发事件。

三是自身市场上第一波主力大资金开始意识到需要获利回吐兑现，或是11月末的套牢盘开始希望逐渐解套，于是其他资金纷纷跟随，导致下周某日盘中出现明显的跳水。这里我说盘中出现明显的跳水，是因为我感觉下周如果出现阴线，那么第一天阴线的收盘应该还会有一波反弹，这是因为在新年两周内，相信各种踏空的资金等得头发都白了，一些乐观的投资者也早已准备在回调时进行所谓的“抄底”。之后还会不会有第二、第三根阴线，一切取决于空头力量的大小以及市场情绪了。

在11连阳后，已经几乎没有历史样本可以参考来预测下一个交易日会是什么样的走势。我根据自己的相似性匹配模型，竟然找出了一只个股，曾经有着和沪指近11个交易日几乎相似的走势，那就是在2013年6月27日～2013年7月11日的“中石油”。2013年6月中旬大盘创下近5年来最低点1849点，中国石油出现了10连阳的V字反转（当然，其中包括一根假阳线），与沪指现在的情况很像，一开始的实体幅度很大，5根阳线后，涨幅出现边际递减，从不触碰5日均线到连续4天盘中下探5日均线，之后的走势如何呢？你也看到了，发生了5连阴，出现了一定程度的回调。

最后落实到操作上，你有什么想法呢？本周的操作难度可谓极大，做多、做空、空仓似乎都容易被打脸。如果做多，首先你该在7连阳后做多吗？就算敢，你会重仓做多吗？事实证明即使你做多了指数，由于涨幅出现了边际递减，你一周内的收益率也不会特别高，更何况做多后一旦指数出现盘中跳水，你难免可能触发止盈机制。那么做空头呢？也不算特别合适，由于市场还在趋势的右侧，不论从简单的移动均线还是其他动量模型信号看，几乎没有任何信号提示你现在做空是合适的，事实证明，本周持有IF空头、IH空头或是买入认沽期权的操作都是浮亏的。那么空仓呢？一般人一旦踏入投资的河流，很难做到大文学家范仲淹“不以物喜，不以己悲”的境界，于是空仓的人会怎么想？着急，焦虑，每天盼跌！对他们而言，这一周也同样很不好过！

那么，做多赚钱不易，做空浮亏，空仓下去也不是个事，究竟还能怎么办呢？有的人想到了期权的买入跨式策略（Long Straddle），对于本周，此策略效果好吗？笔者做了一个简单的回测，效果也不好，虽然每天50指数在标的价格的维度上上涨得不是太多，但认购和认沽的隐含波动率都出现了明显的下行，波动率指数在周五也发生了明显的下跌。买入跨式策略是long Gamma，long Vega和short Theta的，Gamma赚的钱与Vega、Theta亏的钱基本抵消了，所以这个策略在本周也不太赚钱。

方向性博弈和波动率交易都碰到了“瓶颈”，那究竟怎么做才能尽可能吃到11连阳中的大部分阳线呢？不知道你想到了什么，我想到了趋势的力量，在任何一波明显的趋势来临（均线多头排列）时，跟随是最好的办法。我把本文的标题前半句称作“无敌的趋势力量”，华尔街也有句名言，叫作“趋势是你的朋友，切不要逆势而行”。趋势怎么起来的，自然是资金的抱团共振，或是大资金带动起来的，普通的公募、私募、个人资金在这些资金面前，几乎是“渺沧海之一粟”。事实上回头看，这波上涨还是由50指数带动和延续的，市场风格还是非常偏，基本在50和300中，于是只要在50ETF还未超过3.000之前（也就是在较为远离3.038前期高点的时候），分批做多50ETF都会是一个很好的操作，原因是我们站在趋势的右侧，就应该做多跟随，越早做多50ETF越安全，越早做多50ETF赚的收益越多。不过在3.000进场后，投资只完成了一半，上车后每个人都会想着何时下车。我想既然趋势这么强，那么没有什么模型的效果能够好于动量趋势模型了。在一般的趋势跟踪策略中，最简单的离场方式就是结合简单移动平均线进行离场，不论你是用10日均线离场，还是20日均线离场，至少到现在为止，50ETF还未下探到5日均线处，更不用说10日均线和20日均线了。所以，在趋势的右侧进场，结合触发某根均线离场这一原则，我们最终吃到了大部分的阳线。

落实到期权交易，你觉得盘面中有什么机会吗？我想除了在上涨途中买入过认购或卖出认沽的操作外，还有一个操作值得我们去回味，那就是运用期权进行回调时的对冲。还是结合刚才所说的趋势的力量，如果我们处于趋势的右侧，并且没有突破任何一根均线，我们自然不用急着用期权对冲，还是可以分批买入50ETF逐步做多，然而一旦你心中的那根均线被下穿突破，期权的作用就可以发挥了，买入最接近平值的认沽期权防止进一步的下行风险，卖出相对高一些的认购期权降低对冲成本，直到下一次右侧趋势信号来临后，再进行解除操作，期权能够用每一次相对低廉的对冲代价帮助我们尽可能少地离场，毕竟一旦离场后，就永远会存在踏空的风险。因此，从这一点看，期权的作用依然不可替代。

最后，作为本文的结尾，还是用统计结果展望一下未来的走势吧。沪指已经11连阳，我们假设N连阳表示一根阴线后连续N根阳线，所以N+1连阳的次数一定会包含在N连阳内。表45-1和表45-2是2000年1月1日至2018年1月1日的上证综指日频数据统计。

表45-1　N连阳后的下一交易日上涨概率

连阳次数	发生次数	下一交易日上涨概率(%)
1	1 089	54.545
2	594	51.010
3	303	55.116
4	167	49.102
5	82	54.878
6	45	60.000
7	27	40.741
8	11	27.273
9	3	33.333
10	1	

数据来源：Wind，“力的期权工作室”整理。

表 45－2　N 连阳后的下一交易日上涨概率

连阳次数	下一周平均日涨跌幅(%)	下一周平均最大日跌幅(%)
1	0.053	−1.590
2	0.015	−1.559
3	0.000	−1.551
4	−0.017	−1.533
5	0.121	−1.635
6	0.198	−1.563
7	0.282	−1.277
8	0.346	−0.809
9	0.282	−1.926
10	0.312	−1.021

数据来源：Wind，“力的期权工作室”整理。

从上述两张表中可以明显发现，6 次连阳以内，下一个交易日上涨的概率都还比较大，介于 50%至 60%之间，不过 7 连阳后，下一个交易日上证综指上涨的概率一下子降得很低。不仅如此，从周的维度看，从 1 连阳到 10 连阳，下一周最大日跌幅的平均值都是负数，而且负的程度还比较大，基本都会超过－1%，甚至达到－1.5%。我想虽然从 7 连阳后样本已经逐步变少，统计意义不大了，但 5～6 连阳的数据还有着一定的参考性，或许一根－1%的阴线已经在下周悄悄孕育着，短期内再追高买入已然不是一个好策略了。

46. 两翼齐飞的波动率，盘中 V 转的后视镜

（本文作于 2018 年 4 月 27 日）

本周的市场最终还是呈现出先扬后抑的态势，今天的盘面更是可谓惊心动魄。上午的主板盘面在伊利股份意外跌停、中国平安持续跳水、白马股集体下杀的影响下快速下挫，中午的 50 指数已经下跌 1.90%。下午的 V 字反转你能想到吗？会不会与昨天一样就一路下挫了？我想仅仅从各大板块的走势来看，绝大部分交易者很难说有充分的信心还觉得今天能收出一根长下影。然而，指数的观察角度永远只是一维的，如果我们学会了期权这一工具，从期权隐含波动率的第二维角度去观察一下市场，可能会得到一些不同的启发。

我先解释一下什么是期权的隐含波动率。理论上说，它是期权市场价格通过 Black-Scholes 公式（简称 B－S 公式）反推而得的波动率，但通俗地说，它其实代表着每一个期权合约的供求关系。一份期权合约买的人多了，期权价格就会上涨，导致其隐含波动率出现上升；一份期权合约卖的人多了，期权价格就会下跌，导致其隐含波动率出现下降。

在今日的 50 期权市场上，你会看到当月期权和下月期权几乎都出现了非常久违的现象，那就是波动率两翼齐飞的现象。什么叫“波动率的两翼齐飞”？形象地说，就是两侧行权价的期权隐含波动率升高了，虚值认购和虚值认沽期权的波动率都明显升高。如果你对每个月份的波动率曲线略知一二，你可以参见图 46－1 和图 46－2。

从这两张图中，你会发现，5 月 2950 和 3000 的深度虚值认购期权的隐波都超过了 25%，比其他同月份不同行权价的期权隐波都要高，而 5 月 2450 的深度虚值认沽期权的隐波也高达 23.50%，超过了平值认沽和认购期权的隐波。6 月 3200、3300、3400 的深度虚值认购期权的隐波更是都超过了 30%，波动率曲线右侧的翘尾现象应该说是非常明显的。

如果你并不太熟悉波动率曲线，也没有关系，直接观察行情界面吧。一般而言，当市场波动率没有明显变化时，标的价格的大涨会导致认购期权价格上涨、认沽期权价格下跌；标的价格的大跌会导致认沽期权价格上涨、认购期权价格下跌。然而，今天的期权盘面呢？

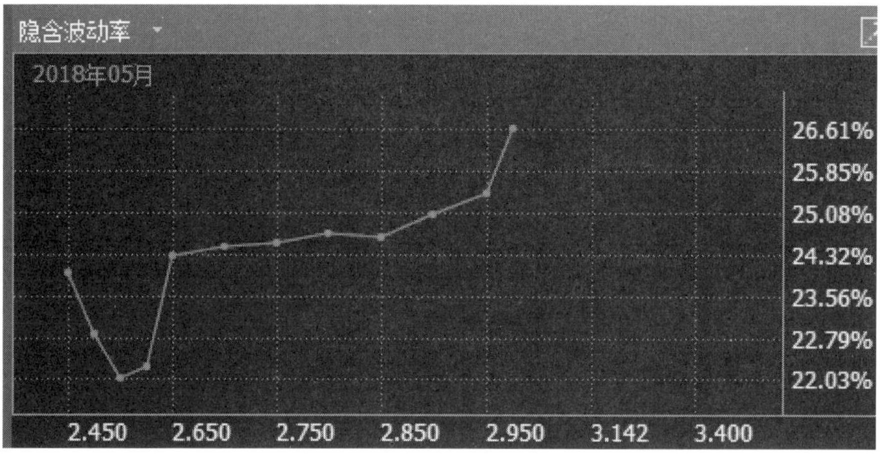

图 46－1　2018 年 4 月 27 日，5 月期权波动率曲线

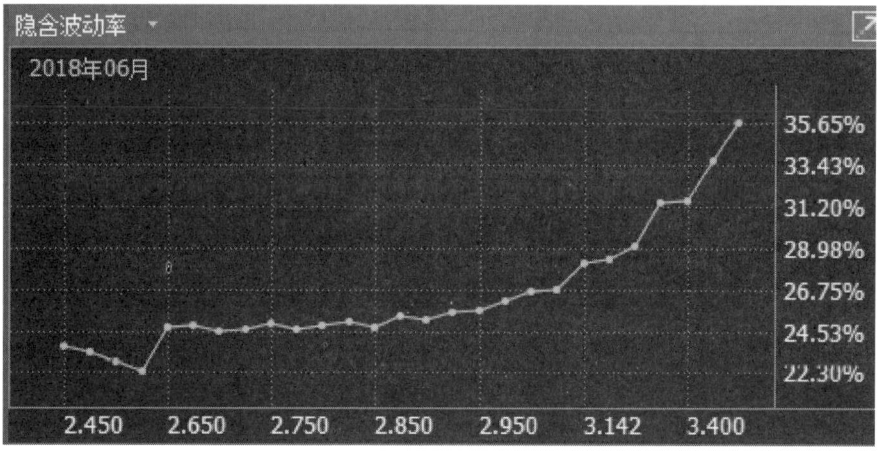

图 46－2　2018 年 4 月 27 日，6 月期权波动率曲线

行情　指标　风险　信息　合约选择：50ETF　2018年05月（26天）　标的名称：50ETF　最新价：2.642

买价	涨幅%	涨跌	最新	购<行权价>沽↑	最新	涨跌	涨幅%	买价
0.2117	-4.07	-0.0090	0.2120	2.4500	0.0094	0.0013	16.05	0.0094
0.1694	-2.55	-0.0045	0.1720	2.5000	0.0152	0.0017	12.59	0.0152
0.1299	-5.66	-0.0078	0.1300	2.5500	0.0249	0.0008	3.32	0.0249
0.0958	-5.24	-0.0053	0.0958	2.6000	0.0420	0.0030	7.69	0.0420
0.0685	-5.24	-0.0038	0.0687	2.6500	0.0623	0.0026	4.36	0.0623
0.0477	-2.04	-0.0010	0.0480	2.7000	0.0912	0.0075	8.96	0.0911
0.0319	-1.24	-0.0004	0.0319	2.7500	0.1249	0.0069	5.85	0.1247
0.0207	4.00	0.0008	0.0208	2.8000	0.1646	0.0070	4.44	0.1634
0.0126	4.96	0.0006	0.0127	2.8500	0.2039	0.0058	2.93	0.2056
0.0078	14.29	0.0010	0.0080	2.9000	0.2542	0.0092	3.76	0.2505
0.0048	25.00	0.0010	0.0050	2.9500	0.2963	0.0013	0.44	0.2962
0.0034	30.77	0.0008	0.0034	3.0000	0.3463	0.0013	0.38	0.3444

图 46－3　2018 年 4 月 27 日，当月期权 T 型报价界面

从图 46－3 中你会发现，50ETF 下跌了 0.49%，深度虚值的认沽期权随之上涨（这一点并不奇怪），但几乎所有深度虚值的认购期权却都在上涨。“50ETF 沽 5 月 2450”上涨了 16.05%，“50ETF 购 5 月 2950”上涨了 25.00%，“50ETF 购 5 月 3000”更是上涨了 30.77%。事实上，虚值认购、认沽同涨这一现象不仅仅出现在今日收盘之时，在盘中也几乎都是如此。来看下面两张对比图：

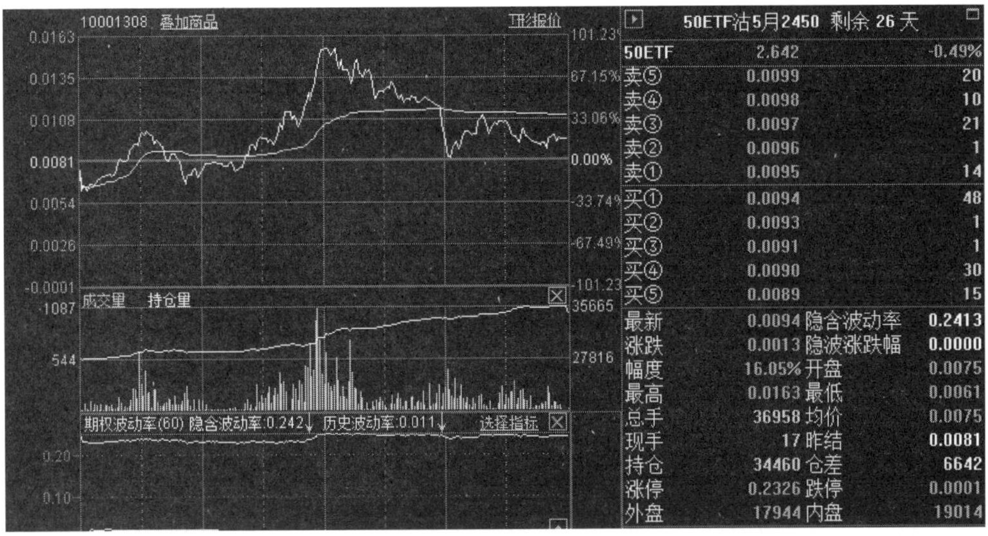

图 46－4 2018 年 4 月 27 日，“50ETF 沽 5 月 2450”合约行情界面

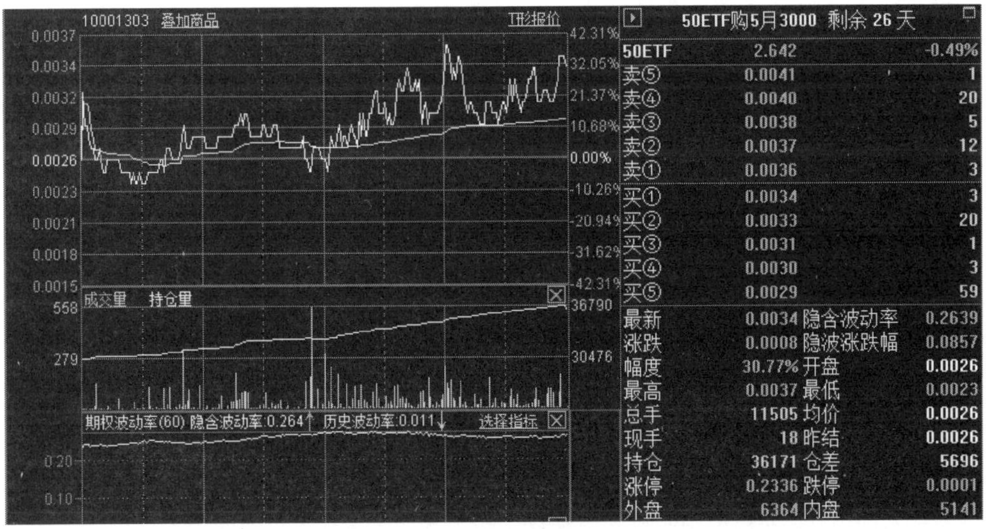

图 46－5 2018 年 4 月 27 日，“50ETF 购 5 月 3000”合约行情界面

图 46－4 是 5 月 2450 认沽期权在盘中的走势，图 46－5 是 5 月 3000 认购期权在盘中的走势。可以看到，即使在中午 11:30 之际，50 指数大跌 1.90%、5 月 2450 认沽期权大涨 90%之时，认购期权的价格依然在 28 至 30 元之间徘徊，丝毫没有快速下降

的迹象，反而相对昨天结算价涨了一点点。

刚才已经说到，每个期权合约的隐含波动率实际上是期权合约买卖供求关系的集中体现。这说明，当上午50指数大跌、认沽期权大涨的时候，至少在期权市场上，还存在着一股较为强大的买方力量一直把5月2950、3000等认购期权的价格撑住。我们都知道，买认购的交易者基本上都是看涨的。因此，从期权隐含波动率两翼齐飞的角度看，只要5月2950、3000等虚值认购期权的价格下不去，市场上还是存在一部分资金短线看涨想去做个波段的。最终，午后50指数的回升反过来也印证了这个信息择时因子至少在今日看起来是有效的。另外，我们需要注意的是，期权市场中许多资金是做短线的，今日日内的V字反转并不代表下个月份甚至下周的看涨，这些波动率的信息更应该被视为短期性的因子。

尽管今天的正确并不一定代表下一次一定正确，但从这一现象中，我们至少可以获得两个重要的启示：第一个，我们可以把这些虚值期权合约的隐含波动率信息提炼出来，作为参考指标，变换成符合逻辑的择时因子，比如“最虚值认购隐波/次最虚值认购隐波”等，供我们盘中参考市场的情绪变化和标的的潜在风险。第二个，我们可以把这些虚值期权的隐含波动率卜降幅度作为标的仓位管理的一个止损阈值。比如今天，如果在下午的时候5月2950、3000的认购期权价格真的撑不住了，开始翻绿，或者是隐含波动率下降了5%以上，那么这代表期权市场的那部分资金都觉得短期不敢抄底了，今天的盘面就很可能一路下挫，这就告诉我们应该尽快止损，至少需要分批降仓50ETF标的了。

未来的市场，随着年报、一季报数据的逐步披露，基本面数据进入较为平缓的空窗期，情绪面和风险偏好再次成为影响整个二季度和三季度上旬市场走势的最大变量。今年，国内外股票市场都已进入多事之秋，贸易战后续还会发酵到什么地步、美联储加息路径还会不会进一步加快、美债收益率是否持续地处于3以上，这些都是可以预计到的潜在“黑天鹅”。尽管MSCI将在两个月内正式纳入A股，但利好的兑现不一定意味着市场就会买账，利好和利空的反复交错，这一切都是情绪起伏的动态轮转和多空情况的反复博弈。我想，在目前美股处于高位震荡的格局下，除了观察各板块指数本身的技术面外，50期权市场的波动率涨跌将越来越成为一个不可忽略的重要因子。

47. 一周盘面的纷纷扰扰，用期权守卫资产屹立不倒

（本文作于 2018 年 6 月 22 日）

这周的交易日比往常少了一天，不过其间发生的故事和纷纷扰扰却令人记忆深刻。受到中美贸易战打响的事件性冲击，各大板块周二低开低走，107 只股票收涨，3 165 只股票收跌，1 000 多只股票跌停，权益类资产遭到了很大的回撤，其中也包括许多业绩预增不错而被错杀的个股。

从大类资产上看，全球股市在这四个交易日都表现不佳，道指已经连续收出第七根阴线，欧洲三大股指也纷纷从前期高位出现技术性回调，港股下穿了久违的年线；黄金也在前一个震荡平台震荡了一个月后，以一根大阴线宣告了向下变盘；原油也在 OPEC 增产预期下小幅下跌了四天。可以说这四天，除了固定收益、货币类资产外，风险资产们集体“哑火”了！结合世界杯的话题来说，这就像阿根廷队，从前锋、后卫到门将都在同一场比赛中集体“哑火”，更何况更为复杂的各类资产们。这一周里，不论是大类资产配置策略，还是行业轮动策略，还是大小盘轮动策略，均受到了各类风险资产“哑火”的影响，资产净值也很正常地会有所缩水。

然而，越是这样的行情下，越是极端的市场环境下，我却真的希望越来越多的投资者能够学会使用新的“保险”工具重新站起来，保护自己的资产屹立不倒。在这一周的纷纷扰扰里，要使得资产净值能够屹立不倒，我们真的需要用期权这个“保险”工具来助我们一臂之力。在这周的市场里，笔者也把经历的两个操作过程记录了下来，写入了自己的复盘笔记中。

第一个操作发生在本周二（2018 年 6 月 19 日），当日 50ETF 直接从 2.678 跳空低开到 2.655，当时我手中也有着一部分卖沽持仓，那就是 200 手“50ETF 沽 6 月 2600”，200 手“50ETF 沽 6 月 2550”，以及 500 手“50ETF 沽 6 月 2500”。相对于 6 月 15 日的结算价，这个跳空低开实际上使得这三个头寸直接浮亏了 9 600 元、5 200 元以及 5 000 元，累计起来浮亏 19 800 元。

表 47－1　2019 年 6 月 19 日开盘的持仓盈亏情况

持　仓	6 月 15 日收盘	6 月 19 日开盘	累计盈亏
P2600@6 卖	0.013 4 元	0.018 2 元	－9 600 元
P2550@6 卖	0.006 9 元	0.009 5 元	－5 200 元
P2500@6 卖	0.003 0 元	0.004 0 元	－5 000 元

我们对比起来看，当天如果开盘以后不买入认沽期权做保险、做对冲，那么到了当天收盘时，在这三个头寸上的浮亏将会分别扩大到 48 400 元、24 200 元以及 33 500 元，累计起来相当于浮亏 106 100 元。

表 47－2　2019 年 6 月 19 日收盘（如果开盘不对冲）的持仓盈亏情况

持　仓	6 月 15 日收盘	6 月 19 日收盘	累计盈亏
P2600@6 卖	0.013 4 元	0.037 6 元	－48 400 元
P2550@6 卖	0.006 9 元	0.019 0 元	－24 200 元
P2500@6 卖	0.003 0 元	0.009 7 元	－33 500 元

但吸取 3 月 23 日贸易战那天的经验，一开盘我决定立刻买入 200 手“50ETF 沽 6 月 2800”对冲下方所有卖出认沽头寸。到了当天收盘时，200 手“50ETF 沽 6 月 2800”净赚 105 200 元[（0.194 6－0.142 0）×10 000×200]，所以我的浮亏将从 106 100 元缩小至只剩 900 元，然后收盘前全部平仓，确保在这部分头寸上几乎就不会再产生任何回撤了。

表 47－3　2019 年 6 月 19 日收盘（如果开盘买认沽对冲）的持仓盈亏情况

持　仓	6 月 15 日收盘	6 月 19 日收盘	盈亏
P2600@6 卖	0.013 4 元	0.037 6 元	－48 400 元
P2550@6 卖	0.006 9 元	0.019 0 元	－24 200 元
P2500@6 卖	0.003 0 元	0.009 7 元	－33 500 元
P2800@6 买	0.142 0 元	0.194 6 元	＋105 200 元

综上，这是一个用买入认沽期权对冲多头持仓的操作。

另一个操作发生在周三早盘，结合当时最朴素的技术面，你会发现周二下午尽管 50 指数尾盘收出了下影线，但 5 日、10 日、20 日、60 日均线已经走出了久违的空头排列，这意味着短期均线低于中期均线低于长期均线，换言之，标的指数上方是存在一定压力的，整个元气的恢复需要用时间慢慢换取均线的拐头和交错，然后再确立下一波趋势。基于这样的一个格局预期，再结合 6 月期权很快就要到期这一特点，我决定不妨在指数冲高的过程中分批卖出开仓 C2750@6 的认购期权。另外，每一笔期权交易是需要在开仓前就设置好离场原则的，那么针对这一笔交易，我的离场原则就是两个：如果标的某日盘中上穿了 20 日均线(大概要冲高到 2 650 左右)，我会考虑 C2750@6 的善后移仓工作；如果 C2750@6 的权利金收入已经消耗了 90%左右，我可以提前止盈释放保证金。

到了周三，50 指数早盘恰逢一波冲高，我按照预先设定的计划分批卖出了 500 手 C2750@6，入场均价大约在每张 48 元。到了周五收盘前，每张 C2750@6 的权利金市值已经下降到 5 元，于是根据我事先设定的离场原则，该合约的权利金收入已经消耗了 90%以上，于是在不计交易费用的情况下，这时平仓则每张盈利 43 元，累计 21 500 元(43×500)。这就是运用技术分析结合期权增强收益功能的一个操作。

在这两个操作下，这周的资产曲线就不仅相对于各大基准指数有巨大的 Alpha，而且可以跑出小幅的正收益。事实上，细心阅读后，你会发现，在这一周里，我没有冒任何风险，没有急于左侧大举抄底买入认购期权，而是尽可能地去发挥期权的保险功能和增强收益功能，当觉得手中多头持仓必须要保险了，那就买入认沽去保险；当觉得上方均线压制较大，可以用概率的方式在临近到期前增强收益，那就卖出认购，如是而已。从积极的心态去看，投资交易是需要从逆境里获得成长的。在这一周的交易里，我们或许可以感悟到比过去更多，也可以更透彻。

48. 当日的一阳穿四线，期权的收益不只是追到，更是熬到！

（本文作于 2018 年 9 月 4 日）

本周四晚间美国 2 000 亿美元商品关税税率是否增加还悬而未决，今天下午盘中却率先掀起了一波突如其来的拉升，精彩的故事就从 13:15 开始，往我的左下方屏幕一看，银行和保险两大板块分别在十几分钟内强拉 1%，50 指数也从最低到最高上涨了 1.40%左右。于是，我想大部分交易者会与我有一样的想法——看来今天有大资金突然入场了。

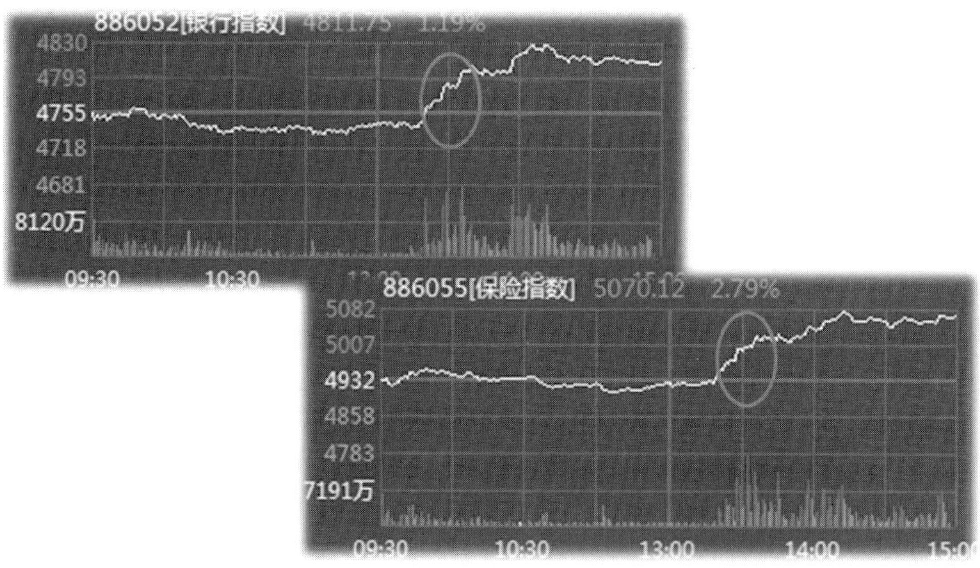

图 48－1　2018 年 9 月 4 日，银行指数、保险指数日内分时走势

然而，这一波你追得到吗？一句话，“可遇而不可求”！不论是趋势型模型，还是市场行为类模型，都无法准确地预测到下午盘面这波拉升的时点。事实上，每一次关于资金突然流入的时点猜测与抛硬币是无异的，“久赌必输、不赌为赢”的道理我们是知道的。

今天的这波拉升确确实实使得一部分当月认购合约在那个波段中上涨了 30%～

50%，但是我不会为此去宣传期权所谓的“暴利”操作，因为那是不可复制的，也是很难成为长久赢钱之道的。在今天的复盘篇里，我更希望平下心来，与各位投资者一起来复盘盘中的心态，那就是面对这样的一波拉升，普通散户和机构（高级散户）的思维差异究竟在哪里？他们会采取的操作又不同在何处？

大部分散户在做股票时喜欢追涨杀跌，涨起来了赶紧杀入，下跌破位了赶紧斩仓。事实上，在许多线性工具的世界里，如果仓位分配得合理，止盈止损做得坚决，追涨杀跌也不失为是一个好的策略，甚至可以为其取一个更为文艺的名字，叫作“趋势追踪”。然而，在非线性工具的世界里，每一次追涨就需要更为谨慎了。这是因为一个很简单的道理：期权价格变化＝方向＋波动率＋时间。一旦一波暴力拉升是由大资金偶然带动而又缺乏持续性时，期权的价格尤其是虚值期权的价格就会因为波动率的下降而出现回落。2016 年的 5 月 31 日，50 指数当日大涨超过 3%，但由于后市不能持续上攻，因此当日追涨买认购的投资者就在此后的一周内遭遇到内在价值和时间价值的双重衰减。

相信有许多个人投资者今天一定会问，盘中两点左右还能追涨买入认购吗？收盘前还能追涨买入认购吗？如果我们只是在追涨杀跌的世界里玩期权，我们始终还是逃脱不了线性的交易思维、股票的交易思维，并没有把期权的优势用到极致。面对这一问题，我会更愿意去从机构的思维来与大家分享，来说说今天看到这样的一波拉升，我们是怎么想的？

面对今天下午 1：15 开始的拉升，除非之前已经买入了认购期权的投资者可以获得一部分收益（但之前相信他们也会熬得非常辛苦），否则由于行情来得太急，期权价格比标的价格变动得更快，实际追涨买入认购的价格会比你看到的价格高出 50 甚至 100 元。既然我没有事先预测到，我就不愿意去付出 100 元左右的冲击成本，而是把思维进行一个转向，去想一想某些认购期权的保险费那么贵，真的值吗？

按照今天开盘前制订的计划，当“50ETF 购 9 月 2750”重新回到 50 元附近，我会采取分批挂单的方法，从 47 至 53 元不等分别挂出一定数量的卖出开仓订单，因为在那一段价格区间内卖出认购期权，保险费会赚得让自己心里舒服。事实证明，盘中也到了那个价格，我们也这么做了。

期权价格的变化很有趣，标的上涨途中停一停、歇一歇，与标的每天一直涨，是完全不同的。事实上，只要不是持续地上涨，只要标的上涨途中能在某个压力线，比如上方的周线压力线、上方的 120 日均线，歇一歇，停一停，那么我们今天卖出的“50ETF 购 9 月 2750”合约就非常有可能在波动率的下降和时间的流逝下反而获得浮盈，这是股票和期货等工具无法实现的盈利模式。

以“50ETF 购 9 月 2750”为例，观察图 48－2 所示的分时走势图，你就会发现标的价格只要稍微停一停，这个期权的价格就会立刻跌下去(注意，做期权卖方是希望价格往下跌的，最后跌到 0)，期权价格跌下去的幅度会比标的价格更大一些，如果到了后面的某一天，市场交易者觉得后市很难涨过 2750 了，那么受供求关系的影响，虚值期权的价格就会像“纸老虎”一般不攻自破了。

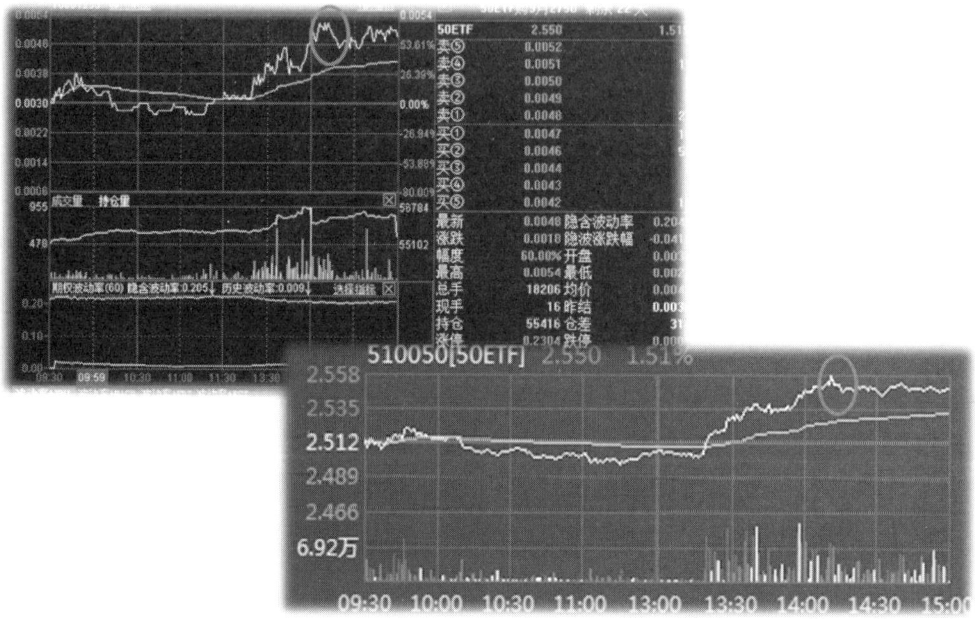

图 48－2　2018 年 9 月 4 日，“50ETF 购 9 月 2750”日内分时走势

最后，做期权要讲究善后，开仓前最好能够想好后面一系列的麻烦事儿。这里，为什么我会先选择等到今天高位附近卖开“50ETF 购 9 月 2750”，这与我的善后过程是有很大关系的。

一方面是 2750 已经在年线上方，这为自己留出了更多的防守空间，毕竟在年线下方有着 20 日均线、120 日均线两道均线作为压力线，更多的防守空间和压力位就意味着换取了更多的时间，9 月合约还有三周左右到期，消耗一天就是一天；另一方面是 2550 距离 2750 大约还要涨 8％，除了大牛市里，或是年初的 19 连阳，一般行情驱动下 50 指数很难在 15 个交易日内上涨超过 8％，这就从概率上大致告诉我们这件事要在 9 月 26 日(到期月份第四个周三)发生非常困难，所以从概率上博取一下后市的价差收益，同时在压力位万一被上穿后做好买入对冲防守，不算是一个坏的决策。表 48－1 展现了从 2016 年 2 月 1 日开始，50ETF 在 15 天内涨跌幅的分位数，其中 15 天内涨幅超过 8％的概率小于 2％。

表 48-1　2016 年 2 月 1 日～2018 年 9 月 4 日，上证 50ETF 在 15 天内涨幅超过 8%的概率分布

分位数	对应涨幅数值
100	13.16%
99	9.16%
98	8.07%
97	6.98%
96	6.71%
95	6.44%
94	6.05%
93	5.66%
92	5.40%
91	5.00%

在判断大格局并非牛市环境的前提下，突然暴拉后的分批卖方操作在大部分情况下还是能以时间换取收益的。还是那句话，既然我们做了期权交易，我们应该尽可能地利用波动率和时间的维度盈利，而不总是局限于方向上抛硬币式的追涨杀跌，古人说得好，"勿以善小而不为"，卖方的盈利累积起来相当于是一次买方轻仓的收益。在市场趋势不够明朗的时候，每天希望通过买认购抄底发大财赚取暴利，往往会破坏自己的交易心态。期权要能够长期稳健地获利，真的需要买与卖的结合，不只是追到波段的收益，更是要像卖保险那样把收益熬到。

49. 季末的绝配套餐，如何在“十一”长假前夕踏实地赚点钱？

（本文作于 2018 年 9 月 14 日）

这一周的沪指最终还是撑在了 2638 点以上，回看一周的盘面，要不就是一天跌掉 2%，要不就是一天的日内振幅达 2%，从上周三开始连续缩量下跌，到本周三沪市成交额不到 1 000 亿元，板块上鲜有持续性的机会。有朋友开玩笑说，“盯盘是不产生效益的”，因为即使盯着盘，大盘也不会根据自己的心愿去上涨，反而还会徒增烦恼和无奈。这句话特别适合最近一个月的 A 股。

在生活中，一个人并不总是两面性的，而是四面性的。一般情况下，我们无法说一个人是好人还是坏人，而是在某件事上他不怎么好，或者他不怎么坏。同样的道理，相比于其他二级市场的工具，期权是唯一一个能从四个角度做文章的工具。如果是做股票和期货，我们只能去被迫猜方向，去抛硬币，来判定市场是涨还是跌，但大多数情况是，涨和跌的趋势都不明朗，就像现在。如果我们判断下来是这个月市场不会怎么涨，或者某个月市场不会怎么大跌，则要实现预期收益，就必须通过期权这个工具了。

2018 年 9 月份还剩下两周，对于吃不透股市，甚至伤透心的投资者，如何相对安稳地利用期权这一工具，实实在在地在长假前半个月为自己赚些钱呢？我想最好的方法还是尽量把“赌方向”的成分降到最低，在风险可控的情况下，利用期权的价格特性去做一些交易！

(1) 到期前卖出深度虚值认购期权

上文中，我们提到了 9 月中下旬要发生的两件事情——美联储 9 月加息，以及季末资金面紧张。打开期权报价界面，你就会发现 9 月期权合约的到期日就是 9 月 26 日，由于 9 月 24 日是中秋假日，因此 9 月期权实际的生命期只剩下 7 个交易日了。基于这点，从比较保守的角度说，上证 50 指数在 7 个交易日（10 个自然日）内涨过年线的概率微乎其微，那么当前，哪些档位的行权价是落在年线以上的呢？2.750、2.800、2.850……

下面，我们进行一个简单的测算，假设你有 100 万元资产，每张深度虚值认购的保证金为 2 000 元，那么花费 90% 的仓位，即 90 万元，可以卖出开仓 450 张(900 000/2 000)上方很虚值的认购期权。如果到期日这些“保险”都安然无事，没有出险，那么你在这 7 天的收益和对应的年化收益率大致如表 49 - 1 所示。

表 49 - 1　2018 年 9 月中旬卖出深度虚值认购的收益率测算

认购合约	收盘价	到期“保费”收入	10 天内收益率	年化收益率
C2750	7	3 150	0.32%	11.50%
C2800	5	2 250	0.23%	8.21%
C2850	5	2 250	0.23%	8.21%
C2900	3	1 350	0.14%	4.93%
C2950	3	1 350	0.14%	4.93%
C3 000	5	2 250	0.23%	8.21%

目前卖出开仓这些合约后，一般而言这些“保险”出险的风险非常微小，但我们也要做好防守的准备。从风控的角度看，如果这些期权的 Delta 绝对值超过了 20%，你就可以认为这个月的“灾难”来临了，这些保险快要“出险”，就需要尽快平仓这些期权，然后结合当时的趋势考虑是否要反向买入这些期权。

(2) 到期前的“彩票效应”

随着当月合约的临近，虚值 1 档和平值期权会变得越来越便宜。不过不同于深度虚值的期权合约，虚值 1 档和平值期权由于高 Gamma 的存在，仍然具有上涨的活力，如果标的价格能在到期前三天内，向上或向下涨跌 2%以上，这两个合约就会受到价格变化加速度的影响，实现惊天的大逆转，这就是平时期权交易者们所说的“彩票效应”。

对于期权交易，是分成买方和卖方的，买方就像买彩票，是低胜率、高赔率的；卖方就像开保险公司，是高胜率、低赔率的。有时候，我们常常会在到期前两到三周以卖出期权为主，在时间价值赚取得差不多时，把已兑现的实际盈利拿出一部分在到期前最后几天博取一个大逆转的收益，这种操作方法通俗地说就叫作“先收后押”，所买入虚值 1 档期权的成本也只是之前卖出开仓收租的一小部分盈利，输了不怎么心疼。我想做买方必须是这样的心态，才有可能获得意外的成功！

根据过去的历史数据，我们可以得到图 49 - 1 所示的柱状图。

如果每个到期日开盘买入平值跨式组合(即双买策略)，42 个行权周期内的战绩达到 15 胜 27 负，胜率为 35.71%。若每次买入的张数相同，则整个胜负的盈亏比为 1.17。最大的一次绝对收益来自大牛市途中的 2015 年 4 月 22 日，每对跨式组合多头当日收益 784 元，对应的收益率为 146.00%；最大的一次相对收益来自 2017 年 12 月

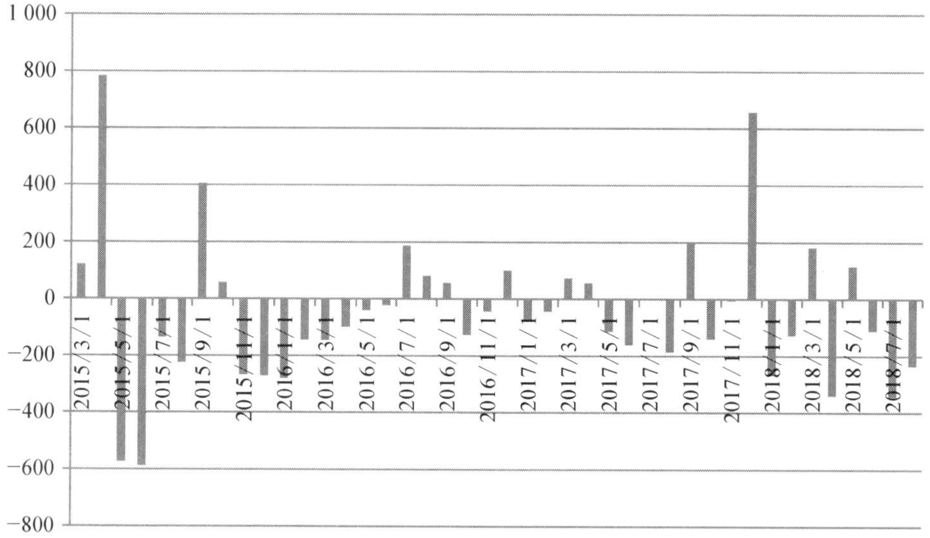

数据来源：Wind，“力的期权工作室”整理。

图 49－1　2015 年 3 月～2018 年 8 月，每月期权到期日当日双买平值期权的盈亏分布

27 日，每对跨式组合多头当日收益 659 元，对应的收益率为 287.77%；最大的一次绝对亏损来自 2015 第一次股灾期间的反抽日 2015 年 6 月 24 日，每对跨式组合多头当日亏损 588 元。

当然，上述统计只是针对到期日当日买入“彩票”操作的，事实上，我们还可以统计到期前一天、两天、三天，相同操作下的胜率和盈亏比。

(3) 季末的大餐——逆回购利率

一般而言，季末资金面都有趋于紧张的惯例。几乎每一个季末，资金市场逆回购的利率都在某几天飙升到很高，年化利率少则 8%～10%，多则 20%以上，甚至 30%以上。

很凑巧，今年 9 月 26 日是期权到期日，正好是周三，今年的国庆假期从周六开始，这意味着当你的期权持仓占用的保证金在周三收盘释放后，就可以立即进行银行转账，然后再银证转账到证券资金账户，于是 9 月 27 日那天，你应该就能享受几天高利率的无风险市场收益了。

那么，按照交易所最新的逆回购计息规则，如果我们在今年 9 月 27 日以 10%的年化利率成交了 1 天期逆回购后，我们最终能拿到多少利息呢？对应的收益率又是多少呢？

从 2017 年 5 月 22 日起，沪深交易所主要修改了交易所债券质押式回购（俗称“逆回购”)计息规则,计息天数由回购期限的名义天数修改为资金实际占用天数。对于一般的周末前,投资者在周四所操作的逆回购,由于到期交收日是下一周周一,因此实际占款天数为 3 天(即周五、周六、周日)。按照这个逻辑,投资者在 9 月 27 日(恰逢周四)操作的逆回购的实际占款天数将是 10 天(2018 年 9 月 28 日~2018 年 10 月 7 日),这实在是一年里难得的无风险买卖!利率高,且计息天数多,如果你的本金是 100 万元,成交的逆回购利率在 10%,那么这笔交易的利息收入就等于 2 739.73 元(1 000 000×10%×10/365),对应的期间收益率达到 0.27%。

卖出深度虚值认购操作+到期前很小仓位的“彩票”操作+长假前的逆回购操作,这就好比麦当劳一份套餐里的汉堡+薯条+可乐,绝配的季末套餐,看完后你可能也觉得饿了,正好周末了,好好犒劳一下自己,享受一个美妙的周末吧!

50. 用期权把握自己的命运，2018Q4 首日实盘操作与风控理由

（本文作于 2018 年 10 月 9 日）

作为一个投资经理，我想对于投资的信仰是最重要的。如果市场上没有期权这一工具，我想我或许不会选择从事资产管理这一行业，因为我无法确信能够每年给委托人带来正的收益。期权之所以能成为我的信仰，是因为它确确实实能够尽量地把资产保值增值的命运掌握在自己的手中。

那么，长假期间一直到四季度的第一个交易日，我们又能如何用期权尽量把握自己的命运呢？我想我就以身作则，用当天的两个实盘操作与读者们一起来分享整个全过程吧。

操作一：上午逐步平仓节前“双买”策略的持仓

昨天刚从欧洲回来，下了飞机看到许多关于长假消息面的报道，仔细罗列或许有数十条，但本质上对后市存在一定影响的只有两条：一个是以美股、港股为首的海外市场出现了比较明显的跌幅，纳斯达克一周累计下跌 3.21%，恒生指数累计下跌 4.38%，属于比较惨的两个指数，而背后的主因则是美联储的再一次加息与伴随而来的长期美债收益率飙升（已超过 3.2%），还记得 2 月初的那波大跌吗，利率上行的节奏加快不可不防；另一个则是央行年内第四次，也是最大力度的一次定向降准，直接从 10 月 15 日起定向下调 1% 的存款准备金率。

表 50 - 1　2018 年国庆长假期间，全球主要资产涨跌幅情况

全球主要指数及商品期货	假期下跌天数	一周涨跌幅(%)
道指	2	−0.04
标普 500	3	−0.97
纳斯达克	4	−3.21
英国富时 100	4	−2.55
法国 CAC40	3	−2.44
德国 DAX	3	−1.10
恒生指数	4	−4.38

（续表）

全球主要指数及商品期货	假期下跌天数	一周涨跌幅(%)
日经 225	3	−1.39
韩国综合指数	4	−3.22
COMEX 黄金	2	0.88
伦敦金	2	1.08
NYMEX 原油	3	1.01
ICE 布油	3	1.40

数据来源：Wind。

前者属于利空，后者理论上属于利好，但下飞机看到消息的那刻，我还是倾向于跳空低开。事实上逻辑很简单，港股累计下跌 4.38%，A、H 股的价差总是要得到第一时间的修复吧，恒生国企指数与上证 50 指数的重叠度摆在那儿，除非是直接的资金面注入，否则类似定向降准的消息面并没有那么强的力度。定向降准释放的大部分资金是为解决实体经济的融资难问题，拓宽中小微企业的融资渠道，改善对它们的金融服务，利好的逻辑还是从支持实体经济基本面出发，通过企业盈利和经济数据提升来逐渐传导到股市，有别于资金直接推动，盈利驱动的方式更像是中医疗法，中期一定会发生渐变，短期是不是能立竿见影地持续把目前的下行趋势完全扭转，其实还需要一些其他的利好共振。

这些消息产生的预测信号都是长假的后期总结而得的，节前是无法预知的，所以与其我们辛辛苦苦地去猜节后是大涨还是大跌，还不如运用期权得天独厚的优势，用一小部分仓位去构建“双买”策略（也就是同时买入认购和认沽期权）去博取 10 月 8 日的低开或高开，我愿意花这个小仓位去做，原因有三个：

① 长假期间，中美交易日相差 5 天，受外盘影响，5 天的累计涨跌幅比较有可能造成一个高开或低开。

② 9 月份已经通过卖出开仓赚取了一定的收益，拿出其中 10%～20%的收益博取一下后市波动率，并不会造成太大的损失，最多就是小幅低开或高开时损失一些时间价值。

③ 今年的劳动节、端午节，甚至建军节，特朗普都曾经掀起过一波风浪，而国内许多政策也往往会在长假期间公布，这些会成为高开与低开的潜在诱因。

在这样的入场理由下，我分别以 364 元和 397 元的单价在 9 月 28 日成交了一定数量的 C2700 与 P2600。

那么我的离场理由是什么呢？就是一旦低开和高开后，达到止盈点了，我就会离场平仓，而如果整个上午没有达到止盈点，我也离场平仓，那是因为过多的低开和高开往往伴随着波动率一定程度的上升，如果在上午没有速战速决，就有可能受到波动率下降或是跳空缺口回补的影响而侵蚀自己的收益(尽管今天的盘面最终并不是这样)。在今天的整个上午，分批平仓这一对双买组合，基本上都能以获利告终。

操作二：上午逢隐波相对高位卖出开仓 C2850 的 10 月合约

当节前的双买持仓逐步平仓完以后，我们就需要开始真正从 9 月操作过渡到 10 月操作了。今天的低开 2%以上，使得 C2850@10 的权利金从节前收盘的 100 元一下子跌落到了开盘的 49 元，整整 50%的跌幅。有投资者一定会问，卖出开仓不是希望尽量卖得贵一些吗？为什么不在节前 100 元的时候卖，而在今天盘中逢高点的时候卖呢？

我想其中的一部分入场理由是这样的：

首先，出于控制单日回撤、控制总体持仓风险的角度考虑，尽量不要卖出接近平值甚至实值的期权。卖出开仓并非越贵越好，贵到一定程度则意味着所卖的期权已经属于高风险合约，到期被行权的概率非常大，这就好比卖了一份很容易要理赔的保险，节前谨慎不卖出 C2850，是因为并不确定 MSCI、富时罗素两大指数公司的利好效应是否还会持续。

在上面这一条的宗旨下，根据交易经验，我通常会选择 Delta 绝对值比较小，但权利金还能卖到 50 元左右的期权，于是上方的 C2850@10 就是满足条件的一个期权合约。

再结合技术面统计信号的推敲，从 2638 点以来，上证 50 指数相对于 20 日均线的乖离率的最大值为 6.30%左右，也就是 50 指数每天的收盘价相对于 20 日均线的最大相对距离在 6.30%左右。之所以只以 2638 点以后作为统计参考，是因为这段时间已经没有太多杠杆资金在作祟，没有出现资金“大水漫灌”的情景，两市成交额一直就在 2 000 亿至 5 000 亿元之间徘徊。以 9 月 28 日收盘的点位来推算，50ETF 在 9 月 28 日的收盘价为 2.659，20 日均线点位在 2.536，10 月合约还剩 12 个交易日就到期，假设 20 日均线每天以 5 个 tick 的速度上移，那么到了 10 月到期日 10 月 24 日，20 日均线也就在 2.600 左右，用 2.600×(1+6.30%)计算出点位在 2.764，这意味着如果乖离率的统计规律在 10 月份得以延续的话，那么 C2850@10 大概率还是能够安全“着陆”的。

然后呢？做期权交易永远还是要重复过去文章里的那句话——“做完一件事，就要考虑万一做错了，应该怎样风控”，不论是通过均线、MACD、乖离率，还是各种其他量化信号，只要是一种预测行为，就有可能发生错误，这就像一个人不可能不犯错，关键是犯错以后如何知错就改。既然花费了一些仓位卖出开仓了 C2850@10，那么后续的风控措施就应该在开仓前都浮现在脑中了。

对于我而言，关于这个合约的风控基本原则会这样制定：如果权利金收入消耗超过 70%，则意味着这份卖出持仓的大部分权利金收入我已经赚到，可以考虑止盈平仓；反之，如果此后很不幸，从明天起 50 指数像节前那样“涨涨涨”，那么当它上涨到标的年线附近时，就开始分批移仓 C2850@10，转而卖开其他期权合约，或是分批买入 C2750@10 对 C2850@10 进行对冲，锁住浮亏，让回撤不再加大。

期权的魅力或许就在这里，我们不需要对方向的预测沉迷太多，而是可以结合风控措施走一步、看一步，把命运尽可能地掌握在自己的手中。

51. 13天堪比1年，十月的正收益不靠暴利，而靠期权的风控体系

（本文作于2018年10月24日）

从国庆节前到节后，以上证50为首的主要板块经历了三轮从天到地、再到天的洗礼。对于期权交易者而言，这或许是最诱人的时刻，但也是最难熬的时刻，短短13天的行情却像一年一样，能让我们从中学到很多风控技能。我们先以时间为脉络，好好来梳理一下近半月来的行情背景和走势。

9月末，罗素富时和MSCI先后宣布纳入和提高A股的因子比例，加之银行公募理财产品可以间接入市的利好，50ETF自9月18日起从2.452一跃跳到了最高的2.659，一周内涨幅高达7.43%。

接着国庆期间，与年初2月如出一辙，随着美联储加息步伐加快，美债收益率涨过3.2%，越来越逼近许多国际投行心中的风险点3.5%，海外市场节中出现明显回调，这也直接导致了10月8日节后第一天50指数低开低走－4.74%。

节后的美股风险继续堆积，直到10月10日晚间的大幅回调，A股（如50指数）次日大跌4.17%，使得指数在四个交易日内从天再次坠入了地。

此后A股受人民币汇率贬值等因素影响震荡下行，上周四的集体大跌再度催发了物极必反的效应，受到市场上大量股票质押等风险的影响，高层罕见地集体发声维

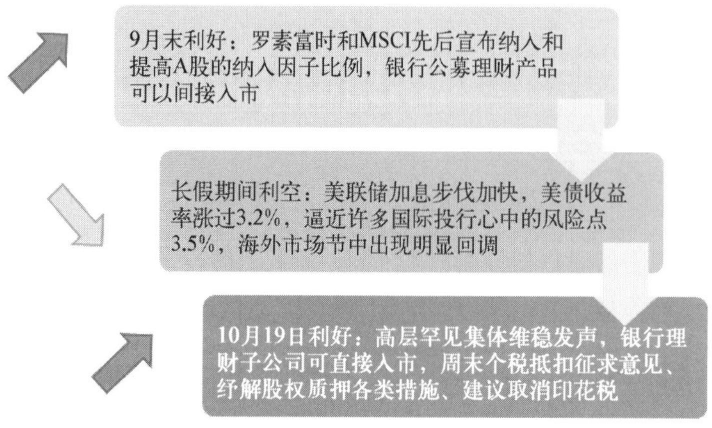

图51－1　2018年9月下旬到10月下旬的消息面变化

稳，50ETF当日应声大涨2.98%。周五的余音尚未停歇，诸如银行理财子公司可以直接买卖股票、个税抵扣征求意见、纾解股权质押众多措施、建议取消印花税等利好政策在周末轰炸般地来临。在政策的刺激下，周一的50ETF再次刷新近几年的纪录，在券商板块涨停的带领下，当日暴涨4.34%，仅仅两天再一次从地表直奔天空。

真可谓"政策面"与"外围市场"针尖对麦芒般的全面博弈！

(1) 认清期权的真正功能

来关注期权合约，由于暴涨暴跌的行情，期权合约每一天总会出现一些涨幅巨大的合约。于是，作为初学者的投资者就一定会发现有这样那样的信息开始一展期权的暴利功能，且不说这是忽悠，但至少容易引起一定的误导。然而，你有听说过许多身边赚大钱的人吗？这又是帮助我们长期赚钱的根本逻辑吗？

首先，以小博大只适合小仓位操作，并不适合大资金，因为买期权具有杠杆性，3%～5%的仓位就可能产生100%买入标的的效果，利用杠杆性满仓甚至半仓操作永远是交易的大忌，因为那会让交易者一夜之间一无所有。

其次，期权行情里总有合约在涨，不代表作为初学者的你能够轻而易举地抓住它，期权价格的影响因素主要有三个：标的、波动率和时间，如果一个期权合约隐含波动率太高且快要到期，那么你买入这份期权的全部宝就相当于押在了"标的价格"这一个维度上了，一旦你在盘中高位追入或是没有及时在回落时平仓，就会受到几个因素共振的影响，亏损离场甚至价值归零了。图51-2和图51-3就是今天C2600@10和C2650@10的盘中走势，从中你会看到，即使盘中有投机资金买入，如果走得不及时，仍然会因最终处于虚值状态而归零。

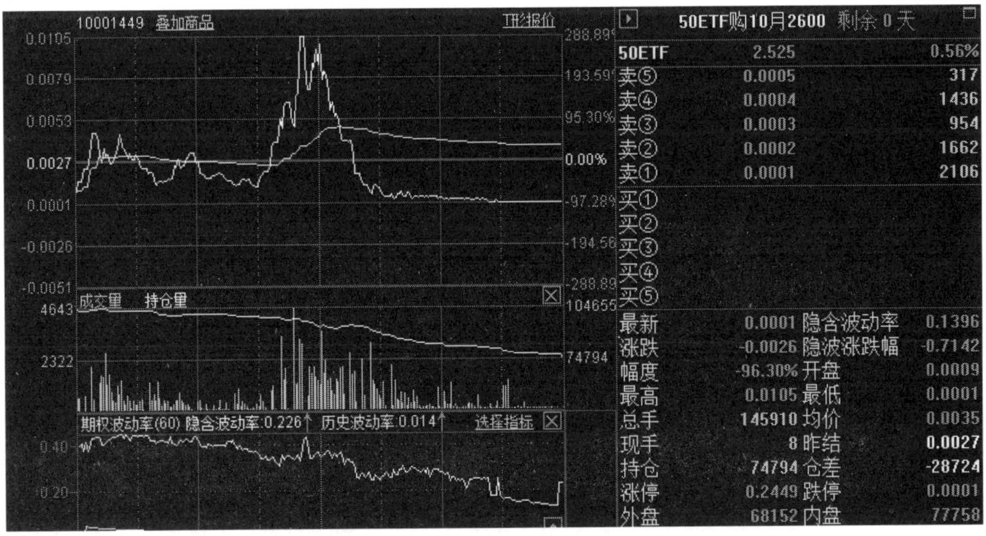

图51-2　2018年10月24日，"50ETF购10月2600"日内分时走势

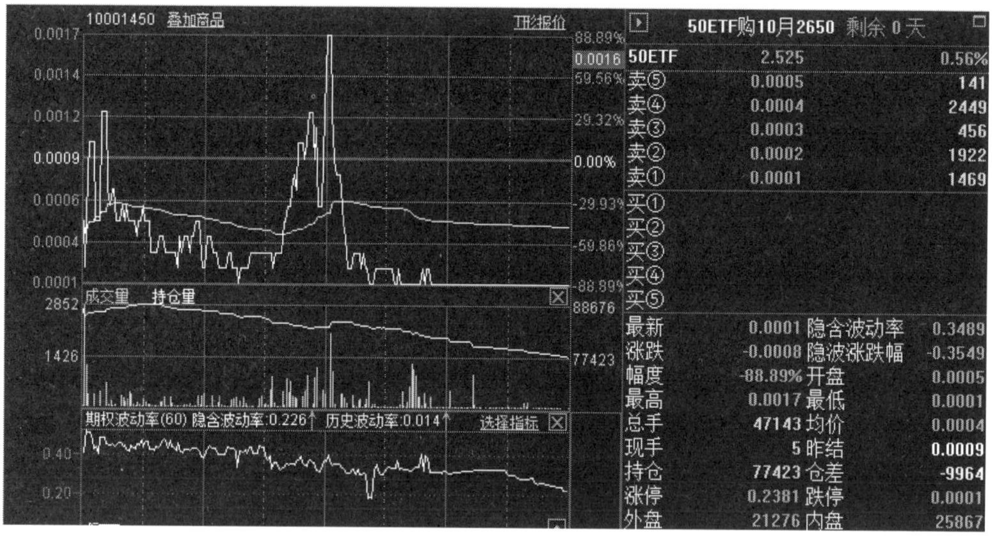

图 51－3　2018 年 10 月 24 日，“50ETF 购 10 月 2650”日内分时走势

最后，你所看到涨幅最大甚至次大的合约一般都是虚值合约，虚值合约很便宜，就像彩票，这就意味着同样买 10 万元，你需要买入的张数比买入实值合约要明显增多，由于期权交易费用是按张数收取的，并不是按成交金额收取的，这就意味着你的买开、卖平的成本之和并不是一个小数目。

面对来回宽幅震荡的每一天，说今天买认购、明天买认沽，这其实都是“事后诸葛亮”。我们不能要求自己每一天都博对每一天的方向，因为期权工具的核心功能是可以让我们把“抛硬币”行为在交易中降到最低，而不是去沉迷于放大这个行为。它真正的功能是为我们的资产提供风控，这种风控可以是对标的的风控，可以是对成分股的风控，还可以是对买入、卖出期权持仓的风控，只有把期权的风控发挥到位，才能让我们真正长存于市场，不再搞坏心态，真正拿得住值得拿住的持仓。

（2）期权卖方风控的三大措施

这半个月里，想必做期权卖方（做空波动率，做多时间）的心是挺累的，但即使如此，它依然是 10 月行情里最大概率赚钱的策略。对于期权卖方，我想用一句话来形容是非常恰当的，那就是“但愿千日平安，但不可一日不防”。做了期权卖方，你就要开始逐步学习意大利队似的防守战术（即风控战术）。那么，相较于普通的买入股票、买入期货，做期权卖方的风控有哪些措施呢？大体而言，可以分为移仓、买入对冲和兜底式止损三大类。

先来看移仓。以卖认沽为例，当标的出现短暂回调，并预期波动率不会大涨时，比如三天内从2600点回调到2550点，我们就可以利用同向移仓法把2450的认沽空头进行向下移仓，即平掉2450的认沽空头，重新卖出开仓2400点的认沽期权，让自己的持仓变得更加安全。但是，当标的单日出现巨幅下挫时，比如单日从2600点大跌4%回撤到2500点，我们可以认为上升的趋势短暂熄火，要创出新高不会太快、太容易，此时可以尝试利用反向移仓法平仓了结2450认沽空头，卖出开仓2700或2750的认购期权，让后市的继续下探反而变成明天的收益，抵消当日的亏损。

再是买入对冲。以卖认购为例，假如开盘突然高开2%，卖出认购急速浮亏，你的卖出持仓量又恰好较大，怎么办？此时，我们可以买入实1档以上的认购对冲原有的认购卖出持仓，结合自己设计的防守体系分批买入对冲，直至Delta暂时中性。用买期权对冲还有一个好处，那就是可以T+0交易，一旦盘中标的扭头，我们就可以分批解除对冲头寸，用尽可能小的对冲代价完成整个防守与善后。

最后是兜底式止损。这个方法非常适用于开盘巨幅跳空，并且伴随波动率急速上升的行情。这时买入期权对冲，你可能会嫌弃期权太贵而买不下手，此时一个很果断的方法就是先止损最有风险的合约，让总资产的回撤先行止住，先把心态稳住，然后冷静观察一段时间后，再做下一步决定，来日方长，要想再赚回卖出持仓的实亏，只要分析好后面的点位，卖对了合约，完全还是有机会在一个月内把钱赚回来的。

(3) 10月的实盘风控案例

以笔者在10月11日的操作为例，受隔夜美股大跌和VIX指数暴涨40%以上的影响，10月11日开盘的局面与年初2月6日的局面极其相似，调出历史的记忆，由于开盘跳空幅度在3%以上，且认沽期权的隐含波动率高达40%以上，因此，不同于6月19日开盘买认沽对冲的操作，我对下方所有的认沽义务仓(P2250和P2300)采取了兜底式止损的措施，如果你有P2350、P2400甚至P2450的义务仓，更应该这么处理。止损以后，基于两个量化统计的信号，我选择了后三天分批反向移仓到C2700、C2750和C2800的操作，一个信号是MACD死叉，另一个是乖离率。

对于MACD死叉，笔者在盘中有这样的量化统计：由于10月11日的50指数正好是MACD的死叉日，且距离10月期权还有9个交易日到期，从2015年2月9日期权上市至今，50ETF一共发生过33次MACD死叉，每一次死叉过后的9个交易日内，反弹最大高度为7.66%，接近8%(见表51-1)。按此逻辑计算，10月11日上证50ETF的收盘价是2.439，2.439×(1+6%)=2.634，再留出一档左右的中途回撤缓冲带，于是我选择了C2700@10、C2750@10合约去卖出，以赚回当日开盘止损产生的一部分亏损。

表 51－1　2015 年 2 月 9 日～2019 年 10 月 24 日，MACD 死叉后 9 天 50ETF 的涨跌幅

分位数	MACD 死叉后 9 日 50ETF 涨跌幅
最大值	7.66%
99%分位数	7.65%
98%分位数	7.64%
97%分位数	7.63%
96%分位数	7.47%
95%分位数	7.28%
94%分位数	7.10%
93%分位数	6.78%
92%分位数	6.41%
91%分位数	6.05%
90%分位数	5.86%

数据来源：Wind，“力的期权工作室”整理。

另一个量化信号是关于乖离率的统计。从 2638 点以来，上证 50 指数相对于 20 日均线的乖离率的最大值为 6.30%左右，也就是 50 指数每天的收盘价相对于 20 日均线的最大相对距离在 6.30%左右。之所以只以 2638 点以后作为统计参考，是因为这段时间已经没有太多融资配资杠杆资金在作祟，没有出现资金“大水漫灌”的情景，两市成交额一直就在 2 000 亿至 5 000 亿之间徘徊。以 10 月 11 日收盘的点位来推算，50ETF 在 10 月 11 日的 20 日均线点位在 2.525，用 2.525×(1+6.30%)计算出的点位

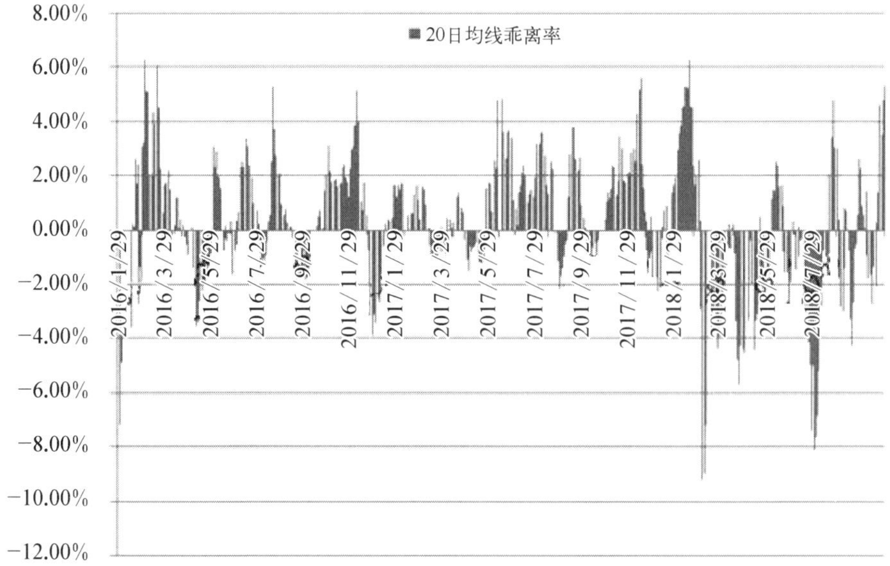

数据来源：Wind，“力的期权工作室”整理。

图 51－4　2016 年 2 月 1 日～2019 年 10 月 24 日，50ETF 的 BIAS(20)指标的分布

在2.684，这意味着如果乖离率的统计规律在10月份得以延续的话，那么C2700@10、C2750@10大概率还是能够安全“着陆”的。

然后怎么做，很简单，继续风控思维！如果后面再碰到反向暴涨，用反向移仓—买入对冲—兜底止损的循环防守法，再一次进行风控，直至最终的卖出持仓能够安全“着陆”为止。在这样的努力下，我的10月收益率终于还是重新站在了0.5%以上，尽管中途有些辛苦，但只要是正收益，就一切都值得！

(4) 进一步的交易感悟

在期权交易中，仓位管理和风控永远是第一位的。仓位管理要求我们不能把所有保证金或权利金放在一个合约上，风控也不能仅停留在纸面或脑袋中，而是一定要执行起来毫不犹豫。投资交易一辈子能走多远，要看我们每一年、每一天的风控做得有多好、多有效。对于个人，风控意味着在极端行情下能帮助你守住一部分胜利的果实；对于机构，风控则意味着大大降低被赎回的概率，让自己长存于市场，活得更久，活得更好。

要克制跟风炒作的心态，控制自己的仓位去博取一些末日轮的收益。诚然，从今年3月到现在，3月、6月、7月、9月、10月这些月份都在近月期权到期日前一周发生了类似末日轮的行情，但是这并不意味着你可以投入很大的仓位去博取下一次的“彩票”效应。很欣赏李嘉诚的一句话“我不会去赚最后一个铜板”，近月期权有着时间价值衰减效应的存在，是非常忌讳追涨杀跌的，因此，设置好止损点，不让权利仓价值归零风险发生，是非常重要的。

股票、期货、期权三大类工具中，由于时间价值衰减效应的存在，期权是恢复回撤最有力的工具，对于前一次回撤，如果能冷静地分批移仓卖出其他期权，并注意对冲，是可能在一个月内重新站起来的。也就是说，对于期权类产品，一波回撤的恢复时间往往是最短的，一波回撤的恢复速度往往是最快的。但需要注意的是，止损后的下一次开仓必须要基于有信仰的理由或信号，攻守转换一定不是靠随便拍脑袋能完成的。

要更好地防好暴涨暴跌的风险，我们在持仓中还是要尽量有买有卖，至少可以用比率价差组合的方式代替单纯的卖出开仓，这样做往往能在暴涨暴跌发生的那天，让我们总资产的浮亏少掉一半，如果两腿走的时机有所错开，甚至有可能以两腿都赚而告终。对于期权的买方与卖方，或许最好的总结就是：买入持仓是卖出持仓的事前风控，卖出持仓是买入持仓的成本润滑。

52. 最信赖的信号还是趋势线，论当前均线粘合的布局与善后

（本文作于2018年11月末）

从哲学上说，一个事物不可能永远绝对静止，运动是绝对的，静止则是相对的。在交易世界里更是如此，所谓"久盘必变盘"，如果把窄幅震荡比作是相对的静止，那么均线的粘合往往会成为下一轮均线发散运动前的征兆。

从道理上看，均线粘合预示后市变盘是有根据的。试想一下，5日、10日、20日之类的短期均线为什么会粘合到一块儿？简单移动平均线是最近N日收盘价的平均值，这说明最近5天、10天、20天的均价越来越近，越来越趋于一致，这就意味着短期标的指数的走势已经窄幅横盘震荡了一段时间了，窄幅的震荡不会永远进行下去。从均线群的角度看，每一年的行情事实上就是从均线粘合到均线之间发散，再到粘合，再到发散的过程。

那么结合当前的行情能看出什么呢？我们来看下面两张图（见图52－1、图52－2），图52－1是50指数的日线，图52－2则是50指数的周线。从第一张图中，你可以看到一波弱势环境里均线的运动，在6月到8月期间，5日、10日和20日均线趋于粘合，等待60日线的下移汇合；而到了9月到11月期间，则是5日、10日、20日

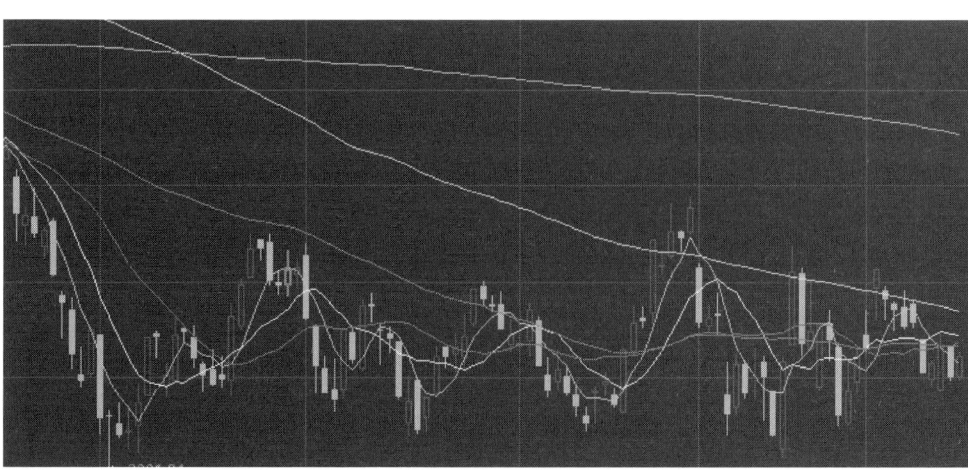

图52－1　2018年6月～2018年11月，上证50指数日线图

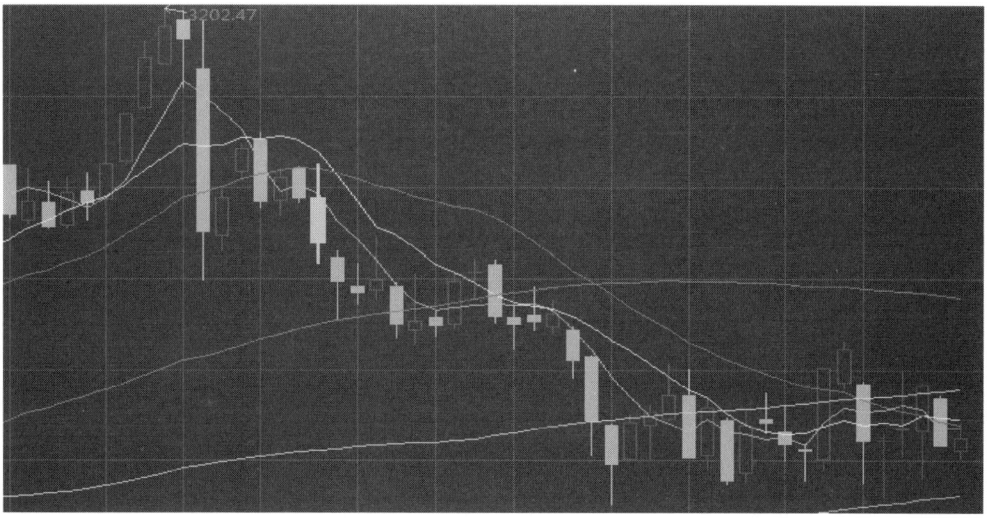

图 52－2　2018 年 12 月～2019 年 11 月，上证 50 指数周线图

和 60 日均线趋于粘合，等待 120 日线的下移汇合。

从第二张图中，可以看出相对于 6 月到 8 月的周线位置关系，近两个月内 5 周、10 周、20 周均线进一步趋于粘合，等待 60 周均线的不断下移。从均线的角度看，只有当收盘价上穿所有周线均线，甚至周线级别出现多头排列时，才能确认开启一波明确的上涨趋势。

结合当前日线级别和周线级别均线的同时粘合现象，2016 年 5 月、2017 年 4 月，当时的情景似乎就在眼前，不得不让人对下一次的变盘再次浮想联翩！

面对每一次均线的紧密粘合，我们都会有同样一个疑问，那就是粘合到什么程度会变盘，变盘究竟是向上变还是向下变？对于期权交易者而言，我们是幸运的！因为买入跨式或宽跨式策略是天然的做多后市位移波动的策略，它为我们避开了猜测向上还是向下变盘的难点。然而，关于粘合到什么程度变盘，我的复盘还是希望用数据说话。

为了方便统计，先定义一下什么叫作均线粘合。由于篇幅限制，为简单起见，我们就取 5 日、10 日、20 日三根短期均线粘合的情况进行测试（事实上在统计时可以进一步加入 60 日均线）。所谓这三根均线的粘合，就是它们在某一天收盘时，相对位置最高均线所处的点位与相对位置最低均线所处点位的偏离百分比小于 a。以 $a=1\%$，2016 年 5 月 30 日为例，当日 50ETF 的 5 日均线的点位是 1.995，10 日均线是 1.996，20 日均线是 2.008，相对位置最低的点位是 1.995，相对位置最高的点位是 2.008，因此，它们之间的偏离度就是 $2.008/1.995-1=0.65\%$，小于 1%，这就符合了均线粘合的量化判定条件。

不过仅有这一个限制条件还不够，由于我们希望提前布局买入跨式策略，这就需要变盘的趋势最好还没有起来，因此，标的收盘价还不能偏离三根均线太多，否则意味着趋势已经起来，提前埋伏已晚。为此，我们就再多加一个限制，那就是收盘价格必须位于三根均线之间。见图 52－3。

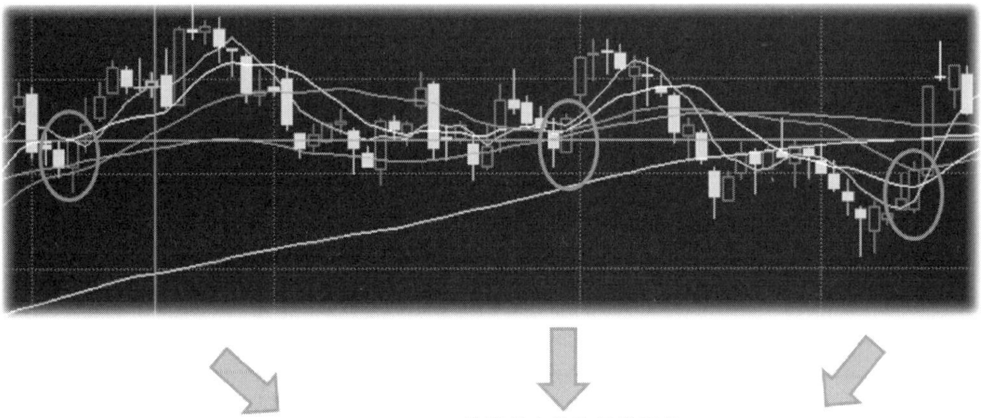

图 52－3　均线粘合的信号发生日示意图

如果某一天满足这两个判定条件，那么我们就在信号日当天收盘布局买入跨式组合。我们来瞧一瞧信号日后面 10 天内，买入跨式组合会不会出现浮盈。

统计后发现：

当 a 取为 1%时，截至 2018 年 10 月末，总共释放过 73 次信号，如果在信号日后面的 10 个交易日内某个收盘有过盈利就算胜，那么买入当月跨式组合曾经有过 49 次盈利兑现的机会，剩余 24 次一直未能产生浮盈，胜率等于 67.12%；买入下月跨式组合曾经有过 52 次盈利兑现的机会，剩余 21 次未能产生浮盈，胜率等于 71.23%。

当 a 取为 0.9%时，截至 2018 年 10 月末，总共释放过 56 次信号，如果在信号日后面的 10 个交易日内某个收盘有过盈利就算胜，那么买入当月跨式组合曾经有过 38 次盈利兑现的机会，剩余 18 次一直未能产生浮盈，胜率等于 67.86%；买入下月跨式组合曾经有过 38 次盈利兑现的机会，剩余 18 次未能产生浮盈，胜率等于 67.86%。

当 a 取为 0.8%时，截至 2018 年 10 月末，总共释放过 47 次信号，如果在信号日后面的 10 个交易日内某个收盘有过盈利就算胜，那么买入当月跨式组合曾经有过 32 次盈利兑现的机会，剩余 15 次一直未能产生浮盈，胜率等于 68.09%；买入下月跨式组合曾经有过 31 次盈利兑现的机会，剩余 16 次未能产生浮盈，胜率等于 65.96%。

总结成表格后，整个结果如表 52－1 所示。

表 52－1　在不同的 a 取值下，买入跨式组合胜率分布

a 的取值	买入当月跨式胜率	买入下月跨式胜率
1%	67.12%	71.23%
0.9%	67.86%	67.86%
0.8%	68.09%	65.96%
……	……	……

注：信号发出后 10 日内曾经可盈利平仓即算胜。
数据来源：Wind，“力的期权工作室”整理。

在这些信号日中，收益率表现排名前三位的三波行情分别在 2015 年 8 月 17 日、2017 年 5 月 19 日以及 2017 年 12 月 25 日，而收益率表现排名倒数三位的三个日期分别在 2017 年 9 月 21 日、2017 年 4 月 19 日以及 2017 年 3 月 7 日。图 52－4 是收益率表现排名前三位的操作对应的标准化资产曲线，曲线中水平的部分表示当月期权已经到期。

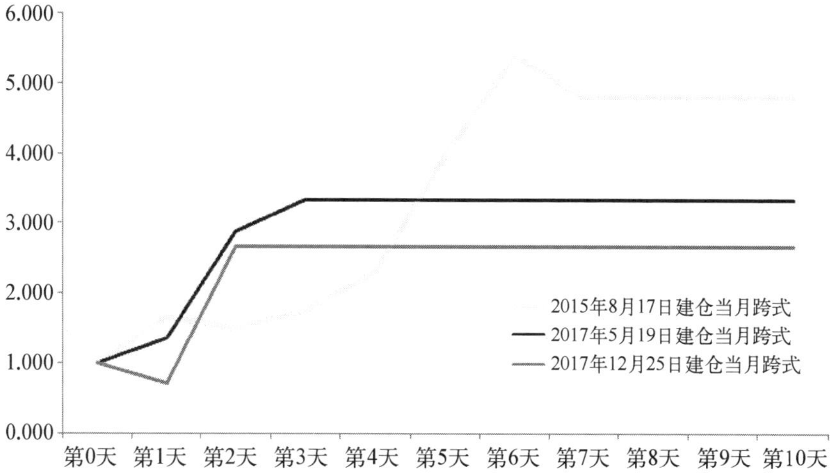

数据来源：Wind，“力的期权工作室”整理。

图 52－4　截至 2018 年 11 月，均线粘合信号发出后收益率表现前三位的资产曲线

2015 年 8 月 17 日，当时三根短期均线进入粘合状态，正在酝酿第二轮股灾的断崖式下跌，买入当月跨式在 7 天后的期间收益率达到了 381.53%。

2017 年 5 月 19 日，由于 3～4 月去杠杆、严监管的气氛影响，上证综指一路下跌，上证 50 则是区间震荡，最终 5 月 25 日的那根大阳线彻底结束了本次均线粘合，在信号日收盘买入当月跨式 3 天后的收益率达到了 234.00%，而买入下月跨式 10 天后的收益率也达到了 222.17%。

2017 年 12 月 25 日，市场在 12 月初年末资金流出效应的影响下出现一波明显的回调，然后以时间换空间进入了一字磨底的阶段，于 2017 年 12 月 25 日触发均线粘合信

号，事后12月27日出现了一根大阴线，使得信号日收盘买入当月跨式两天后的收益率等于167.47%。

面对均线的再一次粘合，仅有这样的量化统计的结论还不够，它只是告诉了我们过去近四年最佳的参数是哪一个，入场是交易的一个方面，我们还需要进一步思考整个风控体系。

首先，从事先风控的角度看，那就是仓位控制，由于均线粘合到预设的阈值以内后，未必明天就会变盘，也未必后天就会变盘，所以，从稳妥的角度说，触发入场信号后分三天等金额开仓比一下子重仓更为稳妥。事实上，每一次信号发出的仓位都不宜很重，买期权本身自带杠杆性，5%的买方仓位其实已经不算很轻了。

然后，在布局买入跨式组合以后，我们需要设置几个事后的风控点。我们都知道，时间是买方的天敌，对于单腿买期权如此，对于双买期权更是如此。均线粘合越久，期权市场的隐含波动率往往会开始下降，就像近几个交易日，因此我们需要以权利金的损耗幅度作为止损点，比如双买期权的权利金市值之和下浮50%则一定止损。除此之外，我们可以在双买期权的权利金市值之和下浮20%时赶紧卖出一对虚值2档左右的宽跨式，被动地构成一组买入铁蝶式组合，用增加卖出持仓的方式进一步抵御时间价值的衰减，同时保留了做多波动率的潜在收益。

53. 长阳过后的审视，浅谈反向比率认购组合的运用

（本文作于 2019 年 1 月 7 日）

市场上流传这么一句话：“一根阳线改变情绪，两根阳线改变观念，三根阳线改变信仰。”在金融三巨头的护盘下，上周五（2019 年 1 月 4 日）的一根大阳线又让市场流出了各种各样的传言。周末的朋友圈里，央行的全面降准、美联储加息口径转为“鸽派”、美国非农就业数据超预期，成为三大头条刷屏。一时间，许多交易者又开始担心踏空了。

在当前各大指数均线空头排列刚刚有所修复之际，上方依然有着众多压力线等待一根根地上穿，不论是从均线的角度还是一些市场行为因子的角度看，离趋势走好还有不小的距离。此时，或许一些交易者会按捺不住自己的情绪，希望买入认购期权去获取别人口中的“暴利”。

然而，在趋势还没有完全确认之前，一两根阳线过后有可能伴随着隐含波动率的下降，在上周五收盘前，或在今天开盘后买入的认购期权很可能还没来得及走就已经出现了浮亏。因此，对于特别想买入认购期权的交易者而言，我依然觉得在当前的格局下，“宁用比率，不做单腿”是更为安全、“进可攻、退可守”的方式，宁可用反向比率认购组合替代单腿买入认购的操作，也不轻易追涨重仓。

那么，什么是反向比率认购组合？乍听上去，这个名字好像很长、很拗口，其实如果我们一切从交易需求出发，就不难理解这个组合的构建了。试想一下，当你看涨后市买入 10 份平值认购期权后，最担心的事情是什么？自然就是花费了这些权利金成本后，标的没有如期大涨，时间价值天天衰减。为了让时间价值衰减得别那么快，同时降低一些买期权的成本，我们就可以通过卖出其他认购期权去做到这一点。

那卖出什么期权呢？一种方法是卖出上方的虚值认购期权，当你卖出的数量也是 10 份时，这样的组合就构成了牛市价差组合，若持有这份组合至到期，最终你的潜在盈亏就会上有顶、下有底，中途减缓了时间价值衰减的速度，但也牺牲了无限上涨的空间。另一种方法就是卖出下方的实值期权，卖出几份呢？当你卖出的数量也是 10 份时，这个组合便构成了熊市价差组合，标的上涨你将不再赚钱，这就与看涨的初衷相违

背了，因此卖出的数量只能介于 1 份到 9 份之间，最折中的方法就是卖出 5 份下方的实值认购期权，这就是反向比率认购组合。这样的组合既起到了延缓时间价值衰减的作用，又保留了上方无限的上行收益空间，特别适合能够大涨的后市环境。它的持仓盈亏变化情况如图 53－1 所示（浅色线是到期日盈亏，深色线是到期前盈亏）：

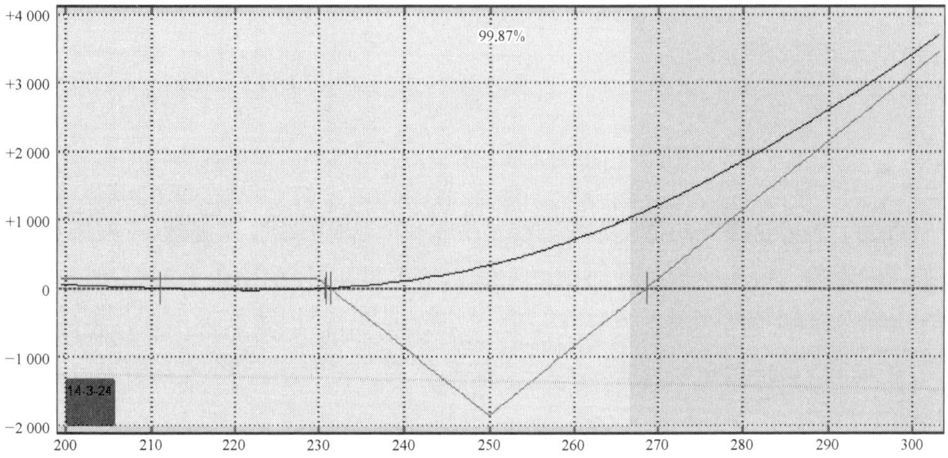

图 53－1　1：2 反向比率认购价差的盈亏

说到这儿，你可能明白了，反向比率认购组合实际上就是买入 *M* 份上方的认购，卖出下方的 *N* 份认购，只不过 *M* 要大于 *N*。这一组合本质上是先买入上方的认购，然后用卖出下方的认购进行数量上精确的修补，使得这个比率达到交易者心里最舒服的那个点。

怎样的点能称为最舒服呢？事实上，单腿买认购就是权利金和 Delta 指标的一个平衡，要想在上行趋势里赚得多，就应该选择 Delta 更大的合约，但 Delta 更大的合约权利金也更贵，买入仓位就被动提升了，因此，所谓每个人心中最舒服的那个合约，就是权利金不超过他内心上限，同时 Delta 指标不低于他内心下限的合约。这样的合约往往未必能在 T 型报价中找到，反向比率价差组合就提供了这样一种人工的合成，合成出一个我心里觉得最舒服的合约，从而替代了单腿买认购的操作。来举一个例子，看看下面这张 T 型报价图（见图 53－2）。

假如你心里认为最佳的权利金成本是在 500 元以下，期望的 Delta 值不低于 45％，你就会发现整个 T 型报价界面中没有这样的认购期权满足你的要求。为了合成这样的期权合约，你就可以买入 2 份 2700 认购合约，卖出 1 份 2650 认购合约，合成的组合权利金成本为 489 元，对应的 Delta 值为 45.92％，恰好符合你心中的舒服区域。如果针对上面图中的 T 型报价，用相邻两档认购期权构建 1：2 反向比率认购组合，那我们就相当于新合成了 10 个认购期权合约，它们对应的权利金成本和 Delta 值如表 53－1 所示。

Delta	最新	代码	购<行权价>沽↑	代码	最新	Delta
0.9744	0.3227	10001355	2.4000	10001356	0.0045	-0.0256
0.9492	0.2753	10001335	2.4500	10001344	0.0067	-0.0508
0.9085	0.2294	10001336	2.5000	10001345	0.0105	-0.0915
0.8489	0.1862	10001337	2.5500	10001346	0.0166	-0.1511
0.7698	0.1457	10001338	2.6000	10001347	0.0260	-0.2302
0.6736	0.1107	10001339	2.6500	10001348	0.0401	-0.3264
0.5664	0.0798	10001340	2.7000	10001349	0.0586	-0.4336
0.4560	0.0549	10001341	2.7500	10001350	0.0834	-0.5440
0.3508	0.0358	10001342	2.8000	10001351	0.1147	-0.6492
0.2576	0.0224	10001343	2.8500	10001352	0.1508	-0.7424
0.1804	0.0133	10001361	2.9000	10001362	0.1922	-0.8196

图 53-2　某日期权 T 型报价行情图

表 53-1　不同反向比率认购组合的合成权利金成本与 Delta 值

买 2 份	卖 1 份	权利金	Delta 值
2450 购	2400 购	0.227 9	0.924
2500 购	2450 购	0.183 5	0.867 8
2550 购	2500 购	0.143	0.789 3
2600 购	2550 购	0.105 2	0.690 7
2650 购	2600 购	0.075 7	0.577 4
2700 购	2650 购	0.048 9	0.459 2
2750 购	2700 购	0.03	0.345 6
2800 购	2750 购	0.016 7	0.245 6
2850 购	2800 购	0.009	0.164 4

接着，我们结合实战，以白糖期权为例，看看过去在一波上涨通道中"反向比率认购组合"的精确应用。

2017 年 8 月 9 日，当时 SR801 连续在 20 日均线上站稳 3 天，同时 MACD 出现红柱，右侧入场信号发出(见图 53-3)。由于从 2017 年 3 月开始，白糖期货处于中期的下行通道中，因此，对于每一次超跌的反弹入场，我相对还是比较谨慎一些，用一买一卖的反向比率认购操作代替了单腿买认购的操作。这样做既降低了时间价值敞口的暴露，又保留了无限的上涨空间，同时如果标的扭头持续下行，最大损失也非常有限(小于单腿买认购)。

当时选择了"SR801C6200"和"SR801C6300"合约构建 1∶2 反向比率认购组合，1 手的入场成本＝(135.5×2－180.5)×10＝905(元)，建仓完毕后，我设置了左侧下车的出场点，同样基于白糖期货处于中期下跌通道的判断，每一次短期上行就可以以乖离率指标进行离场，因此，当标的价格相对于 20 日均线的乖离率超过 2%时，我就选择了平仓这对组合，每手的离场价格＝(237×2－310.5)×10＝1 635(元)，最终每手盈利 730 元(不计交易成本)。这就是反向比率认购在上行波段中的操作全过程(见表 53-2)。

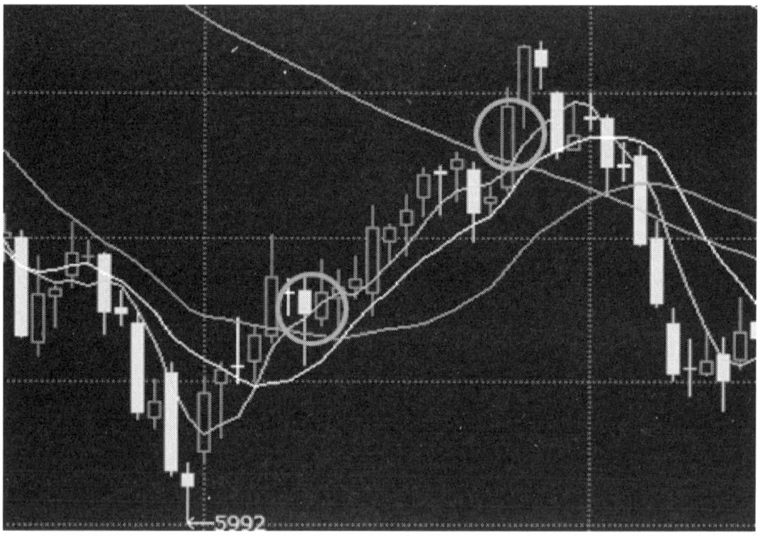

图 53－3　2017 年 8 月 9 日，白糖期货日线图

表 53－2　某期权案例操作要素

	期权操作
入场时间	2017 年 8 月 9 日
入场理由	SR801 MACD 红柱，且连续 3 天站稳 20 日均线
仓位设置	用 10%仓位作为权利金支出与占用保证金
入场价格	SR801C6200　180.5 元/吨 SR801C6300　135.5 元/吨
善后方式	止盈止损
出场时间	2017 年 8 月 28 日
出场理由	中期下跌趋势里，与 20 日均线正向乖离率超过 2%
出场价格	SR801C6200　310.5 元/吨 SR801C6300　237 元/吨
每手收益	730 元

事实上，如果当时构建 1∶3 或 2∶3 的反向比率认购组合，实际盈亏将分别是 1 745 元和 445 元。可见比率越低，上行获利越大；反之越小。

最后，我们一起再来体味感悟一遍这个组合的方方面面：

① 反向比率认购组合本质上是做多后市，也是做多波动率的操作，它与单腿买认购有异曲同工之妙，实际操作上可以视为对单腿买认购的保守性替代。

② 反向比率认购组合相对于单腿买认购，保留了无限的上涨获利空间，而当标的

持续下行时，它的亏损将小于单腿买认购。

③ 反向比率认购组合的两腿期权通常选择相差一档行权价，比如上面 6200 与 6300，不宜相差过多档的行权价，相差的行权价档位越多，到期潜在最大损失就越大。

④ 反向比率认购组合可以通过比率调整，比如 1∶3、1∶2、2∶3、3∶4 等，调整出最符合心中期望的那个权利金成本和 Delta 指标，从而持有一段时间，止盈止损平仓。

⑤ 通常而言，比率越低，越接近于 0，实战效果就越接近单腿买认购，标的上行则越容易获利；比例越高，越接近于 1，则实战效果越接近于熊市价差，标的上行过程中越难获利。因此，最折中的比率就是 1∶2。

⑥ 通常而言，若反向比率认购组合开仓后隐含波动率掉得不是太厉害，整个组合回撤就不会太大，它适合在隐波处于低位时的看涨行情下果断建仓。

54. 一年之前的 2 月初，双买策略是否会在我们脑中浮现

（本文作于 2019 年 2 月 7 日）

今天执笔写下这一篇复盘，是因为一年前的这一周，值得复盘的内容真的太多了。回顾一年前的当周，正当大家还沉浸在 2018 年初 19 连阳的喜悦中时，美联储加息步伐的加快和美股上涨过快的泡沫已经开始影响 A 股，由于外围市场风险外溢，2018 年 2 月 7 日早盘从房地产、银行、券商的跳水开始蔓延至全市场。

回头看，一年过去了，那一周（2018 年 2 月 5 日～2018 年 2 月 9 日）的下跌成为前一段慢牛和后一段下行的分水岭。在这起起伏伏的股海中，最困难的事情莫过于对牛熊切换的拐点预测了！由牛转熊，这样的拐点究竟能不能通过 N 个因子给出预测，这个问题众说纷纭，但至少从我的角度看，这样的拐点预测几乎是不可能的。原因很简单，全市场是由一个个人心构成的，在公开信息下，你永远都不可能知道真正的带头资金会在何时释放出巨大的抛压，即使一次的拐点猜对了，我们也很难用同样的因子再一次准确地预测到下一个拐点。因此，对我而言，与其费尽心机去预测由牛转熊的拐点，不如顺其趋势，用跟随的思想去确定由牛转熊的证据已经出现。

那么，怎样才算得上是由牛转熊的那一天呢？我想这样的判断或者说交易信号，依然是众说纷纭、因人而异的。只是从我的长期观察看，均线确实是一个很难被超越的技术指标。相对于 5 日和 10 日均线，20 日和 60 日均线能识别大趋势的终结；相对于半年线和年线，这两根均线又显得没有那么滞后。那这样说是不是跌穿了 20 日均线，市场就算是由牛转熊了？回答当然是：不是！在一段震荡市中，20 日均线被反复上穿、下穿的现象可以说屡见不鲜，可能三天前刚站上 20 日均线，但在三天后又被无情地下穿了。因此，我们不能仅仅看收盘价格是否跌穿了某根均线。从原理上讲，由于均线、MACD 此类技术指标都是趋势型择时指标，所以在震荡的市场状态里，市场趋势性不强，这些技术指标就更像是一堆杂音信号，不具备多大的参考意义。因此，只有在之前市场出现一波趋势后，再跌穿均线，才有借鉴的意义。

如果你是一个有心人，回望过去 20 年的指数，基本可以发现，在一波中小型的趋势上涨途中，一旦突然下穿 20 日均线，短期基本就很难起得来了，而在一波大型的趋势上涨途中（如 2006～2007 年牛市、2014～2015 年牛市），一旦下穿 60 日均线，就可

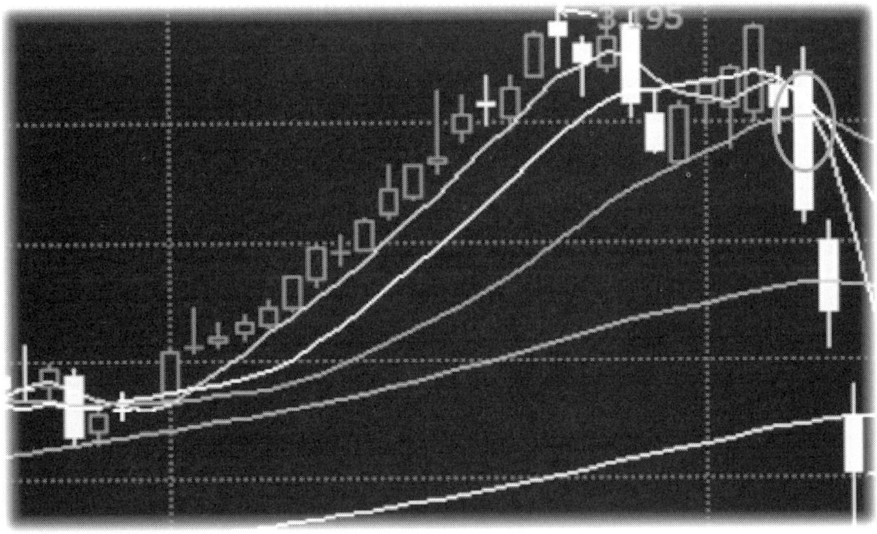

图 54－1　由牛转熊信号示意图

以宣告由牛转熊的证据已经充分了。所以，基于这样的观察和经验，怎样可以被暂时认为是由牛转熊的那一天呢(这里的“熊”包括趋势下跌了，也包括涨不上去了)？

我试图给出一个“精而简”的量化定义：过去一个月指数收盘价均在 20 日均线以上，突然某天收盘跌破 20 日均线；或者过去三个月指数收盘价都在 60 日均线以上，突然某天收盘跌破 60 日均线。对于这样的一天，大部分情况下几乎是宣告上一波的上涨波段完结了，后面的日子或许就是由牛转熊，抑或是震荡磨底般的重塑元气。

由于在市场由牛转熊的那一天，往往伴随着市场波动率的上升，后面几天要么惯性持续下行，要么象征性地报复性反弹一下，因此，作为期权交易者，我特别好奇在这样定义的拐点下，买入跨式组合，也就是我们过去所说的双买策略(同时买一份平值认购、买一份平值认沽)，它的效果究竟会如何？

正是出于这样的好奇，我开始了我的测算旅程。经过统计我发现，从期权上市首日 2015 年 2 月 9 日至今，至少出现了 6 次这样的现象(1 个月内 50 指数都站在 20 日均线上方，然后某一天收盘站在 20 日均线下方；或是 3 个月内 50 指数都站在 60 日均线上方，然后某一天收盘站在 60 日均线下方)，它们分别是 2015 年 5 月 6 日、2015 年 6 月 18 日、2016 年 12 月 13 日、2017 年 8 月 9 日、2017 年 11 月 30 日、2018 年 2 月 7 日。

那么，如果在这六个交易日收盘买入相等数量的当月(或次月)平值的认购和认沽期权，此后的三个交易日这对跨式组合的收益率将会如何呢？我们来看看吧。

对于 2015 年 5 月 6 日，回头看这一天属于牛市尾声的回调，双买策略至少在此后的第一天收盘能保证正收益，双买当月跨式和下月跨式的收益率分别为 3.26％和 2.18％(见表 54－1)。

表 54-1　2015 年 5 月 6 日后三个交易日双买策略的收益率

日　　期	当月跨式收益率	下月跨式收益率
2015 年 5 月 7 日	3.26%	2.18%
2015 年 5 月 8 日	−5.54%	−3.77%
2015 年 5 月 11 日	−16.56%	−7.91%

对于 2015 年 6 月 18 日，这一天千股跌停，回头来看可以算是真正的牛熊转换拐点日，当时市场波动率急剧上升，若在那一天收盘构建双买当月跨式或下月跨式，那么你在次日的收益率将分别达到惊人的 66.38%和 29.39%（见表 54-2）。

表 54-2　2015 年 6 月 18 日后三个交易日双买策略的收益率

日　　期	当月跨式收益率	下月跨式收益率
2015 年 6 月 19 日	66.38%	29.39%
2015 年 6 月 23 日	15.93%	7.47%
2015 年 6 月 24 日	−0.91%	−2.85%

对于 2016 年 12 月 13 日，当时在监管内压和年底资金面紧张的局面下，双买当月和下月跨式组合的收益率在随后的两日内同样达到了惊人的 67.26%和 46.39%（见表 54-3）。

表 54-3　2016 年 12 月 13 日后三个交易日双买策略的收益率

日　　期	当月跨式收益率	下月跨式收益率
2016 年 12 月 14 日	3.40%	2.76%
2016 年 12 月 15 日	67.26%	46.39%
2016 年 12 月 16 日	70.83%	44.83%

对于 2017 年 8 月 9 日，当时受朝鲜、美国"打嘴仗"的国际局势影响，全球股指陪着美股发生大跌，我们的 50 指数也在前一波 5～7 月的上涨趋势里突然下穿了 20 日均线，而这一次的双买当月跨式和下月跨式，事后被证明在后两日的收益率高达 52.58%和 27.10%（见表 54-4）。

表 54-4　2017 年 8 月 9 日后三个交易日双买策略的收益率

日　　期	当月跨式收益率	下月跨式收益率
2017 年 8 月 10 日	7.10%	−0.34%
2017 年 8 月 11 日	52.58%	27.10%
2017 年 8 月 14 日	17.58%	7.82%

对于 2017 年 11 月 30 日，之前持续的“二八分化”最终还是撑不住了，年底下跌效应再次显现，50 指数创下当年最大跌幅，这一天收盘构建的当月跨式和下月跨式，在次日收盘时分别获得了 6.15%和 4.15%的收益率(见表 54－5)。

表 54－5 2017 年 11 月 30 日后三个交易日双买策略的收益率

日　期	当月跨式收益率	下月跨式收益率
2017 年 12 月 1 日	6.15%	4.15%
2017 年 12 月 4 日	−11.41%	−10.21%
2017 年 12 月 5 日	−19.84%	−16.20%

最后，对于令人难忘的 2018 年 2 月 7 日，外围市场风险外溢，当日从房地产、银行、券商开始“跳水”并蔓延至全市场。若是构建双买下月期权策略，则可以在随后的 1 个、2 个和 3 个交易日分别收获 19.69%、97.99%和 77.55%的收益率；若是收盘构建双买当月期权策略，更是可以在随后的 1 个、2 个和 3 个交易日分别收获 30.12%、130.05%和 112.48%的收益率(见表 54－6)。

表 54－6 2018 年 2 月 7 日后三个交易日双买策略的收益率

日　期	当月跨式收益率	下月跨式收益率
2018 年 2 月 8 日	30.12%	19.69%
2018 年 2 月 9 日	130.05%	97.99%
2018 年 2 月 12 日	112.48%	77.55%

尽管期权上市后这样的样本点并不多，但就从这 6 张表格里，我们也可以清晰地看出，在这样的拐点日收盘去买入跨式期权组合，次日的胜率达到了 100%，实战的效果和我原来的猜想与预期是大致相符的！基于这些统计数据，我想在一些关键的时刻，我也为自己建立了更强的投资信仰。

有时想想，判断市场拐点真的那么重要吗？有时真的“非也”，用跟随的思维配合合适的期权策略，有时我们脑中需要浮现的仅仅就是这些。

55. 又到了月末，带防守的“彩票”，让博弈更可靠

（本文作于 2019 年 1 月 21 日）

回顾 2019 年开年以来的盘面，从 1 月 4 日到上周末，沪指 7 阳 1 阴，累计涨幅 5.34%；上证 50 指数 6 阳 5 阴，累计涨幅 6.53%。再看外围市场，道琼斯、纳斯达克和标普 500 三大指数从前期底部已经分别持续反弹 13.37%、9.20%和 13.59%，直逼前期“跳水”的起点。

离岸人民币兑美元汇率，年初至今最高升值幅度达 1.5%左右；

国务院批准 QFII 总额度，从 1 500 亿美元倍增至 3 000 亿美元；

监管层拟进一步松绑股指期货，推进更多风险管理工具的上市。

受到这些因素等的影响，从资金面看，年初至今，以陆股通北上资金为代表的外资成为明显的净流入主力。相较于 2018 年 12 月整个月的分布，2019 年 1 月至今仅有一天出现净流出，其余交易日全部为净流入（见图 55 - 1）。

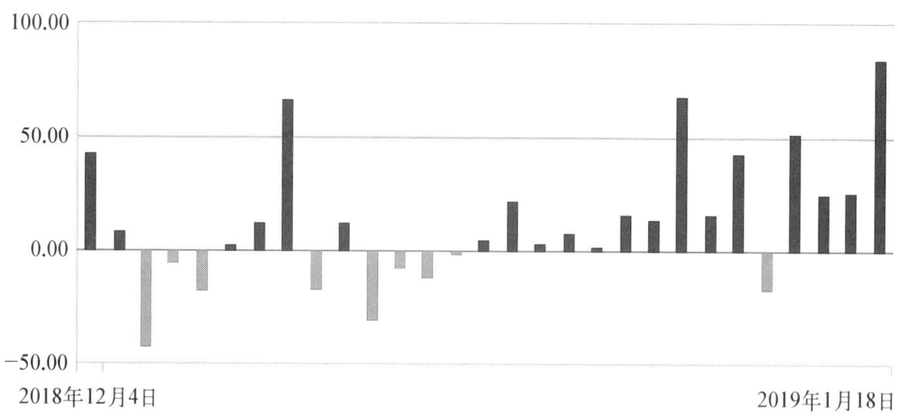

数据来源：Wind。

图 55 - 1　2018 年 12 月 4 日～2019 年 1 月 18 日，陆股通资金净流入分布

再看开年以来的 14 个交易日，除了 1 月 3 日沪指低开跌破 2449 点“政策底”的报复性反弹外，沪指涨幅排名前 4 位的交易日都对应着陆股通资金出现 40 亿以上的大额净

流入，由于外资偏好的股票依然集中在中证 100 的成分股以内，因此，代表权重股的上证 50 指数在这 4 个交易日的涨幅更为明显，分别达到了 1.20%、0.97%、2.03%和 1.94%(见表 55－1)。

表 55－1　2019 年 1 月 2 日～2019 年 1 月 21 日，陆股通资金净流入与大盘涨跌幅对比

	沪指涨跌幅	50 指数涨跌幅	陆股通净流入(亿)
2019 年 1 月 2 日	−1.15%	−1.32%	3.54
2019 年 1 月 3 日	−0.04%	0.29%	7.8
2019 年 1 月 4 日	2.05%	2.00%	2.37
2019 年 1 月 7 日	0.72%	−0.01%	16.46
2019 年 1 月 8 日	−0.26%	−0.40%	14.16
2019 年 1 月 9 日	0.71%	1.20%	67.63
2019 年 1 月 10 日	−0.36%	−0.04%	16.39
2019 年 1 月 11 日	0.74%	0.97%	42.66
2019 年 1 月 14 日	−0.71%	−0.99%	−16.84
2019 年 1 月 15 日	1.36%	2.03%	51.8
2019 年 1 月 16 日	0.00%	0.12%	25.27
2019 年 1 月 17 日	−0.42%	−0.41%	25.86
2019 年 1 月 18 日	1.42%	1.94%	84.21
2019 年 1 月 21 日	0.56%	0.63%	35.15

数据来源：Wind，“力的期权工作室”整理。

然而随着指数的一路上行，前期压力点位也越来越接近。从 2018 年 2 月份开始，60 日线和半年线分别已经成为上证综指和上证 50 两个指数的重压。自 2018 年 3 月 23 日贸易摩擦事件“跳空”至今，上证综指共 4 次上摸试图站稳 60 日线，上证 50 共 4 次上摸试图站稳半年线，均无功而返。站在当下看，上证综指已经站上了 60 日线，50 指数已经触摸半年线，前期的压力位已经到了比较敏感的点位。恰逢本周到了 1 月期权的到期周，有些朋友开始蠢蠢欲动，准备基于压力的判断博取买入当月认沽的末日轮了。

那么，通常的末日轮操作是怎样的呢？以当日收盘举例，今天收盘时 50ETF 价格为 2.424，“50ETF 沽 1 月 2400”的收盘价为 0.007 7 元(合约单位为 10 000，相当于买入 100 张该合约要花费 7 700 元)。由于标的价格 2.424 处在行权价 2.400 的右侧，所以该期权合约就是一个最接近平值但处于虚值状态的认沽期权。

回顾一下期权的一些基本原理：

① 一份接近平值但又处在虚值状态的期权，一旦临近到期日，它的 Gamma 理论上会趋于无穷大，实际盘面上虽然不会无穷大，但会非常大，达到 10 以上。

② 一份期权一旦临近到期日，它的到期前盈亏曲线就会非常逼近于最终的内在

价值，处于实值状态时的 Delta 逼近 1，处于虚值状态时的 Delta 逼近 0。

正是利用了这两个原理，若在今天收盘买入了“50ETF 沽 1 月 2400”合约，一旦后面两天出现了低开，或是收出了一根中阴，那么标的价格就很有可能跨越到 2.400 的左侧，使得这份期权从虚值状态变成了实值状态，从而收益颇丰。“问期权何时涨幅最大，且看到期前从虚变实”，事实上，这句口诀总结了上面的两个交易原理。

不过，这并不是我想要阐述的全部。从一个相对中性投资者的角度来看，我并不喜欢纯粹地买入期权去博弈末日轮（又称“大头针”）的机会，这样的策略投机性比较重，万一明后两天 50ETF 冲破半年线后势如破竹，最终没有向下回到 2.400 以下，那么买入 100 张“50ETF 沽 1 月 2400”的权利金 7 700 元就石沉大海归零了！或许有人能够承受这个亏损，但如果你不愿意承受，希望买入成本能够更小一些，则可以想到类似“正向比率认沽”的操作思路。

那么什么是“正向比率认沽”？对于这里而言，就是买入 1 份“50ETF 沽 1 月 2400”后，再卖出 N 份“50ETF 沽 1 月 2350”（$N \geqslant 1$）。这种买入量与卖出量为 1∶N 的价差策略，就叫作“正向比率认沽组合”。

实战中你不用去在意这些术语，只需要知道所卖出的 N 张认沽是为了降低买入认沽期权的成本，同时保留下行收益到 2.350 就行了。换言之，只要本周三到期收盘，50ETF 的价格没有跌破 2.350（10 日均线附近），不论在绝对收益还是收益风险比上，直接买入 2400 认沽期权的操作都一定不如买入 2400 认沽同时卖出 N 份 2350 认沽。那么现在的问题是，这个 N 等于几呢？来看数据，“50ETF 沽 1 月 2400”在今天的收盘价是 0.007 7，买入 100 张需要 7 700 元，“50ETF 沽 1 月 2350”在今天的收盘价是 0.001 0，如果我卖出 200 张，就能把整个买入成本降低到 5 700 元（7 700－2 000）；如果我卖出 300 张，就能把整个买入成本降低到 4 700 元（7 700－3 000）。然而，这个 N 也不是越大越好，N 越大，虽然上行风险几乎没有了，但一旦标的出现明显下行，比如大跌 4%，那么所卖出的 N 份期权就有可能亏得比买入的 1 份期权要多了。所以，究竟 N 等于几，最佳选择是因人而异的。表 55－2 展示了持有 N 从 1 到 4，对应的 1∶N 比率价差组合在到期收盘时上行的损失和最大的收益。

表 55－2 不同的 N，对应的 1∶N 比率价差组合在到期收盘时上行的损失和最大的收益

单位：元

N	到期上行损失（负数为收益）	到期最大收益
1	6 700	43 300
2	5 700	44 300
3	4 700	45 300
4	3 700	46 300

在实际中，我通常最多选择 N 在 2 到 3 之间，虽然 $N=2$ 时整个做多“大头针”机会的成本略微高一些，但整个持仓的 Delta 也会相对较大，在下跌过程中途赚的钱会更多一些。

从预期到善后，作为一个完整的交易，这样还没有结束。我们完成了 1∶N 的建仓后，必须想清楚我们的止损线，到期前触碰止损线就立即走人，不碰触止损线就持有到明天收盘止盈，这才构成一个完整的交易。在上文中，我们已经指出正向比率认沽组合最担心的就是明后两天的连续大跌，所以我们知道下跌太多才是这个组合最大的风险点。既然如此，止损线就容易确定了，可以设置的参考止损线有如下三个：

① 标的下跌到某个点位（比如 2.350 附近），就把 1∶N 的比率组合平掉；

② 标的下跌到使得整个组合盈亏平衡，就把 1∶N 的比率组合平掉；

③ 标的下跌到使得整个组合的 Delta 为 0 时，就把 1∶N 的比率组合平掉。

到期前正向比率认沽的操作，其实是源于降低买方成本的思维。由于不希望买入认沽的权利金价值全部归零，因此，卖出下方行权价的当月认沽，以类似于“备兑认沽开仓”一样的方式，降低买入认沽期权的持仓成本，同时保留认沽权利仓一定的下行收益空间。与之相对的是，铤而走险在到期前重仓买入深度虚值认购、认沽期权（诸如“50ETF 购 1 月 2600”“50ETF 沽 1 月 2200”）的做法是需要我们去回避的，这就像 2014 年世界杯半决赛巴西队 0∶5 落后于德国队时还要去买巴西队赢一样，无谓的冒险只会白白付出不必要的权利金。

56. 相比于片面的192倍,2月期权最后三天值得复盘的那些事儿

(本文作于2019年2月27日)

最近三天的市场,对于股民而言又是难忘的三天,而对于期权交易者而言更是一本活生生的教科书。以下简单梳理一下近几日市场的脉络:

周一:受到上周五主席关于金融端供给侧结构性改革讲话的影响,以及中证报头条“股市是核心竞争力”说法的情绪提振,周一的两市成交10 405.80亿元,创下了2015年11月以来的量能新高,近300只股票涨停,3 500多只个股飘红,券商股连续两日全线涨停。

周二:周一晚间,监管层连夜做出了一些冷静市场的提示,证监会针对场外配资有所抬头的报道进行了回应,同时希望广大投资者理性投资,东方通信等上市公司也进行了二级市场的交易风险提示,当日,随着本轮反弹总龙头——东方通信的炸板,市场情绪的亢奋程度出现了一些缓解,分歧也开始加大,9.85%的连板率和40.38%的封板率指标也足以印证这一点。相比之下,北上资金还是一如既往的淡定,展现了配置型操作风格,不论你是天量还是天价,整个一天稳稳净流入23.30亿元。

周三,市场分歧继续加大,整个一天依旧创下了8 912.44亿元的高量能,但全天宽幅震荡,银行、保险、券商板块分别出现了3.48%、3.47%和5.97%的振幅,前期涨幅巨大的农业指数终于出现了久违的收阴回吐。

这三天间,有些人会在某个合约上收获巨大,有些人会在某个合约上损失惨重;这三天间,你会看到什么叫Gamma、什么叫Theta;这三天间,你会了解什么叫价值归零风险,什么叫“大头针”风险;这三天间,你会发现期权的盈亏是多么的路径依赖,而不是你平时想象的位移依赖。这些或许都是值得我们去复盘的事情。

(1) 临近到期Gamma的巨大威力

由于周一日内的上行趋势非常强劲,加之临近到期日的原因,使得类似“50ETF购2月2750”“50ETF购2月2800”等合约出现了非常显著的涨幅,尤其后者更是单日上涨了192倍,成为许多媒体宣传期权的一个片面的噱头。我们赚钱也好,亏钱也

罢，往往需要对盈亏进行一个归因，那么这两个合约何以涨幅如此巨大呢？这背后的原因，都是源于一个期权指标造成的，那就是 Gamma。Gamma 这个指标是什么？通俗地说，它就是期权价格变化的加速度，它刻画了一张期权“大逆转的威力”。

在一份期权从虚值变成实值的过程中，它的涨幅往往巨大。我们用买彩票来比喻买期权，如果你喜欢巴西队，在巴西队 0∶1 时买入一张巴西队赢的彩票后，那么当下半场巴西队把比分打到了 2∶1，这份彩票的价值就会产生巨大的涨幅，而且当这场比赛越是临近终场吹哨的时候，某一方进球对比赛结果的影响力越大，这份彩票“大逆转的威力”就越大。这就是“大逆转的威力”，它就像一辆超跑一样，标的价格就像你的右脚一样，你的右脚往下踩一点点，它的速度就嗖的一下飙升！

然而它的劣势是什么呢？那就是一旦最后一两天，你所持有的虚值 1 档期权没有最终变成实值，那么所有的期权费投入就归零了。

(2) 价值归零风险与“大头针”风险

事实上，能达到 100 倍以上涨幅是极其罕见的，从概率上来说，是一个 5 倍 Sigma 以外的事件，假如事件服从正态分布，那就是 4 779 年一次的概率(见表 56－1)。

表 56－1　在随机变量服从正态分布的假设下，实用的对应频率

	实用对应频率(按传统正态分布去看)
1 倍以外 Sigma 事件	3 天一次
2 倍以外 Sigma 事件	22 天一次
3 倍以外 Sigma 事件	370 天一次
4 倍以外 Sigma 事件	43 年一次
5 倍以外 Sigma 事件	4 779 年一次
6 倍以外 Sigma 事件	139 万年一次
7 倍以外 Sigma 事件	10 亿年一次

在期权交易中，能达到非常高涨幅的期权，一般是到期前的极度虚值期权。极度虚值期权具有极大概率的价值归零风险，买入极度虚值的期权就好比买入一张几乎不可能兑现的彩票，这就好像巴西队已经 0∶5 落后于德国队，然后要在最后几分钟内连续扳回 6 个球一样，这时你还会买巴西队获胜吗，你还会重仓买入巴西队获胜的彩票吗!？一样的道理，192 倍的收益只是理论上的可能，几乎没有人会抓得住，更不应该去重仓买入。

而追涨买入了这份“50ETF 购 2 月 2800”合约的后果是什么呢？那就是一旦到期日 50ETF 价格没有涨过 2.800，这份期权将分文不值。最终，今天收盘时，50ETF 的价格收在了 2.736，这就意味着比赛结束了，什么 192 倍，最后是一分钱都不剩，周一追涨买入的“50ETF 购 2 月 2750”“50ETF 购 2 月 2800”的市值全部归零。因此，我们在实际操作中一定要避免追涨临近到期的深度虚值期权。这是初学者必须牢记的一点。

此外，期权的行权价好比是一条“天堂地狱线”，一半天堂、一半地狱，这就像一根竖直站立着的大头针，周围稍微有些风吹草动，就会向某个方位倒下。只不过你永远不会知道大头针会倒向哪一个方向，是安全的区域，还是危险的区域。所以，冒险去卖出临近到期的平值期权也是非常危险的，因为它到期要么是零，赚取全部权利金，你成为“冒险的英雄”；要么就可能是一笔巨额亏损，一点退路都没有，成为那个倒霉蛋。这个就是“大头针”风险（见图 56－1）。

图 56－1 “大头针”风险示意图

（3）期权是一个路径依赖的工具，而不是位移依赖的

中学时，我们都学过位移和路程的概念。粗略地说，位移就是位置移动的距离，可理解成起点到终点的线段距离，而路程是起点到终点过程中经历的所有长度之和。举个经典例子，绕着标准操场跑一圈，位移是 0，因为起点和终点是一个点，所以起点到终点的线段距离就是 0；而路程却是 400 米，因为你在过程中经历的长度之和是实实在在的 400 米。

在现货的世界里，只要你扛得住，你的持仓市值永远是位移依赖性的。假设 3000 点买入一个指数 ETF，一年后指数价格到了 3200 点，那么只要你的持仓还在，你就可以赚取 200 点的价差收入，不论这半年间是一个什么样的过程，先涨后跌也好，先跌后涨也罢，极端情况就算前面 249 个交易日一直在 3000 点附近徘徊，最后一天大幅上涨 200 点，你的收益仍然是 200 点。这说明现货的交易收入是位移依赖性的，而不是路径依赖性的。

然而，在衍生品的世界里，一切就变得很不同了，尤其是对于期权的卖方，由于期权卖方是一种保证金交易，卖方类似“保险公司”，是需要缴纳保证金的。上周五收盘时，50ETF 的价格是 2.618，假如你觉得“50ETF 购 2 月 2800”是不会被行权的，是会安全“着陆”的，然后你重仓卖出了这个合约。那么后面发生了什么呢？周一就一天，这个合约上涨了 192 倍，这意味着这个合约的卖方亏了 192 倍，然而，造化弄人，周一的亢奋行情结束后，周二、周三分别出现了一根大阴线和一根宽幅震荡的十字星，最后 50ETF 价格收在了 2.736，远远地低于 2.800（见图 56－2）。这说明你本来周五想的安全“着陆”是对的，只是你往往已经等不到这一天了，因为在周一市场暴力拉升的那一天，“50ETF 购 2 月 2800”的义务仓早就因为保证金余额不足而被迫平仓了。

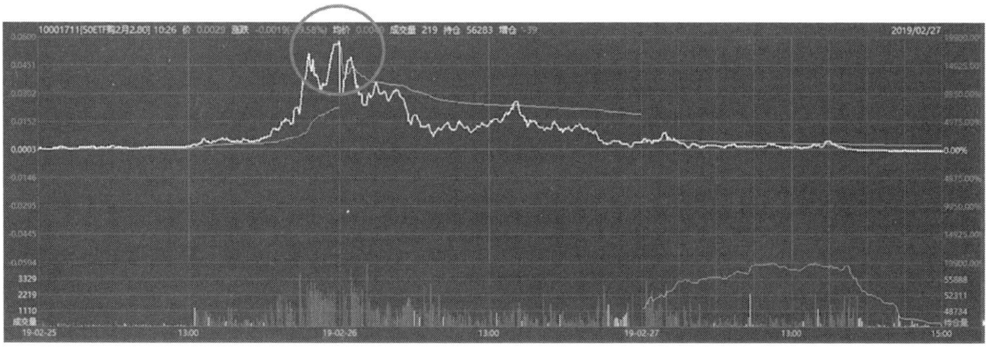

图 56－2　2019 年 2 月 25 日～2019 年 2 月 27 日，“50ETF 购 2 月 2800”合约的分时走势

一位朋友曾经说过：“期权交易，差一天可以差很多。”这句话真的不假，2 月合约到期前的三天就发生了，对于期权卖方而言，标的先大涨后大跌，与标的先大跌再大涨，最后的盈亏结果可以是天壤之别的。这就像一个弹簧一样，过度地受到挤压后，或许这个弹簧已经发生了范性形变，再也反弹不回来了。这就是衍生品交易的路径依赖性。

57. 天量下的情绪面，乐开花的波动率

（本文作于2019年3月6日）

从上周一两市量能突破1万亿元至今，两市的量能就一直维持在一个天量的水平中，今天更是创出了1.11万亿元的巨额成交额，市场的情绪与人气也达到了近几年的高位。上周一的普涨亢奋后，券商、农林牧渔、通信设备等板块都纷纷出现过“炸板”的现象，总龙头东方通信的“倒下”曾一度让交易者的分歧开始加大，50期权市场的隐含波动率也久违地在上周三和周四出现了连续两日的回落，让做空波动率的交易者喘了一口气。然而，对于做空波动率的交易者，在仅仅安心了两天后，上周五尾盘的一波拉升再次预示了一波新的冲高。

这几天的盘面像一个值得好好学习的剧本。今天盘中一度出现较大幅度的跳水，上证50指数眼看着就快下穿久违的5日均线了，但尾盘最终依然强势翻红。证监会主席说“敬畏市场，敬畏专业”，对我们交易者而言，更需要的是敬畏趋势，在趋势面前，一切逆势而行的行为都要谨慎。如果把2018年以来的利好罗列一下，那或许会占满整篇文章，习主席关于金融端供给侧结构性改革的发言，李克强总理最新的关于减税降费的政府工作报告，MSCI提高A股纳入因子比例，FOMC明确停止缩表计划，一个接着一个。如果从技术面上看，当指数到达某个临界点时，量能就会成为一波趋势延续的最重要指标之一。如果沪指缩量回补前期缺口，或许一个技术性调整会来临，但如果沪指的缺口不回补，而始终保持着很高的成交量在周一的上影线附近震荡，那么新入的资金就有可能去消化前期上方潜在的套牢盘，趋势大概率还会延续。不过指数的观察角度永远还是一维的，这篇短文希望说的，并不是单纯地从传统的价、量技术指标进行分析，而是希望能帮助大家学会期权这一工具，从期权市场隐含波动率的第二维角度去观察一下市场，或许会得到一些不同的启发。

在美国期权市场，自1987年以后，波动率偏斜曲线的形状特征是左侧的波动率高于右侧，也就是较低行权价对应的隐含波动率较高，较高行权价对应的隐含波动率较低，如果把波动率偏斜曲线想象成我们的嘴巴，那么它的形状就像是“咧嘴半边笑”（见图57-1）。

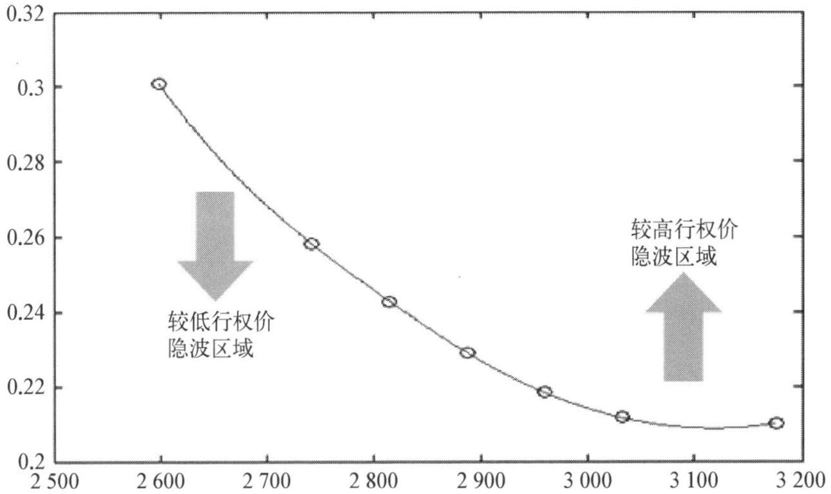

图 57－1　美国期权市场常见的波动率偏斜曲线形状

然而，在国内市场，波动率偏斜的曲线就未必乖乖地呈现出“半边咧嘴笑”的形状了，可能是“双边微笑”，可能是“沮丧”，还可能是“乐开花”。在最近的上证 50 期权市场上，你会看到当月期权和下月期权几乎都出现了非常久违的现象，那就是波动率两翼齐飞，波动率曲线呈现出“乐开花”的现象。什么叫“波动率曲线乐开花”？形象地说，就是两侧行权价的期权隐含波动率都升高了，虚值认购和虚值认沽期权的波动率都明显升高。如果你对每个月份的波动率曲线略知一二，可以参见图 57－2。

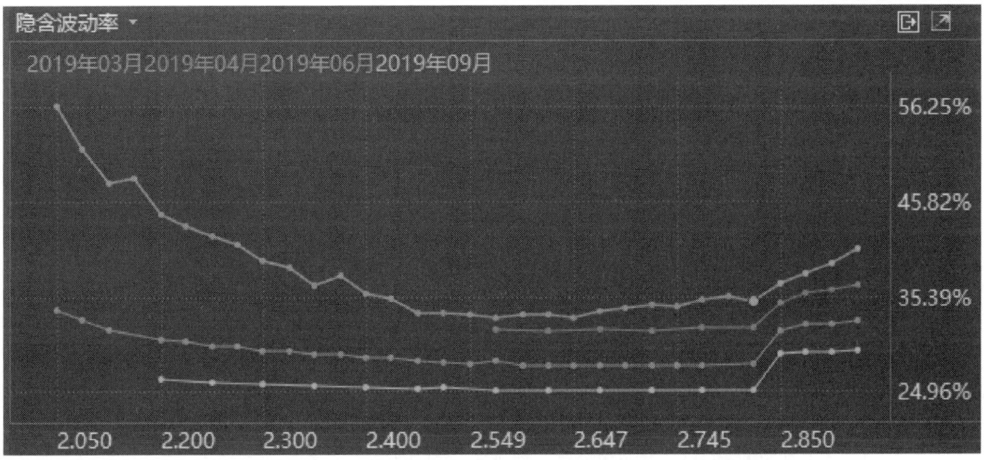

图 57－2　2019 年 3 月 6 日收盘时，各月份波动率偏斜曲线

从图 57－2 中，你会发现，3 月 2950 和 3000 的深度虚值认购期权的隐含波动率分别达到了 38.53％与 40.16％，比其他同月份、不同行权价的期权隐波都要高，而 3 月 2050 和 2100 的深度虚值认沽期权的隐波也都已经超过 50％，超过了平值认沽和认购期权的隐波，以及其他同月份的期权隐波。另外，不论是3月合约、4月合约，还是6月合约，隐波水平全部高于上周五的收盘水平，波动率曲线左右两侧的翘尾现象应该说是非常明显的（见图57－3）。

隐含波动率	历史波动率	时间价值	内在价值	购<行权价>沽↑	内在价值	时间价值	历史波动率	隐含波动率
0.3227	0.2320	0.0120	0.3200	2.500	-	0.0066	0.2320	0.3372
0.3318	0.2320	0.0128	0.3200	2.500A	-	0.0066	0.2320	0.3372
0.3427	0.2320	0.0186	0.2710	2.549A	-	0.0110	0.2320	0.3354
0.3336	0.2320	0.0175	0.2700	2.550	-	0.0109	0.2320	0.3336
0.3454	0.2320	0.0260	0.2220	2.598A	-	0.0176	0.2320	0.3354
0.3336	0.2320	0.0244	0.2200	2.600	-	0.0181	0.2320	0.3372
0.3363	0.2320	0.0342	0.1730	2.647A	-	0.0265	0.2320	0.3336
0.3336	0.2320	0.0343	0.1700	2.650	-	0.0289	0.2320	0.3417
0.3381	0.2320	0.0473	0.1240	2.696A	-	0.0423	0.2320	0.3472
0.3417	0.2320	0.0494	0.1200	2.700	-	0.0439	0.2320	0.3490
0.3454	0.2320	0.0658	0.0750	2.745A	-	0.0594	0.2320	0.3490
0.3463	0.2320	0.0680	0.0700	2.750	-	0.0628	0.2320	0.3544
0.3544	0.2320	0.0888	0.0260	2.794A	-	0.0822	0.2320	0.3572
0.3517	0.2320	0.0909	0.0200	2.800	-	0.0841	0.2320	0.3535
0.3631	0.2320	0.0898	-	2.850	0.0300	0.0824	0.2320	0.3635
0.3730	0.2320	0.0721	-	2.900	0.0800	0.0653	0.2320	0.3762
0.3853	0.2320	0.0584	-	2.950	0.1300	0.0517	0.2320	0.3898
0.4016	0.2320	0.0482	-	3.000	0.1800	0.0402	0.2320	0.4016

图57－3　2019年3月6日收盘时，3月份期权合约隐含波动率

如果你并不太熟悉波动率曲线，也没有关系，直接观察行情界面吧。一般而言，当市场波动率没有明显变化时，标的价格的大涨会导致认购期权价格上涨、认沽期权价格下跌，标的价格的大跌会导致认沽期权价格上涨、认购期权价格下跌。然而，今天的期权盘面呢（见图57－4）？

行情　指标　风险　信息　合约选择：50ETF　2019年03月（21天）　标的名称：50ETF　最新价：2.820　涨跌：0.007　幅度

卖价	买价	涨幅%	涨跌	最新	购<行权价>沽↑	最新	涨跌	涨幅%	买价	卖价
0.3797	0.3796	-0.63	-0.0024	0.3797	2.450	0.0037	-0.0008	-17.78	0.0036	0.0038
0.3352	0.3320	-0.36	-0.0012	0.3320	2.500	0.0066	-0.0003	-4.35	0.0066	0.0067
0.3352	0.3323	-0.12	-0.0004	0.3328	2.500A	0.0066	-0.0003	-4.35	0.0066	0.0068
0.2904	0.2877	0.03	0.0001	0.2896	2.549A	0.0110	0.0003	2.80	0.0110	0.0112
0.2885	0.2873	-0.35	-0.0010	0.2875	2.550	0.0109	0.0002	1.87	0.0108	0.0109
0.2509	0.2455	0.90	0.0022	0.2480	2.598A	0.0176	0.0005	2.92	0.0176	0.0180
0.2444	0.2442	0.33	0.0008	0.2444	2.600	0.0181	0.0006	3.43	0.0180	0.0181
0.2088	0.2065	0.39	0.0008	0.2072	2.647A	0.0265	0.0003	1.15	0.0264	0.0265
0.2043	0.2042	0.69	0.0014	0.2043	2.650	0.0289	0.0024	9.06	0.0288	0.0289
0.1736	0.1728	-0.58	-0.0010	0.1713	2.696A	0.0423	0.0031	7.91	0.0414	0.0424
0.1695	0.1689	1.13	0.0019	0.1694	2.700	0.0439	0.0036	8.93	0.0438	0.0439
0.1424	0.1405	1.59	0.0022	0.1408	2.745A	0.0594	0.0035	6.26	0.0588	0.0594
0.1380	0.1373	1.85	0.0025	0.1380	2.750	0.0628	0.0044	7.53	0.0628	0.0630
0.1148	0.1142	3.24	0.0036	0.1148	2.794A	0.0822	0.0043	5.52	0.0822	0.0834
0.1109	0.1108	3.16	0.0034	0.1109	2.800	0.0841	0.0029	3.57	0.0840	0.0841
0.0898	0.0897	3.58	0.0031	0.0898	2.850	0.1124	0.0029	2.65	0.1123	0.1124
0.0726	0.0721	4.80	0.0033	0.0721	2.900	0.1453	0.0053	3.79	0.1453	0.1464
0.0585	0.0584	5.61	0.0031	0.0584	2.950	0.1817	0.0054	3.06	0.1787	0.1796
0.0483	0.0482	6.40	0.0029	0.0482	3.000	0.2202	0.0032	1.47	0.2202	0.2210

图57－4　2019年3月6日收盘时，3月份期权合约行情

你会发现，50ETF 仅仅上涨了 7 个 tick，上涨幅度为 0.25%，但所有的虚值认购与认沽期权都在上涨，而且涨幅不小，除 3 月部分合约以外，4 月、6 月、9 月期权合约全部以红盘报收。事实上，自从上周一 50ETF 大涨 7%以上起，虚值认购、认沽同涨的这一现象已经很多次出现了。这说明市场的多空分歧依旧很大，有一部分交易者觉得行权价 3.000 不可能过，打算卖开持有；有一部分交易者投机看涨，想用较为便宜的虚值期权去赚取价差收益；还有一部分交易者则害怕外围市场突然回调，导致国内市场跟随回调，买入了下方的认沽期权做防守（见图 57－5）。

行情 指标 风险 信息 合约选择：50ETF 2019年04月（49天） 标的名称：50ETF 最新价：2.820 涨跌：0.007 幅度

卖价	买价	涨幅%	涨跌	最新	购<行权价>沽↑	最新	涨跌	涨幅%	买价	卖价
0.3229	0.3203	1.86	0.0059	0.3231	2.550	0.0323	0.0042	14.95	0.0321	0.0323
0.2838	0.2814	2.13	0.0059	0.2832	2.600	0.0428	0.0032	8.08	0.0428	0.0433
0.2478	0.2455	2.24	0.0054	0.2462	2.650	0.0577	0.0041	7.65	0.0577	0.0581
0.2150	0.2128	3.18	0.0066	0.2141	2.700	0.0741	0.0043	6.16	0.0731	0.0743
0.1855	0.1835	4.12	0.0073	0.1845	2.750	0.0949	0.0048	5.33	0.0949	0.0957
0.1580	0.1579	4.02	0.0061	0.1580	2.800	0.1183	0.0040	3.50	0.1174	0.1188
0.1348	0.1343	4.98	0.0064	0.1348	2.850	0.1453	0.0055	3.93	0.1451	0.1460
0.1180	0.1175	7.11	0.0078	0.1175	2.900	0.1759	0.0051	2.99	0.1756	0.1773
0.1010	0.1006	7.23	0.0068	0.1008	2.950	0.2118	0.0066	3.22	0.2096	0.2101
0.0867	0.0866	7.70	0.0062	0.0867	3.000	0.2553	0.0156	6.51	0.2452	0.2554

图 57－5　2019 年 3 月 6 日收盘时，4 月份期权合约行情

再仔细看一下隐波超过 40%的那个 3000 认购期权的盘中走势，你就会发现，只要 50ETF 的分时走势稍微向上抬个头，这个合约盘中就会 20～30 个 tick 往上涨，活力十足，而即使在 14:00 上证 50 指数开始跳水，跌到 2.777（分时点位与上周五下午 14:30 相同），3 月 3000 的认购期权的价格依然没有低于 330 元（上周五收盘价），隐波也丝毫没有快速下降的迹象（见图 57－6）。

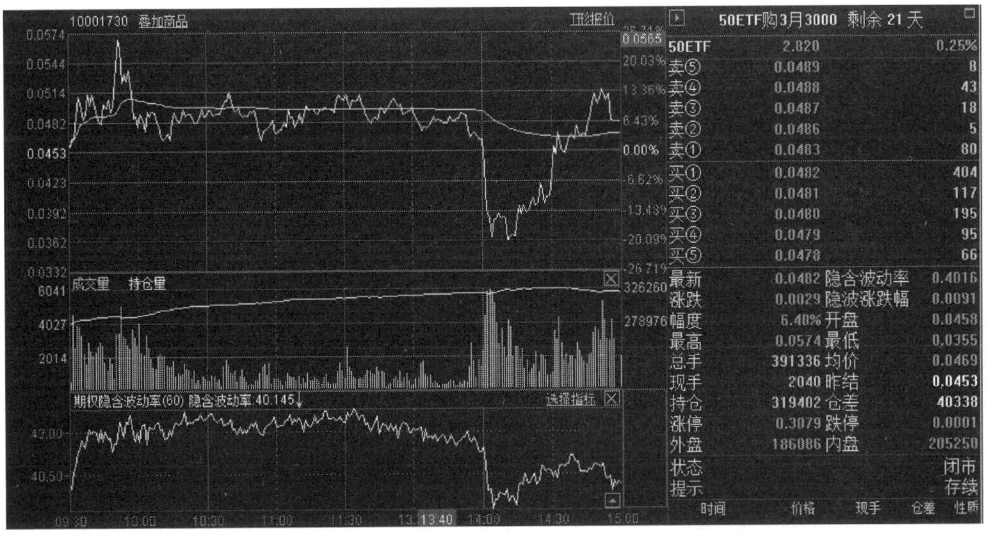

图 57－6　2019 年 3 月 6 日，“50ETF 购 3 月 3000”合约分时走势

实际上，每个期权合约的隐含波动率是该合约买卖供求关系的集中体现。这说明，当日 14:00 上证 50 指数大跌、认沽期权大涨的时候，至少在期权市场上，还存在一股较为强大的买方力量一直把 5 月 2950、3000 等认购期权的价格撑住，使认购期权的价格跌得不深，我们都知道买认购的交易者基本上都是看涨的。因此，从期权隐含波动率两翼齐飞的角度看，只要 3 月 2950、3000 等虚值认购期权的价格下不去，市场上还是存在一部分资金准备追涨做波段的。最终，午后 50 指数的回升反过来也印证了这个信息择时因子至少在今天看起来是有效的。此外，我们需要注意的是，期权市场里许多资金是做短线的，今日日内的 V 字反转并不代表下个月份甚至下个季度的看涨，这些波动率的信息更应该被视为短期性的因子。

尽管今天的正确并不一定代表下一次一定正确，但从这一现象里，我们至少可以获得两个重要的启示：第一个是我们可以把这些虚值期权合约的隐含波动率信息提炼出来，作为参考指标，变换成符合逻辑的择时因子，比如“最虚值认购隐波/次最虚值认购隐波”等，供我们盘中参考市场的情绪变化和标的的潜在风险。第二个是我们可以把这些虚值期权的隐含波动率下降幅度作为标的仓位管理的一个止损阈值，假如某天下午的时候 5 月 2950、3000 的认购期权价格真的撑不住了，开始翻绿，或者是隐含波动率下降了 5%以上，那么这代表期权市场的那部分资金都觉得短期情绪回落了，我们可以考虑尽快止损，至少需要分批降仓 50ETF 标的了。

58. 溢价背后，风控先行——“50ETF购3月3000”合约的买卖实操风险面面观

（本文作于2019年3月中旬）

随着50ETF 3月期权合约到期日的临近，标的价格在到期收盘的庐山真面目也将逐渐揭晓了！在这个行权周期内，受到2月深度虚值认购期权某日大涨的影响，有些投资者被一些媒体所误导，或许是为了这一幕的重现，以高估的溢价买入了类似“50ETF购3月2950”“50ETF购3月3000”等合约，然而事实上，下面的蜡烛图(见图58－1)就是最好的老师，它告知了投资者一份期权价格变化的规律，告知了投资者理性交易的重要性。

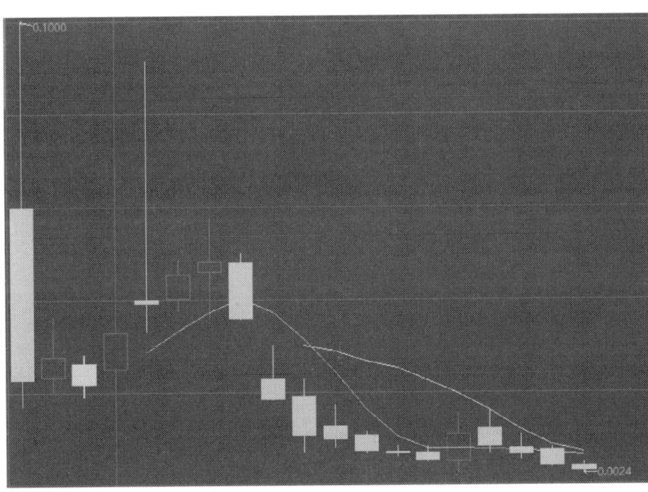

图58－1 “50ETF购2019年3月3000”期权合约日线图

在整个3月的行权周期内，市场这位老师很好地教授了以下几个期权交易的风险：

第一个期权交易的风险，叫作慎买临近到期的期权。与股票和期货很不相同，期权的价格＝内在价值＋时间价值。买入某个行权价的认购期权后，如果标的在到期前横盘震荡再无动静，那么权利金市值也是会逐渐归零的，这就是时间价值的衰减和消耗。时间价值有一个特征或者口诀，叫作“天天贬值，越贬越快”。通常来说，买一个一个月后到期的期权，它的时间价值衰减非常缓慢。买一周后到期的虚值期权，它的时

间价值开始加速衰减，会像阳光下的冰一样融化得非常快，而且越来越快。做期权交易，我们要尽量避免购买那些还剩下一周甚至只剩下三四天的期权，购买这样的期权，大概率会在时间价值上发生巨大的亏损，如果内在价值没有明显的提升，整体的权利金一定亏损。

第二个要注意的风险，是慎买深度虚值的期权。在前文中，我们在实值、平值和虚值的比喻中说到，深度虚值就像巴西队和德国队比赛中巴西队已经 0∶5 落后于德国队的时候，你还要买巴西队赢，这种投资非常不理性，这种购买期权的行为就叫作买入了深度虚值的期权。为什么要慎买深度虚值的期权呢？道理非常简单，因为深度虚值的期权的到期行权概率已经非常接近于零。购买一次深度虚值的期权可能没感觉，但是如果连买 10 次都没有变成实值，你就会发现累积的亏损非常大。

第三个期权交易的风险，叫作“大头针”风险，也就是临近到期的时候慎卖大量的平值期权。为什么说要谨慎地卖出大量的平值期权呢？从买方的角度考虑，平值期权到期行权的概率是 50%对 50%。以认购期权为例，如果标的价格低于行权价，到期不会行权；如果标的价格高于行权价，到期就会行权。行权往往获得收益，不行权就百分之百亏损了期权费。对于期权买方来说，买入平值期权，好比一半天堂，一半地狱。对卖出平值期权的人来说也是一样，他有 50%的概率最后被行权了，必须无条件地交割，这样的交割往往给他带来亏损；他也有 50%的概率没有被行权，没有被行权他就逃过了一劫，所有的期权费都放在口袋里。对于卖期权的人来说，到底会不会被行权，事先非常难判断，也就是说，他事先无法知道到底处于天堂还是地狱，只有等到标的到期收盘，他才能完全知道。卖出平值期权会面临什么问题？一会儿你觉得很危险，可能需要对冲；一会儿又回到了安全区域，你又觉得不需要对冲了。一会儿要对冲，一会儿不要对冲，来回的成本会非常高，而且你也很难判断自己是不是需要对冲。所以临近到期的时候，卖出大量的平值期权，有 50%的概率最后全部交割，要准备大量的现货或者资金去交割，会带来大量的亏损。这样的风险我们叫作“大头针”风险。

第四个交易操作的风险，就是仓位过重风险。仓位控制显得更为重要，仓位控制是最大的事前风控，“仓位控制”这四个字，说说容易，但恰恰是最不容易做到的。许多交易者本来想好的仓位控制，因为“手痒痒了”，因为周围人的噪声，而开始快速加仓，开始失去理智。仓位轻，就像一叶轻舟，很容易掉转船头，很容易进行移仓和希腊字母对冲操作；而仓位一重，则像一个老人一样，移动缓慢，甚至一不小心就摔跤。对于期权买方而言，做个形象的比喻，如果一个人花费 100 元去买几张彩票，最后没有中奖，他不会觉得有什么大不了的；但是，如果他花费 100 万元去买了一堆彩票，最后一张都没有中奖，那他的经济损失就很大了。所以，买期权时也是一样，应少量地买入试水。对于期权卖方而言，仓位过重也会导致当标的价格朝反向运动时，保证金占用金额上升得特别快，当你在账户里的总资产已经不够保证金占用时，就会出现爆仓的风险；如果仓位不太重，你就可以有更多移仓腾挪，甚至买入其他期权去对冲的资金空间了。

交易一种工具前，真的需要先全面了解这一工具，而不是被所谓“翻倍”这样的字眼所迷惑。在成为一个合格的期权买方之前，我们需要了解期权买方交易的一些原则，必要时甚至可以把原则打印出来，“每日三省吾身”。

从少量的买入试水。期权的妙处在于仅需投入较少的资金，就可以撬动较大规模的股票投资。当买入期权时，最大的损失就是付出的权利金，再无其他，所以，买入期权是试水期权交易的最佳起点。即使你想尝试更复杂的策略交易，也最好从买入少量的期权开始，这样就算犯了错，付出的“学费”也不会太高昂，却给你提供了有益的实战经验。

不要买太贵的期权。期权买方最常犯的一个错误就是买的期权太贵。投资者买了较贵的期权，面临的风险就比较大，一旦股价反方向变动，权利金的很大部分就会损失掉；而买便宜的期权，就不会损失太多。另外，买便宜的期权更有可能获得较高的收益率。便宜的期权并不难找，但是很多便宜的期权价格其实是被高估的，应该要寻找那些价格被低估的便宜的期权。买入这些期权之后，即使股价变动不符合预期，损失也会较小。有经验的期权投资者都知道：“最好的期权投资策略，就是买入被低估的便宜的期权，尤其是认沽期权。”

分批开仓。建仓时，先买入少量合约，再根据股价变动逐渐增加仓位，确保以较有利的价格建仓。不要持有过大仓位，任何一个期权仓位都不要超过整个期权买入组合的 5%，除非找到了一个价格被严重低估的期权。

幻想是最大的敌人。很多期权买方对买入期权的收益率有着不切实际的幻想。一些人承诺每年有 100%甚至 1 000%的收益率，然而很不幸的是，很多买方遭受了损失。实际上，买期权是个技术活，必须要有足够的耐心和面对损失的心理准备。

不要孤注一掷。不要把一切都押宝在一件自认为确信无疑的事情上。很多时候，越是确信会发生的事情，往往最后不会发生，历史上因此倾家荡产的例子不胜枚举。买期权时尤其要注意这一点。另外，不要孤注一掷，用你输不起的“保命钱”来投资期权，而是应该拿出一部分闲钱(损失了也不心疼)来投资，这样你就能心态平和地面对损益。

59. 隐波预知不易兮，比率价差好东西

（本文作于 2019 年 3 月下旬）

3 月行权周期终于落下了帷幕！自上周一（2019 年 3 月 18 日）的长阳过后，市场步入了三个月以来真正的多空博弈期。由于前期已经积累了较多的获利盘，经过一周多的高位盘整后，各大指数在本周一二也悉数以中阴线选择方向破位下行。然而，在每天 7 000 亿元以上的量能维持下，市场仍未显现出恐慌的状态，只是在日内的宽幅震荡中寻找下一个有力的支撑。

如果从纯粹股票多头的角度看，与 2 月普涨不同，当前的风控操作要多于趋势追踪，但从期权操作的角度看，期权是二级市场唯一一个能从四个角度看世界的工具，如果短期认为上方承受一定的压力，则以卖出认购期权为底仓便是对应压力最好的操作对策。

在期权交易中，隐含波动率是非常关键的一个指标。从近几日的波动率走势看，已经连续数日出现了下降的现象，昨日购沽价格的双双下降是最好的佐证，这从一个侧面也反映出全市场的期权交易者预期未来一个月波动率下降的可能性较高，发生暴涨的概率要低于过去的 2 月和 3 月。

实时行情		认购					2019年04月(29天)			认沽				
持仓量	卖量	卖价	买量	买价	涨幅%	现价	行权价	现价	涨幅%	买价	买量	卖价	卖量	持仓量
7641	1	0.2168	96	0.2163	-3.57	0.2163	2.5000	0.0141	-26.18	0.0141	164	0.0144	66	62301
4847	1	0.1758	12	0.1750	-4.53	0.1750	2.5500	0.0227	-19.50	0.0227	146	0.0228	1	54973
8743	1	0.1388	7	0.1387	-6.47	0.1387	2.6000	0.0368	-12.59	0.0368	11	0.0369	7	50553
19091	1	0.1079	10	0.1076	-7.32	0.1076	2.6500	0.0551	-9.67	0.0551	21	0.0552	19	48969
64428	7	0.0807	31	0.0806	-9.44	0.0806	2.7000	0.0783	-6.56	0.0783	290	0.0786	5	50710
71063	17	0.0596	89	0.0594	-14.90	0.0594	2.7500	0.1068	-4.73	0.1065	2	0.1068	103	40254
92801	50	0.0437	142	0.0436	-13.66	0.0436	2.8000	0.1409	-2.83	0.1409	9	0.1410	3	31389
59410	10	0.0313	37	0.0312	-16.58	0.0312	2.8500	0.1786	-1.60	0.1781	5	0.1786	60	17342
55635	51	0.0222	7	0.0221	-20.14	0.0222	2.9000	0.2202	-0.59	0.2201	1	0.2203	1	8164
48695	27	0.0162	47	0.0161	-19.80	0.0162	2.9500	0.2634	-0.79	0.2634	4	0.2645	50	15083
151919	67	0.0128	1574	0.0127	-21.12	0.0127	3.0000	0.3095	0.00	0.3095	14	0.3157	1	17127

图 59－1　2019 年 3 月 27 日，上证 50 ETF 次月期权合约行情界面

从上周一到现在，波动率走势逐步出现了拐点，事实上，相较于标的价格下穿 20 日均线等价格趋势性拐点，波动率的拐点往往比标的价格更难捕捉，更加突如其来。通过长期的观察，我们只能得到这样一个统计性的结论：期权的隐含波动率中长期有

一个中值回归的特征，而短期受到许多市场噪声的影响并没有明显的规律可循。这一点与股票的市盈率是一样的。

由于波动率的拐点预测起来非常困难，因此，精确地在波动率的高点做空波动率卖出期权、在波动率的低点做多波动率买入期权就成了纸上谈兵。既然如此，我们在实盘中能操作什么呢？是拼了命挖掘数据，预测波动率在明天上升还是下降吗？显然这不是一条康庄大道。与期权操作本身类似，在波动率的问题上，我们也可以尽量遵循“预测不妨对策”的原则，对未来一周或一个月的波动率升降方向有所分析，但更应该做好的是持仓相对波动率风险暴露上的相对中性，用期权价差操作的方式代替期权单腿操作。

相较于期权单腿操作（买入认购、买入认沽、卖出认购、卖出认沽），期权价差操作往往涉及一买一卖，比如买个较低行权价的认购，再卖个较高行权价的认购，称为期权牛市价差。由于买对应做多波动率、卖对应做空波动率，一买一卖的好处就是在波动率下降的阶段降低我们的损失。

买认购与牛市价差，它们在实盘期间的心理过程是完全不同的：

对于机构等大资金而言，做投资不仅只看重收益，盘中或日频的波动和回撤也是一个重要的考量指标。相对于买单腿认购期权，牛市价差实际上就是用更低一些的收益换取更低的波动率和回撤。可别小看这样的效果哦，从实盘中的心理状态而言，你可能就会因为牛市价差的低波动率和低回撤，才更容易拿得住这个组合，最终带来更大的收益。

然而，牛市价差组合还是一个看涨的组合，那么在进一步方向不确定的情况下，有没有更加中性一些的期权价差操作呢？我想还是有的，那就是比率认购价差或是比率认沽价差（我们以 1∶2 比率认购价差为例）。什么是比率认购价差呢？它的构建方法有一个四字记忆口诀，叫作“买低卖高”，通过买入 1 份较低行权价的认购期权，同时卖出 2 份较高行权价的同月份认购期权来构建，构建成本就是买期权的权利金支出扣去卖期权的权利金收入（也就是净权利金收入）。建完这一组合后一直持有至到期，你的盈亏情况就如图 59－2 所示。

不过需要注意的是，这幅图只是持有至到期的盈亏图。开个玩笑说，如果今天距离期权到期日还剩 30 天，那么这幅图 29 天半几乎都是错的，只有临近最后一天收盘时才是对的。在实盘操作中，如果距离到期较远，标的价格上涨 2%左右，整个比率认购组合的暂时收益就可能达到了最大，标的价格再涨下去则过犹不及，此时平仓兑现收益的效果将达到最好。在《3 小时快学期权》中，我曾提到一句口诀“看不涨卖认购，看不跌卖认沽”，在期权价差组合的世界里，实际上我们可以进一步把这句口诀修改成“看不涨建比率认购价差，看不跌建比率认沽价差”，结合均线等指标在比率认购和比率认沽持仓中轮动转换，防守性要好于单腿卖出期权的体系。

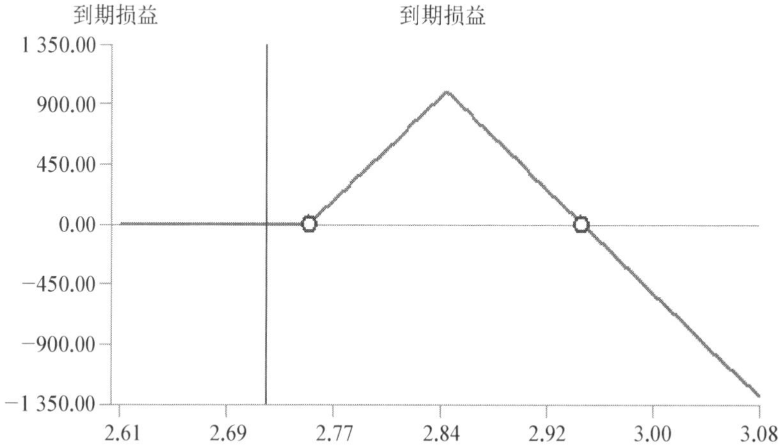

图 59－2　正向比率 1∶2 认购价差组合到期盈亏

最后，我一如既往地坚持凡事必回测的风格，来与大家一起回望一下，2015 年 2 月 9 日～2019 年 6 月 30 日，持续用 20%的仓位去构建 1∶2 比率认购价差组合的效果会如何。在下面的测试中，我选择了 3 种行权价的组合，分别跑出了 3 根比率认购价差组合的曲线，供读者们参考。

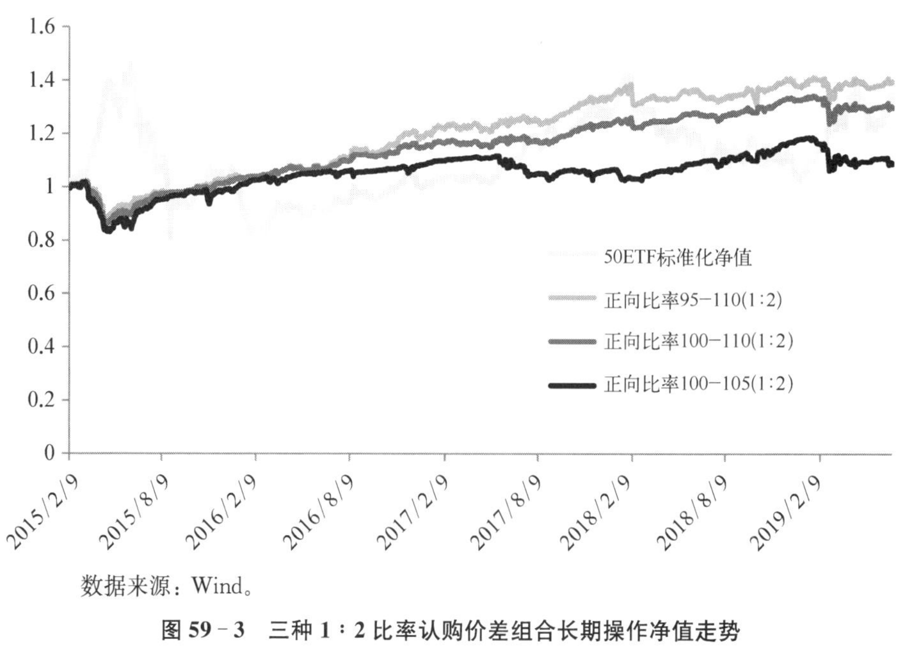

数据来源：Wind。

图 59－3　三种 1∶2 比率认购价差组合长期操作净值走势

表 59－1　三种 1∶2 比率认购价差组合部分时间绩效评价表(2015 年 6 月～2018 年 12 月)

	比率认购 95－110	比率认购 100－110	比率认购 100－105	50ETF
累计回报	48.17%	46.76%	34.32%	－24.08%
年化回报	11.88%	11.57%	8.78%	－7.56%
波动率	6.96%	4.85%	6.09%	24.65%
最大回撤	6.25%	4.06%	8.59%	44.96%
收益回撤比	1.90	2.85	1.02	－0.17
夏普比	1.22	1.66	0.92	－0.32

数据来源：Wind，“力的期权工作室”整理。

通过图 59－3，我们大致可以看出，在期权上市后的 50 多个月内，表现最好的一组 1∶2 比率认购价差只是略微战胜了 50 指数，然而，若是去除 2015 年 2 月～2015 年 5 月以及 2019 年 1 月～2019 年 3 月这两个急速上涨的阶段，整个比率认购价差组合的绩效指标就一下子非常亮眼。根据表 59－1，“比率认购 95－110，1∶2”在 2015 年 6 月～2018 年 12 月期间的年化收益率为 11.88%，最大回撤仅为 6.25%，收益回撤比高达 1.90，显著跑赢 50 指数本身－7.56%的年化收益率、44.96%的最大回撤与－0.17的收益回撤比，与我们的预期完全一致。这说明比率认购价差策略在下跌、震荡、慢牛环境中表现都比较稳定，只是在标的上涨过快的行情下显得过犹不及，这时则需要切换到比率认沽价差的组合中。

我想，在波动率升降互现的行情中，相较于在隐波下降时着急地重仓卖期权，采用比率价差的操作，有买有卖，用买防守卖，或许在波动率突如其来一涨的那一天会更庆幸、更安心。

60. 两条意外的推特，一次必学的对冲

（本文作于 2019 年 5 月 6 日）

一早醒来，看到了朋友圈里铺天盖地的截屏，我知道今天的盘面注定不平静了。特朗普的两条推特像“灭霸响指”一样，把“五一”期间发生的任何事件都给冲淡了。开盘前，美国标普 500 估值期货、A50 估值期货、美元指数、油价大跌，金价和避险货币大涨，这一切看似很意外，却又在意料之中。从 2018 年 2 月以来，我每天都比以往更关注外围市场的动向，也比以往更为谨慎地布局好防守措施，如履薄冰地对待每一天。

早盘的亚太股市果然受到了一些影响，恒生指数已较上一交易日收盘跌去了 2.50%左右，外盘的 A50 股指期货更是下跌了 4%以上。这些信息至少再次让我警觉到，今天的低开一定是在所难免了。

就像 2018 年 2 月初的突然大跌，3 月 23 日的跳空低开，6 月 19 日的千股跌停那几天那样，面对这样的局面，不是我们能够预测到的，那就尽最大努力地跟随和防守。于是，与 2018 年 6 月 19 日那天一样，结合最新的市场信息，我调整了原先的决策，尽管在持仓上已经持有 6 月的双买期权组合，但节前双买的数量只是按照低开或高开 2%的幅度去配置的，考虑到下方还有一些 P2550@5、P2600@5 和 P2650@5 的义务仓，所以我决定一开盘就参与集合竞价再买些认沽期权做防守。

那么接下来的问题是：用哪一个认沽期权合约买入对冲？需要对冲多少量？对冲后何时撤离？对于这三个问题，我想可以做出这样的决定：

首先是买入哪一个认沽期权合约对冲，这个决定很明确，一定是 Delta 指标比较大的下月期权，这能留给自己更多的时间。通常，Delta 绝对值高于 50%的期权合约都可以纳入我的考虑范围内，当然，Delta 绝对值越大的期权更为实值，它的特性更像期货，对冲效果更好，但它的权利金也比较贵，盘口价差也会大一些，所以在 Delta 与权利金之间需要做出权衡。

其次是买入对冲多少数量，这取决于我下方认沽义务仓的持仓数量和它们开盘后的 Delta 指标有多少。由于我参与集合竞价，希望在开盘以更低的价格买入，所以开

盘的Delta指标还没真正产生，只能去估计，于是我在昨天收盘的Delta指标上用自己的算法上浮了a，再用Delta中性原则（更准确地说，应该按照Delta-Gamma中性的原则）计算出开盘需要买入的认沽期权数量。举个例子，假如下方持有300张P2600@5、300张P2650@5，这两个合约的开盘Delta绝对值估算值分别为5%和10%左右，选择买入的认沽合约P2900@6的Delta在60%附近，于是我就需要买入75张[(300×5%+300×10%)/60%]P2900@6合约。

最后是何时解锁平仓这些对冲头寸，我想这个原则很清楚：如果标的价格低开后进一步低走很多，势必导致认沽权利仓的浮盈能够逐步覆盖掉认沽义务仓的今日日内浮亏，只要这一点能实现，就可以把认沽权利仓和下方认沽义务仓全部平掉，先保证下方不再有风险；如果标的价格低开后强势地回补缺口，导致缺口的一半接近被回补，那么这个对冲头寸就当买了一份保险白买了，立刻平掉，但同时认沽义务仓会迅速从浮亏转为浮盈，因此潜在收益还能继续保留着。

这些就是当日开盘前我们需要做好的决定，一旦开盘了，就像一场足球比赛开始了，容不得我们想那么多，坚决执行、坚决贯彻就行了！在这样的对冲决策下，当天几乎就可以保住义务仓部分的所有当日浮亏，从而控制了当日的总资产回撤。

下面我们把场景在更严苛的持仓条件下再模拟一遍：

假设你昨天收盘后的期权账户里有如下的认沽义务仓，且没有任何认沽权利仓：

P2550@5　200张

P2600@5　200张

P2650@5　100张

P2700@5　100张

在这样的持仓结构下，今天开盘的你应该做什么呢？想想2018年3月23日的场景，再想想2018年6月19日的场景，亚太其他市场的低开几乎确定了我们的市场也会跟着低开，我们不必患得患失地去猜接下来是低走还是回补，我们只需要去重视每一次的对冲，并且想好什么时候解锁对冲就可以了。在多年的交易生涯中，10次对冲里哪怕只要有一次真正有效，就将挽救你的资产生命。

在上述持仓结构下，你可以选择Delta绝对值在60%附近的P2900@6下月认沽期权进行买入对冲。对于普通散户，如果你学不会Delta中性、Gamma中性等计算对冲数量的方法，那就用最“简单粗暴”的方式，看自己下方最具有风险的义务仓头寸有几张，然后就买入这些数量左右的认沽期权先对冲着看看，多了则减，少了则加。在这个例子中，下方比较有风险的义务仓有P2700@5和P2650@5，它们一共200张，于是就先买入 200 张 P2900@6 进行对冲。

然后，我们进行如下对冲与不对冲的当日盈亏对比：200 手“50ETF 沽 5 月 2550”，200 手“50ETF 沽 5 月 2600”，100 手“50ETF 沽 5 月 2650”以及 100 手“50ETF 沽 5 月 2700”。相对于昨天的结算价，这个跳空低开实际上已经使得这四个头寸累计起来浮亏 33 300 元(见表 60－1)。

表 60－1　2019 年 5 月 6 日开盘的持仓盈亏情况　　单位：元

持　　仓	4 月 30 日收盘	5 月 6 日开盘	累计盈亏
P2550@5 卖	0.001 6	0.003 5	－3 800
P2600@5 卖	0.002 1	0.004 8	－5 400
P2650@5 卖	0.003 5	0.010 3	－6 800
P2700@5 卖	0.007 0	0.024 3	－17 300

当天如果开盘以后不买入认沽期权做保险、做对冲，那么收盘时，这四个头寸上的浮亏累计起来将会升至 73 900 元(见表 60－2)。

表 60－2　2019 年 5 月 6 日收盘的持仓盈亏情况(开盘后不对冲)　　单位：元

持　　仓	4 月 30 日收盘	5 月 6 日收盘	累计盈亏
P2550@5 卖	0.001 6	0.007 7	－12 200
P2600@5 卖	0.002 1	0.012 5	－20 800
P2650@5 卖	0.003 5	0.019 6	－16 100
P2700@5 卖	0.007 0	0.031 8	－24 800

然而，买入认沽对冲以后呢？如果开盘抢单买入 200 张 P2900@6(假设成交价为 0.130 0)，则到了当天收盘时，所有持仓的浮亏将从 73 900 元转为浮盈 8 300 元，这时如果快捷平仓下方所有的认沽权利仓和义务仓，就能在总资产不发生回撤的情况下有效解除下方风险头寸(见表 60－3)。

表 60－3　2019 年 5 月 6 日收盘的持仓盈亏情况(开盘后立刻对冲)　　单位：元

持　　仓	4 月 30 日收盘	5 月 6 日收盘	累计盈亏
P2550@5 卖	0.001 6	0.007 7	－12 200
P2600@5 卖	0.002 1	0.012 5	－20 800
P2650@5 卖	0.003 5	0.019 6	－16 100
P2700@5 卖	0.007 0	0.031 8	－24 800
持　　仓	**5 月 6 日开盘**	**5 月 6 日收盘**	**累计盈亏**
P2900@6 买	0.130 0	0.171 1	＋82 200

也许还有投资者会问：继续低开那么多，盘中还可能继续下行，为什么不直接平仓下方虚值认沽期权呢？其实，这也是一个非常好的止损办法，更多的是取决于你内心信心的不同。如果你很有信心在5月22日（期权到期日），50 ETF不会下穿2.700，就可以采用开盘买入对冲的方法，省得到时再把下方认沽义务仓卖开回去。而如果你觉得2.700并不“安全”（即标的到期会跌破2.700），那么可以平仓掉一部分你认为到期前并不安全的认沽义务仓，反向移仓卖出认购或是择机重新把认沽义务仓卖开回去。

再次回顾近日的盘面，贸易争端的这次反复，确实是个突发性事件，不过价、量等技术指标是不会骗人的，各大板块陆续从上个月月末开始进入了久违的三线（5日均线、10日均线、20日均线）空头排列，沪指的上一次三线空头排列还要追溯到2019年1月7日。通常而言，在空头排列的技术环境下，指数企稳是一个循序渐进的过程，需要一个契机并配合人气的逐渐恢复，因此，从技术面来说，我也至少会等到20日均线重新拐头向上时，才考虑系统性地增加多头持仓。

对策重于预测，防守重于进攻，我并不奢求能够抄底成功，也绝不会沉醉于偶然日内成功波段的喜悦。我只会遵循两条路径，直到市场的大格局再一次改变：一条是用衍生工具进行每日的多空平衡，同时防住VIX波动率指数突然的大涨，在重要均线还没有有效站上前，不去加仓逆势而行导致摔跤，从波动率和时间的维度赚钱以抵御方向上的风险；另一条则是精选个股，在本身受贸易战影响较小的行业中，用超跌反转因子或是其他基本面因子选出一个组合，然后分批建仓，打散掉建仓，让每日净值回撤最小化。

61. 牛市通道的信心多少，期权调仓的比例多少？

（本文作于2019年5月上旬）

在任何一波牛市过程中，一定存在着局部的调整，这样的调整或持续几周，或持续一两个月，甚至出现短线级别的空头排列。正是由于这样的中途调整，使得投资者们的决策往往被两件事困扰：一个是始终怀疑牛市是否已经真正启动，另一个则是在中途连续回调时如何不被震下车。

从最为客观的价、量信息看，以上证综指为首的各大板块在“五一”节前先后跌破了20日均线，甚至30日均线，同时伴随着明显缩量。这意味着指数在经历了年初第一季度的估值快速修复后，市场运行节奏正在发生变化。特朗普的各种变脸和极限施压又恰好成为导火索，让指数在整个5月份的波动区间下降了一个台阶。之后的中美贸易谈判进展与外围市场的走势依然是影响大盘走势的两大变量，作为推动一季度A股由熊转牛的因素之一，科创板首家企业上市之日的临近是否会引发“利好兑现”的获利抛压也同样值得观察。

一般而言，如果没有持续的增量资金接力，在一轮三个月级别的流畅上行后很难在短期再现快速上涨的节奏。而在之前的文章中，我们就多次提到了一点，那就是同样上涨，不同的节奏将对应不同的期权操作。期权是一种路径依赖性的投资工具，快速上行时的做法和涨一涨、停一停甚至调一调时的做法是截然不同的。

事实上，牛市中最“简单粗暴”的期权操作正是重仓单腿买认购，尽管单腿买入认购期权能带来很高的“赔率”，会在一波快速上行趋势中获得极大的收益，但一旦市场由快牛的节奏转为慢牛，甚至回调，这时单腿买认购的操作就会回撤巨大，也有可能面临方向、波动率和时间三个因素的“三杀”。做投资往往是讲究心态的，我们并不是赌准一把就会真的退休不干（事实上真的赌准一把，反而会因为尝到甜头而产生更深的操作误区），相较于追求高赔率，我们对于平时每一天的心态也往往是非常在乎的，大部分人往往受不了每天输钱，哪怕只是输一点点，也受不了方向看准却依然浮亏的局面。因此，相较于单腿买入认购策略，更精细的操作则是期权价差策略，也就是买一些期权，再卖一些期权，转为价差策略后，投资者的心理感受就会变得非常不同。

那么在一轮很大的趋势中，我们如何根据快牛与慢牛的节奏转换而调整我们的期权持仓呢？我想只要我们通过自己的方法认定这波趋势还没有结束，那么从右侧信号伊始，我们的操作往往是起步于单腿买认购，最后终止于一种叫作“比率价差”的持仓。我们以今年这波趋势上行的行情为例，中途的持仓变化过程可以是什么样的呢？

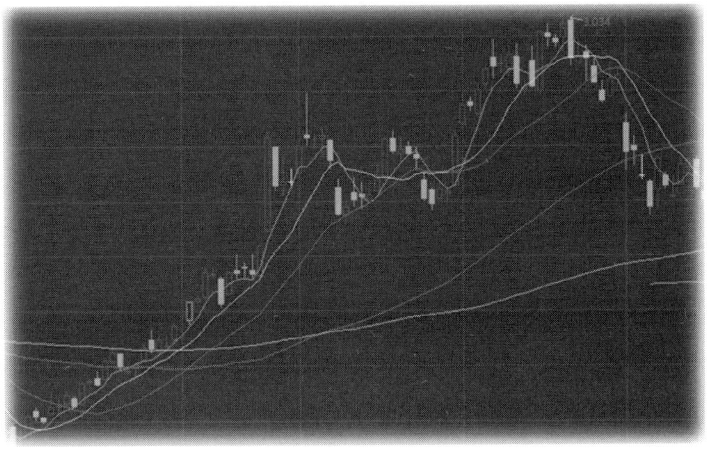

图 61－1　2019 年 1 月～2019 年 5 月，上证 50 指数日线图

2019 年 1 月 16 日，50ETF 日线级别出现久违的多头排列，先买入一部分单腿认购作为底仓，随时做好破位时的移仓善后。

一周内随着标的的继续上行，逐步卖出上方虚值认购期权，一步步修补成牛市价差组合(即买入认购的数量等于卖出认购的数量)。

随着标的继续上行，不断向上移仓牛市价差组合，比如平仓 long C2600—short C2700 这一对牛市价差组合，再建仓 long C2700—short C2800 牛市价差组合，直至 5 日线下穿 10 日线。

2019 年 3 月 8 日，50ETF 日线级别的 5 日线下穿 10 日线，流畅性上行趋势暂缓，在保留牛市价差组合不动的情况下，继续卖出上方更多的虚值认购期权，自然地转为比率认购价差组合。

……

2019 年 4 月 25 日，50ETF 日线级别的 5 日线再度下穿 10 日线，在保留前期牛市价差组合不动的情况下，继续卖出上方更多的虚值认购期权，转为比率认购价差组合。

2019 年 5 月 6 日，50ETF 跳空低开 3％左右，50ETF 日线级别三线(5 日线、10 日线、20 日线)空头排列，于是继续卖出上方更多的虚值认购期权，把比率调整得更低。

这个过程就是随着上行通道中节奏的变化，持仓所做出的变化，即所谓的对未来牛市的信心多少，期权调仓的比例多少！

如果我们用“文艺青年”的希腊字母语言表达，这样的调仓就是从 long Delta+long Gamma 到 long Delta+Gamma neutral 再到 Delta neutral 的过程。在趋势上行的初期，我们的持仓结构是做多方向同时做多波动率的，为了避免时间这一因素对买方的天然损耗，我们在一两周内把持仓结构中的波动率风险暴露通过牛市价差的方式逐步降低，最后在趋势上行暂缓但未能确定终止的阶段，再用比率价差的方式降低方向这个维度的风险。

长期的信仰不会变，但中途的信心或许会受到扰动。通过上面这个案例，我们应该就会明白，既然我们对牛市的信心大小随标的的空间与时间而变化，那么对应期权的调仓操作也就会有所变化，这样的变化在实盘操作时可以更为灵活，主要体现在以下三个方面：

(1) 比率数量的大小

对于“买入 M 份较低行权价认购+卖出 N 份较高行权价认购”的持仓结构，当 M 远大于 N 时，这样的持仓就类似于单腿买入认购期权；当 $M=N$ 时，这样的持仓就是牛市价差组合；当 M 远小于 N 时，这样的持仓就类似于单腿卖出上方虚值认购期权。随着 M/N 这一比率的逐渐变小，我们的持仓风险暴露逐渐从做多波动率变为做空波动率。在一波上行趋势中，如果没有明确的日线级别的空头信号发生，N 这个数就不应该加得太快、太大，否则在波动率急速上升时持仓会面临大幅浮亏。当我们的持仓结构进入牛市价差后，每一次上方卖出认购的操作需要有一个日线级别的空头理由，这个比率也最好从 3∶4 再到 2∶3 再到 1∶2，渐渐地、慢慢地调整比率。

(2) 行权价格间距的大小

对于“买入较低行权价（X_1）认购+卖出较高行权价（X_2）认购”的持仓结构，当 X_2 处于深度虚值时，这样的持仓就类似于单腿买入认购期权；当 X_1、X_2 都位于平值附近时，这样的持仓就是牛市价差或比率价差组合；当 X_1 处于深度虚值时，这样的持仓就类似于单腿卖出上方虚值认购期权。随着 X_1 与 X_2 两个行权价格间距的变小，我们的持仓在方向性风险暴露上就逐渐变小，反之则逐渐变大。在一波上行趋势中，如果没有明确的日线级别的空头信号发生，X_1 与 X_2 的行权价格间距可以稍许大些，比如相距 3 档或 4 档，随着趋势强度的逐渐减弱，或是当月期权合约的临近到期，可以逐渐缩小 X_1 与 X_2 两者的行权价格间距，从而降低我们在方向这个维度上的风险。

(3) 同月价差与对角线价差的互换

对于“买入较低行权价认购（月份 T_1）+卖出较高行权价认购（月份 T_2）”这样的持仓结构，当 $T_1=T_2$ 时，这样的持仓我们称为牛市价差或比率价差组合；当 T_1 大于

T_2，也就是买入远月期权，卖出近月期权，这样的持仓称为对角线价差组合。许多投资者学习期权时，往往会倾向于死记硬背每个组合是怎样构建的，如果这样去学习，你往往会误以为对角线价差离自己很遥远，心想“我怎么会用到这样的策略呢”。事实上，期权组合绝不是这样独立地、一个一个拆分地去认知的，它是一个整体，一切组合的构建是从需求出发的。在一波上行趋势中，我们一开始可能采用牛市价差组合策略，随着时间的推移，我们很可能移仓为对角线价差组合了，为什么呢？是因为近月合约的日均时间价值衰减比远月合约要快，这一规律在临近到期两周内更为明显。因此，为了与时间赛跑，继续保留买入持仓上涨的活力，我们可能随着到期日的临近，逐步把牛市价差组合替换为对角线价差组合，比如用 long C2850@6＋short C3000@5 替换了原来的 long C2850@5＋short C3000@5 了。

通过上面的论述，我们会发现，即便在 2019 年的“好开头”里，对散户而言，期权的操作也不是一成不变的。在上行通道中，我们需要结合趋势的强弱变化进行移仓或转价差，我们调整的目标永远是指数回撤时我的回撤会变小，指数上行时我又能跟得上收益，事实上，这在一波上行通道中已经足矣！

62. 超级周四的前夕，双买 VS 反日历，究竟哪个显得更靠谱？

（本文作于 2019 年 6 月中旬）

2019 年 6 月 18 日那一周，全球就将迎来一个超级星期四，美、日、英央行将在 6 月 20 日同一天公布利率决议。

凌晨 2:00，美联储公布利率决议；

凌晨 2:30，FOMC 主席 Powell 将召开新闻发布会；

上午 11:00，日本央行公布最新利率决议；

下午 14:30，日本央行行长黑田东彦召开新闻发布会；

晚间 19:00，英国央行又将公布利率决议。

随着全球经济衰退的预期日渐强烈，2019 年年初至今已经有 14 个国家的央行先后加入“降息”的队伍中，作为全球最为关注的美联储，本次的议息会议和对未来货币政策的“鹰、鸽”态度将很大程度上决定短期股市的风险偏好。

A 股在经历了 5 月初的跳空低走后，整个情绪面正在逐渐修复中。从个股的技术面来看，多头排列的个股数量正在从前期 200 只不到的低位逐步上升，空头排列的个股数量也从之前的 2 000 多只下降到不到 600 只。上周二的一根大阳线，也救指数于低位犹豫之中，三线交汇形成了久违的多头排列，上证 50 指数更是仅剩 60 日一根均线作为压力，静待剩余短期均线再度粘合。每次当标的指数发生多线交汇，并且伴随着极度缩量时，往往变盘的信号就会越来越临近。然而，毕竟，FOMC 万一发出了让所有人意外的“鹰派”信号呢？这个变盘方向依然存在变数。

波动率交易是期权这个工具最大的魅力所在，它是不可替代的，它能实现现货、期货所不能实现的预期！期权的波动率交易功能让我发自内心地竖起大拇指。不过，“波动率交易”一词往往很容易被用错、用偏。

回顾前文中提到的策略，最简单的做多波动率是什么？毫无疑问，它是双买组合，同时买一手认购、买一手认沽，如果标的未来发生大涨，买认购赚的钱可能超过买认沽亏的钱，合起来最终还是赚钱；反过来，如果标的未来发生大跌，买认沽赚的钱可能超过买认购亏的钱，合起来最终也是赚钱。

然而，当我们在说双买策略做多波动率时，实际上我们更想表达的是“双买组合是一个做多位移的组合，是一个希望大涨大跌的组合”，用希腊字母的语言说，叫作“做多 Gamma”。而做多波动率的真正意思则是做多 Vega，赚取隐波上升的钱。只是，对于绝大部分组合，long Gamma 的时候往往也都伴随着 long Vega。

那么有没有一种期权组合，它是 long Gamma（做多标的位移）的，但却是 short Vega（希望隐波下降）的呢？令人惊讶的是，这样的组合是有的，而且仅有一个，它就是反向日历组合（Reverse Calendar）。

什么是反向日历组合？构建起来很容易，反向日历组合＝买入近月平值认购（或认沽）＋卖出远月平值认购（或认沽）。对于平值期权而言，近月的 Gamma 大于远月的，但近月的 Vega 小于远月的，所以它是所有期权组合里唯一一个 long Gamma 但 short Vega 的组合。下面，我们把双买组合和反向日历组合进行仔细的对比，你就会发现“同样都是希望行情快点来，但一个是希望隐波上升的，一个竟然是不希望隐波上升的”（见图 62－1）。

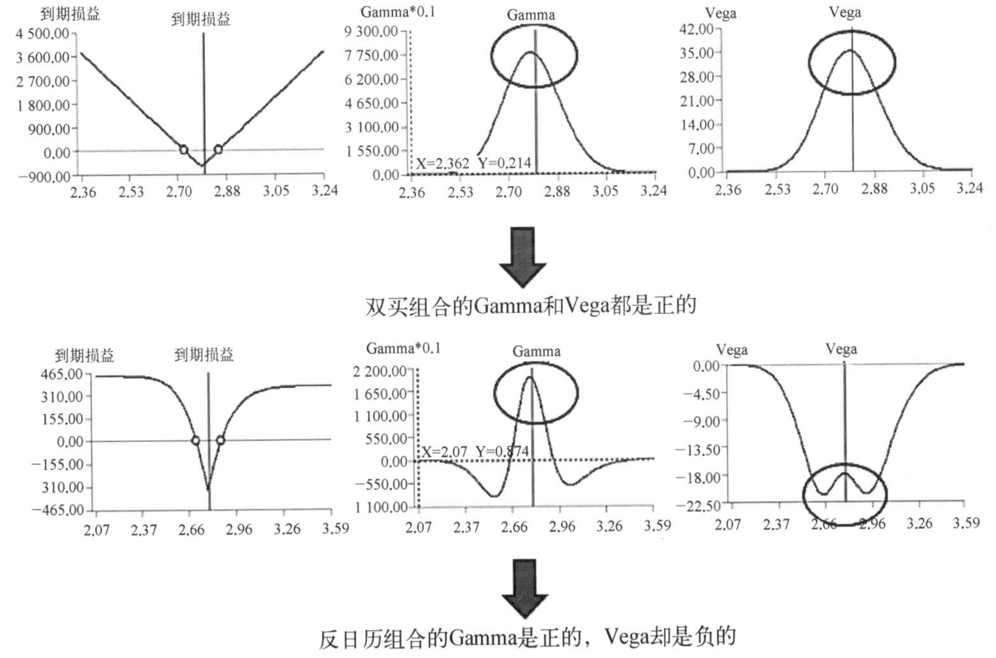

图 62－1　双买组合与反向日历组合的盈亏、Gamma、Vega 对比

好！在我们知道了反向日历的盈亏原理后，我们可以在什么时候用上它呢？一言以蔽之，那就是“觉得马上要变盘了，但是后市的隐波短期还是容易下降”的时候。

经过对过去四年的期权市场的观察，如果我们有心的话，就会发现，往往只有当一波趋势非常强烈或是确定的时候，隐波和标的价格才会双双走高。在很多情况下，尤其是几日游的行情中，标的突然大涨，未必伴随着隐波的走高，反而有可能出现意外的下降。远的我们不说，我们就以 6 月 11 日那天突然的大涨为例。

6 月 11 日当日，50 指数高开一路高走，在外资的一路净买入下，当日大涨 2.53%，然后令人意外的是，这一天的波动率指数竟然下降了，轻度虚值期权的隐波出现了普遍的下降。于是，我们来看看 6 月 11 日当天从开盘到收盘，持有一对双买组合与持有一对反日历组合，它们的分时动态盈亏情况如何。从图 62－2 中，我相信你一定会产生深刻的认识。

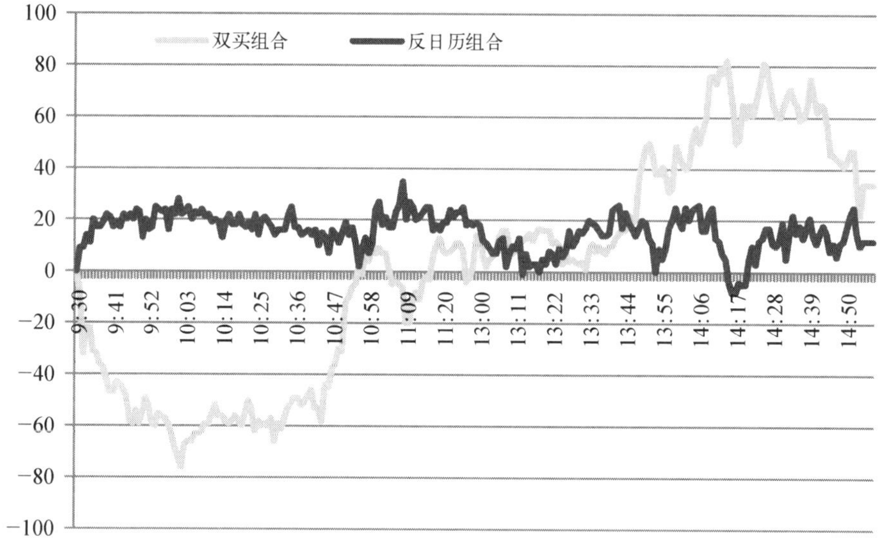

数据来源：Wind，“力的期权工作室”整理。

图 62－2　6 月 11 日当日，双买与反日历组合的分时走势

我们发现，当天上午的绝大部分时间内，尽管 50 指数一路上行，但双买组合都处于浮亏的状态，直到下午两点后才有所改观，而反日历组合全天的表现则相对稳定，日内盈亏没有太大的起伏。事实上，我们在明白了上述原理后，就能理解这一现象了。双买组合在 long Gamma 的同时是 long Vega 的，也就是如果隐波下降太多，那么即使标的大涨也未必能赚很多钱；但是，反日历组合是在 long Gamma 的同时 short Vega 的，最希望的情形正是标的大涨大跌，同时伴随着隐波的下降，在这种情况下，它将在两个维度双赚，就像爸爸涨薪水了，妈妈也发奖金了，于是宝宝有新衣服穿了。

在反日历价差组合的操作中，我们需要事先知晓两件事：

一个是关于流动性的。由于反日历组合其中的一腿涉及交易远月期权，在实盘中，即便是下月期权，它的流动性也往往不如当月期权，这在实际成交时可能会产生一些滑点，冲击成本可能比双买组合要高一些，如果能实现算法交易，在买入近月和卖出下月两腿之间以类似 TWAP 的逻辑交错成交，那整个成本可能会好一些。

另一个是关于保证金的。由于目前国内许多期权品种并没有关于跨月组合的组合保证金，因此反日历组合所卖出的那腿远月期权是需要占用保证金的。没办法，它既是平值期权，又是远月期权，所以它的保证金占用一定会比平时大家所卖的虚值期权更高些。相比之下，双买组合的初始建仓成本要小很多。

那么，面对一个事件的来临，或是认为未来会发生变盘，究竟用双买组合好，还是反日历组合好呢？破解这个问题的最终“钥匙”正是在隐波身上。在实盘中，我们可以根据波动率指数在历史中的走势，计算出几个重要的统计量。

如果当前的波动率水平处于历史较低水平，那么用双买组合进行事件布局也无妨，因为隐波已经较低，快速下降的概率没有那么大了，大不了几天后没变盘就快速止损。

如果当前的波动率水平处于历史较高水平，那么即使多占用一些保证金，我也更愿意用反日历组合，因为隐波处于高位，short Vega 维度的赢面是很大的，即便后市没有发生预期中的变盘，Vega 维度赚的钱也可以抵消 Gamma 维度亏的钱，让我的总资产不至于回撤得很大。

如果当前的波动率水平不高也不低，那么就取决于你对未来隐波走势的预期了。当然，折中的方案就是建仓一部分双买组合，再建仓一部分反日历组合，让它们在 Vega 的维度上中性掉一点，两股力量形成合力去好好赚取一次 Gamma 的收益。

相比于在形势不明前的盲目乱博，这才是一个基于理性的波动率交易体系。事实上，说真的，如果只用买期权来天天博方向，真的有点可惜这个工具了。期权的用途远远可以多得多，它的赚钱维度也可以多得多！

63. 都说期权能套保，但其中细节又有多少?

（本文作于 2019 年 7 月 8 日）

今天的盘面，各大指数再次齐刷刷地呈上了 2%以上的跌幅。美国非农数据超预期强劲也好，康得新事件打击了人气也罢，每一天的大跌总是找得出原因，每一次的大跌也总会消化在价与量的信息上。一天过后，即便准确地找到今日大跌的原因，实际上也已经失去了即时性的意义。相较于什么导致大跌，或许你盘中有没有想过要去套保，在大跌途中有什么信号能触发我们去进行套保，上周已经套保的交易者怎样才能把套保调整得更好，这些问题或许对于实操者而言，会更有意义一些。

从价量的信息看，至少在上周五收盘，50 指数站在 10 日线上方，所有均线都没有拐头向下，显然是难言趋势走坏的。然而，今日的盘中，有一个信号却至少可以提示交易者应考虑进行套保了，大道至简，它就是 30 分钟级别的均线。

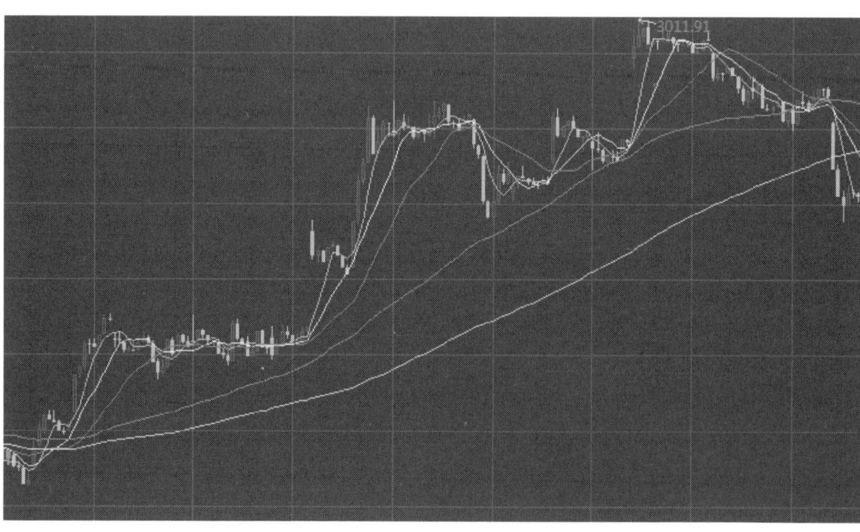

图 63－1　上证 50 近期 30 分钟级别 K 线图

从技术面的角度说，如果标的站在某根均线上方，那么这根均线就可以视为一根支撑线。无非当均线的周期很短时，这根支撑线没有那么强；当均线的周期比较长时，这根支撑线就会显得很重要。不仅如此，当标的位于一根重要均线上方长达半个月甚至一个月之久，而某天盘中突破下穿这根均线，那么对我来说，买入套保头寸的时机就算是到来了。

今天的 30 分钟 MA120 就是这么一根均线。从 6 月 10 日上午 10:00 开始，50 指数开始上穿 30 分钟的 MA120，从此以后，50 指数是一个平台接着一个平台上涨，尽管这其中有着很多突发事件的催化，比如中美两国元首的通话、大阪 G20 峰会结果超预期、中国平安开启回购模式等，但盘面上的结果却是始终没有下穿过 30 分钟的 MA120。因此，可以这么说，从 6 月 10 日上午 10:00 开始到今天上午 10:00，这 81 个小时里，50 指数始终没有下穿过 30 分钟的 MA120，这根均线作为强支撑在今天上午被下穿突破了。

一句话，即便上周一高开高走后，我们没有对下行风险有任何防守的话，今天的 10:00 将是触发套保防守的一个很好的时机。

上午 10:00 以后发生了什么呢？从图 63－2 所示的分时走势图中我们都已经知道了结果。

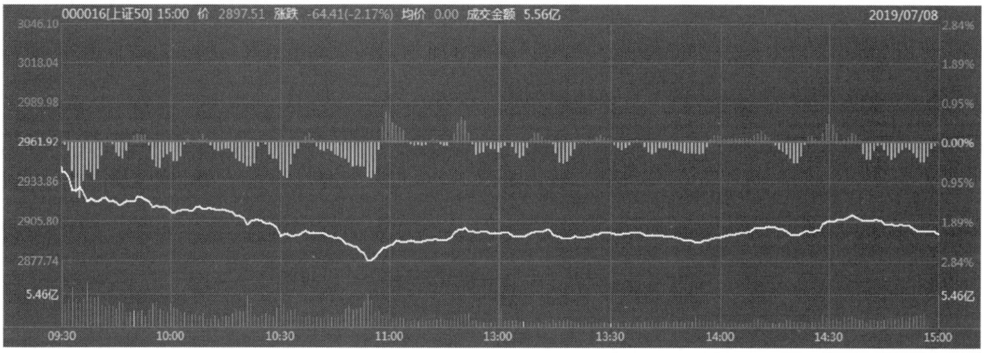

图 63－2　2019 年 7 月 8 日，上证 50 指数日内分时走势

10:00 以后，指数一共明显地跳水了三波，虽然午后有所回升，但最终没有收出一根明显的下影线。再从今天的日线级别技术指标看，50 指数的日线收于 10 日线下方，勉强收于 20 日线上方，MACD 趋于死叉，如果后面几日指数没有明显反弹拉升，那么 MACD 在日线级别将最终在震荡中变为真正的死叉。

如果 50 指数的 MACD 日线级别变为死叉后，指数价格会怎么走呢？下面的统计表格可以呈现绝大部分的概率。从 2015 年 2 月 9 日，50ETF 期权上市以来，MACD 日线级别死叉后在 9 天内的反弹空间最大值为 7.66%，90%分位数为 5.86%，也就是说两周内再要创出新高，应该是很不容易的。

在这些量化统计和分析下，我们再一次印证了今天盘中 10:00 左右，时值标的价格下穿 30 分钟 MA120 均线之际，加上期权套保的头寸是非常有必要的操作。至少在这样的操作下，我们晚上不用那么在意美股的表现了，不用那么在意什么超预期的消息影响了。

既然套保对冲是一个合理的决定，那么怎样去套保呢？

目前在场内二级市场交易工具中，可供套保的工具其实并不是很多，如果是针对大盘权重股，那么套保工具主要就是 IH 股指期货，与上证 50ETF 期权。因此，这两个工具可以成为我们在今天上午 10:00 考虑使用的工具。

接下来的问题来了：用期货还是用期权？在这里，我想用非常简单的语言来描述一下两者在套保上的区别，实际上，用期货套保与用期权套保，一共可以衍生出三种套保操作：

做空股指期货（期货套保）；

仅仅买入认沽期权（保险策略）；

买入认沽期权＋卖出虚值认购期权（领口策略）。

对于期货套保，它的优势在于下行风险防守得充分彻底，但劣势就是上端收益相对削平，除非所持有的股票相对 50 指数有更强的表现，否则一旦用期货套保了，几乎就很难再赚太多钱了。对于买认沽的套保，它的优势在于大大地保留指数的上行收益，但它的劣势在于保险费可能比较贵，如果后市步入震荡格局，保险费成本也不容小觑。最后一个，用领口策略套保，它是一种更为折中的套保，既起到了防范下行风险的作用，也保留了一定的指数上行收益，操作时通过灵活地调整买认沽与卖认购的行权价格间距，就能轻松地保留出我们希望留出的上行收益空间。

以今天的盘中情况为例，在今天的套保中，我更倾向于买入 2900 认沽期权、卖出 3100 认购期权的领口。为什么呢？很简单，因为在这样的套保下，到期时我能基本防住 2900 以下的那些下行风险，也能保留到 50ETF 涨到 3100 的收益。如此选择是基于这样的逻辑：50ETF 在两周半后很难创新高，所以 3100 的认购权利金大概率能落到口袋里，抵消买入 2900 认沽的成本，而 2900 下方的风险才是我真正在乎的风险。在实际操盘过程中，看上去一个很简单的期权领口套保，还有很多的优化空间，比如所买入的 2900 认沽，可以一部分买 7 月，一部分买 8 月；又比如随着后市的发展，我可以再根据需要灵活地放大或缩小领口，把 3100 的认购期权进行上下移仓，这样做的目标只有一个，那就是尽可能在减小保险成本的情况下，确保套保的效果还不错。

这是实盘里的体验，也是今天盘面中可以苦中作乐的地方！

64. 如果再给你一次机会，你会不会想到期权？

（本文作于 2019 年 8 月 6 日）

从上周二(2019 年 7 月 30 日)开始，A 股就好像有预感一般，在上证 50 逼近前期新高后，便一路下探，盘中再无非常强势的回拉。一天又一天过去了，一件又一件的事件兑现了！

上周三晚上，FOMC 降息不及预期，鲍威尔言辞偏“鹰”，次日沪指低开低走。

上周四晚上，飞机落地后我还为美股大涨 1%而欣喜，睡觉前已发现美股开启快速跳水模式，特朗普声称自 9 月 1 日起对剩余 3 000 亿美元输美产品加征 10%关税，次日沪指低开震荡。

本周一开盘，受隔夜美股大跌影响，所有板块再次低开，但汇率意外地快速贬到 7 以上，使得 50 指数再次成为当日跌幅最大的板块。

至此，沪指、50 指数等大部分指数已走出了许久不见的连续四日低开的形态。

在这样的形态下，更多的抱怨与哀号已经无济于事，我们要复盘的是，如果是你，再给你一次机会，你会不会想到期权，想到用期权来减少你的损失？

(1) 加上“保险”的时机

在期权对冲中，面对持有的股票，加上保险的意思就是买入认沽期权了。当股票或是股票组合发生大跌时，所买入的认沽期权会发生不同程度的上涨(不同行权价、不同月份涨幅不同)，这就像一份保险超过免赔额后，就会出险，进入理赔区域一样。

那么，对于这一次的下跌，从上周三开盘起，哪个时间点是一个比较科学合理的保险时机呢？我想可以有两个：

第一个是从 30 分钟级别看，上周四上午 11:00，30 分钟 K 线也在时隔 50 天左右首次有效下穿 MA250，这是 6 月 11 日上午 10:30 以来首次有效下穿，短期趋势已经发出了暂缓的信号，是一个买入认沽头寸的时机。

第二个是从 60 分钟级别看，上周四上午 11:30 时，60 分钟 K 线时隔 50 天左右首次有效下穿 MA120，这是 6 月 11 日上午 11:30 以来首次有效下穿，尽管比 30 分钟级别晚了半个小时，但依然是一个买入认沽头寸的时机。

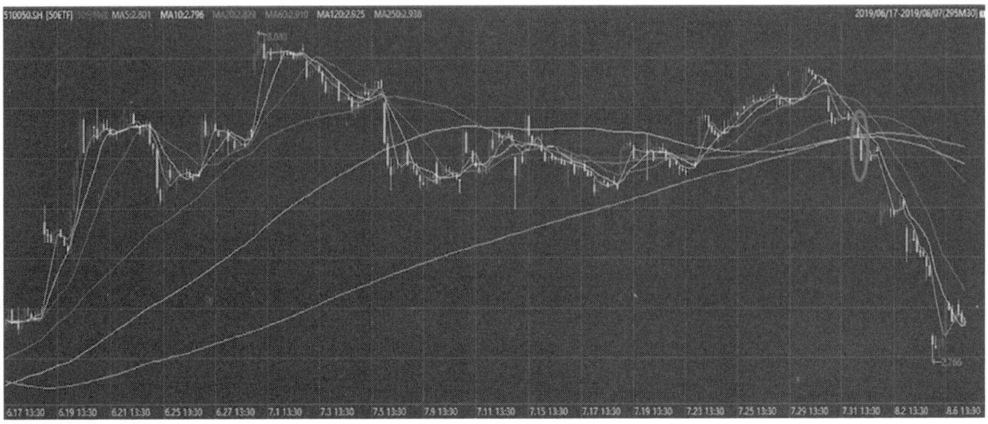

图 64－1　2019 年 8 月初市场下跌环境，买入认沽保险的时点示意图

于是，在这些时点，我们要有为自己手持的股票上一份保险的意识，没有对冲工具时，我们是没办法，只能降仓，然而现在，我们可以做得更好！

（2）上“保险”怎么上？

接着就落实到真正操作了，这“保险”怎么买？落到实操，就涉及很多细节。

首先，我应该买哪个月份的？由于刚才我们提到加上“保险”的时机是上周四，那时只是 8 月初，8 月期权的到期日还有三周半到四周，当时市场的隐波很低，我们不必担心太多的 Vega 损失（也就是在隐波上的损失），而 Theta 损失（时间导致期权价格加速流失）也为时尚早，所以从这些角度综合考虑，买入当月（8 月）认沽期权做保险，又能更便宜些，何乐而不为?!

其次，我应该选择哪个档位的（即哪个行权价的）合约？一个大道至简的道理：买入越实值的认沽，它更像是一个无保证的期货空头，可以立刻保住指数几乎所有的下行风险，但也失去了指数或有反弹带来的上行收益，是一种为了“杀敌一千”，也必须“自损八百”的操作，一般用于所有均线被破的下跌行情中；那买入深度虚值认沽呢，这如同一个灾难保险，可保的范围太小了，无法立刻起到保护的作用。我应该选择接近平值的那些认沽期权，因为平值附近期权的 Delta 绝对值在 0.5 左右，在上周四时，我们并不知道特朗普会立刻出尔反尔，所以买入 Delta 绝对值在 0.5 附近的期权，我能防住一半的指数下行风险，同时保留可能存在的反弹收益。

最后一个具体的问题：我应该买多少认沽？一般而言，如果从简单的角度出发，可以遵循市值 1∶1 的原则去配比。比如，你有 100 万元股票市值，50ETF 点位是 2.950，那么需要买入 34 张（1 000 000/2.950/10 000）认沽期权，当然，更准确地说，需要再乘上一个 Beta 系数，比如，你有 100 万元股票市值，股票组合的 Beta 当前为 1.2，50ETF 点位是 2.950，那么就需要买入 41 张认沽期权。

(3) 买完“保险”何时撤？

做交易就像下围棋一样，下第一步前要把后面几步的下法也都想清楚。作为一次完整的买“保险”操作，最后一步是什么呢？自然就是买完这些认沽后何时撤。

我的原则是必须等到明确的企稳信号才可以考虑单腿平仓认沽多头，只留下股票多头。什么是企稳信号？既然这次下跌是因贸易争端和汇率贬值而起，解铃还须系铃人，等待国内的反制措施明确落地，或汇率经过一周观察后并未进一步下探，或监管层发出了货币逆周期调节政策对冲信号。从技术面上来找信号，会更量化客观，等待Wind 全 A 下探到前期低点，并伴随着明显缩量，可以算是一个信号；或是更右侧一些，等待标的重新站上 5 日线。如果这些信号一个都还没有到来，那么认沽多头的保险头寸就不要轻易撤走。回顾一下，2018 年 6 月和 12 月，一波空头排列期间，指数中途也会夹杂着几根中阳线，但在出现真正企稳信号前，撤掉保险的后果就是让股票持仓再一次失去保护。

此外，对于上周已经买入认沽的交易者而言，目前的认沽（比如 P2950）应该已经进入了实值状态，或许他们的问题是要不要对认沽多头持仓进行向下移仓，以降低保险费的支出。我的习惯是不会把 P2950 轻易向下移仓，因为对于买认沽而言，等张数向下移仓是一种减仓行为，它将再次降低买入认沽的 Delta，进而降低股票端的保护程度。在市场真正企稳前，要降低保险费，更合理的操作是在每一天盘中有所冲高时，卖开一些认购期权，暂时转为领口式“保险”（买认沽＋卖虚值认购）。

有时候，我们会希望再有一次机会，
然而，市场的残酷在于没有如果可以出现；
有时候，我们会因为跌跌不休而绝望，
然而，期权的用途在于长夜里的一缕光线。

65. 科创板月度纪念，让“打新”的底仓更有底气

（本文作于 2019 年 8 月 22 日）

时间过得真快，科创板开板鸣锣已经快一个月了。这一个月里，我们见识到了科创新股的威力，也见识到了底仓市值保护的重要性。科创板与期权，两个看似风马牛不相及的名词，因为底仓的保护而联系在一起。以下，我们用层层剥茧的方式来聊聊如何用期权来保护科创板的“打新”底仓。

(1) 科创板网上打新的条件

这一点非常好记，“两部曲”!

第一步：沪 A 账户开通科创板交易权限。

第二步：个人证券账户在前 20 个交易日持有的沪市市值大于等于 1 万元。

需要注意的是，这里的沪市市值包括融资买入的股票市值，也就是说，在正规券商下开立的信用账户中的沪市股票市值也算。

(2) 如何用期权对冲底仓?

相较于用股指期货对冲，我更青睐的方式是用期权对冲。因为中签毕竟是一个偶然事件，是一个概率事件，所以我也不会完全为了周周“赌”中签而失去太多股票应有的上涨收益。因此，我的对冲理念更倾向于承受一点点的底仓回撤，但保留大量的上行收益，而这样的需求，正是用“买认沽＋卖认购”能够解决的。

何谓“买认沽＋卖认购”的对冲? 它又被称为期权的领口对冲。

买认沽的作用在于防守无限的下行风险，是一种“套牢”的保险，比如大盘大跌 5%，我的浮亏能减少到 2%以内。

而卖认购的作用在于降低买认沽的成本，比如 100 万元的底仓市值，我买了 35 张认沽期权，35 张期权的时间价值之和为 7 000 元(每张期权的时间价值是 200 元)，那么卖出 35 张轻度虚值的认购期权，权利金收入之和为 2 800 元(每张认购权利金 80 元)，就能够每月抵消大约 0.3%左右的保险成本。

通常买认沽可以买次月的，卖认购可以卖当月的，次月合约日均时间价值衰减的

速度更慢一些，Theta 效应更弱一些。这些都是期权领口对冲的小技巧。

(3) 期权领口对冲能够把底仓对冲成啥样?

目前上证 50ETF 期权是唯一的一只场内金融期权，因此，我们只能先运用它来对科创“打新”的底仓进行保护。于是，我们可以用类似北上资金的“龙头化”选股思维，选择上证 50 成分股里最经典的十只龙头股(贵州茅台、恒瑞医药、海螺水泥、中国平安、招商银行、伊利股份、工业富联、中国建筑、上汽集团、保利地产)，来看一看从 2019 年 7 月 22 日科创板开市到 8 月 9 日，它们在“买虚 1 认沽+卖虚 2 认购”领口对冲下，能够减少多少市值的损失。

表 65-1 十只龙头股每 100 万元市值在期权领口对冲下减少的损失

底仓股票代码	不对冲的收益率	对冲后的收益率
招商银行	−2.63%	2.70%
保利地产	3.76%	9.09%
上汽集团	−1.55%	3.77%
恒瑞医药	−1.98%	3.34%
贵州茅台	−6.77%	−1.44%
伊利股份	−20.02%	−14.70%
中国平安	−8.16%	−2.83%
中国建筑	−5.45%	−0.13%
工业富联	−7.32%	−1.99%
海螺水泥	−8.58%	−3.26%

数据来源：Wind，“力的期权工作室”整理。

数据是一切假设的验证！我们可以清晰地看到，在这十只各行业的龙头股中，除了伊利股份由于事件导致的意外跌幅外，其他个股的期权对冲效果都是令人满意的。

(4) 科创板首批 25 只股票“打新”后收益率统计

有了底仓的对冲保障，我们在回顾“打新”收益率时也会显得更为安心。如果我们把 2019 年 7 月 22 日科创板首批 25 只新股上市 N 日间的涨跌幅进行统计，我们会发现这 25 只股票“打新”后的赚钱效应是极其明显的。涨幅最大的是安集科技，5 日内的累计涨幅达到了 349.73%；涨幅最小的是容百科技，它在 5 日内的累计涨幅依然达到了 67.88%，不亚于一只主板的新股表现。

表 65－2　科创板首批 25 只新股上市 N 日的涨跌幅情况

股票名称	首日涨跌幅	3 日累计涨跌幅	5 日累计涨跌幅
华兴源创	128.77%	112.37%	108.82%
天准科技	85.88%	72.16%	79.22%
睿创微纳	151.00%	133.60%	126.15%
容百科技	86.06%	66.64%	67.88%
杭可科技	99.13%	83.85%	87.35%
光峰科技	121.94%	129.49%	129.49%
澜起科技	202.10%	205.97%	189.03%
中国通号	109.74%	74.36%	71.11%
福光股份	92.98%	222.76%	167.64%
新光光电	84.22%	72.04%	70.65%
中微公司	179.32%	193.00%	170.91%
交控科技	134.24%	167.00%	193.94%
心脉医疗	242.42%	236.04%	215.06%
乐鑫科技	106.25%	158.95%	149.12%
安集科技	400.15%	366.96%	349.73%
方邦股份	87.64%	78.95%	84.99%
瀚川智能	94.61%	96.67%	100.47%
沃尔德	109.90%	163.61%	176.99%
南微医学	110.70%	145.15%	134.28%
天宜上佳	96.76%	91.51%	98.82%
航天宏图	175.94%	186.38%	210.67%
虹软科技	126.97%	114.27%	103.95%
西部超导	266.60%	226.13%	210.67%
铂力特	94.94%	106.03%	104.06%
嘉元科技	100.50%	96.60%	104.07%

数据来源：Wind，“力的期权工作室”整理。

按照 25 只股票涨幅平均值来算，首日的平均涨跌幅达到了 139.55%，上市后 3 日的累计涨跌幅平均值达到了 144.02%，上市后 5 日的累计涨跌幅平均值达到了 140.20%，基本上相当于一般主板新股上市后 6 个涨停板的收益率(首日按 44%计算)。

相较于主板的“打新”，科创板“打新”的收益率用时更短、定价效率更高，不过这一切的收益更需要在期权等衍生工具的保护下，才会显得更有底气！

Tasty Option on Your Future

问 道 篇

66. 期权初学者易犯的七大错误，有没有人告诉你？

从 2015 年初到 2019 年 6 月末，国内陆陆续续已经推出了 7 个场内期权，其中 1 个金融期权、6 个商品期权。随着期权品种不断丰富，市场规模逐步增加，期权这一非线性的工具受到了越来越多投资者的关注。精确制导、风险转移、持股出租等，期权有着现货、期货所不能替代的功能。不过，任何一个好的工具必须得到正确的使用，方能尽显威力。在本文中，我们来和大家梳理一下期权初学者最容易犯下的七大错误，期望你能从中有所收获。

(1) 误解了“损失有限，收益无限”

这是初学者最容易犯下的错误。每一本期权教科书都会画出右下方这张盈亏图。这张盈亏图在实战中有多大的作用，我们姑且不谈，它会给你一种错觉，那就是期权的买方操作是一种损失有限、潜在收益无限的盈亏结构。

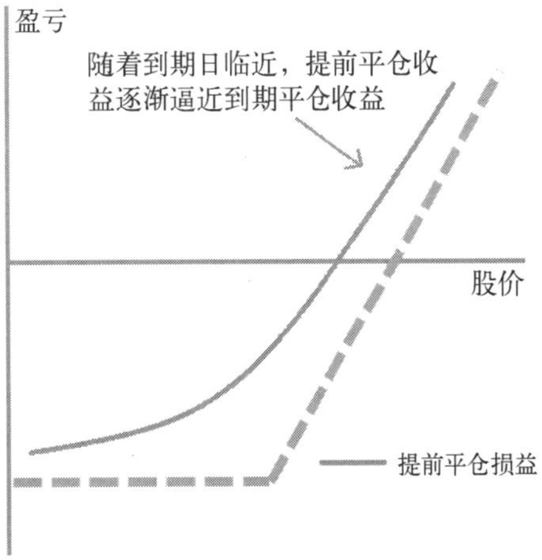

图 66-1　买认购期权的盈亏示意图

不知你第一次看到书上这么写，会产生什么感受？反正，当我在大学期间第一次看到“损失有限，收益无限”这八个字时，我第一反应是“这怎么可能呢”？怎么会有一种工具的买卖双方这么不公平却能够成交！后来，在一个月的实盘交易中，我明白了期权买卖双方真正的关系，那就是买方虽然损失有限、收益无限，但应该再加四个字“常常归零”，至少胜率很低，买方与卖方所交换的东西是盈亏的不对称性和胜率的不对称性，你要在盈亏上占到便宜，那么你就会在胜率上吃亏。因此，初学者不能因为“买方损失有限”这句话，而拼命重仓最后归零。

(2) 买入过于深度虚值的期权

许多初学者喜欢买入深度虚值期权，也就是那些很便宜的期权。有个客户曾经和我说道："怎么 50 今天涨了，我买的认购期权从来不涨？"后来一看他买的是什么期权，原来就是最虚值的那个认购期权。有一句俗语特别适合期权，那就是"便宜没好货，好货不便宜"。特别便宜的期权，往往 Delta 和 Gamma 非常小，当标的价格变动时，这些期权往往像老爷车一样涨不动，需要标的出现非常明显的持续涨幅后，价格才会明显变动。这样的期权胜率极低，常常归零，交易成本占权利金的比例高，"扔进水里"的概率大。尽管有些朋友可能会用 192 倍等故事来忽悠你，但这就像巴西 0∶5 落后德国一样，一生有几次能变成 6∶5！

（3）害怕时间流逝而赶快重仓

另外有一类投资者，学了点期权知识后，了解到期权卖方的好处，做期权卖方胜率高，时间是你的朋友，能赚取时间价值，耗出 Theta 的收益。于是，他们便分秒必争，生怕晚一天时间价值就损耗完了，故而很早就卖出开仓，早早地在许多合约上重仓操作。事实上，特别希望纠正的是"时间价值"这个概念，其实在国外有很多书把它称为外在价值。时间价值中不仅仅包含的是时间，还有波动率对期权价格的影响，通常而言，如果距离到期一个月卖出近月期权，前半段时间主要受到隐波的影响，后半段时间才逐步受到时间的影响，如果早早地重仓卖出期权，那么隐波一旦中途上升，一切就会陷入被动的困境。

（4）以为到期安全而孤注一掷

卖期权就像开保险公司，这句话没有错，但只要是卖保险，就依然存在着风险。因此，我们并不能因为觉得卖出的期权处于深度虚值，就可以孤注一掷，满仓投入。2018 年 11 月，J. Cordier 的天然气期权爆仓事件还历历在目，在这个市场上，短到半年，长到 10 年，没有什么不可能！黑天鹅总会发生，尾部 5 倍以上 Sigma 事件也不算奇怪！就算当时以为卖出期权很安全，也最好不要孤注一掷，因为命运往往会在你满仓时与你开个玩笑。

（5）喜欢像买股票一样追涨买期权

有许多初学者在做期权时不自觉地会带入股票的思维，股票里有一种常用交易模式，说得好听叫作趋势追踪，说得投机点叫作追涨杀跌。实际上，期权是一种路径依赖的工具，不是位移依赖的工具。标的同样从 3000 点涨到 3100 点，拉涨很快的大阳线和涨一涨、停一停的盈亏是完全不同的。当标的出现大阳线时，往往是市场情绪比较亢奋的时候，波动率会在短时间内快速上升，如果在日线级别上趋势还没有确立之时像追涨股票那样追涨买入认购期权，那么一旦标的拉出了上影线或是"一日游"后，你的认购持仓就很有可能面临标的、波动率和时间的"三杀"了。在买期权前，一定要在日线趋势确立的情况下才能考虑追涨，在趋势没起来前盲目追涨是危险的操作。

(6) 喜欢像买股票一样金字塔补仓

熟悉指数定投的投资者，一定知道金字塔补仓这个操作。所谓"金字塔补仓"，就是一种摊薄成本的加仓操作，如果我真的长期看好 50 指数，每跌一个台阶我就买入一点指数 ETF，只要仓位控制得好，这样的做法完全是合适的，因为指数长期代表着实体经济的未来，长期总归会上涨的。但对于某些期权合约就不是这样了，尤其是对于近月虚值期权，当标的下跌一个台阶时，原来的虚值期权就变得更虚值了，如果你还是在原来合约上补仓，那么就意味着你在一个 Delta 很小的合约上仓位越来越重，最后可能归零的本金越来越大。

(7) 过度沉迷于各种组合，忽视标的本质

期权被誉为衍生品皇冠上的明珠，它的一个让人着迷之处在于它的组合性。有许多书把几百个期权组合一个个列举出来，让你感到期权组合就像变魔术一样强大，但这样去学习、了解期权往往会让自己沉迷于各种组合的盈亏结构，而忽视对标的的判断。除了套利以外，可以说如果期权能做得长期稳健，一定是与对标的的深入研究分不开的，这就像与一个人相处得好，得先了解他的脾气、性格一样。有了在大格局上对标的的判断，所有的组合也就可以基于需求出发去理解了，而不必孤立地一个一个像背诵一样去理解。

67. 期权交易做长线还是短线
——且从三个维度展开思考

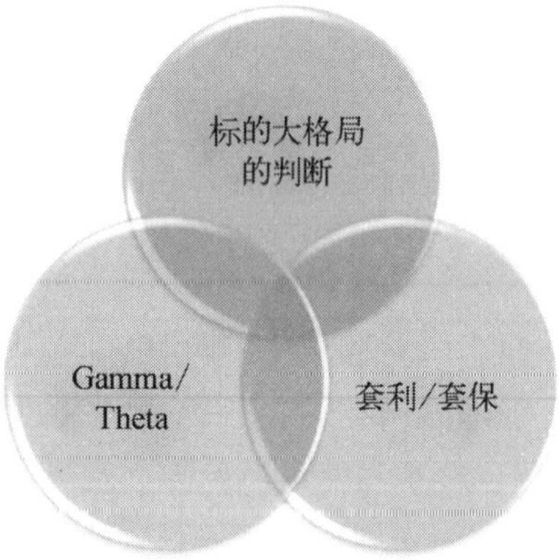

图 67-1 期权适合长线还是短线的三个维度示意图

有许多投资者曾经这样问起:“在我们平时的交易中,期权究竟适合短线还是长线交易呢?”在本文中,我想就这个问题,谈谈自己的一些想法。由于期权具有不同的到期月份,又可以实现T+0 回转交易,因此,期权是一个上得了“厅堂”,可以把策略搞得很高频、很复杂的工具;也是一个下得了“厨房”,可以把策略搞得超低频、很简单的工具。我们既可以用它做长线交易,保住某项预期收入;也可以用它做短线交易,增强或有收入。在实盘交易中,究竟应该用它做短线还是长线,其实应该从三个角度来看待。

(1) 对标的大格局的判断

如果你在交易期权前已经对期权标的,比如国内的 50 指数、豆粕、白糖、铜等标的有了清晰、有理有据的大格局判断,就可以留出一部分仓位去做长线交易。这里,所谓“大格局的判断”,包括标的在未来 1 个月、3 个月甚至半年的大趋势是上行还是下行,标的会在未来 1 个月或 3 个月处于什么箱体内震荡,最多不超过什么点位,最低不下穿什么点位。这些就是标的的一个大格局判断框架,不论你是用技术面的画线或波浪理论,还是结合了宏观基本面或政策面因素,只要你对自己的大格局判断是有信仰的,那么买入一部分远月认购/认沽期权做一个长期方向的博弈,甚至在自己风险限额内做几次定投,都是可行的。

反之,如果你无法准确地给出月度甚至季度级别的大格局判断,那么顺势而为做一些短期的价差交易,在止盈点、止损点达到的时候坚决执行,用低胜率、高赔率的模式累积自己的收益,也不失为一个增强收益的方法。

一般而言,如果对标的 3 个月后的大格局有比较确信的判断,直接买入 3 个月后到期的期权比分 3 次买入当月期权的性价比要高,这就像你一次买入 10 瓶饮料和分

10 次买入同样的一瓶饮料，显然前者的批发价会更便宜一些。

（2）期权合约的 Gamma 和 Theta 指标

我们在之前的篇章里曾经作过这样的比喻："如果一张巴西对德国的足球彩票，在 0：0 的时候买巴西队赢，那么这张彩票就是平值期权"，比如 50ETF 价格是 2.650 时，"50ETF 购 9 月 2650"和"50ETF 沽 9 月 2650"就是两张平值期权。平值期权有个特点，那就是 Gamma 和 Theta 两个指标很大，越临近到期，这两个指标越大。初学期权的读者可以把 Gamma 指标当作是足球比赛大逆转的威力，Theta 指标就当作是时间价值衰减的速度。可以想象，当一场比赛临近 90 分钟时，原本平局的比赛突然某一方进球了，对彩票价值变化的影响会有多大！所以，在成百上千个期权合约中，Gamma 指标和 Theta 指标较大的期权合约（往往是接近平值的合约），它们价格变化的加速度会相对较大，这一类期权就比较适合做短线。相对地，那些 Gamma 和 Theta 指标很小的期权合约（往往是远离平值的合约），它价格变化的加速度也相对较小，这一类期权就比较适合做长线，甚至持有至到期（主要指买入深度实值期权或卖出深度虚值期权）。

先举个卖期权的例子，当标的跌到 2.583 时，我判断 50 指数短期要有一波反抽，于是卖出了"50ETF 沽 6 月 2550"，由于 2.550 很接近 2.583，这份合约的 Gamma 和 Theta 指标都很大，所以一旦第二天 50 指数真的反抽，我们就可以立刻平仓兑现止盈，这就类似于一次短线交易。而如果我卖出的是"50ETF 沽 6 月 2400"合约，由于 2.400 距离 2.583 还比较远，所以这份合约只要存续期间内没有大的风险，就可以持有到最后一天，这就类似于一次中长线交易。

再来举一个买期权的例子。当某一天标的价格上穿 2.650 时，我顺势而为买入了"50ETF 购 7 月 2650"，由于这是一个平值期权，Gamma 和 Theta 指标都达到了最大化，因此，一旦后面几天标的惯性上攻到 2.700，这份期权上涨的加速油门就会开始逐渐减弱，此时我们可以做个短线交易平仓了结，然后判断是否需要移仓到新的平值认购期权上去。而如果我买入的是"50ETF 购 9 月 2400"，由于这是一份深度实值的远月期权，它更像是一份没有保证金的期货多头，时间价值在期权价格中占比很小，因此不担心时间价值对我的收益有多大的损耗和侵蚀，于是我就控制好仓位，不妨持有一段时间，权当是长线投资了一笔指数 ETF 多头。

（3）策略是套保型的还是套利型的

在日常交易中，可以用期权来为手中的现货头寸做套保，也可以利用不同期权之间价格成交偏差来做套利。

套保型策略的特点是用对冲工具尽量锁住股票组合或是标的 ETF 的现有利润，

让自己避免陷于大幅下行的市场波动风险中，遵循的是“以不变应万变”的战术理念。以 50ETF 期权的套保为例，不论你持有的是 50ETF，还是一部分 50 成分股，抑或是扩展到中证 100 的成分股，用等市值 1∶1 的套保方法计算出需要套保的数量 N，然后买入 N 张较低行权价的认沽期权，卖出 N 张更高行权价的认购期权，这样的期权套保持仓可以在数个月内不换仓，直到期权到期后再滚动移仓换到后续的月份合约上，这就属于一种中长线的期权交易，它就是这么简简单单，但却是 Alpha 选股策略必不可少的操作手法。

相对地，套利型策略的特点是出手要快，利润一旦收敛浮现就跑，遵循的是“天下武功，唯快不破”的战术理念。举个例子，C2600@6 是 6 月到期认购期权，C2600@7 是 7 月到期认购期权，按理说 C2600@7 的价格是不会低于 C2600@6 的，可交易价格毕竟是人为的，一旦某个交易者不理性地挂出了过高的买价，或是过低的卖价，就有可能出现 C2600@7 的价格低于 C2600@6 的情况了，这时套利信号就会立刻执行卖出近月期权、买入远月期权的交易指令了，这就属于一种短线的期权交易。事实上，有些做期权交易的机构都会在自己编写的系统里对如下套利机会进行监控，以此作为一年的底仓性收益：

第一，同一月份不同行权价的认购、认沽期权价格一定是单调的，行权价越高，认购期权价格越低，认沽期权价格则越高，如果某份期权的隐含波动率高得或者低得离谱，导致这个规律被违反了，那么套利机会便随之产生。

第二，同一行权价的远月期权价格一定高于近月期权价格，这与保险费的原理是一样的，对于同一个被保资产，买一份 3 年期的保险一定比买一份 1 年期的保险的费用要贵！如果近月期权的隐含波动率高得离谱，导致近月期权的价格高于相同行权价的远月期权，那么卖近买远的操作就可以一触即发。

第三，同一行权价、同一到期月份的认购和认沽期权价格大致地满足一个公式(Put-Call Parity)：认购价格＋行权价的贴现值＝标的价格＋认沽价格。如果认购或认沽期权其中一个的隐含波动率出现剧烈上升或下降，这个等式就会失去平衡，套利机会便随之产生。

第四，凸性关系约束，同一月份不同的三个行权价的认购（或认沽）期权的价格满足一个叫作凸性的不等式，可参考《怎样以“不等式”的名义，捕捉期权市场的套利机会?》一文，否则就会再一次变成套利者一天内的“美餐”！

事实上，不论是机构还是个人，任何一个长期稳定的策略体系都不可能只依赖于长线交易，更不可能只依赖于短线交易。要做出长期稳健的资产曲线，往往需要把两类策略设置一定仓位分配比例，互补结合着去做。仔细想想，其实做股票也是如此，长期价值投资对绝大部分投资团队而言是非常奢侈的“美餐”，因为你所管理的资金属性未必是可以躺着不动的资金，当我们对后市大格局有一定判断时，可以留出一部分仓位买入自己最有信仰的股票，但同时也可以在市场超跌时运用反转因子布局一些超跌板块的波段，这就是所谓“拿价值股做底仓，拿超跌股做波段”。因此同样的道理，在我自己的期权策略体系中，也是如此身体力行，把一部分类似套保的策略去做底仓，用CTA 日内趋势或套利策略、波动率交易等策略去做波段，以此增加更多的或有收益。相比于单策略体系，结合后的多策略体系在 Calmar 比率、Sharpe 比率之类的收益风险比指标上得到了提高，在日胜率这样的稳定性指标上更得到了提高，这就是长线与短线交易结合后的神奇之处。

68. 期权交易究竟几分基本面、几分技术面?

“在做期权交易时,究竟是基于基本面好,还是技术面好?”这应该是投资者在平时交易中另一个常见的疑问。当我被问及这个问题时,恰好遇到了 2018 年 7 月份的行情,因此在本文中,我们正好结合当时的行情,来好好聊一聊这个话题。

预测是左,对策是右,在我的期权交易与风控体系中,我会在预测上花费 30%的精力,而在对策上花费 70%的精力。在预测上,基本面用于判断标的在每个月的大格局,技术面用于判断标的短期存在变盘的可能性;而在对策上,技术面成为各种风控的信号,又是各种由守转攻的信号。

我们来看看如何用基本面判断一个大格局。2018 年 4 月到 7 月,A 股走势就在贸易战的反反复复的摩擦中多次下移了震荡的中枢,特朗普宣称 500 亿美元也好,2 000 亿美元也罢,总之怎样能够遏制中国,特朗普政府就会怎么来;伴随着贸易战的升温,当时人民币贬值的话题又在整个市场中闹得沸沸扬扬。光刷刷朋友圈,你就会不自觉地知道了人民币兑美元的走势,离岸 USD/CNH 从 6.3 到 6.4,从 6.4 到 6.6,再从 6.6 到 6.8,这偶然中自然蕴含着必然。

人民币贬值速度加快,看似偶然,实则必然。对于普通散户,我们自然可以用最通

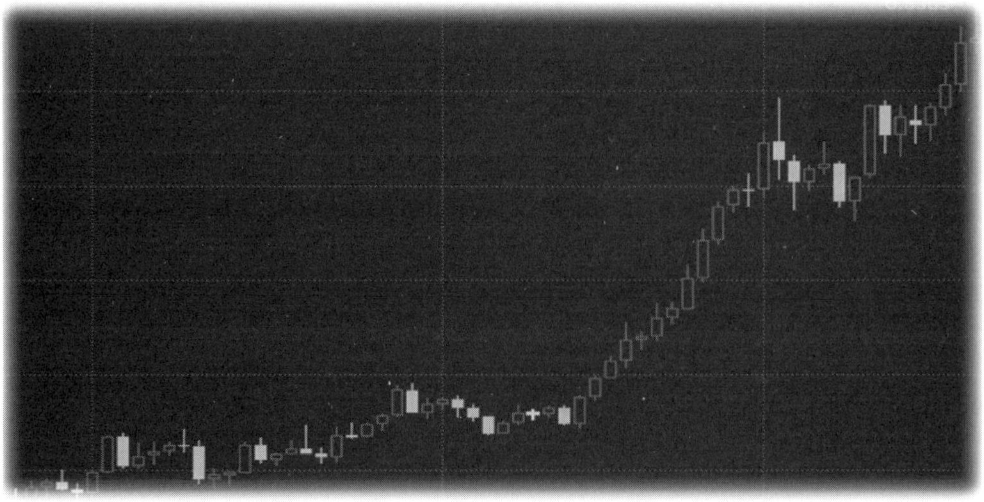

图 68-1　2018 年 4 月～2018 年 7 月离岸 USD/CNH 近期走势

俗的方式去理解。2018 年美联储加息路径加快,不论是年内三次加息还是四次加息,当时都已经加到了目标利率的一半水准,对全球的影响正在从量变到质变过渡。对于国内而言,"稳健中性"的货币政策与年内的三次定向降准,这都并非紧缩的信号,中美两国利率路径并不一致。如果从纯市场化的角度定价,人民币汇率自然应在贬值的通道中,只是央行管控得多一些,贬值幅度可控一些,对股市冲击也小一些,而放任得多一些,贬值幅度就大一些,引起的关注就多一些。这一波贬值从本质上说与贸易战的升温不无关系。两国互加关税,贸易摩擦越来越剧烈,为了保持国内经济的稳定增长,人民币的贬值恰好就成为促进贸易出口的一个临时办法。

伴随着贸易战的升温和人民币的贬值,市场风险偏好很难持续上升,外资面临的股市、汇市的双重风险也很难让它们持续性地集中建仓。这些基本面的因素让我确定了从 2018 年 4 月到当时上有顶的大格局,并在近几个月里以卖出上方认购期权作为底仓进行了多轮操作。

事实上,对于期权交易而言,对标的吃得越透,期权交易就会做得越精细。对于每个行权周期,我们必须对标的价格的空间有一个大致的判断。比如,标的上涨不超过多少点,标的下跌不超过多少点。初始大格局判断区间决定了该行权周期下,可以买卖的合约范围。假如我在一个月的月初判断上证 50 一个月内几乎涨不过 2700 点,那么行权价在 2.700 及以上的认购期权都可以视为卖出开仓的对象范围,行权价在 2.700 以下的认购期权才可以视为做波段买入开仓的对象范围;反之,如果我在一个月的月初判断上证 50 中期存在着 2200 点的政策与估值底,那么行权价 2.200 以下的认沽期权可以视为卖出开仓的对象范围,只有行权价在 2.200 以上的认沽期权才可以视为做波段买入开仓的对象范围。这些就是基本面对标的空间大格局预测的作用。

然而,预测绝对不是期权交易的全部! 好的风控与对策体系才是一年胜负的关键! 而在使用各种对策时,我们所依赖的指标往往几乎全是技术指标。为什么呢? 那是因为技术面的指标是全市场交易者交易出来的价、量信息,当我回溯了 1 000 多个择时指标,回过头来看,唯独技术类择时指标是所有择时指标中最灵敏的、最及时的、最能发现大趋势拐点的。

如果 2015 年 6 月 18 日上证 50 下穿久违的 60 日均线时,你就降仓多头;

如果 2016 年 3 月 2 日上证 50 呈现久违的均线多头排列时,你就加仓多头;

如果 2018 年 2 月 7 日上证 50 下穿久违的 20 日均线时,你就降仓多头;

如果……

你确确实实会发现,在这些技术指标关键点位被破,或是关键形态呈现的时候,及时地进行期权上的多空转换、反向移仓、买入对冲,最后回头看都不会吃大亏。

这里我举三个操作实例，其中大量蕴含着技术面信息对于对策的重要性。

① 2018 年 6 月 19 日，各大板块均线系统在日线级别呈现出空头排列这一现象，也就是 5 日均线低于 10 日均线，低于 20 日均线，低于 60 日均线，低于 120 日均线，技术面上这样的信号并不多见，上一次还要追溯到 2016 年 1 月的 2638 点之前。这意味着，技术面信号给出了需要风控防守的重大信号，下方的卖出认沽持仓需要立刻防守，并且可以通过买入认沽的对冲防守，逐渐进入由守转攻。事实证明，2018 年 6 月 19 日买入认沽的持仓可以在几天内（这取决于你买入的数量多不多）与下方卖出认沽的持仓一起平仓走掉，先实现资产保值，然后在空头排列走势没有结束之前，顺势而为分批建立一些空头头寸，以此实现资产增值。

② 然后是 2018 年 7 月 9 日上证 50 单日 2.93% 的大阳线爆发，这一天仍然是技术面，从均线的角度来看，5 日均线已经明显拐头向上，50ETF 收盘稳稳站上了 10 日均线，基本意味着 2018 年 6 月 19 日以来均线空头排列的结束，这时同样是跟随应对，我开始将上方的卖出认购持仓慢慢分批向上移仓，不会再像之前那样加仓，而是适度加仓一些下方非常安全的卖出认沽持仓，用这样的方式去应对后市可能出现的暴涨，直到上方的卖出认购略微比下方卖出认沽的持仓多一些，这是因为毕竟当时上方的 60 日均线的压力不可小视。

③ 最后就是 2018 年 7 月 17 日～2018 年 7 月 21 日的防守布局。随着 50 指数空头排列的暂时结束，三根短期均线（5 日均线、10 日均线、20 日均线）开始趋于逐步地粘合，这一技术信号的产生也伴随着这周市场的波动率出现了明显的下行，之前布局的两边卖出认购和认沽的持仓也迅速开始出现浮盈，甚至是当时三周以来的最大浮盈。然而，结合着技术面来看，50 指数连续三天贴着 20 日均线走，并且均线的粘合程度越来越紧，均线粘合往往会是后市变盘的信号。在 2018 年 7 月 19 日（周三）收盘时，人民币贬值速度加快，但欧美股市并未出现大跌，当时你很难非常确定地说后面一周内上证 50 究竟是向上变盘还是向下变盘，因此最稳妥的防守方式就是轻仓买入宽跨式。当时，抱着风控防守的心态，怀揣着“警钟长鸣”的心态，我把之前做空波动率、两边卖出认购和认沽的持仓进行了一定程度的减仓，然后把一小部分浮盈拿出来买入了上方的 C2550 和下方的 P2400，以此来防守未来存在的暴涨暴跌。最终的结果还是那句话，“偶然中永远蕴含着必然”，就在均线粘合后的第三天下午，也就是 2018 年 7 月 21 日下午，在以银行、保险为首的金融板块的一顿“爆拉”下，C2550 认购期权半天上涨了 400%，直接从 44 元拉到了 220 元，这顿“爆拉”我真的没有猜到，我也觉得无法准确地猜到，但猜不猜到并不重要，因为这一防守布局防住了当天上方更高行权价卖出认购持仓的浮亏，而这一切都是技术面信号（均线粘合信号）所告诉我们的！

回顾2018年4月到2018年7月,本币贬值也好,金融“爆拉”也罢,我们做期权交易并不是去沉醉于每一个波段的猜测中,而是利用对基本面和技术面形成一个空间上的大格局判断,然后在这个大格局里再结合技术面的指标时刻做好风控、防守和对策,如履薄冰地对待每一天,或许某一次防守反而转为了进攻,或许某一次防守反而成为意外的惊喜!这就是期权带给我们交易上的更多乐趣。

69. 散户做期权究竟要不要懂些希腊字母?

我在过去运作公众号的几年里，发现许多个人投资者都会留言垂询一个问题，那就是:“作为个人投资者的散户，究竟需不需要懂些希腊字母?”我想在本文一开始，就先给出我的一个观点：对于初涉期权交易的散户，希腊字母并不需要都懂，但如果希望长存于期权市场，在市场上活得更好、赢得更稳，那么希腊字母就不能完全不懂。

有些散户可能会说自己一年只做几笔期权交易，方向博对了，也赚钱了，所以没必要懂什么希腊字母;也有些散户会觉得本身就是做中长期收益的，买个半年后到期的期权长期看涨指数，其他没有什么需求，也就没必要懂希腊字母。这些散户都没有错，交易上也好，生活上也好，一些指标你是不是需要知晓，首先取决于你的需求。这就像一个人身体如果始终很健壮，没病没灾，他往往并不急于去懂一些保养身体的保健方法，也不急于去懂得血糖、血脂、血压这些指标的参考意义。然而，就像绝大部分人长期都会有些小毛小病一样，对于绝大部分期权交易者而言，不可能始终博对方向，即使长期投资，也会面临短期的意外回撤。在进入期权市场交易了一段时间后，你会越来越发现期权开仓合约的选择、风险对冲的重要性。而这时，希腊字母指标已经在你的交易中悄悄地起到重要的作用了。

首先，我想散户们在接触期权交易时可以先做到一点，那就是不用把希腊字母想得很复杂，用不着对希腊字母产生心理排斥。事实上，与股票的市盈率、MACD指标一样，它们就是一个个期权的指标而已。试想一下，你在炒股的时候，看到市盈率这个指标你会紧张吗？看到 MACD 技术指标你会惧怕吗？显然不会！期权的希腊字母就像每个人在看病问诊时那些血糖、血压、血脂指标一样，就是一个参考指标，散户们首先不用去惧怕它们，并不用知晓它们是怎么算出来的，只需要知道这些数值大意味着什么，这些数值小又意味着什么，知晓它们在实战中的关键作用就够了。

打开期权 T 型报价界面，你就会看到成百上千个期权合约，如同每一只股票对应它自己的市盈率指标，每一个期权合约也对应它自己的希腊字母指标。不仅如此，每一只股票可以对应一套指标,比如每股收益、市盈率、市净率、MACD、KDJ 五个指标,同样的道理,每一个期权合约也对应着五个希腊字母,它们从不同的侧面体现了这份期权合约价格变化的特征。那么,散户们是不是要一下子都弄懂这五个希腊字母呢?其实不用着急,就与炒股票一样,一开始你可能只用一两个指标就开始实践了,循序渐进,实践出真知。在期权初级实战中,我的经验是绝大部分散户在前半年的期权交易经历中可以先从一个希腊字母了解起步,它就是 Delta 指标。

Delta 指标在期权交易实战中到底有多大作用?我觉得很大、很大!先来看一下什么是期权的 Delta 指标。Delta 指标形容的是期权价格相对标的价格变化的活力。如果一个期权的 Delta 绝对值很大,那么标的价格变动一点,它也能跟着变动一点;但如果一个期权的 Delta 绝对值很小,接近 0,那么即使标的价格变动很大,它的价格也可能一动不动。这就像一个弹簧,对于优质的弹簧,你压下去多少,它就弹回来多少;而对于劣质的弹簧,你压下去多少,它可能只会弹上来一点点。因此,基于这个理解,我们就可以明白 Delta 指标在期权实战中至少有下面两个作用:

一是合约选择。很多散户下第一笔期权单前,总会犹犹豫豫不知道买入或者卖出哪一个期权。有的投资顾问会告诉他买入实值 1 档期权,或是卖出虚值 1 档期权,然而刚入门的散户又不理解什么叫作实值 1 档期权,什么叫作虚值 1 档期权。为了让散户们有个最恰当的合约选择方式,我就用 Delta 指标来一网打尽你的需求。

通常而言,期权买方希望波动变大,标的能往一个方向涨涨涨或跌跌跌。由于 Delta 指标是期权价格变化的活力,因此在买入期权时,不宜选择 Delta 绝对值太小的期权去买入,操作上可以认定只买入 Delta 绝对值大于 a(比如 30%)的期权,圈定了这个买入范围后,遵循 Delta 绝对值尽量不能小,同时权利金成本也不能太贵的原则,对比买入自己心目中性价比最高的期权就行了。

相对地,期权卖方最希望标的一动不动,最好期权价格相对标的价格涨不动,因此在卖出期权时,不宜选择 Delta 绝对值过大的期权去卖出,操作上可以认定始终只卖出 Delta 绝对值小于 a(比如 30%)的期权,圈定了这个卖出范围后,遵循 Delta 绝对值尽量要小,同时权利金收入不能太低的原则,对比卖出自己心目中性价比最高的期权就行了。散户们会发现,在我的这个方法下,你只需要用 a 筛选出合约范围,再对比每个期权的 Delta 指标绝对值和权利金的大小,就可以进行选择了。这种选择合约的方法甚至绕开了我们平时所说的实值、平值和虚值期权的概念,更加直观、更易操作。

二是对冲风险。在实操过程中,有些散户可能已经学会了卖出期权赚取时间价值

看涨方向的合约选择范围(以a=30%为例)

Delta	最新	代码	购<行权价>沽↑	代码	最新	Delta
0.9677	0.3113	10001355	2.4000	10001356	0.0053	-0.0323
0.9385	0.2679	10001335	2.4500	10001344	0.0085	-0.0615
0.8930	0.2222	10001336	2.5000	10001345	0.0131	-0.1070
0.8288	0.1785	10001337	2.5500	10001346	0.0207	-0.1712
0.7460	0.1419	10001338	2.6000	10001347	0.0318	-0.2540
0.6479	0.1063	10001339	2.6500	10001348	0.0474	-0.3521
0.5410	0.0780	10001340	2.7000	10001349	0.0680	-0.4590
0.4329	0.0551	10001341	2.7500	10001350	0.0937	-0.5671
0.3315	0.0373	10001342	2.8000	10001351	0.1267	-0.6685
0.2426	0.0236	10001343	2.8500	10001352	0.1614	-0.7574
0.1697	0.0147	10001361	2.9000	10001362	0.2034	-0.8303

看跌方向的合约选择范围(以a=30%为例)

Delta	最新	代码	购<行权价>沽↑	代码	最新	Delta
0.9677	0.3113	10001355	2.4000	10001356	0.0053	-0.0323
0.9385	0.2679	10001335	2.4500	10001344	0.0085	-0.0615
0.8930	0.2222	10001336	2.5000	10001345	0.0131	-0.1070
0.8288	0.1785	10001337	2.5500	10001346	0.0207	-0.1712
0.7460	0.1419	10001338	2.6000	10001347	0.0318	-0.2540
0.6479	0.1063	10001339	2.6500	10001348	0.0474	-0.3521
0.5410	0.0780	10001340	2.7000	10001349	0.0680	-0.4590
0.4329	0.0551	10001341	2.7500	10001350	0.0937	-0.5671
0.3315	0.0373	10001342	2.8000	10001351	0.1267	-0.6685
0.2426	0.0236	10001343	2.8500	10001352	0.1614	-0.7574
0.1697	0.0147	10001361	2.9000	10001362	0.2034	-0.8303

图 69－1　如何运用 Delta 指标选择期权合约示意图

的盈利模式，但卖期权所谓“但愿千日平安，不可一日不防”，卖期权胜率可能很高，但一次的风险控制处理不当，就会让整个一年全部白干。那么当卖方遇到风险了，怎么风控？怎么对冲呢？举一个最简单的例子，假设一个散户在贸易战发生前夕，觉得市场下跌的可能性已经不大了，故卖出了“50ETF 沽 4 月 2750”的期权，每张权利金收入 20 元，不曾想 2018 年 3 月 23 日开盘跳空低开 3%，此时的 2750 认沽市值已达 210 元，每张义务仓已经浮亏 190 元，怎么办？最好的方法就是买入“50ETF 沽 4 月 2800”进行对冲，但是买多少张呢？这就必须要用到 Delta 指标了。

观察一下这时 2750 沽和 2800 沽的各自 Delta 指标，如果当时你持有 10 张 2750 认沽义务仓，2750 认沽和 2800 认沽的 Delta 指标绝对值分别是 30%和 60%，那么你的对冲量就可以暂时定为 5 张（10×30%/60%），也就是你只要买入 5 张“50ETF 沽 4 月 2800”就可以了。这就是 Delta 指标的又一个实战应用——对冲比率的确定。我们在对冲时往往是锱铢必较的，希望对冲的成本尽量少花一些，而 Delta 指标可以起到这种精确计算的作用。

到了本文的结尾，我还是由衷地想说，对于刚入门的散户而言，不需要在希腊字母上一口气吃成胖子，不需要过度地在这些指标计算上花费太多的精力，正如下面这张入门图（见图 69－2）所示。

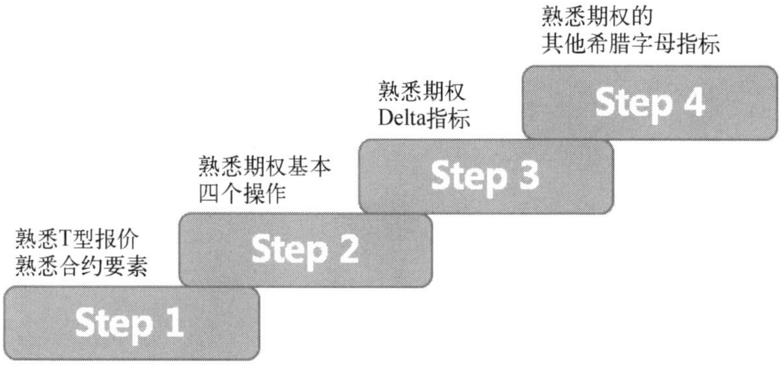

图 69-2　散户对希腊字母的入门进阶示意图

我们可以先从 Delta 开始,先在自己的能力圈里交易,结合实战慢慢对自己的开仓、平仓、移仓、对冲进行精细化的操作,然后随着自己对期权交易娴熟度的提升,再一步一步阶梯式地了解其他四个希腊字母在实战中的关键运用。

70. 不懂期权的 B-S 公式，我还可能明白期权的估值吗？

一张期权合约到底值多少钱？期权的估值问题一直都是金融投资界的难题，从 1900 年法国数学家巴舍利耶（L. Bachelier）开始，到著名经济学家保罗·萨缪尔森（P. Samuelson）的探索，再到站在巨人肩膀的三位集大成者 Black、Scholes、Merton 创立了欧式期权的经典定价公式。

似乎给人的感觉是，期权的估值问题，连那么多牛人都要想那么多年，一般的投资者还是不用管了吧！然而，对于我们自己，在日常交易时，如果对下面的 T 型报价完全迷失，不清楚期权是高估还是低估了，不清楚每个期权合约报价应该谁大谁小，对期权估值的合理区间没有任何概念，那你很难成为一个长期赚钱的期权交易者。

解决自己对期权估值的迷失有没有办法？我想本文就来帮助你绕开 B-S 公式去理解一份期权到底值多少钱。

想想 Black、Scholes 这些大师们之所以要花那么大精力才搞得出期权估值公式，是因为他们要得到一个十分精确地刻画各类影响因素定量关系的公式。而对于日常的交易者，完全可以有另一种简化理解期权估值的方式。

我想每个股民大概都知道这么个事儿，股票价格直接受到两个因素的影响：一个是每股盈利（有的也理解成业绩预增），一个就是市盈率 PE。事实上，股价的估值公式就可以写成：

股票价格 = 每股盈利 × 市盈率

大部分策略分析师都会从这两个因素来挖掘为什么某只股票价格会上涨。比如，2014 年与 2015 年上证综指的盈利增速只有 5% 和 −4%，处于窄幅区间，但却发动了史上第二大牛市行情。根据上面的公式，便不难解释此轮牛市的驱动因素就是估值（PE）。PE 又受到无风险利率、风险溢价等因素的影响，所以很容易知道股票的业绩预增强，或是市场风险偏好增强，或是央行降息等利率因素影响，都是影响股票价格上涨的直接因素。

对比股票估值公式，我们给出一个期权的简化版估值公式：

期权价格 $\approx$ 实虚值系数 $\times$ 标的价格 $\times$ 隐含波动率 $\times$ $\sqrt{\text{距离到期的时间}}$

这里解释一下，以 50ETF 8 月份到期的期权为例，“标的价格”自然表示 50ETF 当前价格。“隐含波动率 $\times\sqrt{\text{距离到期的时间}}$”其实就是全市场对该标的股票价格在期权到期前这段时间的波动率估计值，如果全市场认为未来一个月内标的股价将会发生巨震，那么给予的波动率估计值就会相应提高。

“实虚值系数”则是一个不确定的数，简单理解就是越是实值的期权，该系数越大；越是虚值的期权，该系数越小；特别地，当该期权是平值期权时，该系数约等于 0.4（为什么是 0.4，可参考本书的另一篇文章《“速算神人”土屋宏明能心算平值期权的隐含波动率吗？》）。

我们对比这两个公式，一下子就产生了联想！

在期权估值中，标的价格就好比每股盈利，它是期权最终盈利还是亏损的决定性因素，而（隐含波动率 $\times\sqrt{\text{距离到期的时间}}$）就好比是期权的“市盈率”，体现出全市场对期权估值的辅助因素。

这两个公式的相通之处在于：

① 业绩增长是公司股票价格上涨的决定性因素，股票虽然没有到期日，但长期来看，一个没有业绩增长、没有盈利的公司的估值泡沫最终会被浇灭！同样的道理，即使一张认购期权对应的隐含波动率再高，如果标的价格最后不给力地小于行权价，这张期权的估值也会最终趋于 0。

② 当短期内公司业绩增速放缓时，其他市场因素的影响也会导致市场对 PE 的估值急剧拉高。同样的道理，由于期权有着时间价值，即使标的价格一动不动，只要它不到期，就有可能从虚值最终变成实值。如果全市场觉得这种可能性非常高（比如 2008 年金融危机、2016 年英国脱欧公投），股价的波动率会急剧放大，就会给予这个值更高的估计（2008 年金融危机时 VIX 飙升至 80，脱欧公投时也从 13 上升至 25）。

这两个公式略有差异之处：

一个标的就是一只股票，但一个标的会对应许多期权（不同行权价格、不同到期月份）。所以在股票的估值公式中，自然没有“实虚值系数”一说，每股盈利前的系数实际上就是 1；而期权估值则不同，实值期权将给予更高的估值，虚值期权将给予更低的估值，深度虚值期权（几乎不可能行权的期权）的实虚值系数就几乎等于 0。

综上，我们绕开了 B－S 公式，只是希望能给广大投资者一个简简单单的期权估值逻辑，虽然这个公式不是很严格（比如按此公式，期权的 Gamma 都是 0），但我并不想从严格的角度说话，而是希望给你从股票估值到期权估值的一个过渡，为更多人理解在 T 型报价中每个合约的价格关系提供一个更直观、更通俗的途径。

71. 东南和西北的“街角”，深度实值期权知多少？（上篇）

如果你寻寻觅觅于成百上千个期权合约之中，就会发现有一类期权族群，它们总是低调地生活在东南和西北的“街角”，它们是什么？它们就是深度实值的期权们。在交易中，我们很少去关注它们，它们被运用得不多，但在某些关键确定的场合下却又有很大作用。它们的实战特征大致如何？它们的操作要点又是如何？这里就让我们来一探究竟。

图 71-1　深度实值期权在 T 型报价界面中的位置示意图

特征 1：买入深度实值期权相当于是一份不需要保证金的期货

由于深度实值期权的 Delta 绝对值几乎等于 1（深度实值认购为 1，认沽为－1），而期货的 Delta 也约等于 1，标的每变动一个单位，对它们的单价变化影响是相似的，因此，买入深度实值的认购就类似于构建了期货多头，而买入深度实值的认沽就类似于构建了期货空头。在期货交易中，期货的多空双方身上都承担着潜在交割的义务，一旦肩上有了义务，交易保证金就一定是少不了的，因此，不论是买入期货，还是卖出期货，一定数量的保证金都得占用着！然而，当你买入期权时，你就成为权利方，手上只有权利,肩上却没有了义务,因此没有任何机构会问你索要保证金,你需要花费的只是期权的权利金(保险费)而已。

通过这样的阐述,我们便可以知道,买入深度实值认购相当于是一份不需要保证金的期货多头,而买入深度实值认沽相当于是一份不需要保证金的期货空头。

特征 2:深度实值期权几乎不受到波动率和时间的影响

期权交易的三个维度是方向、波动率和时间。当我们交易的期权接近于平值时,实际上我们是在同时博弈三个维度的变量,比如买入平值认购,即使方向猜对了,也有可能因为市场波动率的下行或是时间的流逝而导致最终的亏损。但深度实值期权则不然,尽管它的 Delta 接近于 1,但它的 Gamma、Vega 和 Theta 都几乎等于 0,这意味着它的价格几乎只与方向一个维度相关,它的价格几乎不会受到隐含波动率变化和时间流逝的影响。

从根本上来看,期货与期权的关键不同之处就在于 Gamma 这个希腊字母——由于期货的 Gamma 等于 0,因此期货是一个线性衍生工具;而由于期权的 Gamma 不等于 0,所以它是一个非线性衍生工具。可以这么说,越是实值的期权,它的 Gamma 就越接近于 0,它的期权属性就越弱,它的期货属性就越强;越是平值的期权,它的 Gamma 就越大,它的期权属性就越强,它的期货属性就越弱。

特征 3:深度实值期权的权利金很贵,但时间价值却非常小

如果从保险的角度去类比,深度实值期权就好比保险范围很大的保险,这也保,那也保,保险的范围越大,自然保险费就越贵;如果从彩票的角度去类比,买入深度实值期权就好比买入巴西队能冲进世界杯的彩票,到目前为止,巴西队还没有缺席过一届世界杯,这样的行权概率,可不就是深度实值期权嘛!因此,相比于同月份的其他期权,每张深度实值期权的权利金都很高,在 50ETF 期权盘面里,基本上都达到上千元的数量级别。

然而,贵归贵,深度实值期权的时间价值确实非常小,以认购期权为例,来看图 71-2。

实线代表期权到期前的盈亏,虚线折线代表期权到期时的盈亏,两者相减的部分就是一份期权的时间价值。从图中可以发现,越是深度实值期权,时间价值越小,这一点也可以从彩票的角度去理解,越是实力悬殊的比赛,越没有悬念,其彩票的时间价值也就越小了。

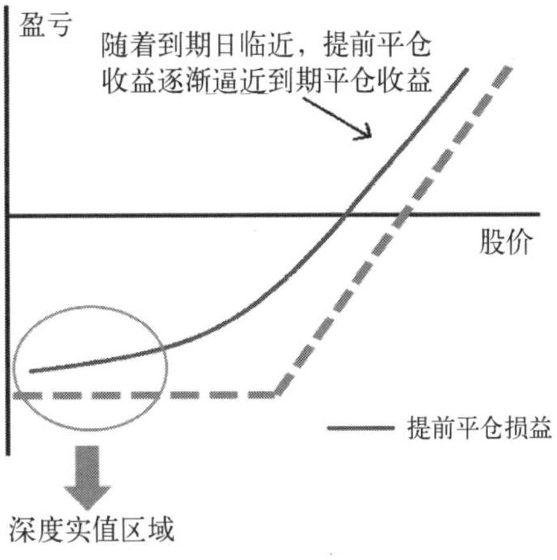

图 71-2 期权价格盈亏曲线示意图

特征 4：深度实值期权的时间价值甚至可能为负

时间价值为负？初学期权的人可能会觉得这是天方夜谭！然而，这就是现实，在过去的 40 多个月里，50ETF 深度实值认购期权合约多次出现时间价值为负的情形，这不是偶然与巧合，而是蕴含着实实在在的道理。

试想一下，如果你已经持有了一份深度实值、实物交割的认购期权，临近到期日时，你会选择提前平仓还是到期行权呢？我想大部分人会选择提前卖出平仓吧。下面我们一对比就知道结果：

如果你选择行权，你将准备很大一笔行权资金，比如你持有 100 张“50ETF 购 9 月 2500”，你就必须在到期日准备 250 万元的资金参与交割，而在短期内筹措这笔资金，可不是一件容易的事。

如果你选择卖出平仓，你将直接赚取开仓到平仓的权利金价差，不需要准备 250 万元的巨额资金，这大大提升了资金的使用效果，你大可将闲置资金去买卖别的期权，甚至做逆回购等现金管理。

所以，对于实物交割、深度实值的期权，很多人宁愿折价平仓，也不愿意降低资金的使用效率。因此，时间价值为负的“奇观”就在实盘中发生了。

特征 5：在所有期权中，深度实值期权的交易费用比例（占权利金）最低

在交易费用收取方面，国际上绝大部分交易所（美国、欧洲、中国香港）采用按张数收取交易费用，只有很少数交易所（韩国、巴西）采用按权利金金额的一定比例的收取方式。前者的好处在于，越是虚值的期权，交易费用占权利金支出的比例就会越高，这就在一定程度上抑制了深度虚值期权过度投机的现象。

目前国内的所有场内期权品种，不论是上证 50ETF 期权，还是白糖期权，或是豆粕期权，均采用按张数的收取方法收费，也就是不论你买的是实值、平值还是虚值期权，不论权利金本身是 1 000 元、100 元还是 10 元，买入一张期权都会收取固定的费用。以 50ETF 期权为例，假设不算上券商的佣金，上交所和中国结算每张收取 1.6 元，对于价值 1 600 元的深度实值期权，它的交易费用比例（占权利金）就是千分之一；对于价值 160 元的轻度虚值期权，它的交易费用比例就是百分之一；而对于价值仅有 16 元的深度虚值期权，它的交易费用比例就高达十分之一。可以看到，在所有期权合约中，深度实值期权的交易费用比例是最低的。

72. 东南和西北的“街角”，深度实值期权知多少？（下篇）

在东南与西北的“街角”，我们认识了深度实值期权的世界。转角边的风景有时是那么独特，又是那么有趣。在前一篇文章中，我和大家一起分享了深度实值期权本身自带的五大特征，在本文中，我们更进一步，来细细品味一下深度实值期权实战操作的滋味，希望我的体会能给你带来更多的帮助。

实战要点 1：深度实值期权是一把“双刃剑”，买入相同张数，赚得最多也可能亏得最多

我们已经知道，深度实值期权的 Delta 绝对值大致为 1，平值期权的 Delta 绝对值约等于 0.5，而深度虚值期权就不用说了，快接近 0 了。因此，如果标的涨跌 0.01，深度实值的期权涨跌接近 0.01，平值期权大约涨跌 0.005（假设隐波不怎么动），而深度虚值期权就像一辆老爷车一样，无论怎么踩油门，都涨不动。所以，如果我们同样买入 20 张期权，深度实值期权价格变动的绝对金额一定是最大的，深度虚值期权价格变动的绝对金额一定是最小的。这就意味着，一旦方向看对了，买入深度实值期权赚的绝对金额最多；而一旦方向看反了，也会亏得最多。

表 72－1　2018 年 5 月 7 日～2018 年 5 月 8 日，各个当月认购期权价格的变化情况

期权合约	2018 年 5 月 7 日收盘价	2018 年 5 月 8 日收盘价	每张当日盈亏
10001307.SH	0.234 0	0.266 6	326
10001283.SH	0.188 0	0.220 0	320
10001284.SH	0.146 4	0.174 0	276
10001285.SH	0.108 0	0.131 9	239
10001286.SH	0.075 6	0.094 0	184
10001287.SH	0.050 6	0.062 8	122
10001288.SH	0.032 0	0.038 9	69
10001289.SH	0.019 0	0.022 2	32
10001290.SH	0.010 6	0.011 2	6
10001291.SH	0.005 7	0.006 0	3
10001301.SH	0.002 6	0.002 6	0
10001303.SH	0.001 7	0.001 6	−1

注：2018 年 5 月到期认购合约，越往上行越实值。

表 72－2　2018 年 5 月 7 日～2018 年 5 月 8 日，各个当月认沽期权价格的变化情况

期权合约	2018 年 5 月 7 日收盘价	2018 年 5 月 8 日收盘价	每张当日盈亏
10001308.SH	0.005 0	0.002 9	−21
10001292.SH	0.008 8	0.004 5	−43
10001293.SH	0.015 6	0.007 9	−77
10001294.SH	0.027 4	0.015 1	−123
10001295.SH	0.046 6	0.026 6	−200
10001296.SH	0.070 1	0.045 9	−242
10001297.SH	0.100 7	0.073 4	−273
10001298.SH	0.137 5	0.106 8	−307
10001299.SH	0.178 8	0.146 2	−326
10001300.SH	0.223 9	0.191 1	−328
10001302.SH	0.269 2	0.237 7	−315
10001304.SH	0.317 9	0.285 3	−326

注：2018 年 5 月到期认沽合约，越往下行越实值。

以 2018 年 5 月 8 日为例，上面的两张表格就反映了这一点。2018 年 5 月 8 日 50 指数缩量后大涨反弹，当日每张深度实值认购合约“10001307.SH”可以赚取 326 元，而深度虚值认购合约“10001303.SH”反而亏损了 1 元；相反地，当日每张深度实值认沽合约“10001304.SH”会亏损 326 元，深度虚值认沽合约“10001308.SH”却只亏损了 21 元。

实战要点 2：买入深度实值期权必须做好止盈和止损

买入深度实值认购期权相当于买入期货，买入深度实值认沽期权相当于卖出期货。尽管买入期权不需要占用保证金，不会面临爆仓风险，但由于深度实值期权的 Delta 绝对值接近 1，因此，它中途所产生的潜在浮亏金额是不容小觑的。如果标的方向持续地与你博弈的方向相反，那么它的浮动亏损和持有期货头寸是没有什么两样的。我们都知道，每一次期货交易必须事先设好止盈点和止损点，同样地，买入深度实值期权也必须做好止盈和止损工作。

在止盈方面，你可以设置左侧信号或者右侧信号。所谓“左侧止盈信号”，就是当一波趋势还没有出现终结的迹象时，你就已经提前止盈了。最简单的左侧止盈信号，我们可以以乖离率指标为例，比如当标的价格相对于 20 日或 10 日均线的偏离度达到 a 以上时，意味着这波趋势已经冲得比较过头了，于是我们就把手持的买入期权头寸给平仓了结止盈。而所谓“右侧止盈信号”，就是当一波趋势已经出现终结的迹象时，

你滞后地选择止盈离场。最简单的右侧止盈信号，我们可以以均线为例，当标的价格突破下穿某根重要均线时，如果你持有的深度实值期权还处于浮盈状态，这时你又认为短暂的动量已经消耗得差不多了，你就可以选择止盈离场。

在止损方面，一般只设置右侧信号。当标的在一波上行趋势中突然出现一根大阴线，导致重要均线破位，或是 MACD、KDJ 等指标出现死叉，而你所买入的深度实值期权已经处于浮亏状态，你此时离场就是右侧止损离场。

止盈和止损在买入深度实值期权的操作中必不可少，这也是让自己长存于市场的救赎措施，“失之毫厘谬以千里”，有时候指的就是止盈、止损不够及时。

实战要点 3：买入深度实值期权必须做好仓位控制

既然买入深度实值期权操作的期货属性要大于期权属性，我们在操作时就更需要重视仓位控制的概念了。买入深度实值期权具有杠杆性，假设一份深度实值认购期权的真实杠杆率是 5 倍，那么标的上涨 2%，它就可以上涨 10%；标的下跌 2%，它就可以下跌 10%。因此，从资产安全和控制回撤的角度看，在仓位分配上，买入这份深度实值认购的仓位绝对不能超过总资产的 20%，即使你只用 20% 的仓位去买入这些期权，它的涨跌效果和满仓买入标的 ETF 也是一模一样的。你可以想象，如果你用半仓甚至全仓一股脑儿地去买入这些期权，它的涨跌效果就与 500% 的仓位去融资买入标的的效果相同了，这是非常不建议，也是不可取的。所谓“盈亏同源”，即便某一次博对了，也会在下面的某一次面临巨额的亏损。这是人性使然，没有多少人会在尝到甜头后就此收手，这样的高杠杆操作不是长久的投资之道！

在我的投资词典里，买期权从来没有半仓甚至满仓这一概念！实际操作中，我们先观察要买入的那个期权的杠杆率是多少（比如 A），然后问自己如果直接买入标的，自己能承受的最大仓位是多少（比如 B），最后确定买入这份期权的仓位最多不超过 B/A。

实战要点 4：买入深度实值期权入场前必须有充分的理由和信仰

相比于买入平值或虚 1 档的期权，由于深度实值期权的权利金很贵，它产生的绝对盈亏最大，因此，在每一次入场前，我们都需要从多方面、多角度综合考虑后，有着充分的理由和信仰后，再做出谨慎的决策。这些理由和信仰可以来自技术面的破位或是强力支撑，可以来自资金面的持续流入和流出，也可以来自突发事件的驱动，最好是这几个方面的信号共振。下面我以 50ETF 和白糖期权为例，举两个实战案例，来说明我当时操作的思维全过程。

案例1：2018年5月17日～2018年5月21日

表72-3　2018年5月买入50ETF深度实值认购期权的思维全过程

	期权操作
入场时间	2018年5月17日
入场理由	沪深两市成交量当日缩量至3 500亿～3 600亿元，同时20日均线盘中出现强支撑，同时20日均线拐头向上
仓位设置	用3%的仓位作为权利金支出
入场价格	"50ETF购5月2500"0.190 6元
善后方式	止盈止损
出场时间	2018年5月21日
出场理由	50指数盘中两次冲击年线未果
出场价格	"50ETF购5月2500"0.257 0元
每手收益	664元

案例2：2017年6月26日～2017年7月10日

表72-4　2017年6月买入白糖深度实值认购期权的思维全过程

	期权操作
入场时间	2017年6月26日
入场理由	CFTC非商业基金持仓白糖，净持仓年内首次变为负值，且5日、10日、20日、60日均线处于空头排列
仓位设置	用3%的仓位作为权利金支出
入场价格	SR801P7000　539元/吨
善后方式	止盈止损
出场时间	2017年7月10日
出场理由	标的价格上穿10日均线，且5日均线呈现拐头向上迹象
出场价格	SR801P7000　747.5元/吨
每手收益	2 085元

73. 神机“秒”算每个期权的保证金比例，你也可以做到！

初涉期权交易的投资者经常会问起这样一个问题：一手股指期货的保证金比例约为20％，一手白糖期货的保证金比例约为8％，那么一手期权合约的保证金比例是多少呢？在这里，我首先纠正一个概念，期权不同于期货！对于同一个标的，只要你不问我具体哪个期权合约，我就无法告诉你保证金比例是多少。

如果期权T型报价行情里有100个期权合约，那么可以很负责地说，这100个期权的保证金比例都不会一样。对于不同行权价、不同到期月份、不同类型的期权合约，保证金比例就好像是每一张人脸，每一个DNA一样，两两各不相同！

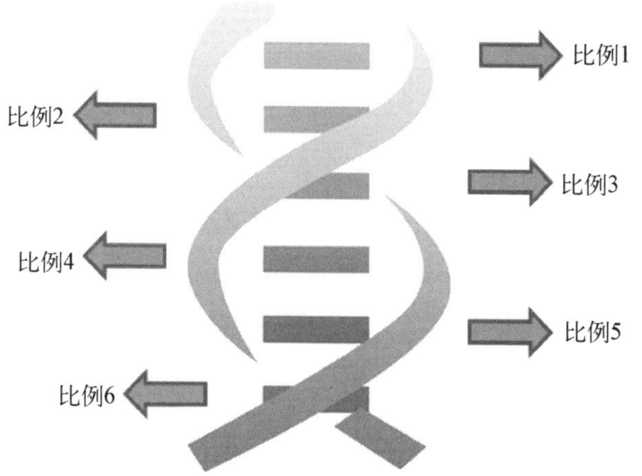

图 73－1　不同行权价的期权保证金比例不同

既然这样，那交易时怎么判断需要留出多少闲置资金呢？别着急，慢慢来！我们在本文中分两步走，先通过例子帮助大家直观地抓住期权之间保证金比例的关系，再给出一个简易的公式来深化理解。

首先，我们先陈述两个事实：

事实一：同一月份、不同行权价的期权，越实值的保证金越高，越虚值的保证金越低。

事实二：不同月份、同一行权价的期权，越远月的保证金越高，越近月的保证金越低。

我们以50ETF期权和白糖期权为例，截取2017年5月某日的收盘行情，来看看事实是不是如此。

- 上证50ETF期权保证金示例

表73-1 2017年5月某日上证50ETF近月认购期权保证金比例

行权价	认购权利金	认购保证金	认购保证金比例
2.2	0.189 9	4 782.6	19.90%
2.25	0.141 2	4 295.6	17.88%
2.3	0.093 9	3 822.6	15.91%
2.35	0.049 5	3 378.6	14.06%
2.4	0.020 5	3 088.6	12.85%
2.45	0.007	2 483.6	10.34%
2.5	0.002 6	1 939.6	8.07%
2.55	0.001 6	1 698.1	7.07%

表73-2 2017年5月某日上证50ETF近月认沽期权保证金比例

行权价	认沽权利金	认沽保证金	认沽保证金比例
2.2	0.000 7	1 547	6.44%
2.25	0.001 4	1 589	6.61%
2.3	0.002 8	1 881.6	7.83%
2.35	0.010 6	2 459.6	10.24%
2.4	0.030 2	3 155.6	13.13%
2.45	0.067	3 553.6	14.79%
2.5	0.113	4 013.6	16.70%
2.55	0.161 6	4 499.6	18.72%

- 白糖期权保证金示例

表73-3 2017年5月某日白糖期权近月认购期权保证金比例

行权价	认购权利金	认购保证金	认购保证金比例
6 200	504.5	10 407.4	15.53%
6 300	418.5	9 547.4	14.24%
6 400	323.5	8 597.4	12.83%
6 500	245	7 812.4	11.66%
6 600	168	7 042.4	10.51%
6 700	111.5	6 477.4	9.66%
6 800	67	5 547.4	8.28%
6 900	36	4 737.4	7.07%

表 73－4　2017 年 5 月某日白糖期权近月认沽期权保证金比例

行权价	认沽权利金	认沽保证金	认沽保证金比例
6 200	6.5	2 912.4	4.34%
6 300	11	3 457.4	5.16%
6 400	20.5	4 052.4	6.05%
6 500	36.5	4 712.4	7.03%
6 600	63.5	5 482.4	8.18%
6 700	103.5	6 382.4	9.52%
6 800	160.5	6 967.4	10.39%
6 900	238.5	7 747.4	11.56%

综观这四张表，你可以清清楚楚地发现，不论是认购期权还是认沽期权，同月份的期权中，越虚值的，保证金比例越低；越实值的，保证金比例越高。比如，行权价为 6 200 的白糖认购期权比行权价为 6 900 的白糖认购期权更实值，所以保证金比例为 15.53%，大于 7.07%。

事实上，这一规律绝不是简单的记忆，而是基于一个非常浅显易懂的道理。试想一下：卖出实值的期权对卖出虚值的期权，哪一个承担的义务更大？当然是卖出实值期权，这就像卖一份伊拉克的安全险承担的义务肯定比卖一份东京的安全险大，那么肩上义务大的那个期权保证金比例就会比较高。同样的道理，卖出远月期权对卖出近月期权，哪一个承担的义务更大？当然是远月，因为近月的期权我只需要承担 1 个月的义务，远月的期权我可能需要承担 3～6 个月的义务，所以，肩上义务大的远月期权保证金比例就会高。

有了这样的认识，我们就来给出一个期权保证金的简化公式，方便大家永久记忆！我们以认购期权（看涨期权）为例，不论是股票期权还是期货期权，都可以用图 73－2 所示的这个通式去大致地心算每一个期权合约的保证金。

$$\text{期权保证金比例} = O/S + X$$

O：期权价格　　X：浮动系数

S：标的价格

图 73－2　期权保证金比例速算公式

运用时需注意，公式里的 O 表示期权价格；S 表示标的价格；X 是一个不确定的数，到底取什么值取决于以下的事实，我们以国内的三个期权品种为例（上证 50ETF 期权、白糖期货期权，以及豆粕期货期权）：

对于上交所的 50ETF 期权：
期权处于实值时，$X=12\%$；
期权处于平值时，$X=12\%$；
期权处于深度虚值时，$X=7\%$；
期权处于轻度虚值时，X 介于 7%与 12%之间。
（注：此处的数值是交易所的保证金比例，经纪商会上浮一个百分比。）

对于郑商所白糖期货期权：
期权处于实值时，X=白糖期货保证金比例，比如 7%；
期权处于平值时，X=白糖期货保证金比例，比如 7%；
期权处于深度虚值时，X=白糖期货保证金比例的一半，比如 3.5%；
期权处于轻度虚值时，X 介于 3.5%与 7%之间。
（注：此处的数值是交易所的保证金比例，经纪商会上浮一个百分比。）

对于大商所豆粕期货期权：
期权处于实值时，X=豆粕期货保证金比例，比如 7%；
期权处于平值时，X=豆粕期货保证金比例，比如 7%；
期权处于深度虚值时，X=豆粕期货保证金比例的一半，比如 3.5%；
期权处于轻度虚值时，X 介于 3.5%与 7%之间。
（注：此处的数值是交易所的保证金比例，经纪商会上浮一个百分比。）

我们可以看到，对于实值、平值以及深度虚值期权而言，X 这一项的数值都是确定的，不过对于轻度虚值期权而言，这个 X 的比例依然是不确定的，只是一个范围。在实际操作中，到底什么才算轻度虚值期权，什么才算深度虚值期权呢？

我们以实战中的经验和上交所 50ETF 期权为例，以目前 50ETF 所处的箱体点位看，虚 3 档以上的期权可以认为是深度虚值期权了，这些期权保证金比例就等于（期权价格/标的价格）+7%，从平值到虚 1 档，从虚 1 档到虚 2 档，X 这个数值大约会下滑 2%左右。所以，我们就能得表 73－5，这张表格可以说是淋漓尽致地告诉了你每个期权合约的保证金比例大约等于多少！

表 73－5　各档行权价的期权对应的保证金比例速算公式

50ETF 认购期权	保证金比例
实 2 档	期权价格/标的价格＋12％
实 1 档	期权价格/标的价格＋12％
平值	期权价格/标的价格＋12％
虚 1 档	期权价格/标的价格＋10％
虚 2 档	期权价格/标的价格＋8％
虚 3 档	期权价格/标的价格＋7％
虚 4 档	期权价格/标的价格＋7％

把这张表格打印下来贴在交易软件旁边，我们就能在卖出开仓前，对每个期权合约的保证金占用成本，快速地做到心中有数。比如，当前期权价格 0.080 0，标的价格 2.400 0，平值期权，你马上就可以心算出：0.08/2.400＋12％＝15％；又比如，当前期权价格 0.010 0，标的价格 2.300 0，虚 3 档期权，你又可以马上心算出：0.01/2.300＋7％≈11％。

综观全局，从这个简化版保证金比例公式右侧的第二项看，完全符合我们前文所述的事实一，越是虚值的期权，保证金比例越低。不仅如此，保证金比例公式右侧的第一项“期权价格/标的价格”更是完全符合我们前文所述的事实一和事实二。

在每一时刻，标的价格总是确定的，虚值期权的价格比实值期权的价格要低，所以，“期权价格/标的价格”这一项的数值就会比较低。对于深度虚值期权而言，“期权价格/标的价格”这一项甚至约等于 0，可以忽略不计，可以说深度虚值期权的保证金比例基本上就是 X。此外，相同行权价的近月期权的价格比远月期权的价格要便宜，所以“期权价格/标的价格”这一项的数值也会比较低；特别地，当期权临近到期的最后一天，“期权价格/标的价格”这一项就直接可以通过期权行权价格与标的价格的价差来计算。可以说，用这个通式既可以一网打尽各个交易所较为复杂的保证金公式，同时又清晰地告诉了初学者，对期权保证金比例永远无法给出一个定数。

74. 夜空中的北斗七星，我心中的七“盏”公式

在期权的领域中，不论是从事投资交易，还是深入研究，总会不可避免地碰到这样那样的公式。在普通的个人投资者心里，可能会记得“期权价格=内在价值+时间价值”这样的公式，而在期权做市商交易员的脑中，则深藏着各种期权定价和动态对冲公式。大道至简，许多交易者也会在交易实践中、在每天的复盘中，总结出属于自己的经验公式。

在我的心目中，有着这样七个公式，它们穿梭在我每天的交易和实践中，它们不像B-S公式那样复杂，也不需要复杂的数学知识，它们更像是一种融于身体的思考习惯，慢慢地、渐渐地，成为交易心算世界的一部分。

(1) 卖出开仓的性价比指标

我们想要卖出开仓某份期权时，同样会犹豫于各种不同行权价的虚值期权之间，虚1档，虚2档，还是虚3档？越是深度虚值的期权，权利金越是便宜；越是轻度虚值的期权，Delta绝对值越是大。Delta绝对值表示一份期权到期被行权的概率，所以，Delta绝对值越小，对卖方越安全，然而较大Delta的期权能卖出更高的权利金收入，这意味着我们到期潜在保险费收入会变得更高，因此，我们卖出期权时总是希望寻找权利金收入较高，但Delta绝对值不会太大的期权合约。于是，我几年前开发了一个简易的卖出开仓性价比指标，具体如下：

$$\text{卖出开仓性价比} = \frac{\text{权利金}}{1+|\text{Delta}|}$$

在这个简易的指标中，我们总是寻找权利金与Delta指标之比合适的期权合约去卖，之所以在分母项加上了1，是因为深度虚值期权的Delta是0，为了避免指标分母出现0而特意加上的一个常数，所以这里究竟是加上1还是X（任一正常数），并没有那么重要。

(2) 期权盈亏分解公式

作为一个机构投资者，我们需要每天盘后对当日期权持仓的盈亏进行一个归因分

析。我们知道，一份期权的价格受到标的价格、标的波动率、距离到期时间、无风险利率等因素的影响，而期权价格关于这些变量的敏感度就是我们通常所说的希腊字母值（Delta、Gamma、Vega、Theta、Rho 等）。因此，我们需要知道自己今天赚的大多数钱是来自标的价格的变动，还是波动率的上升，还是来自时间的流逝。尽管在每天实际的归因分析中，我会进行更进一步的处理，但这一切都是基于下面这个公式，我们不妨称它为期权盈亏分解公式：

$$\begin{aligned}\text{期权盈亏} = &\ \text{Delta}\times\text{标的涨跌} + 0.5\times\text{Gamma}\times(\text{标的涨跌})^2\\ &+\text{Vega}\times\text{波动率涨跌}+\text{Theta}\times\text{时间流逝}\\ &+\text{Rho}\times\text{无风险利率涨跌}+\cdots\cdots\end{aligned}$$

（3）Delta 中性对冲公式

做期权卖方，可谓“但愿千日平安，不可一日不防”。当卖期权的仓位比较重时，一旦标的出现了大涨大跌，我们很可能需要一部分平仓止损，一部分迅速用买入期权进行 Delta 对冲，越快越好！那么，每到这样的紧急时刻，我们究竟需要买入多少数量的期权进行对冲呢？下面这个公式就是期权卖方 Delta 对冲的善后公式：

$$\text{买入对冲数量} = \frac{\sum \text{每个义务仓合约数量}\times\text{对应 Delta}}{\text{买入合约的 Delta}}$$

在这个公式中，每个义务仓合约包括所有你想要去对冲的认沽义务仓和认购义务仓。对于认沽义务仓而言，对应的 Delta 指标是正的；对于认购义务仓而言，对应的 Delta 指标是负的。所以，如果右侧的分子求和结果是正的，我们就需要再买入一些认沽期权去对冲；如果右侧的分子求和结果是负的，我们就需要再买入一些认购期权去对冲。

（4）1 份 IH 期货＝30 份 50ETF 期权

这个公式往往用于我们需要为手中的现货对冲保险的时候。当持有一定数量的 50ETF 或是 50 成分股时，我们可以选择用 50 股指期货（也就是 IH 合约）进行对冲做出 Alpha，也可以选择买入 50ETF 认沽期权或是构建 50ETF 期权领口策略进行对冲。当我们持有的现货数量很大时，也不排除会一部分用 IH 对冲，一部分用认沽期权对冲。另外，我们有时也会用 IH 替代 50ETF，用 IH 的杠杆性与期权搭配构建领口组合，从而起到节省资金的效果。在这一系列操作中，在对冲数量上要始终记住以下这个公式：

1 份 IH 期货 ＝ 30 份 50ETF 期权

为什么会有这样的对应关系？这一切要从合约面值出发解释。当我们在套保对冲时，所计算的对冲数量都是从合约面值出发的。假设我持有 9 000 万元市值的 50 成分股，50 指数现在大约 3000 点，50ETF 大约 3.000 元，IH 股指期货的合约单位是 300，50ETF 期权的合约单位是 10000，于是我需要卖出的 IH 合约数量＝90 000 000/(3 000×300)＝100(手)，而我需要买入的 50ETF 认沽期权数量＝90 000 000/(3.000×10 000)＝3 000(手)，所以，1 份股指期货等于 30 份认沽期权。

(5) 期权保证金比例速算公式

期权不同于期货。对于同一个标的，只要你不问我具体哪个期权合约，我就无法告诉你保证金比例是多少。期权交易里有句笑话，叫作“别问我保证金比例是多少，因为它时刻会变大或变小”。如果期权 T 型报价行情里有 100 个期权合约，那么我可以很负责地说，这 100 个期权的保证金比例都不会一样。然而，尽管每个合约的保证金比例不同，有一个规律是始终存在的，那就是实值期权的保证金比例高于虚值期权，并且它们可以用一个统一的速算式来表达：

$$\text{期权保证金比例} = \frac{O}{S} + X$$

其中，O 表示期权合约的价格，S 表示标的的价格，X 则是一个浮动系数。

以上交所 50ETF 期权为例：期权处于实值时，$X>12\%$；期权处于平值时，$X=12\%$；期权处于深度虚值时，$X=7\%$；期权处于轻度虚值时，X 介于 7%与 12%之间。

(6) 认购期权价格近似公式

对于大部分初学期权的交易者，他们并不需要像期权做市商那样精确地知晓期权各种复杂的定价公式，而是需要通过一个直观的公式对期权的价格结构有一个清晰的认识。下面这个公式就是认购期权价格的通俗式：

$$\text{认购期权价格} \approx \text{实虚值系数} \times \text{标的价格} \times \text{隐含波动率} \times \sqrt{\text{距离到期的时间}}$$

从这个公式中，初阶期权交易者至少可以学会两件事：第一件事就是知晓了三个重要的变量与期权价格的变化关系，从公式的右侧你可以清晰地看见，标的价格与认购期权价格是正相关的，波动率的上升也有利于认购期权价格的上涨，距离到期时间越长，则认购期权价格也会更高，这三个因素对认购期权的价格都是正相关的。前面第一项的实虚值系数则是一个辅助，当认购期权处于平值时，这个系数恰好高于 0.4(可参考《“速算神人”土屋宏明能心算平值期权的隐含波动率吗？》)；当认购期权是实值时，这个系数高于 0.4；当认购期权是虚值时，这个系数低于 0.4。第二件事就是当认购期权处于平值时，我们可以反推出该期权的隐含波动率，这在波动率统计套利策略中应用得相当常见。

(7) 认沽期权价格近似公式

上面我们给出了认购期权价格的通俗式，有了认购期权的价格后，我们更是不必复杂地绕弯路，直接给出认沽期权的通俗式就可以了，它就是：

$$\text{认沽期权价格} \approx \text{认购期权价格} + \text{行权价} - \text{标的价格}$$

这个公式在期权临近到期或是无风险利率非常低时，基本上就可以视为一个等式。从这个公式中，初阶期权交易者也至少可以学会两件事：第一件事就是知晓了三个重要的变量与期权价格的变化关系，从公式的右侧你可以清晰可见，标的价格与认购期权价格是正相关的，行权价与认沽期权价格是正相关的。第二件事则是告诉了你寻找期权套利机会的两个制胜法宝：当等式左边明显大于右边时，我们可以卖出认沽期权，买入认购期权，卖空标的证券，构建一个叫作反向平价套利的组合，如果能够顺利成交，则持有到期时套利成功；反之，当等式左边明显小于右边时，我们可以卖出认购期权，买入认沽期权，买入标的证券，构建一个叫作正向平价套利的组合，如果能够顺利成交，则持有到期时套利成功。

75. 位移和路程的比喻
——Gamma 与 Vega 赚钱效应的区别

记得在与 Credit Suisse 的期权交易员交流时，我第一次意识到了不同“青年”们聊期权策略时的风格原来是这么不同。一个简单的买认购，在他们的口中成了 long Delta & long Gamma；一个简单的卖认沽，在他们口中就成了 long Delta & short Gamma；波动率买入套利变成了 long Vega；赚取时间价值变成了 long Theta。与普通交易员相比，他们全然进入了用希腊字母作为交流语言的世界。既然如此，我们不妨先把 long XXX 和 short YYY 整理一下，然后直奔本文的主题！

表 75－1　从希腊字母的角度刻画期权交易

	long	short
Delta	希望股价上涨	希望股价下跌
Gamma	希望股价相对现在点位变动很大	希望股价相对现在点位不怎么变化
Vega	希望隐含波动率上升	希望隐含波动率下降
Theta	希望时间过得快一些	希望时间过得慢一些

由于 long Gamma 希望股价能波动得大一些，long Vega 希望波动率能上升得多一些，而且许多文章中也笼统地称两者为“做多波动率”，所以，投资者往往容易混淆 Gamma 和 Vega 这两个概念。

从文字的角度解释，long Gamma 是指你的持仓 Gamma 值为正，表示做多股价实际波动，当股价真的从 100 元变到了 110 元或 90 元，那么做多实际波动的预期就实现了。而 long Vega 是指你的持仓 Vega 值为正，表示的是做多股价的波动率(也就是预期波动)，当你买入某个隐含波动率为 25%的期权，两天后股价几乎一动不动，但隐含波动率却上升到了 35%，这时做多隐含波动率的希望就实现了，这部分赚的钱就是 Vega 带给你的，而不是 Gamma。然而，经过两年间与许多交易者的沟通后，我发现这样的解释依旧收效甚微。

我们来回顾一下中学时代的两个名词：位移和路程！粗略地说，位移就是位置移动的距离，可理解成从起点到终点的线段距离，而路程是从起点到终点过程中经历的所有长度之和。举个经典例子，绕着标准操场跑一圈，位移是 0，因为起点和终点是一个点，所以起点到终点的线段距离就是 0；而路程却是 400 米，因为你在过程中经历的长度之和是实实在在的 400 米。

接着我们回到 Gamma 与 Vega 的区别中。我们说 long Gamma 其实就是做多股价的位移，而 long Vega 就好比是做多股价的路程。当股价一路高歌猛进或一路断崖下跌时，位移急速增加，预期股价在下个月的路程也会比这个月的路程多，所以，当股价在一段时间内出现连续上涨或下跌时，股价的位移和路程（波动率）通常会双双上升，此时买入期权既赚到了 Gamma 的钱，也赚到了 Vega 的钱。然而，如果一段时间内股价宽幅震荡，路程（波动率）很大，但最终位移却归零，那么此时买入期权往往只赚到了 Vega 的钱，Gamma 并未给你带来收入。

我们来看一个例子：如果你买了一张平值认购期权（股价现在点位 100 元，期权行权价 100 元，隐含波动率 30%），那么接下来的四天内股价经历了涨涨跌跌，从 100 元涨到 110 元，再涨到 120 元，再跌到 110 元，再跌回 100 元。

大家可以计算一下这四天内股价的位移和路程。非常简单，股价的变化就像我们绕着操场跑步一样，位移等于 0，而路程是 40 元。通过计算，我们发现该股票在四天内的年化波动率达到了惊人了 166.6%，所以 Vega 端一定给你带来了不错的收入，然而股价的一动不动却让你在 Gamma 端一无所获。回顾一下 2016 年 6 月英国脱欧公投当周各类资产的表现情况，这将会很好地帮助我们巩固现有的理解。

表 75-2　2016 年 6 月 24 日～2016 年 6 月 29 日，各资产的价格变化

资产类别	初始值	终值	位移	路程	Gamma	Vega
COMEX 黄金	1 254 美元	1 321 美元	67 美元	远超过 70 美元	赚	赚
日经 225	2103 点	2098 点	−5 点	219 点	几乎不赚	赚
FTSE100	6338 点	6360 点	22 点	1132 点	几乎不赚	赚
CBOE VIX	26.06 点	18.75 点	−7.31 点	远超过 7.31 点	赚	赚

数据来源：Wind，“力的期权工作室”整理。

这就是 Gamma 与 Vega 的区别。当股价单向快速运动时，位移上升一般情况下伴随着路程的环比上升，此时买认购，Gamma 将成为收入的主要来源，而 Vega 将成为收入的辅助来源。然而，当股价来回巨幅震荡时，位移可能为 0，而路程却成倍增加，波动率会随着偏离均值程度增加而上升，这时买认购，恐怕 Vega 就成为收入增加的唯一一根“救命稻草”了！

76. 颠覆期权初学者“三观”的结论，你知道吗？

有时候，觉得期权交易有趣，或许不仅仅在于它有着那么多的组合策略，而是发现了其中各种各样千奇百怪的现象，这些现象有的立刻就能搞懂，有的却似乎有悖于常理，有的甚至纠正了教科书上那些不严谨的说法。透过现象看本质，在本文中，我就列举了三个足以颠覆期权初学者“三观”的结论，看看你是不是觉得非常有趣呢？期待你读后的共鸣！

奇观 1：期权的时间价值可以为负

期权的初学者，都会听说过这样一个公式“期权价值＝内在价值＋时间价值”，有些讲师可能在不经意间提出“只要距离到期还有时间，就有时间价值”的说法，使得许许多多的期权学习者深刻地认为“时间价值一定是不会为负的”，就连过去我的几个金融界的朋友也这么认为。然而，事实果真如此吗？

我们来想一想，期权的价格是怎么定出来的？是 B－S 定价公式吗？是二叉树定价公式吗？这些都是次要的，不论哪一个金融品种，价格的产生归根结底是供求关系决定的。所以对于某个期权，供远远过于求，价格就会下跌，当卖方的势力远远大于买方时，价格就会被压得很低，甚至使得期权价格小于其内在价值，此时时间价值就会为负。

对于深度实值、实物交割的 50ETF 认购期权，试想一下，如果你已经持有一份深度实值认购期权，临近到期日时，你会选择提前平仓还是到期行权呢？我想大部分人会选择提前卖出平仓吧。下面我们一对比就知道结果：

如果你选择行权，你将准备很大一笔行权资金，比如你持有 50 张“50ETF 购 9 月 2500”，你就必须在到期日准备 125 万元的资金参与交割，而短期筹措这笔资金，可不是一件易事。

如果你选择卖出平仓，你将直接赚取开仓到平仓的权利金价差，不需要准备 125 万元的巨额资金，这大大提升了资金的使用效果，你大可将闲置资金去买卖别的期权，甚至做逆回购等现金管理。

所以，对于实物交割、深度实值的期权，很多人愿意折价平仓，也不愿意降低资金的使用效率。时间价值为负的奇观就发生了！

然而，是不是只有深度实值认购期权会出现“时间价值为负”的情况呢？答案显然不是，深度实值认沽期权也会出现这种情况：大家试想一下，“时间价值为正”的另一种说法等价于“距离到期剩余时间越长越好”，“时间价值为负”的另一种说法等价于“距离到期剩余时间越短越好”。什么时候，你买完一个期权后，希望距离到期剩余时间越短越好呢？

我来为你列举一种情景：假如有一家公司有对应的股票期权，当初你买了行权价10元、半年后到期的认沽期权，之后几个月该公司涉嫌财务严重造假，被管理层处罚，面临退市的风险，然后股价一路下挫，已经快跌到0了。这时，如果你可以立刻行权，则直接赚到每股10元钱（10－0），时间多拖一天，股价就有可能因为其他消息面的影响而反弹，这时，你可以赚的钱还没有10元多。这就是一个案例，基于的原理就是股价最多跌至0，一旦股价接近0，你就希望能够立刻行权，希望时间快快流逝！

从上述案例可以总结出这样的结论：在实战中，深度实值的认购或认沽期权都可能出现时间价值为负的情形，千万别觉得奇怪哦！

奇观2：说“平值期权的Gamma最大”不是最严谨的

大部分教科书在表述期权的希腊字母时，都会给出这样一个结论：平值期权的Gamma是最大的。然而，大部分初学者一定没有想到，这句话的表述其实没有那么严谨。即便从单纯理论的角度看（也就是从B－S定价公式看），这句话也是近似的真理。

$$\text{Delta: } \frac{\partial c}{\partial s} = N(d_1)$$

$$\text{Gamma: } \frac{\partial^2 c}{\partial s^2} = \frac{f(d_1)}{s\sigma\sqrt{T-t}}$$

$$\text{Theta: } \frac{\partial c}{\partial t} = -S \cdot f(d_1) \cdot \frac{\sigma}{2\sqrt{T-t}} - rKe^{-r(T-t)} \cdot N(d_2)$$

$$\text{Vega: } \frac{\partial c}{\partial \sigma} = S \cdot f(d_1) \cdot \sqrt{T-t}$$

$$\text{Rho: } \frac{\partial c}{\partial r} = (T-t) \cdot Ke^{-r(T-t)} \cdot N(d_2)$$

$$\text{其中，} d_1 = \frac{\text{In}(Se^{r(T-t)}/K) + 0.5\sigma^2(T-t)}{\sigma\sqrt{T-t}},\ d_2 = d_1 - \sigma\sqrt{T-t}$$

图76－1　根据B－S公式推导出的希腊字母公式

从图76－1中，我们可以通过基础的微积分知识，找出第二行Gamma的函数，然后对标的股价S进行求导，并令它等于0，最后我们可以计算得出以下公式：

$$\boldsymbol{S = K \cdot \exp(-C \cdot T)}$$

其中，C 是一个正的常数，S 是 Gamma 最大处对应的标的价格，K 就是行权价。

这个公式告诉我们：只有当距离到期剩余时间很短的时间（比如近月合约），$C \cdot T$ 才是一个接近 0 的数，从而可以近似地认为平值期权的 Gamma 就是最大的；对于远月合约，$C \cdot T$ 就不是一个可以忽略的正数，于是平值期权的 Gamma 就绝对不是最大的。

为了让你有直观的体会，我们来看看期权交易客户端里的结果是不是一样。我们就取 2017 年 8 月 11 日收盘的截图，50ETF 的价格为 2.613，平值认购合约对应为 2600 合约。

① 先看近月认购合约（8 月）的 Gamma 分布，如图 76－2 所示。

Gamma	Delta	最新	代码	购<行权价>沽↑
0.0089	0.9999	0.2179	10000943	2.4000
0.1402	0.9971	0.1679	10000933	2.4500
1.0153	0.9725	0.1173	10000934	2.5000
3.5319	0.8620	0.0705	10000935	2.5500
6.1525	0.6088	0.0338	10000936	2.6000
5.5800	0.3011	0.0126	10000937	2.6500
2.7323	0.0962	0.0050	10000947	2.7000
0.7472	0.0191	0.0022	10000955	2.7500
0.1178	0.0024	0.0012	10000963	2.8000
0.0110	0.0002	0.0005	10000979	2.8500

图 76－2　2017 年 8 月某日，上证 50ETF 近月各认购期权 Gamma 示意图

② 再来看次月认购合约（9 月）的 Gamma 分布，如图 76－3 所示。

Gamma	Delta	最新	代码	购<行权价>沽↑
0.0039	0.9999	0.4230	10000885	2.2000
0.0187	0.9993	0.3736	10000843	2.2500
0.0712	0.9970	0.3239	10000844	2.3000
0.2170	0.9895	0.2751	10000845	2.3500
0.5352	0.9699	0.2263	10000846	2.4000
1.0820	0.9274	0.1790	10000847	2.4500
1.8143	0.8515	0.1345	10000855	2.5000
2.5507	0.7381	0.0948	10000913	2.5500
3.0369	0.5949	0.0620	10000921	2.6000
3.0907	0.4404	0.0389	10000929	2.6500
2.7124	0.2972	0.0225	10000949	2.7000
2.0693	0.1819	0.0122	10000957	2.7500
1.3828	0.1008	0.0071	10000965	2.8000
0.8152	0.0506	0.0048	10000981	2.8500

图 76－3　2017 年 8 月某日，上证 50ETF 次月各认购期权 Gamma 示意图

③ 再来看看季月认购合约(12 月)的 Gamma 分布，如图 76－4 所示。

Gamma	Delta	最新	代码	购<行权价>沽↑
0.1349	0.9887	0.4382	10000897	2.2000
0.2391	0.9779	0.3880	10000887	2.2500
0.3906	0.9601	0.3390	10000888	2.3000
0.5911	0.9327	0.2952	10000889	2.3500
0.8326	0.8938	0.2521	10000890	2.4000
1.0962	0.8419	0.2109	10000891	2.4500
1.3543	0.7771	0.1727	10000899	2.5000
1.5759	0.7011	0.1387	10000915	2.5500
1.7329	0.6169	0.1097	10000923	2.6000
1.8066	0.5284	0.0857	10000931	2.6500
1.7908	0.4402	0.0660	10000951	2.7000
1.6925	0.3564	0.0510	10000959	2.7500
1.5291	0.2803	0.0401	10000967	2.8000
1.3237	0.2142	0.0307	10000983	2.8500

图 76－4　2017 年 8 月某日，上证 50ETF 季月各认购期权 Gamma 示意图

④ 最后来看隔季月认购合约(2018 年 3 月)的 Gamma 分布，如图 76－5 所示。

Gamma	Delta	最新	代码	购<行权价>沽↑
1.2190	0.7025	0.1698	10000987	2.5500
1.3192	0.6379	0.1419	10000969	2.6000
1.3819	0.5706	0.1183	10000970	2.6500
1.4039	0.5024	0.0997	10000971	2.7000
1.3855	0.4353	0.0830	10000972	2.7500
1.3302	0.3713	0.0701	10000973	2.8000
1.2444	0.3116	0.0579	10000985	2.8500

图 76－5　2017 年 8 月某日，上证 50ETF 隔季月各认购期权 Gamma 示意图

很直观地，我们会发现，8 月认购合约 Gamma 最大处是 2600 合约，即平值合约；到了次月 9 月认购合约，Gamma 的最大处已经变成 2650 合约，即虚 1 档合约；12 月认购合约 Gamma 最大处也是 2650 合约，即虚 1 档合约；明年 3 月认购合约 Gamma 最大处是 2700 合约，变成了虚 2 档合约。也就是说，只有近月合约才近似满足“平值合约 Gamma 最大”的说法，越远月的合约，越不满足这种说法。

奇观 3：买入日历策略竟然是做多波动率

有一定基础的期权交易者或许知道一个叫作“买入日历组合”的组合策略。它是一个跨月份的期权组合，构建方法很容易：买入远月期权＋卖出近月期权。

在近月期权到期的那一天，买入日历组合的盈亏形状就像图 76－6 中的浅色线一样。从我们平时熟知的到期盈亏图来看，这个组合明显是希望股价尽量不要动的，为

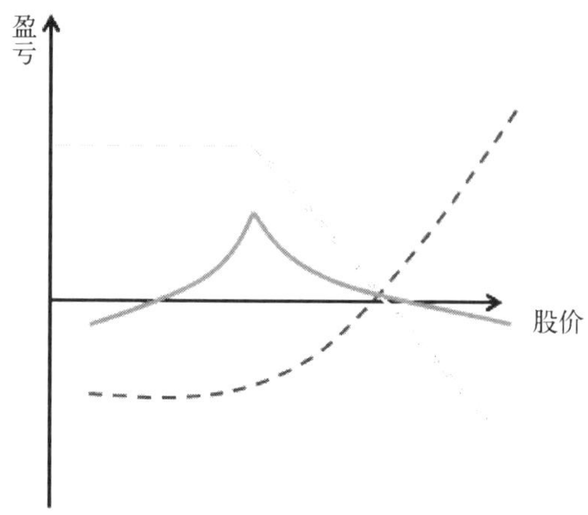

图 76－6　买入日历组合盈亏示意图

什么会是做多波动率的呢？

这里，我们必须和大家梳理清楚无数人容易搞错的两个概念：波动性与波动率。在本书《位移和路程的比喻——Gamma 与 Vega 赚钱效应的区别》一文中，我提出了做多股价的偏移性和做多股价的波动率是完全不同的。偏移性就类似物理中学过的位移，波动率则类似物理中学过的路程。相信图 76－7 有助于先区别清楚四个名词：做多偏移性、做空偏移性、做多波动率、做空波动率。

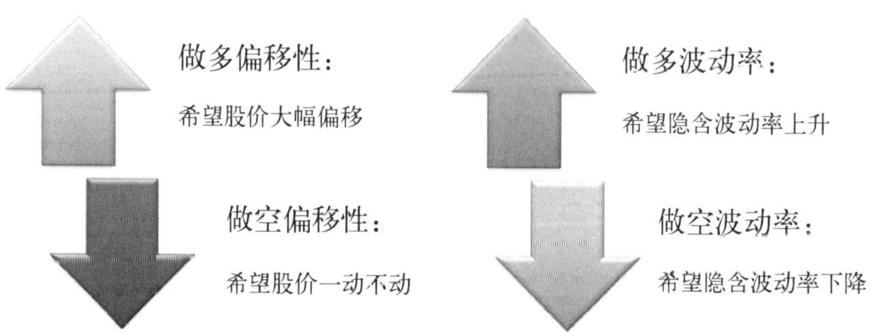

图 76－7　做多/做空偏移性、做多/做空波动率的区别

我们过去在到期盈亏图中看到的一切只能说明这个策略是做多还是做空股价偏移性的，也就是在 Gamma 上是正的还是负的。所谓正 Gamma，等价于做多股价偏移性，也就是希望股价能够大幅偏移现在的点位(即位移很大)；而负 Gamma 呢，则等价于做空股价偏移性，也就是希望股价最好能够一动不动(即位移尽量为 0)。

我们在到期盈亏图中，是无法看出这个组合是做多还是做空波动率的，这是因为到期盈亏图只能反映内在价值，无法反映盈亏与隐含波动率的关系。

事实上，做多、做空波动率是指 Vega 是否为正。当 Vega 为正时，标的的隐含波动率上升，则有利于我们的赚钱效应；当 Vega 为负时，标的的隐含波动率下降，不利于我们的赚钱效应。Gamma 为正时，Vega 未必为正；Gamma 为负时，Vega 也可能为正。这就像一个单摆，它来回振动到最后，还是回到了最低点(位移为 0)，但期间经历的来回波动(路程)可能是巨大的。买入日历组合恰恰就是这样一个组合——Gamma 为负、Vega 为正的策略。图 76－8 就是买入日历组合的 Gamma 和 Vega 示意图。

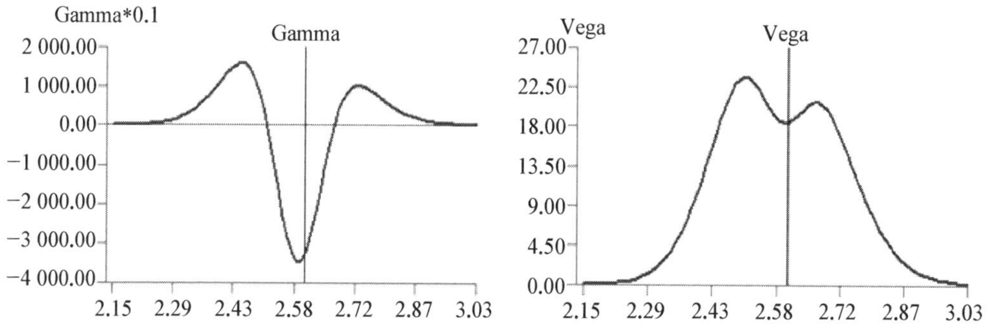

图 76－8　买入日历组合的 Gamma 和 Vega 示意图

为了帮助你结合实战结果进一步深刻地理解，我们来看一个 2015 年 4 月的实战案例：

2015 年 4 月 17 日，50ETF 开盘价 3.240 元，当日开盘买入日历组合策略（买入 6 月行权价为 3.200 的认购合约，卖出 5 月行权价为 3.200 的认购合约），建仓成本 989 元。到了 2015 年 4 月 30 日，50ETF 开盘价 3.235 元，持仓市值变为－1 125 元，浮亏了 136 元。

实际上，2015 年 4 月 17 日到 2017 年 4 月 30 日期间，股价几乎一动不动，时间也在衰减，但为什么买入日历组合却仍然在亏钱呢？这就是因为买入日历组合是做多波动率的。这半个月期间，标的没怎么动，Delta 和 Gamma 的赚钱效应几乎为 0，但期间隐含波动率出现了明显的下降。由于买入日历组合是一个做多波动率策略，因此，隐含波动率上升对其有利，隐含波动率下降对其不利，所以，虽然组合在时间（Theta）的维度赚钱了，但无奈隐含波动率下降太多，波动率下降导致的亏损大于时间流逝带来的盈利，最终还是以亏损告终。

77. “速算神人”土屋宏明 能心算平值期权的隐含波动率吗？

土屋宏明，何许人也？想必爱看江苏卫视“最强大脑”节目的朋友已经对此名字如雷贯耳：日本 2000～2014 年珠算名人战八连霸，被授予“珠算永世名人”称号，日本心算界绝对的无敌神话，在第三季最强大脑收官期的脑王争霸赛上，在 18 位数除 11 位数的极速心算项目中现场创造了 7 秒 47 的世界纪录。

可是在你看了本文标题后，你会依然非常诧异：即使是世界上的顶级速算高手，也只能心算四则运算、开根号运算等基本运算，要心算平值期权的隐含波动率，那不是天方夜谭吗?!

那么事实真的是这样吗？我的猜测是否定的。先来解释一下隐含波动率。所谓期权的隐含波动率，狭义上的理解是根据期权合约的市场价格，通过 Black-Scholes 公式，反推出来的波动率(因此，每个期权合约都对应一个隐含波动率，100 个期权合约就有 100 个隐含波动率)。

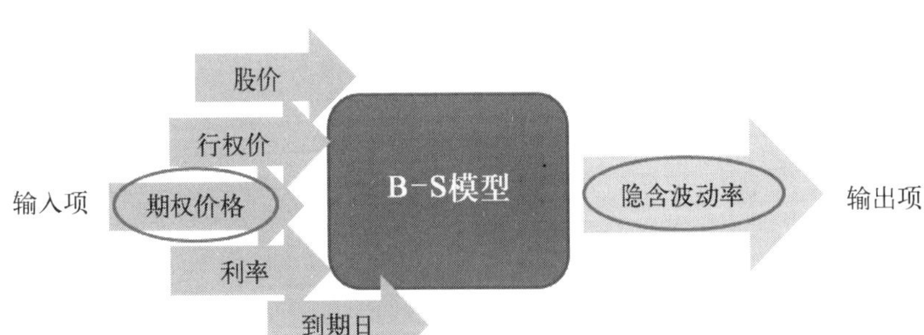

图 77－1　隐含波动率的概念示意图

我们都明白，除了一次线性函数外，其他函数基本上都是已知 x，求 y 简单，但已知 y，反推 x 确实何其困难，更何况 Black-Scholes 公式里包含了累计正态分布函数等非线性因子。所以，如果一位期权交易员和你说他可以根据期权交易价格心算出任何期权合约的隐含波动率，那他绝对可以去参加“最强大脑”，妥妥地击败土屋宏明。然而，对于平值期权，这一点却是能够做到的！

怎么办到的呢?我们知道,数学好的人有一种数字对应的本能,比如一看到 14 400 就会发现它是 120 的平方。可是对于期权的投资经理或交易员,他会怎么想 14 400 呢?答案是一致的,14 400 代表 4 个小时连续竞价的秒数,从 9:30～11:30,13:00～15:00 期间的秒数。那么,接着我想问的是:当你看到 0.4、15.8、0.29 这些系数,又会想到些什么呢?

如果你能够迅速映射出它们对应的意义,那么你绝对是一个有想象力和合格的交易员。0.4 约等于 $1/2\pi$ 的平方根,是正态分布密度函数前的系数;15.8 约等于 250 的平方根,250 通常是一年的交易日天数,15.8 在计算年化波动率时极其常用;0.29 约等于 1/12 的平方根,表示一个月的年化时间,通常是当月期权的到期时间。

记得在三年前,一位朋友问了我一个问题,说是平值期权的价格可以用以下公式计算,而这个公式让我一下子明白了平值认购、认沽期权的隐含波动率原来可以避开二分法、牛顿法等相对复杂的方法很快地算出来:

$$\boldsymbol{V \approx 0.4 \cdot S \cdot \sigma \cdot \sqrt{T}}$$

其中,V 是认购或认沽的价值,S 是标的价格,σ 是标的波动率,T 是距离到期的年化时间。

数学上的证明不会太困难,你若感兴趣可以一读:

证明:

$$\boldsymbol{V = SN(d_1) - Ke^{-rT}N(d_2) = SN(d_1) - Se^{-rT}N(d_2) \approx S(N(d_1) - N(d_2)) = SN'(\xi)(d_1 - d_2)}$$

$$\boldsymbol{= SN'(\xi)\sigma \cdot \sqrt{T} \approx \frac{S\sigma\sqrt{T}}{\sqrt{2\pi}} \approx 0.4 \cdot S\sigma\sqrt{T}}$$

其中:第二个等号是因为期权是平值的;第三个等号运用了著名的拉格朗日中值定理;第一个约等号运用了在无风险利率 r 接近于 0 时,$\exp(-rT)$约等于 1 的事实;最后一个约等号运用了 $0.4 = \dfrac{1}{\sqrt{2pi}}$。

将上述公式稍微修改一下,就会得到平值期权隐含波动率的估计式:

$$\textbf{隐含波动率} \approx \boldsymbol{\frac{2.5V}{S \cdot \sqrt{T}}}$$

而这个公式中,V/S 又通常是一般投资者口中的杠杆,仅包含四则运算与开方,想必到了这里,你应该与我一样相信“速算大神”土屋宏明有足够的能力心算隐含波动率了吧。

最后，我们把重心放在该近似等式的应用上。

通常而言，每个月份的平值期权的隐含波动率是极其重要的。在境外成熟期权市场上，对于较为理想的状态，越近月的期权合约序列的波动率之间会呈现出微笑或偏斜的形态，而平值期权的波动率往往会成为整个曲线的中心点，对判断曲线的偏斜是正的还是负的是很有帮助的。又如，如果你在Excel上根据上述公式简单算一算，得到当月平值合约隐含波动率是20%，那么你可以将其与历史波动率或预测波动率进行比较，以判断该合约是否估值过高或过低。

如果当日标的收盘时，没有真正意义的平值合约，怎么办？以2016年5月27日收盘行情为例，当时50ETF报收于2.078，最接近的两个行权价分别为2.050和2.100，都不是真正意义的平值合约，则我们就用算术平均数法则来做一个近似估计，从表77-1可以发现，与真实结果的差距并不太大。

表77-1　隐波估算式运用举例

	合　约	收盘价	运用隐波估计式计算的实1档和虚1档隐波算术平均数	实1档和虚1档的实际隐波的算术平均数
6月期权	实1档认购	0.041 7	12.46%	11.08%
	虚1档认购	0.018 1		
	实1档认沽	0.021 9	14.46%	15.49%
	虚1档认沽	0.047 5		
7月期权	实1档认购	0.050 8	11.67%	10.51%
	虚1档认购	0.028 4		
	实1档认沽	0.042 6	16.55%	17.95%
	虚1档认沽	0.069 7		

78. 为什么客户端上隐含波动率经常为 0 呢?

相信每位期权投资者,在交易期权的过程中会逐渐关注到一个指标——隐含波动率。可不知道你有没有关注到这样的现象:对于深度实值的认购期权,不论是近月还是远月,它们的隐含波动率在客户端都经常显示为“0”?

以 2019 年 8 月 30 日收盘的行情为例。

图 78－1 所示是当天收盘时的近月合约——9 月合约对应的收盘隐含波动率数据。

隐含波动率	历史波动率	时间价值	内在价值	购<行权价>沽↑
0.0001	0.1708	-	0.7200	2.200
0.0001	0.1708	-	0.6700	2.250
0.0001	0.1708	-	0.6200	2.300
0.0001	0.1708	-	0.5700	2.350
0.0001	0.1708	-	0.5200	2.400
0.0001	0.1708	-	0.4700	2.450
0.0001	0.1708	-	0.4200	2.500
0.0001	0.1708	-	0.3700	2.550
0.0001	0.1708	-	0.3200	2.600
0.0001	0.1708	-	0.2700	2.650
0.0001	0.1708	0.0038	0.2200	2.700
0.0001	0.1708	0.0074	0.1700	2.750
0.1361	0.1708	0.0148	0.1200	2.800
0.1508	0.1708	0.0269	0.0700	2.850
0.1548	0.1708	0.0449	0.0200	2.900
0.1578	0.1708	0.0406	-	2.950
0.1621	0.1708	0.0242	-	3.000
0.1701	0.1708	0.0075	-	3.100

数据来源:Wind。

图 78－1　2019 年 8 月 30 日,9 月合约隐波行情

图 78－2 所示是当天收盘时的季月合约——12 月合约(还剩 117 个交易日,作为远月期权代表)对应的隐含波动率数据。

从图 78－1 和图 78－2 中,我们发现不论是最近月还是最远月期权,都存在着深度实值的认购期权的隐含波动率为 0。令人奇怪的主要有这样两个问题:

一是隐含波动率怎么会为 0 呢?

隐含波动率	历史波动率	时间价值	内在价值	购<行权价>沽↑
0.0001	0.1708	0.0045	0.4220	2.500
0.0001	0.1708	0.0074	0.3720	2.550
0.0001	0.1708	0.0146	0.3220	2.600
0.0001	0.1708	0.0231	0.2720	2.650
0.0001	0.1708	0.0358	0.2220	2.700
0.1254	0.1708	0.0541	0.1720	2.750
0.1348	0.1708	0.0684	0.1220	2.800
0.1464	0.1708	0.0896	0.0720	2.850
0.1534	0.1708	0.1131	0.0220	2.900
0.1578	0.1708	0.1113	-	2.950
0.1614	0.1708	0.0908	-	3.000
0.1684	0.1708	0.0594	-	3.100
0.1741	0.1708	0.0377	-	3.200
0.1791	0.1708	0.0235	-	3.300
0.1841	0.1708	0.0144	-	3.400

数据来源：Wind。

图 78－2　2019 年 8 月 30 日，12 月合约隐波行情

二是如果深度实值的认购隐波为 0，那为什么认沽期权隐波为 0 的情况相对少一些呢？

这里，我们就用最严谨的方法来一探究竟，希望能给你一个满意的回答。

首先，我们回顾一下隐波的定义。各位先别管 B－S 公式是何方神圣，只需要知道它是一个期权价值关于波动率 Sigma 的单调递增函数 $V=f(\text{Sigma})$ 就可以了。既然说是单调递增函数，那就意味着一个波动率对应出一个期权价值，比如 20% 的波动率经过函数 f 计算后得到了 0.100 0 元的期权价值，30% 的波动率经过函数 f 计算后得到了 0.120 0 的期权价值，40% 的波动率经过函数 f 的计算后得到了 0.135 0 的期权价值，随着 Sigma 越大，输出的期权价值越大。那么，当 f 的输出值等于期权实际的交易价格时，它所对应的波动率 Sigma 就称为隐含波动率。

接着，我们来解释第一个问题——隐含波动率怎么会为 0 呢？我们已经知道了期权价格就是波动率的单调递增函数，波动率是不会为负的，最小的取值为 0，所以对于每一个期权合约，我们都能算出一个最低的理论价格。根据 B－S 公式，在其他因素固定的情况下，可以算出认购期权的最低理论价格等于 $S-K\cdot\exp(-rT)$（就发生在 Sigma 等于 0 时），认沽期权的最低理论价格等于 $K\cdot\exp(-rT)-S$（也发生在 Sigma 等于 0 时）。

表 78－1　认购与认沽期权在 B－S 定价体系下的最低理论价值

	最低理论价值	内在价值	结　果
认购期权	$S-K\cdot\exp(-rT)$	$S-K$	最低理论价值大于内在价值
认沽期权	$K\cdot\exp(-rT)-S$	$K-S$	最低理论价值小于内在价值

试想一下,客户端上显示隐波为 0,真的是 0 吗? 非也! 其实这个 0 表示的是隐波无法计算出来的意思,有些客户端会显示出“-”表示隐波不存在。对于认购期权,什么时候隐波不存在呢? 就是当期权实际的交易价格比最低理论价值还要低的时候(即交易价格小于 $S-K\cdot\exp(-rT)$),这个时候认购期权的隐含波动率就会显示不存在或“0”。

好的,那么让我们来看看这周五收盘那些隐波为 0 的认购合约吧,具体见表 78-2。

表 78-2　2019 年 8 月 30 日,认购期权各种价值比较

合　约	市场价格	内在价值	最低理论价值
购 9 月 2200	0.709	0.716	0.720 5
购 9 月 2250	0.660 9	0.666	0.670 6
购 9 月 2300	0.610 2	0.616	0.620 7
购 9 月 2350	0.557 1	0.566	0.570 8
购 9 月 2400	0.510 8	0.516	0.520 9
购 9 月 2450	0.462 3	0.466	0.471 0
购 9 月 2500	0.409 4	0.416	0.421 1
购 9 月 2550	0.358 3	0.366	0.371 2
购 9 月 2600	0.311 4	0.316	0.321 3
购 9 月 2650	0.263 6	0.266	0.271 4
购 9 月 2700	0.216 3	0.216	0.221 5
购 9 月 2750	0.169 4	0.166	0.171 6
购 10 月 2700	0.222 4	0.216	0.227 5
购 12 月 2500	0.419 7	0.416	0.438 9
购 12 月 2550	0.373 9	0.366	0.389 4
购 12 月 2600	0.330 8	0.316	0.339 9

数据来源:Wind,“力的期权工作室”整理。

通过该表我们发现,有些认购期权交易价格低于内在价值,但不全是。“认购处于折价,所以隐波为零”的说法是较为粗糙的。什么时候隐波会显示为 0? 不光是权利金小于内在价值的情况,更严谨的情况是权利金交易价格小于最低理论价值的时候。由于认购期权的内在价值 $S-K$ 本来就小于 $S-K\cdot\exp(-rT)$,所以对于认购期权,可以得到以下结论:

① 权利金交易价格小于内在价值(即时间价值为 0),则隐波一定显示为“0”。

② 即使权利金交易价格大于内在价值(即时间价值为正),隐波也可能显示为“0”。

③ 只有在权利金交易价格大于最低理论价值时(此时时间价值一定为正),隐波的显示才不会为“0”。

然后,我们再来回答第二个问题——为什么认沽期权隐波为 0 的情况相对少一些呢？这是因为认沽期权的最低理论价值 $K \cdot \exp(-rT)-S$ 已经小于内在价值 $K-S$，内在价值 $K-S$ 与最低理论价值之间有一段距离，所以，认沽期权的交易价格即使小于内在价值一点点，也未必跌破最低理论价值 $K \cdot \exp(-rT)-S$，因此认沽的隐含波动率显示为“0”的概率就更低一些。

同样地，我们也为认沽的隐含波动率总结了三句话：

① 只有认沽的交易价格不高于最低理论价值，隐波才会显示为“0”。

② 当交易价格大于内在价值时，隐波一定不会显示为“0”。

③ 当交易价格介于最低理论价值与内在价值之间时，隐波仍然不会显示为“0”。

“真相只有一个”，我想或许经过这样一番探究，我们应该能够看透客户端上隐波为 0 的真相了。

79. 一阳一阴的交错之间，隐波之差的玄妙之变

2019 年 8 月的第二周，沪指进入了一个“低开高走，高开低走，一阳夹一阴，一阴接一阳”的奇异循环。面对连续的假阴假阳，许多交易者陷入了“买了就跌、卖了就涨”的小小崩溃中。不过，“横看成岭侧成峰”，在当前外围众多不确定的局势中，学会从衍生品市场的另一个侧面去解读市场，或许会帮助我们更清晰地看到市场“用脚投票”的结果。

最好的老师永远是我们这个市场。在最近几周的期指与期权市场中，我们可以看到下面两个现象：

现象一：认沽与认购的隐波之差先明显扩大，再逐渐缩小。

现象二：IH 期指相对于上证 50 的贴水先明显扩大，再逐渐缩小。

俗话说，“内行看门道”，尽管从表象上来看，这两个现象一个关于期权、一个关于期货，但实际上，它们俩本质上就是一回事儿。

(1) 为什么说这两个现象是一回事儿？

我们要先从这个期权市场中重要的一类参与主体——做市商说起。期权做市商是为期权合约提供双边报价的流动性提供商，在国内一般是券商自营或期货风险子公司。

对于做市商而言，最理想的情况当然是对于同一合约，挂了 1 000 张买单，又挂了 1 000 张卖单，如果它们都能成交，那么做市商既赚到了买卖价差，持仓量为 0，同时履行了交易所规定的报价义务，可谓好事占尽。但是，这几乎是不可能的。很多时候，做市商手中总有一些平不掉的期权持仓，这些持仓可能 Delta 为正，也可能为负，于是它们就需要不定期地进行对冲，以保证每日隔夜的 Delta 维持着中性（即约等于 0）。

在国内，由于融券成本的存在，以及融券券源并不丰富，做空标的现货降低正

Delta 敞口并不是一件容易的事。相比之下，股指期货既可以双向交易(做多、做空)，又可以实现 T+0 回转交易，所以，用期指进行 Delta 对冲相对更具可操作性，成为做市商们对冲 Delta 敞口的重要工具。

那么，作为市场的重要定价者，做市商们能够肆意报价吗？不行！它们必须遵循期权平价公式(Put-Call Parity)，否则就会给其他交易者带来太多的套利机会。

期权平价公式是什么？它是一个用四则运算就能说得清楚的等式：

$$C+K\cdot \exp(-rT)=P+S$$

然而，因为实际操作中用的大多是期货对冲，所以期权平价公式中的现货价格又往往被期货价格所替代，于是为了大部分时间维持整个平价公式的成立，期货的价格与认购、认沽期权的价格就这样被这个称为"Put-Call Parity"的等式约束着。当期货贴水折价严重时，认沽减去认购的价格就会比较大，因此认沽的隐波与认购的隐波之差也就会随之扩大；反之则反是。

(2) 历史上的异象回顾

那么，历史上认沽与认购期权隐波之差快速扩大有没有出现过呢？回答是肯定的！也许我们已经淡忘了 2015 年那一轮断崖式下跌的时光了，也许我们已经淡忘了 2016 年 1 月熔断的那个月了。在那一段时间里，IF、IH 等股指期货贴水的深度，以及认沽与认购期权隐波之差，都曾经达到了历史的极值水平。我们用下面几张图表(见图 79－1、图 79－2 和表 79－1、表 79－2)，带大家回顾下过去四年半里的数据。

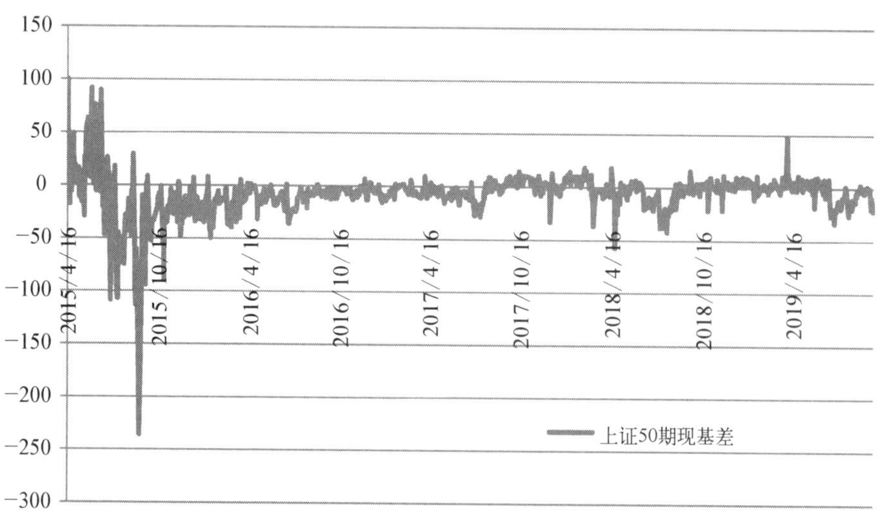

数据来源：Wind,"力的期权工作室"整理。

图 79－1　2015 年 4 月 16 日～2019 年 8 月 12 日，上证 50 期货相对指数的基差

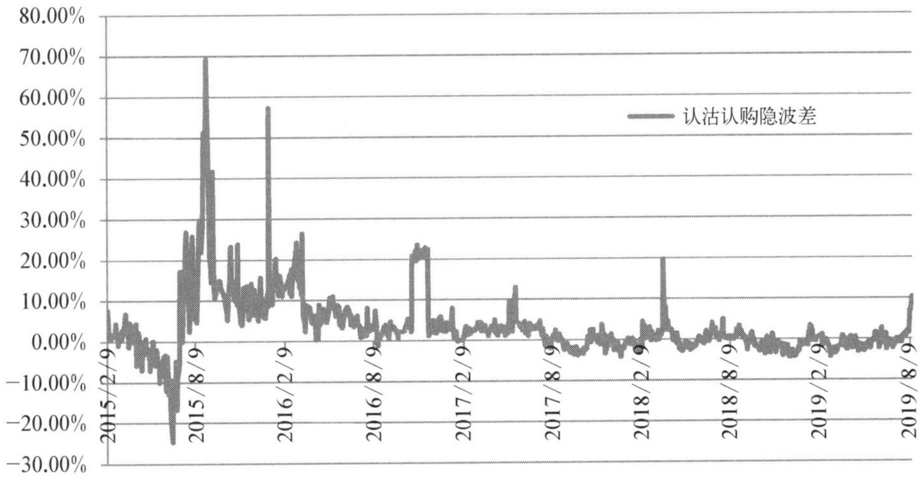

数据来源：Wind，"力的期权工作室"整理。

图 79－2　2015 年 2 月 9 日～2019 年 8 月 12 日，上证 50ETF 平值认沽与认购期权隐波之差

表 79－1　2015 年 4 月 16 日～2019 年 8 月 12 日，上证 50 期货相对指数的基差极值分位数

分 位 数	具体数值
1%分位数	−88.01
2%分位数	−56.76
3%分位数	−47.71
4%分位数	−40.93
5%分位数	−37.71
6%分位数	−34.69
7%分位数	−32.40
8%分位数	−30.45
9%分位数	−28.16
10%分位数	−26.78
11%分位数	−25.51
12%分位数	−24.05
13%分位数	−23.13
14%分位数	−22.11
15%分位数	−21.20

数据来源：Wind，"力的期权工作室"整理。

表 79－2　2015 年 2 月 9 日～2019 年 8 月 12 日，上证 50ETF 平值认沽与认购期权隐波之差极值分位数

分 位 数	具体数值
99%分位数	28.67%
98%分位数	23.55%
97%分位数	21.93%

（续表）

分位数	具体数值
96％分位数	20.87％
95％分位数	19.53％
94％分位数	16.53％
93％分位数	15.51％
92％分位数	14.54％
91％分位数	13.67％
90％分位数	13.02％
89％分位数	12.18％
88％分位数	11.01％
87％分位数	10.50％
86％分位数	9.39％
85％分位数	8.88％

数据来源：Wind，"力的期权工作室"整理。

从图 79－1 和图 79－2 中，我们可以非常清晰地看到，期指贴水较为严重的日子几乎都对应着认沽与认购期权隐波之差变大的日子，而期指出现明显升水的时期（2015 年 3～5 月，2019 年 2～3 月）则大多对应着认沽与认购期权隐波之差转为负值的时期。

从历史上的极端数据看，最严重的贴水和认沽与认购期权隐波之差发生在 2015 年 7 月到 2016 年 2 月，其次是 2018 年 2 月那三根大阴线时期。那么，2019 年 8 月 12 日，上证 50 期货的负基差到了多少呢？－21.40！从小到大说，已经位于历史上 15％分位数的水平。对应地，上证 50ETF 平值认沽与认购隐波之差是多少呢？10.33％！从小到大说，已经位于 87％分位数。两者在 2019 年 8 月 12 日都已处于过去历史数据的两个尾部。但对于曾经经历过 2015 年期权市场的交易者而言，应该还不至于到大惊小怪的地步吧！

（3）认沽与认购期权隐波之差会扩大的背后原因

进一步来思考，造成这样的原因可能是什么呢？复盘历史上的类似现象，我们会有一个直觉性的结论，那就是严重的贴水（认沽与认购期权隐波之差扩大），往往反映的是市场的一种避险情绪。

用最直截了当的语言来说，就从供求关系的角度来理解吧。

股指期货贴水较多，表示买入期货的交易势力较弱，卖出期货的交易势力较强。认购的隐波较低，认沽的隐波较高，则反映出买认购的势力偏弱，卖认购的势力偏强，买认沽的势力偏强，卖认沽的势力偏弱。从价差盘的角度看，说明交易势力中有预期下跌的势力存在；从套保盘的角度看，说明用期指对冲股票组合的交易势力开始变大。在套保盘里，我们还可以根据意图区分两波资金：一部分资金可能是受到科创板打新赚钱效应的影响，用 IH 来套保手中的底仓；另一部分资金则可能是担心后市的一些不确定性因素，选择了主动加仓套保头寸。

(4) 大幅贴水的时候，有利于什么策略，不利于什么策略？

股指期货贴水，认沽偏贵、认购偏便宜，那么第一反应便是对"股指期货做多头""合成期货多头"的策略会更有利，而对"股指期货做空头""合成期货空头"的策略会较为不利。按照这个逻辑，我们就可以得出下面这张简易的表格(见表 79－3)。

表 79－3　股指期货贴水对几大经典策略的影响

策略类型	贴水对其影响
量化选股中性策略	不利
多头择时策略	有利
期权领口策略	有利

对于量化选股类策略，不利！当期指没有任何基差时，在等面值的期指对冲下，股票组合涨 3%，期指跌 3%，属于不赚也不亏。但如果期指本身贴水 2%，我们还要保证盈亏平衡，股票组合那儿需要赚多少呢？对了，就是 5%。这就意味着期指的贴水越多，对股票组合上端收益的侵蚀就越大，因此贴水不利。

对于只做单边的多头择时策略，有利！当信号转为多头时，用做多 IH 的操作替代买入指数 ETF，当信号转为空头时，止损平仓，其间不涉及做空期货的操作，因此贴水对其有利。

对于期权领口策略，有利！在期权领口策略中，50ETF 属于多头持仓，交易者可以用等面值的 IH 股指期货去替代 50ETF，操作上是做多期货，可以在期货到期日多吃到一个负基差的收益，因此贴水对其有利。

80. 一颗两颗三颗四颗连成线，期权人眼中的波动率曲面

乘着风，一步两步三步四步望着天；看隐波，一颗两颗三颗四颗连成线。飘荡在这股海的世界里，一个个期权合约犹如构成了一片天，呈现在每个期权人的面前，这其中，我们不仅仅关注着标的价格的涨跌，更多关注的是每个隐含波动率连成的曲线。

在股票市场上，有一个概念与期权的隐含波动率有着异曲同工之妙，那就是股票的市盈率。股票的市盈率越高，代表市场交易者对该股票的风险偏好越高，估值越高。期权的隐含波动率也是如此。对于期权做市商来说，当他们觉得标的资产未来的风险度会变高时，就会提高对隐含波动率的估计，从而提高对期权的定价。因此，我们经常可以把期权的隐含波动率比喻成是期权的"市盈率"。

那么，期权的"市盈率"有着怎样的变化特征呢？通过长期的观察，我们可以得到这样一个统计性的结论：期权的隐含波动率中长期有中值回归的特征，而短期受到许多市场噪声的影响并没有明显的规律可循。这一点与股票的市盈率是一样的。

每个期权合约就像股票一样，都有着自己的"市盈率"（隐含波动率），同样地，一般情况下，同一行业的股票之间市盈率就不会差距大得特别离谱，因此，每个期权合约的隐含波动率之间也不会毫无约束，否则就会出现套利机会，在高频交易者面前会被迅速抹平。那么，不同期权的隐含波动率之间有什么关系约束着彼此呢？我们至少可以总结出以下四点：

第一，同一月份不同行权价的认购、认沽期权价格一定是单调的，行权价越高，认购期权价格越低，认沽期权价格则越高。如果某份期权的隐含波动率高得或者低得离谱，导致这个规律被违反了，那么套利机会便随之产生。

第二，同一行权价的远月期权价格一定高于近月期权价格。这与保险费的原理是一样的，对于同一个被保资产，买一份 3 年期的保险一定比买一份 1 年期的保险的费用要贵。如果近月期权的隐含波动率高得离谱，导致近月期权的价格高于相同行权价

的远月期权，那么卖近买远的操作就可以一触即发。

第三，同一行权价、同一到期月份的认购和认沽期权价格大致地满足一个公式(Put-Call Parity)，那就是“认购价格＋行权价的贴现值＝标的价格＋认沽价格”。如果认购或认沽期权其中一个的隐含波动率出现剧烈上升或下降，这个等式就会失去平衡，套利机会便随之产生。

第四，凸性关系约束，同一月份不同的三个行权价的认购(或认沽)期权的价格满足凸性不等式。

于是，满足这些约束后，每一个期权合约的隐含波动率之间就形成了一种相安无事的健康关系。接着，把每一个隐含波动率看成点，“一颗两颗三颗四颗”，不同行权价的波动率就连成了一条波动率曲线，这就是著名的波动率偏斜(Volatility Skew)；另外，“一颗两颗三颗四颗”，不同到期月份的波动率就连成了另一条波动率曲线，这就是著名的波动率锥(Volatility Cone)，最后把波动率偏斜曲线和波动率锥连成一片，就形成了某个期权品种的波动率曲面了(Volatility Surface)。

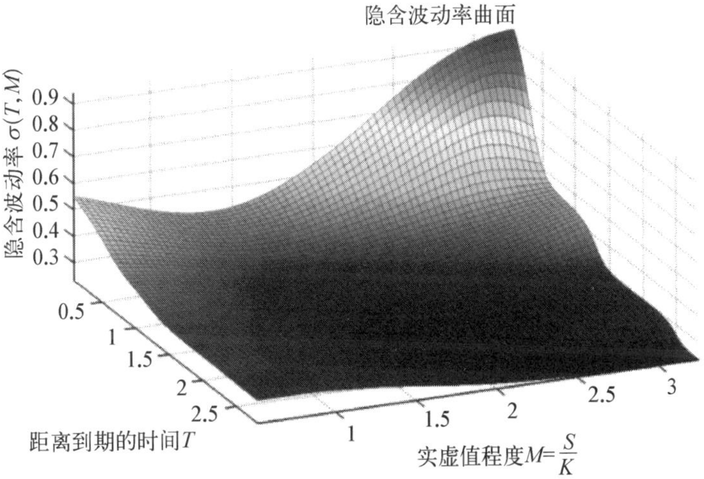

图 80-1　常见的波动率曲面形状示意图

1987 年以后，美国期权市场上最常见也被誉为最经典的波动率偏斜曲线往往呈现出如下形状：它的形状特征是左侧的波动率高于右侧，也就是较低行权价对应的隐含波动率较高，较高行权价对应的隐含波动率较低。较低行权价的期权往往是虚值认沽期权，较高行权价的期权往往是虚值认购期权，所以，学术界或业界对这样的曲线形状就产生了几种主流的解释。

一是指数短期暴涨的概率并不会特别大，短期发生暴跌的事件却时有发生，所以，对下方的保护要求多于对上方投机的贪婪，较低行权价的认沽期权价值相对容易被高估。

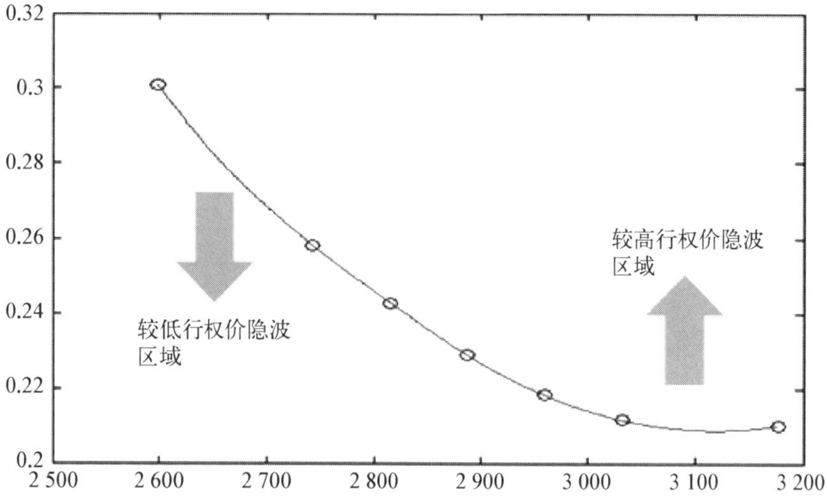

图 80－2　美国期权市场常见的波动率偏斜曲线示意图

二是基金经理喜欢卖出较高行权价的认购期权做备兑开仓，同时买入较低行权价认沽当作保险，供需关系决定了下方高的隐含波动率和上方低的隐含波动率。

三是隐含波动率也是标的价格未来不确定性的度量，股市下跌时产生更多的恐慌与不确定性。股价从 100 元跌到 80 元后再跌到 60 元，所占的百分比由 20％增至 25％，继续往下跌所占比例越来越大；向上时则反之。所以，越低行权价的期权，保险性就越强，估值就越高。

我们再来看看波动率锥会是什么形状？事实上，波动率锥的形状可以呈现出三种，我们以不同到期月份平值期权连成的曲线为例。

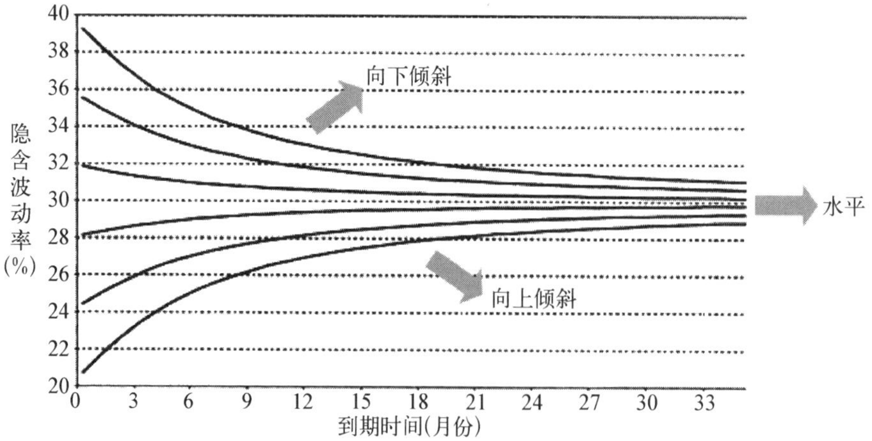

图 80－3　常见的几种波动率圆锥曲线示意图

第一种是水平的曲线（Flat Curve），这种曲线比较常见，说明全市场预期短期和中长期标的的风险度是差不多的。第二种是向上倾斜的曲线（Upward Sloping Curve），这样的曲线反映了短期市场波澜不惊，而中长期可能因为某些风险事件的发生而导致波动率的高估。第三种则是向下倾斜的曲线(Downside Sloping Curve)，这样的曲线说明短期市场出现意外的风险，如2月初的美股“黑色一星期”，又如3月22日晚间的贸易战备忘录签署的风险外溢。突如其来的风险往往会导致短期波动率被迅速高估，但中长期的风险预期则会缓和。因此，远月的期权隐含波动率低于近月的，对应的波动率锥呈现出向下倾斜的特征。

最后，回到我们的实际操盘，这些隐含波动率连成的波动率偏斜曲线和波动率锥对我们的实盘意义大不大？我想它们的意义是非常重大的。一方面，反常的波动率偏斜曲线和波动率锥可以提示我们迅速进行统计套利，卖出隐含波动率严重高估的期权合约，买入波动率值正常或偏低的期权合约，一卖一买以期待后市波动率出现中值回归，然后平仓套利。

另一方面，每一天、每一时刻的波动率曲线形状和相对位置都反映了整个期权市场交易者的预测行为，这就告诉我们，站在当下看，期权交易者对后市的预测可能是如何的，这些信息可以被我们提炼成市场行为类因子，纳入平时的择时因子库，从而判断标的在明天或近期的多空走势。

在实战过程中，专业的期权交易者会对波动率曲线的形状产生条件反射式的解读，下面我简单地分享四个条件反射式的解读，这些是需要专业期权交易者融于全身血液的。

如果波动率偏斜曲线某一端出现了极度陡峭，这往往说明市场上存在着暴涨或暴跌的预期。2018年年初，上证50指数呈现出19连阳的盛况。当50指数出现10连阳的时候，长长的上影线都无法阻止市场的躁动，深度虚值的认购期权价格接连上涨，波动率偏斜曲线的右侧也越来越陡峭；而到了2018年2月第一周，由于美联储加息节奏预期加快，美股风险外溢，2500点的当月虚值认沽期权竟然当天上涨了500%以上，波动率偏斜曲线左侧急速陡峭，这又反映了市场上存在着对暴跌的恐慌情绪。

如果波动率锥的某一端极度陡峭(往往是近月端)，往往说明市场短期蕴含着巨大的风险，短期的不确定性快速升温，这一点在2018年3月22日“贸易战”开打之日起尤为明显，当日CBOE VIX指数暴涨20%以上，50ETF近月虚值认沽期权的波动率在当日再次出现陡峭的急涨。

如果波动率偏斜曲线上出现了一个尖点(Spike)，比如在3100点行权价处出现了一个尖点，3200点行权价对应的隐含波动率低于3100点，这往往说明市场交易者对短期暴涨超过3100点的预期最为强烈，并且由于近月期权所剩时间不够了，标的在近月期权到期前被认为很难上涨超过3200点。

如果波动率锥上出现了一个尖点（Spike），这往往说明在未来的某个时点有一个重大的风险事件会靴子落地，比如 2016 年 6 月的脱欧公投，又如 2016 年 11 月的美国总统大选等，当时标普 500 指数期权的波动率锥就在这些月份初呈现了尖点的形状，这样的现象大多是由事件驱动所引起的。

“一颗两颗三颗四颗连成线”，我们在阅读波动率曲线的时候，就好像在阅读人生。市场永远是最正确的，市场永远是需要被尊重的，我们平时需要做的就是牢记期权波动率曲线和曲面的特征，抓住违反特征时的套利机会，并试图从曲面身上揣摩出市场交易者心中的多空世界。

81. 高端还是神秘，六问六答帮你解开波动率套利的面纱

如果说期货是方向博弈艺术的集中体现，那么期权则是波动率交易艺术的集中体现。真正的期权交易员会把波动率视为职业生涯的生命，都会出于波动率的角度给出自己交易的答案。好多读者曾经提起过一个很"高大上"的名词——波动率套利。那么，究竟什么是波动率套利？我想用六个问答的形式，揭开"波动率套利"的真正面纱。

(1) 什么样的工具可以交易波动率？

期权是一个可以交易波动率的工具，并不是一个纯粹猜方向的工具，不利用期权在波动率的维度上有所作为是很浪费期权的功能的。要是能在方向上看得很准，直接用期货就行了，设一个带止损条件单的期货多头/空头，然后单纯地赚方向上的钱。在保证金足够的前提下，期货是位移依赖的，而期权是路径依赖的。为什么同样买入一份认购期权，标的先涨后跌、先跌后涨，或是盘整不动，三种路径会是截然不同的三个盈亏结局呢？这就是波动率在其中起到了微妙的作用。相比之下，当我鼓起了勇气，以 800 元的单价买入了 1 手茅台，那么不论中途的涨跌路径如何，只要茅台市价到每股 850 元，我的浮盈就是 50 元。从这样的对比中，你会发现股票与期货的盈利只是取决于标的的方向价差，无法进行波动率交易，只有期权才有波动率交易的功能。

(2) 什么样的策略算是波动率套利策略？

英国大文豪莎士比亚说过："一切不以结婚为目的的恋爱都是耍流氓。"而对于波动率套利策略，我也可以总结出类似的一句话：一切不以 Delta 中性为目的的策略都不是波动率套利策略。因此，广义地说，Delta 相对中性，以赚取隐含波动率涨跌为主要收益的策略可以看成是波动率套利策略，它的持仓结构力求免疫于标的股价的涨与跌，它的盈利/亏损取决于所持有合约的隐含波动率究竟在未来一段时间是上升还是下降。

如果你比较熟悉希腊字母，那么我可以用四个希腊字母来刻画方向性交易（见图 81-1）。

同样地，我们用四个希腊字母来刻画波动率交易(见图 81－2)。

图 81－1　从希腊字母的角度刻画方向性交易

图 81－2　从希腊字母的角度刻画波动率交易

(3) 波动率套利的四种方式

从相对初级的角度说，波动率套利策略可以从四种角度进行开发：

① 同一期权的隐含波动率与历史波动率

这是最简单的波动率套利，也是相对粗糙、胜率未必很高的策略，对于某个月份某个行权价的期权合约，当它的隐含波动率过高，高于 60 天历史波动率时，可以暂时认为这份期权价格被高估了，于是卖出这份期权，买入或卖出标的把 Delta 控制在 0 附近，以期待从波动率下降中平仓获利。

② 同一期权的隐含波动率与预测波动率

这是一种需要一些技术含量的波动率套利，它需要交易者有一个对未来波动率的预测模型，最简单的模型，如 EWMA、GARCH 等预测公式，从过去的价格数据中推测出未来一个月的波动率预测值，由于隐含波动率是反映当前全市场交易者对未来一个月内波动率的预期值，你预测出的波动率与隐含波动率通常不是一个数。当你对自己的预测值非常有信心时，就可以在隐含波动率高于预测值时卖出期权，低于预测值时买入期权，然后买入或卖出标的把 Delta 控制在 0 附近，开启波动率套利的“旅程”。

③ 波动率偏斜曲线(skew)套利

波动率偏斜曲线是同一月份所有行权价认购期权或认沽期权连成的曲线，这根曲线的形状通常会是一个半边笑或是微笑的状态。当你觉得这根曲线的形状偏离了历史上大部分的形状，那么波动率偏斜曲线套利的机会或许就来临了。比如波动率曲线在某个行权价处显得特别高，形成了一个凸点，那么可以试图卖出这个行权价的期权，买入它两侧行权价的期权，调整买卖数量保持 Delta 在 0 附近，以期待从波动率偏斜曲线回归到正常状态后平仓获利。

④ 波动率圆锥曲线(cone)套利

波动率圆锥曲线主要是用不同月份的平值认购期权或认沽期权连成的曲线，这根曲线的形状通常是向上或向下单边倾斜的曲线。当你觉得这根曲线的形状偏离了历史上大部分的形状，那么波动率圆锥曲线套利的机会或许就来临了。比如波动率圆锥曲线在某个月份处显得特别高，形成了一个凸点，那么可以试图卖出这个月份的平值期权，买入前后两个月的平值期权，调整买卖数量保持 Delta 在 0 附近，以期待从波动率圆锥曲线回归到正常状态后平仓获利。

(4) 波动率套利是不是无风险的?

读者需要注意哦，波动率套利并不是无风险的，它不同于传统的无风险套利。传统的无风险套利是寻找不同期权合约之间的定价错误(常见的无风险套利有平价套利、箱体套利等)，就像在某个城市的地铁网络里，找到了一条路线，它能显著地比其他换乘路线都要快 5 分钟，但这种定价错误不会一直长期存在，就像大家都发现了这条路线，那么这条线的列车就会变得极为拥挤，从而未必能一次就挤上这趟列车，第二次才挤上后，5 分钟的套利价差也就灰飞烟灭了。

波动率套利本质上是一种统计套利，并非无风险套利，它基于一种对历史概率的信仰，一种均值回归(回归于常态)的信仰。比如根据历史统计，发现波动率偏斜曲线一般情况都是“微笑”的，那么当偏斜曲线哪一天“哭泣”(中间隐波高，两侧隐波低)的时候，你就可能尝试套利，然后期待它们能回归到统计意义上的一种常态。很明显，统计样本具有局限性，每一天都是一个新的样本点，随着样本范围逐渐扩大，未必能够在短期内回归到原本认为的常态，就像偏斜曲线今天“哭泣”，一周后可以变得“更不开心”，于是这次波动率套利就是亏损的，是有风险的。

(5) 波动率套利交易系统至少要包括的因素

大部分机构以做市商为例，它们的波动率套利交易系统至少会包括以下四个部分:

监控部分: 包括历史波动率的计算，公允波动率曲面(也就是自己心中每个期权合约的预测波动率)，以及各期权之间隐波比值，它们分别对应上面提到的三种类型的波动率套利策略。

仓位管理部分: 之前也提到了波动率套利不是无风险的，有一定的潜在风险，因此发现了一个机会半仓甚至满仓去赌均值回归是不合适的，比较科学合理的做法是不要去孤注一掷，把总资产划分成 n 个资金通道，发出一个信号(即找到一个可能的套利机会)，仅用一个资金通道里的资金去买卖期权;发出另一个信号，则再用另一个资金通道里的资金去买卖期权。分散投资，分散风险!

Delta 中性对冲部分： 之前我们也提到了波动率套利的必要核心是 Delta 要尽量中性，所以，定期或不定期调整买卖期权之间的比率，或是买入/卖出标的把 Delta 控制在 0 附近是极为必要的，即使这会带来一些对冲成本。

止盈止损部分： 通常而言，当隐含波动率均值回归达到一定程度时，你就可以设置一个止盈点离场。如果波动率一直没有回归，也不能无限制地等下去，因为每等一天，就会产生一次对冲成本，好几天下来，这次期待的套利利润就抵不上这些对冲成本了，因此给自己 N 天时间，波动率如果中途没有回归，那么就以止损了结本次交易。

(6) 波动率套利实盘举例

在实盘中，我曾选择次月份的虚 1 档、平值认购期权作为每日监控的配对组合，每日收盘计算当日“下月虚值 1 档认购”和“下月平值认购”的隐含波动率，并计算它们的比值；如果 T 日的隐波比值上穿了上阈值，则买入开仓 X 份下月平值认购、卖出开仓 Y 张下月虚 1 档认购，以保证持仓的 Delta 为 0；如果 T 日的隐波比值下穿了下阈值，则买入开仓 X 张下月虚 1 档认购、卖出开仓 Y 张下月平值认购，以保证持仓的 Delta 为 0。当之后的隐波比值重回到两个阈值之间时，当日两边平仓；否则在一周后平仓。

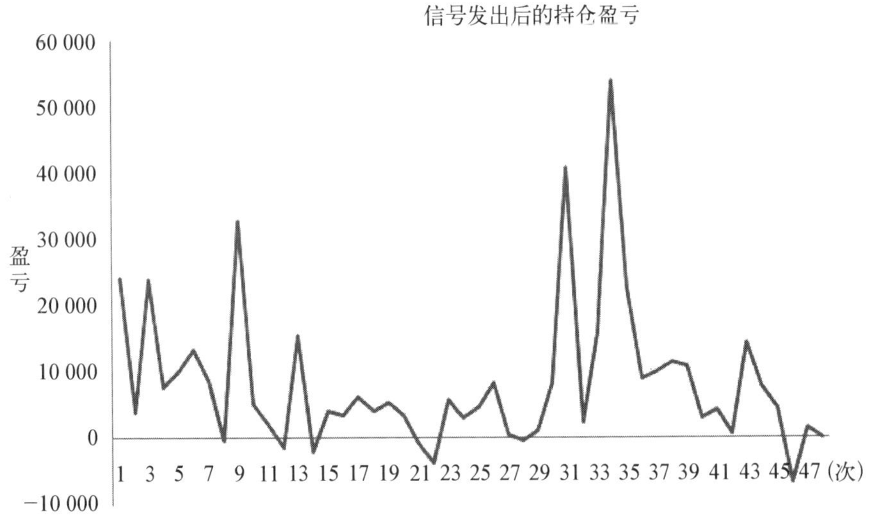

数据来源：“力的期权工作室”整理。

图 81-3　某波动率套利策略实盘盈亏统计

在持仓期间，每天的 Delta 对冲可通过加仓或减仓期权合约完成。综合一年左右的实盘，该策略部分仓位对应的年化收益率在 6%附近，最大回撤为 0.34%。从长期来看，波动率套利策略不依赖于行情大涨大跌，只是抓取几个合约隐含波动率价差之间的偏离关系，能很好地控制回撤，将利润积少成多，获取稳定收入。

82. VIX与跳空低开的共振，双买组合胜率几何？

2018年3月22日北京时间晚间，美国总统特朗普在白宫签署了对中国输美产品加征关税的总统备忘录，美国高层这一不理智的举动让原本并不稳固的全球经济复苏再次雪上加霜。全球化的冬天要来了？贸易战打响的副作用究竟如何？一石激起千层浪，全球股市也为之埋单。

周四晚间，美国三大股指统统下跌2%以上，逼近2月初的最低点，这使得全球股市在周五开盘后也不可避免地悉数跳空。还记得周四下午港股、A股还显示出银行股复苏的迹象，可见这个市场上几乎没有投资者也没有任何模型有能力把周四晚间这个突如其来的事件给消化掉。周五当日，作为期权标的的50ETF低开2.70%，同时隔夜外盘的VIX指数又大涨30%。这就是周五开盘每个期权交易者面临的局面。

回过头来看，再给你一次机会，你会在周四收盘前平仓完所有的卖出认沽头寸吗？我想绝大多数人的回答是做不到的。既然如此，我们更需要回溯的内容是什么？那就是假设我们已经吃进了周五的跳空低开，我们当日还能做些什么？

我仍然坚持用数据说话的风格，开始进行下面的回溯测试。

先来看看历史上跳空低开超过2%的日子里，当日买入跨式期权，也就是双买平值认购认沽期权的胜率如何？测试结果发现，从2015年2月9日到2019年6月30日，这样的跳空低开一共出现过19次。

如果按照开盘10分钟的均价买入当月跨式期权（同时一份认购和认沽），那么你会发现（见表82-1）：

① 中午收盘前10分钟均价平仓的胜率为52.63%，盈亏比达到1.87；

② 下午收盘前10分钟均价平仓的胜率为52.63%，盈亏比达到3.55。

如果按照开盘10分钟的均价买入次月跨式期权（同时一份认购和认沽），那么你会发现（见表82-2）：

① 中午收盘前10分钟均价平仓的胜率为57.89%，盈亏比达到2.18；

② 下午收盘前10分钟均价平仓的胜率为68.42%，盈亏比达到2.35。

表 82-1　开盘跳空低开 2%当日买入当月跨式期权的收益率

信号日期	中午收盘前平仓	下午收盘前平仓
2015 年 6 月 26 日	9.00%	−1.44%
2015 年 7 月 7 日	−6.96%	−2.19%
2015 年 7 月 8 日	−20.01%	−7.51%
2015 年 7 月 9 日	2.69%	6.71%
2015 年 7 月 10 日	6.83%	4.31%
2015 年 7 月 13 日	−0.55%	5.84%
2015 年 7 月 28 日	−7.03%	9.37%
2015 年 8 月 24 日	93.25%	42.44%
2015 年 8 月 25 日	−33.52%	−7.69%
2015 年 9 月 1 日	−1.93%	3.33%
2015 年 9 月 2 日	−10.43%	−5.42%
2016 年 2 月 15 日	−9.53%	−6.14%
2016 年 3 月 9 日	0.69%	2.35%
2018 年 2 月 9 日	25.35%	10.78%
2018 年 3 月 23 日	12.45%	−2.79%
2018 年 10 月 8 日	8.76%	2.73%
2018 年 10 月 11 日	2.05%	0.07%
2018 年 10 月 25 日	−0.63%	−0.18%
2019 年 5 月 6 日	26.72%	11.95%

数据来源：Wind,“力的期权工作室”整理。

表 82-2　开盘跳空低开 2%当日买入次月跨式期权的收益率

信号日期	中午收盘前平仓	下午收盘前平仓
2015 年 6 月 26 日	33.74%	11.44%
2015 年 7 月 7 日	−17.02%	−5.51%
2015 年 7 月 8 日	5.35%	3.43%
2015 年 7 月 9 日	18.88%	8.97%
2015 年 7 月 10 日	−2.42%	−0.23%
2015 年 7 月 13 日	−15.62%	6.09%
2015 年 7 月 28 日	−8.36%	8.53%
2015 年 8 月 24 日	162.06%	60.93%
2015 年 8 月 25 日	12.41%	9.69%
2015 年 9 月 1 日	−2.05%	1.05%
2015 年 9 月 2 日	−8.50%	−9.55%
2016 年 2 月 15 日	−19.47%	−13.12%
2016 年 3 月 9 日	−8.75%	−1.04%
2018 年 2 月 9 日	25.66%	23.02%
2018 年 3 月 23 日	31.23%	5.18%

（续表）

信号日期	中午收盘前平仓	下午收盘前平仓
2018 年 10 月 8 日	17.22%	5.82%
2018 年 10 月 11 日	21.08%	9.94%
2018 年 10 月 25 日	−5.79%	−2.63%
2019 年 5 月 6 日	19.32%	9.23%

数据来源：Wind，“力的期权工作室”整理。

由此可见，仅仅从跳空低开的角度来看，买入跨式在胜率和盈亏比两个维度上都还表现不错。比如，当日开盘跳空低开 2%以上开盘 10 分钟按均价买入次月的跨式组合，你的胜率在历史上可以超过 2/3，同时还保有 2.35 的盈亏比。然而，要进一步提高获胜的概率，我们需要再对症下药，设置一个更为合适的条件。

于是，通过一定的思考和实践，我进一步发现了这样的规律：仔细想想，买入认沽也好，买入跨式也罢，都是做多波动率的操作行为，如果跳空低开后市场的波动率能在当日出现上涨，买入期权的操作就能大概率赚钱。那么，有什么样的量化指标能够在开盘前预先告诉我们一些关于波动率的信息呢？我想了想，还必须去看外盘隔夜 VIX 指数的涨跌幅。

好了，那么对于许多投资者而言，问题来了，什么是 VIX 指数？它的学名是美国标普 500 的波动率指数，通俗地被称为“恐慌指数”。这是一张关于美国 CBOE VIX

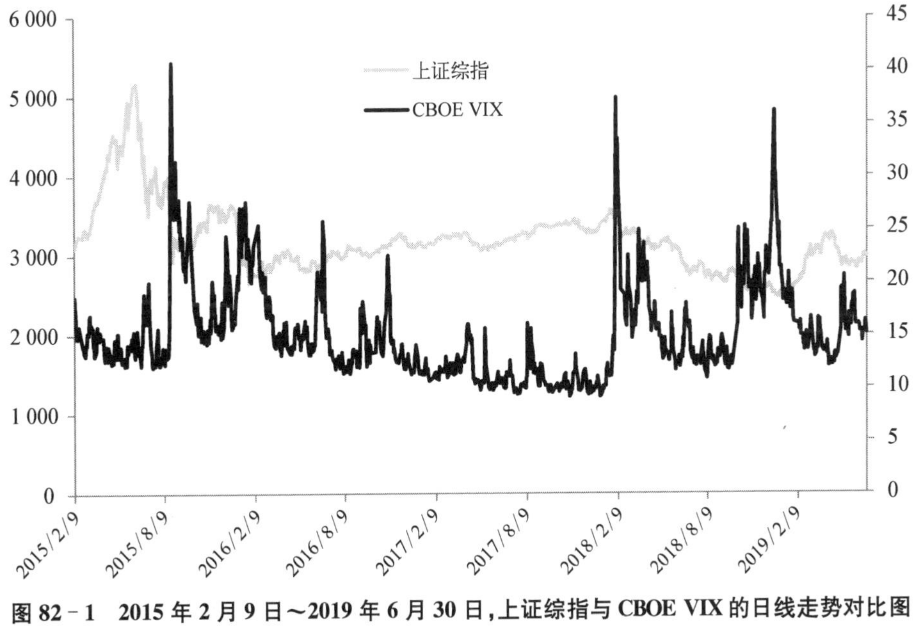

图 82－1　2015 年 2 月 9 日～2019 年 6 月 30 日，上证综指与 CBOE VIX 的日线走势对比图

指数和上证综指的走势图，这张图对应的时间段是2015年2月9日至今，浅色曲线表示上证综指，深色曲线表示美国CBOE VIX波动率指数。一般来说，如果VIX短时间内飙升，往往意味着美国投资者对后市产生了一种下跌的恐慌情绪，图中你会发现VIX出现局部高点以后对应上证综指大多有一波下跌，这往往是外围市场风险外溢到国内股市的传导作用，也是行为面指标对入场信号具有一定指导背后的统计规律。

下面，我继续做了这样一个统计：

历史上跳空低开2%以上，同时隔夜美国VIX指数大涨超过20%的日子里，当日买入跨式期权的胜率如何？

测试结果发现，从2015年2月9日到2019年6月30日，这样的量化信号一共出现过7次，分别是2015年7月9日、2015年8月24日、2015年8月25日、2018年2月9日、2018年3月23日、2018年10月11日以及2018年10月25日。经过测试，我得到了这样的结果：

如果按照开盘10分钟的均价买入当月跨式期权（同时一份认购和认沽），那么你会发现（见表82-3）：

① 中午收盘前10分钟均价平仓的胜率为71.43%，盈亏比达到1.59；

② 下午收盘前10分钟均价平仓的胜率为85.71%，盈亏比达到7.81。

表82-3　开盘跳空低开超过2%且隔夜VIX大涨超过20%，当日买入当月跨式期权的收益率

信号日期	中午收盘前平仓	下午收盘前平仓
2015年7月9日	2.69%	18.88%
2015年8月24日	93.25%	162.06%
2015年8月25日	−33.52%	12.41%
2018年2月9日	25.35%	25.66%
2018年3月23日	12.45%	31.23%
2018年10月11日	2.05%	21.08%
2018年10月25日	−0.63%	−5.79%

数据来源：Wind，“力的期权工作室”整理。

如果按照开盘10分钟的均价买入次月跨式期权（同时一份认购和认沽），那么你会发现（见表82-4）：

① 中午收盘前10分钟均价平仓的胜率为57.14%，盈亏比达到4.22；

② 下午收盘前10分钟均价平仓的胜率为85.71%，盈亏比达到7.47。

表 82－4　开盘跳空低开超过 2%且隔夜 VIX 大涨超过 20%，当日买入次月跨式期权的收益率

信号日期	中午收盘前平仓	下午收盘前平仓
2015 年 7 月 9 日	6.71%	8.97%
2015 年 8 月 24 日	42.44%	60.93%
2015 年 8 月 25 日	−7.69%	9.69%
2018 年 2 月 9 日	10.78%	23.02%
2018 年 3 月 23 日	−2.79%	5.18%
2018 年 10 月 11 日	0.07%	9.94%
2018 年 10 月 25 日	−0.18%	−2.63%

数据来源：Wind，“力的期权工作室”整理。

对比刚才的统计结果，你一下子就会看到买入跨式组合胜率的提升。这个结果背后蕴含的道理就是全球股市波动率的一个传导过程。当外盘隔夜 VIX 指数大涨 20%，并且内盘开盘也随之跳空 2%时，往往说明外盘的情绪面会在次日继续有所蔓延，市场处于一个波动率上行的格局中，因此，此时买入跨式组合的胜率就会陡然提升。这一切，从数据结果和背后逻辑均能说得通、道得明。

上周五 50 指数开盘跳空低开 2%以上，那么如果跳空 1%呢？跳空 1.5%呢？或是 3%呢？如果隔夜 VIX 大涨 10%或是 15%，而不是 20%呢？买入当月或者次月跨式期权的胜率结果又会如何呢？为了一探究竟，我做了关于这两个参数的敏感性测试。

表 82－5　买入当月平值跨式期权中午收盘前 10 分钟均价平仓的胜率结果

跳空幅度 \ 隔夜 VIX 涨幅	＞10.00%	＞15.00%	＞20.00%
＜−1.00%	60.87%	73.33%	76.92%
＜−1.50%	53.85%	66.67%	66.67%
＜−2.00%	55.56%	71.43%	71.43%
＜−2.50%	71.43%	83.33%	83.33%

数据来源：Wind，“力的期权工作室”整理。

表 82－6　买入当月平值跨式期权下午收盘前 10 分钟均价平仓的胜率结果

跳空幅度 \ 隔夜 VIX 涨幅	＞10.00%	＞15.00%	＞20.00%
＜−1.00%	60.87%	80.00%	84.62%
＜−1.50%	61.54%	77.78%	77.78%
＜−2.00%	66.67%	85.71%	85.71%
＜−2.50%	85.71%	100.00%	100.00%

数据来源：Wind，“力的期权工作室”整理。

表 82-7　买入次月平值跨式期权中午收盘前 10 分钟均价平仓的胜率结果

跳空幅度 \ 隔夜 VIX 涨幅	>10.00%	>15.00%	>20.00%
<-1.00%	60.87%	53.33%	53.85%
<-1.50%	61.54%	55.56%	55.56%
<-2.00%	55.56%	57.14%	57.14%
<-2.50%	57.14%	66.67%	66.67%

数据来源：Wind，“力的期权工作室”整理。

表 82-8　买入次月平值跨式期权下午收盘前 10 分钟均价平仓的胜率结果

跳空幅度 \ 隔夜 VIX 涨幅	>10.00%	>15.00%	>20.00%
<-1.00%	56.52%	60.00%	69.23%
<-1.50%	69.23%	77.78%	77.78%
<-2.00%	77.78%	85.71%	85.71%
<-2.50%	85.71%	100.00%	100.00%

数据来源：Wind，“力的期权工作室”整理。

从上面的敏感性测试结果(见表 82-5～表 82-8)可以发现，一旦标的 50ETF 向下跳空到 1%以上，同时隔夜外盘 VIX 大涨超过 15%，那么开盘就买入当月跨式期权，然后持有一天收盘前平仓，到目前为止的胜率均能够达到 80%以上。尽管样本并不算多，但从逻辑和数据上看，外盘隔夜波动率指数和向下跳空两个事件对次日操作仍然有着非常重要的指导意义。

如果回到 2018 年 3 月 23 日、2018 年 10 月 11 日、2019 年 5 月 6 日，我想如果有了这些数据作为信心的支撑，或许我们会操作得更快一些、更果断一些。

83. 你听说过戴维斯双击吗？它与期权对冲后的魔力

期权可以用来套保，套保的对象可以是标的 ETF、标的成分股，当然也可以是一个有相关性的股票组合。经历了 2018 年的重重坎坷，年后的股市以迅雷不及掩耳之势再次受到了瞩目。在本文中，我就来挖掘一下在上证 50 成分股中，如果同时选择高盈利且低估值的股票作为一个组合，它们的绩效表现是不是会令人满意？这就是本文要提的"盈利"与"估值"的戴维斯双击！

什么是双击组合呢？事实上，如果你的选股逻辑中只用到了两个选股因子，这样的组合就被称为双击组合。最著名的双击组合莫过于"戴维斯双击组合"了。戴维斯家族祖孙三代在华尔街成功投资 50 多年，他们辉煌的战绩足以与巴菲特、彼得·林奇等大师们相提并论。他们的投资哲学可谓大道至简，他们选择具有高成长性同时处于低估值的股票，也就是在他们的筛选逻辑中，只用了两个因子——成长因子和估值因子，希望在低市盈率时买入成长性潜力股，然后待成长潜力显现后，以高市盈率卖出。

回到我们的 50 指数，由于上证 50 指数已经是大市值、大蓝筹的聚集之地，像贵州茅台、中国平安、伊利股份、招商银行这样的股票已经不需要证明其潜力和成长性。对于它们而言，业绩的持续性和稳定性以及低估值，才是撑起它们中长期趋势的内因所在。因此，在上证 50 甚至沪深 300 的成分股范围内，我把"戴维斯双击"中的成长因子替换为盈利因子（价值因子），同时保留估值因子，每个月都去选择具有高盈利性同时处于低估值状态的股票，构成另一种"双击"组合。

股票价格的基本公式是等于业绩乘以估值，业绩可以用每股盈利（EPS）、净资产收益率（ROE）、总资产收益率（ROA）等因子来表示，估值可以用市盈率（PE）、市净率（PB）、市现率（PCF）等因子来表示。下面的内容中，我们就以 ROE 与 PE 双击组合为例，对比一下过去四年内期权对冲和期货对冲的差异，看看期权对冲后究竟能保值到什么地步。

在筛选股票时，一般有两种常见的筛选思路：一种称为串联法，另一种称为并联法。在串联法中，我们先按 ROE 从大到小排序，选择前 M 只股票，然后继续在这 M

只股票里按 PE 从小到大排序，最终选出前 N 只股票作为最终组合；当然，也可以先按 PE 从小到大排序，选择前 M 只股票，然后在这 M 只股票里按 ROE 从大到小排序，最终选出前 N 只股票作为最终组合。在并联法中，我们对所有股票分别按 ROE 从大到小排序、按 PE 从小到大排序，得到两个排序后的股票序列，按照排序靠前打分值高的原则，分别得出两个序列中每只股票的得分，于是对于每一只股票，取它在两个序列中得分的平均值作为最终得分，最后按最终得分从高到低排序，选择排序靠前的 N 只股票作为最终股票组合。

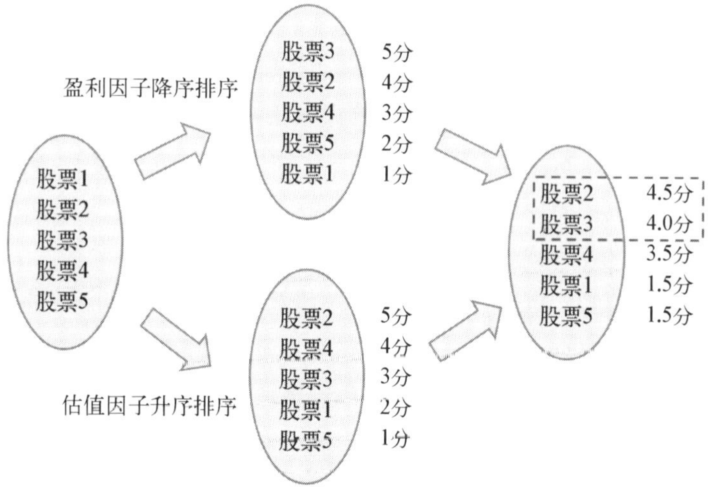

图 83-1　双因子并联法量化选股逻辑示意图

这里，我采用并联法的方式选出每一期的股票组合之后，依旧会配上期权领口组合进行对冲，从而进一步控制股票组合产生过大的波动率和回撤。

在回溯的过程中，我们基于如下假设：

初始资金：1 000 万元。

回测时间：2015 年 2 月 9 日～2018 年 4 月 27 日。

交易成本：现货端双边千分之二，期权的买入开仓、卖出平仓、买入平仓每张 10 元，卖出开仓不收费。

选股范围：50 指数内非停牌、非涨跌停的成分股。

股票换仓日期：每月度最后一个交易日。

期权换仓日期：每个行权周期的首日（每月第四个周四）进行换仓。

仓位设置：现货端五成仓位。

在期权对冲头寸的构建上，我们尝试两种选择：一是买入虚 1 档认沽、卖出虚 2 档认购（简称 95-110 领口组合）；二是买入平值认沽、卖出虚 2 档认购（简称 100-110 组合）。而在期货对冲头寸的构建上，我们直接通过等市值卖空上证 50 期指（IH）的方法来操作。

首先，我们可以得到了如下的日频净值曲线图（见图 83－2）。

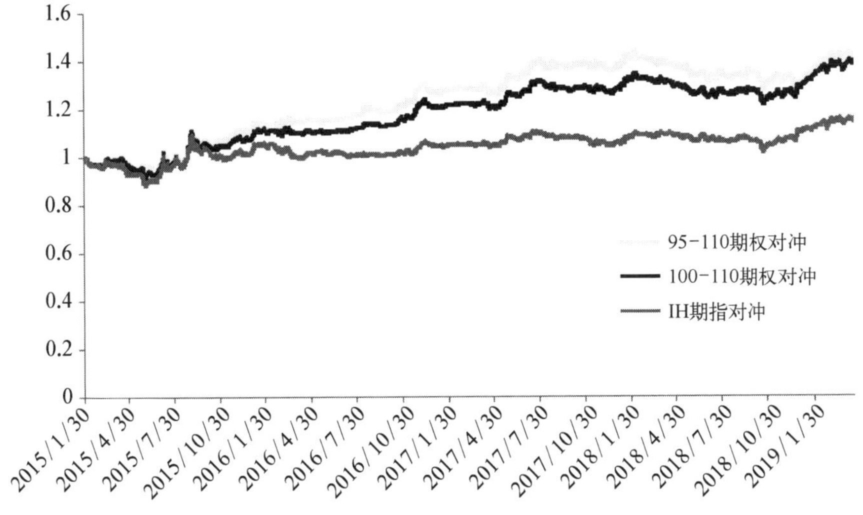

数据来源：Wind，“力的期权工作室”整理。

图 83－2　ROE＋PE 双因子选股＋期权/期货对冲后的净值走势

然后，我们可以得到下面两个绩效评价表（见表 83－1 和表 83－2）。

表 83－1　ROE＋PE 双因子选股＋期权/期货对冲后的绩效评价表

绩效指标	95－110 期权对冲	100－110 期权对冲	IH 期指对冲
累计收益率	42.89%	28.35%	20.34%
年化收益率	9.26%	6.39%	4.70%
年化波动率	9.57%	9.20%	9.61%
最大回撤	9.13%	9.49%	15.25%
Calmar 比率	1.01	0.67	0.31
Sharpe 比率	0.66	0.39	0.21

数据来源：Wind，“力的期权工作室”整理。

表 83－2　ROE＋PE 双因子选股＋期权/期货对冲后的年度绩效评价表

95－110 年度指标	年度收益率	年化波动率	最大回撤
2015 年	11.16%	14.68%	6.36%
2016 年	14.16%	6.80%	3.64%
2017 年	7.68%	6.81%	3.69%
2018 年	－4.34%	8.26%	9.13%
2019 年	9.30%	9.47%	2.44%

数据来源：Wind，“力的期权工作室”整理。

在这些图与表中，我们可以清晰地发现：

从累计收益率和年化收益率的角度看，过去四年多以来，ROE+PE 与 95－110 期权对冲组合是最高的，累计收益率为 42.89%，年化收益率为 9.26%；ROE+PE 与 100－110 期权对冲组合次高，累计收益率为 28.35%，年化收益率为 6.39%；而 IH 期指对冲组合的收益表现最弱，年化收益率仅为 4.70%。

从年化波动率和最大回撤的角度看，ROE+PE 与 95－110 期权对冲组合控制得较小，分别为 9.57%和 9.13%，而 ROE+PE 与 100－110 期权对冲组合分别为 9.20%和 9.49%，IH 期指对冲组合就更为糟糕，受其间一段时间深度贴水的影响，该组合的年化波动率和最大回撤分别为 9.61%和 15.52%。

从收益回撤比的角度看，ROE+PE 与 95－110 期权对冲组合表现更好，它的收益回撤比超过了 1，相对 100－110 期权对冲组合 0.67 的收益回撤比，以及 IH 期指对冲组合 0.31 的收益回撤比而言，具有非常明显的对冲优势。

从分年度的绩效情况看，除了 2018 年录得－4.34%的年度负收益率外，其他四年的年度收益率分别达到了 11.16%、14.16%、7.68%以及 9.30%，均取得了正的年化收益成果。即使在 2018 年的漫漫熊市格局中，－4.34%相对于各大指数和业内普遍的股票基金收益率还是具有非常明显的相对收益的。

从月度的绩效指标来看，ROE+PE 的 95－110 期权对冲组合，在过去的 50 个月份中，收益月份数有 28 个月，亏损月份数为 22 个月，月胜率恰好等于 56.00%，月度盈亏比为 1.87，也高于 1。值得一提的是，如果不计 2018 年一整年的熊市格局，在剩余的三年间，ROE+PE+期权对冲组合最长连胜 4 个月，最长连败也没有超过 3 个月，策略稳定性等方面的表现值得称道。

在本文中，我们源于“戴维斯双击”的思路，在上证 50 的股票池里，用价值性的因子代替了“戴维斯双击”中的成长性因子，用盈利与估值因子的双击，配上期权对冲的装备，在某些年份里确实能够展现出非常不俗的业绩。“以史为鉴，可知兴替”，每一次的回溯与每一次的测算都是一种温故，也是一种挖掘。每一个策略在过去样本期的表现好不好固然重要，但更重要的是这些大道至简的方法为我们打开了思路，让我们在未来的市场里更多一种选择，更多一个视角。

84. 越是遇到降波时，越要理解双卖背后的那些事

在期权交易策略中，有一类策略被机构们所熟知，也被一些机构奉为“期权第一策略”，它不是单腿买购，而是双卖策略。想起国内期权市场刚起步的前三个月，恰逢一波系统性牛市，当时许多个人交易者学会了买入认购兑现预期上行收益的简单操作，然而当2015年6月市场步入由牛转熊后，受标的急速下行、波动率之前持续处于高位的影响，买入认购的操作者面临了标的价格与波动率双重因素的双杀，渐渐感受到了期权卖方的好处，渐渐了解到了高波动环境下的双卖操作。那么，双卖策略究竟靠不靠谱呢？为什么说傻傻地持有双卖组合也是期权交易的大忌呢？怎样把双卖策略做得更好些呢？让我们一步一步把这些问题说清楚。

(1) 什么是双卖策略?

顾名思义，双卖策略就是两边卖出期权，既卖出认购期权，又卖出认沽期权。我们知道，对于期权卖方，从盈亏的角度看，它的收入来源就是保险费收入，收益是有限的，潜在损失是很大的；但从胜率的角度看，开设“保险公司”的胜率一定是较高的，赔率是很低的。因此，从一个相对深层次的角度来看，期权卖方就是用高胜率来换取盈亏的不对称性。那么，对于双卖策略而言，它相当于是卖出了双份保险，潜在的保险费收入是双倍的，但它既担心极端的暴涨，又担心极端的暴跌，它的盈亏三维曲面如图84－1所示。

(2) 双卖策略持有不动会是怎样的光景?

那么，既然双卖了保险，两边的极端情况都担心，那为什么还有那么多机构喜欢做双卖策略呢？那是因为许多机构还是想赚大概率的钱，往往根据技术面或主观的判断先从概率上判断出下个月的一个波动区间，以这个区间为上顶和下底，卖出上顶以上的虚值认购期权，卖出下底以下的虚值认沽期权，觉得概率上在到期时“一定”不会突破自己预设的区间。然而，事实上，这样的观念是非常危险的，在股票市场中长期行走，没有什么不可能。

2013年全年小票行情，你想到了吗？

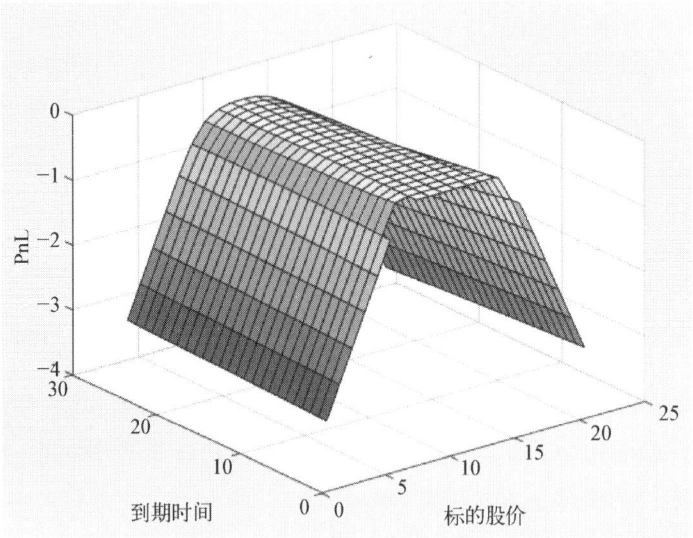

图 84－1　双卖策略盈亏三维曲面

2014 年 11 月券商单月大涨 30%，你想到了吗？

2015 年从千股涨停到千股跌停，你想到了吗？

2016 年初开市第一天熔断，你想到了吗？

2017 年全年的“二八分化”，你想到了吗？

2018 年 2 月开始一路下行，你想到了吗？

2019 年 2 月 25 日 50ETF 大涨 7%以上，你想到了吗？

——这就是市场的尾部风险！

这里，我们统计了从 2015 年 2 月 9 日至 2019 年 6 月 27 日，每个行权周期首日双卖一对最虚值的认购与认沽，持有至到期时的盈亏分布（见图 84－2）。

从图 84－2 中你会发现，如果每个行权周期持有预设好的双卖组合不动，不仅不能长期赚钱，还会周期性地陷入“小赢大亏”的死循环之中，导致一年直接白干，从头再来！回顾 2018 年 11 月 James Cordier 天然气期权爆仓的案例，你会发现，即便所卖期权的行权价距离当前标的还有 20%，我们也不能轻言无风险，更不能贸然重仓押注。

(3) 双卖策略的大忌

事实上，在整个双卖策略的操作期间，有些操作是始终需要忌讳的，比如：

① 中途死扛，从不做防守

为下个月预设一个大概率不会突破的区间，建完仓以后便不再管它，或是当标的发生暴涨暴跌时，死扛到底，从不止损。如果有这样的操作习惯，或许很多次中途的暴涨暴跌都会最终安全落地，但这样的死扛抵不过真正一个大的“黑天鹅”，“黑天鹅”所

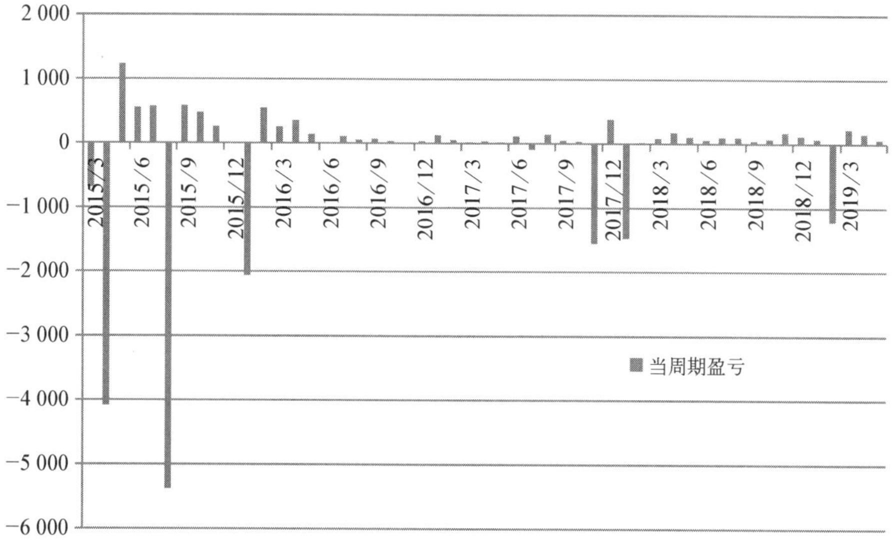

数据来源：Wind，“力的期权工作室”整理。

图 84－2　2015 年 2 月 9 日～2019 年 6 月 27 日，每个行权周期首日双卖一对最虚值的认购与认沽，持有至到期时的盈亏分布

导致的巨大中途回撤，将会极大程度上影响后续的操作心态。

② 重仓过于深度虚值的期权

深度虚值期权被认为是到期“出险”概率很低的合约，它就像 0∶3 落后的球队很难再反转一样，然而 2019 年的欧冠，利物浦和托特纳姆热刺不就实现了这样的“黑天鹅”吗？在股票市场上，上演绝杀这种事件或许要远远多于球场。在任何合约上，仓位一重，便会很难“调转船头”，导致灾难性的后果。仓位控制是最大的事前风控，即便我们对于再确定的事情，也得控制仓位，循序渐进加仓，千万不能满仓在一个自认为深度虚值的期权合约上，就算最后的结果确实是虚值，中途的连续暴涨和暴跌也将造成爆仓的风险。

③ 卖在隐波过低的点位

隐波是期权合约的一种“估值”指标，它处于高位，则卖期权容易卖得出价格；它处于低位，则容易被迫加仓，费尽九牛二虎之力只卖出一点点权利金。隐波有非常明显的中值回归规律，隐波持续特别低的时候，后面一两个月往往会暴涨暴跌，因此，如果在隐波的低位着急地卖出期权，则到期前反而会先面临隐波快速上升的风险，从而导致中途的回撤。

(4) 双卖策略的常见风控措施

对于双卖策略而言，我们在进行风控时，可以为自己设置两道更严密的压力和支撑防守线。以一个例子来帮助大家理解，一开始你认为标的在一个月后涨不过 3000

点，跌不破 2600 点，卖出了 C3000 和 P2600 合约，但做完这个操作后，需要设置两条防守线，比如根据均线之间的相对位置关系，你设置了 2900 点上端防守线，以及 2700 点的下端防守线，那就意味着一旦标的在某日收盘前上穿 2900 点或是下穿 2700 点，你的某一边双卖策略就必须要采取防守措施了。

以卖出认沽期权的那一端为例，假如我卖出了 100 张 P2600 认沽合约，当时标的价格在 2800 点附近，但过了几天市场不太给力，标的价格连续跌穿了一些均线，最终跌破 2700 点，根据我们上面给出的善后原则，此时我们就必须考虑善后了。

关于卖出认沽的第一种善后措施是反向移仓。既然标的价格下穿了心中已设的防守线(2700 点)，这意味着上方又多了一重压力，下方又少了一重支撑，持有过多的卖出认沽头寸已经不安全了。所以，为了在方向上有所中和，我们可以平掉 50 张 P2700，然后卖出开仓 50 张上方的虚值认购合约(如 C2900)，使得持仓在方向的维度上比较中性；或者更加激进一些，可以平掉全部 P2700，然后卖出开仓 100 张 C2900 认购合约，使得多头持仓变成了空头持仓，这就是反向移仓操作。一般情况下，反向移仓操作能够一定程度上解决问题。

但在极端情况下，我们还要考虑使用另一种善后措施，那就是买入认沽进行对冲。比如，如果标的价格跳空低开 2%以上，那时进行反向移仓往往已经来不及了，这时为了防范单日的回撤，我们就可以在开盘时立刻买入 50 张甚至 100 张 P2750 或是 P2800 的实值认沽合约，锁定住当日继续低走的下行风险。

以 2019 年 5 月 6 日“五一”长假后首日的跳空低开为例。假设你昨天收盘后的期权账户里有如下的认沽义务仓，且没有任何认沽权利仓：

P2550@5　200 张　　　　P2600@5　200 张

P2650@5　100 张　　　　P2700@5　100 张

在上述持仓结构下，你可以买入 200 张 Delta 绝对值在 60%附近的 P2900@6 下月认沽期权进行对冲。

表 84-1　2019 年 5 月 6 日卖出认沽端的当日盈亏比较(对冲与未对冲)

持　仓	4 月 30 日收盘	5 月 6 日收盘	累计盈亏
P2550@5 卖	0.001 6	0.007 7	−12 200
P2600@5 卖	0.002 1	0.012 5	−20 800
P2650@5 卖	0.003 5	0.019 6	−16 100
P2700@5 卖	0.007 0	0.031 8	−24 800
持　仓	**5 月 6 日开盘**	**5 月 6 日收盘**	**累计盈亏**
P2900@6 买	0.130 0	0.171 1	+82 200

数据来源：Wind，“力的期权工作室”整理。

通过表 84 - 1，你可以发现，如果当日低开时不做任何买入对冲，这四个持仓累计起来当日浮亏 73 900 元。然而，买入认沽对冲以后呢？到了当天收盘时，所有持仓的浮亏将从 73 900 元反而转为浮盈 8 300 元，这时如果快捷平仓下方所有的认沽权利仓和义务仓，就能在总资产不发生回撤的情况下有效解除下方的风险头寸。

85. 空中的“浮想联翩”，逃离小概率宿命的三种招式

每一次乘坐飞机，飞机上的乘务员都要求大家在起飞和降落阶段打开遮光板，一直想知道原因，原来，这是因为飞行最容易出事的阶段是在起飞与降落时，此时打开遮光板就是想借助机上数百位乘客的眼睛帮忙观察有没有情况会影响降落，如引擎起火、机轮脱落等，如果有客人看到引擎发生燃油泄漏等异状，就可以立即通知空乘人员告知机长。

同样地，在起飞和降落阶段，乘务员也会要求大家调直椅背。这一方面是可以在飞机发生撞击时更有效地保护乘客身体，减少受伤的可能；另一方面还蕴藏着一个统计上的研究结果，依据美国联邦航空总署（FAA）的研究，椅背没有竖直的情况下，完成疏散机内乘客会多花上 15～45 秒的时间，在遇险后人的生死黄金时间却只有 90 秒，所以这样安排都是基于紧急状况时的安全考虑。

尽管这个概率非常低，但这么做都是为了防止小概率事件而采取的风控！

类似地，在资本市场里，突如其来的连续暴跌往往被认为是一个小概率事件。如果把某个股票指数每日的涨跌幅看成是一个长期的正态分布，那么出现“黑天鹅”的时候就是在分布尾部的时候。当然，严格地说，指数涨跌幅的分布只是看上去形似正态分布，实质上它服从于一个存在着尖峰肥尾的分布，也就是“小概率事件”发生的概率其实要高于我们普通认知中的那个概率（见图 85－1）。

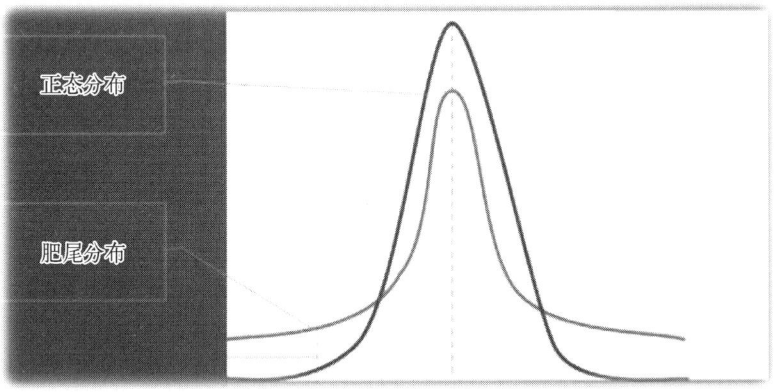

图 85－1　正态分布与肥尾分布区别示意图

联想到期权。期权是一种可以双向交易的工具，交易者所持有的观点可以是偏多，也可以是偏空，因此在期权交易中，“小概率的宿命”不仅仅只有突如其来的暴跌，出乎意料的暴涨也可以成为另一个意外的“黑天鹅”。

尽管“小概率的宿命”不常有，但它确实年年都会有。面对这些似曾相识的“小概率”行情，我们必须像了解自己一样了解那些行情产生的背景和前前后后，加深对小概率事件的记忆。

世间万物是公平的，就像那句俗话“出来混迟早要还的”。在所有期权交易的操作中，卖出深度虚值期权是看上去最安全、最难被压力测试发现风险的，但是它却是最容易在“小概率的宿命”面前俯首称臣的。从事前的角度说，仓位控制永远是第一位的，永远不要重仓卖出一个看似“绝对安全”的合约，因为在这个市场中没有什么“绝对安全”。

假如明天降低印花税，重仓卖购会如何?

假如明天某国突然核试验了，重仓卖沽又会如何?

“小概率的宿命”，其最大特性就是突如其来，但突然性不代表我们在交易中就任凭摆布，无事可做。对于每一位期权交易者而言，防范“黑天鹅”可以从“我”做起，从每日朴素的检查做起，提高风控意识，尽可能防范在先，这就是我们每天可以做的。这里，我介绍三种朴素但往往行之有效的防范措施。

(1) 价量配合要当心

价量配合对于重仓卖出认购的交易者而言，具有不小的防范功能。在技术分析中，一波持续的上涨趋势几乎毫无疑问都存在一个必要条件，那就是价升量增。如果标的价格连续几日上涨，但量能却跟不上，那么它的持续性往往很难延续。说“没有量能支持的上涨都是耍流氓”其实不无道理，一波较长或者较猛的上涨波段中，几乎不可能出现量能空转的现象。2019 年 2 月 25 日暴涨当日，两市成交超过 1 万亿元，C2800@2 合约、C2750@2 合约都出现百倍以上的暴涨，但这一次“小概率的宿命”回头看是有征兆的，因为前一周(2019 年 2 月 18 日～2019 年 2 月 22 日)的五个交易日，有三个交易日的量能大于 6 000 亿元，而节前的量能水平普遍低于 3 000 亿元，量能已经出现了 100%的涨幅，且标的价格已经站上所有均线，同时有效站上年线，这都清晰地表明了“价升量增”四个字(见图 85－2)。

也就是说，“价升”伴随着明显“量增”时，卖出认购开始减仓是一种事前的防守措施，某天量能相对前一周均值增加幅度越大，卖购减仓的速度就必须越快、越果断。

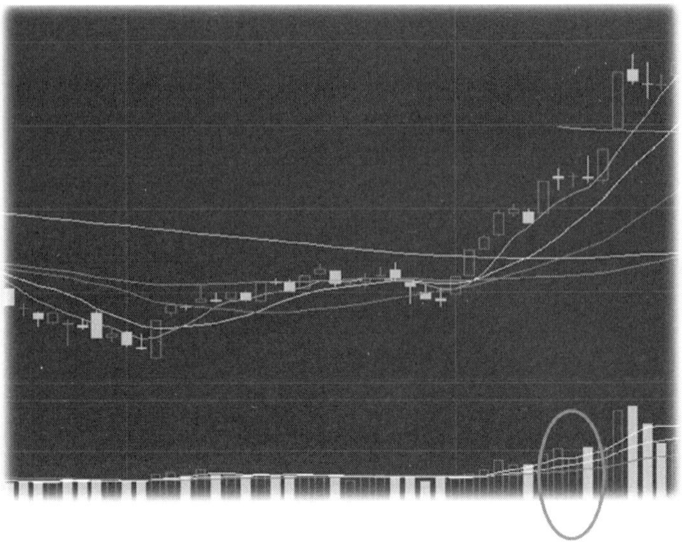

图 85－2　2019 年 1 月～2019 年 2 月，上证 50 指数日线图

（2）波动率持续低位要当心

不同于标的价格，波动率是一个拥有中值回归属性的变量。当波动率指数达到历史较高分位数时，或许它短期还会再上升，但空间已经不会特别大了，一旦市场情绪得到平抑，则会立刻掉头向下寻找长期中值回归的那个平衡点；反过来，当它达到历史较低分位数时，它往往会按捺不住寂寞，在之后的市场里为大家演绎出一场意外的“升波”秀。因此，当隐波高得过分了，我们就可以把握好开仓的节奏，以卖出开仓为底仓，

数据来源：Wind，“力的期权工作室”整理。

图 85－3　2018 年 1 月至今，上证 50 期权波动率指数走势图

买入开仓做防守；而在隐波低过分时，就需要以买入开仓为底仓，而不能再拼命重仓卖出开仓“捡芝麻”了。

过去四年多，我们可以发现这样一个规律：对于 50 指数，当波动率指数触及 15 以后，似乎此后的一个月内都对应着一波暴涨暴跌。2018 年 1 月如此，此后一个月出现了暴跌；2018 年 9 月如此，此后一个月先暴跌后暴涨；2019 年 1 月又是如此，此后一个月出现了暴涨(见图 85－3)。更谨慎的投资者可以在波动率指数低于 18 开始，逐步减仓卖开的持仓，逐步转为买开的持仓或比率价差的持仓。

(3) 突破双轨要当心

除了价升量增与波指低位以外，我们还可以为自己画出两根轨道，只要在轨道之外，就尽量停止双卖，而只卖出一边的期权。

那么，这样的双轨怎样设计呢？方法可以有多种。

第一种方法是以某根中期均线为中轴，上下等幅度地画出上轨和下轨。比如，以 20 日均线作为中轴，上下以 3%的幅度画出两根轨道，当标的价格位于上轨上方时，尽量少卖出认购期权，尤其不要重仓卖出深度虚值认购；相对地，当标的价格位于下轨下方时，尽量少卖出认沽期权，尤其不要重仓卖出深度虚值认沽。

第二种方法是以经典的布林线作为双轨，布林线是由三条线构成的一个轨道，中轨通常取为 20 日或 30 日均线，上轨由均线加上两倍标准差得到，下轨则由均线减去两倍标准差得到。由于正态分布 2 倍 Sigma 以外的概率只有 5%(假如把股价涨跌幅看成正态分布)，因此标的价格位于上轨上方时，尽量不要重仓卖出深度虚值认购；相对地，当标的价格位于下轨下方时，尽量不要重仓卖出深度虚值认沽(见图 85－4)。

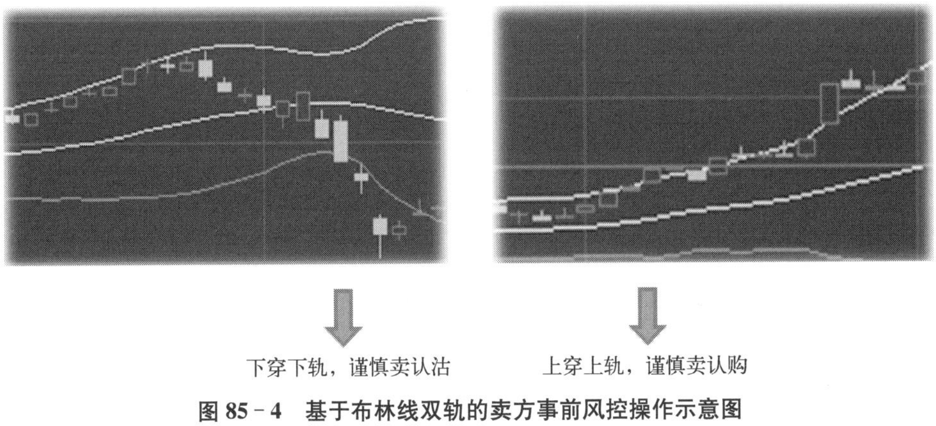

图 85－4 基于布林线双轨的卖方事前风控操作示意图

这样结合突破双轨的预防措施背后的原理是：一切尊重于趋势，绝不与趋势为敌。尽管突破双轨出现的频率高于价升量增与波指低位，但却能防范 2018 年 2 月 7 日～2018 年 2 月 9 日，以及 2019 年 2 月 25 日的“黑天鹅”。

Tasty Option on Your Future

爱智篇

86. 期权，不仅是一个工具，更是整个交易时空

整个二级市场中，从股票、债券到期货、期权，充满着各种各样、形形色色的交易工具。大部分刚入门期权的交易者，更倾向于把期权理解成一种与期货并列的衍生品。尽管大多教科书上都是这样写的，我却认为期权的范围要比期货的范围大得多！

何出此言呢？事实上，从国际上交易品种的丰富度来看，有期货的品种大多有对应的期权，有股指期货也有股指期权，有利率期货也有利率期权。但你只听到过有期货的期权，却没有期权的期货。期权不仅可以在现货上衍生，还可以在期货上派生。不过这还不是最令人信服的理由，如果我们直接从到期盈亏图的角度去看，可以明显地发现期权世界的广袤！

记得高中在学复数的时候，老师说过这么一句话："你以前觉得实数已经很牛逼，它包含了全部的有理数和无理数，但实数只是活在了一根线上，它的两侧是无穷无尽的复数（实数＋虚数）。"期货与期权的关系（见图 86－1），不也正是这样吗?!

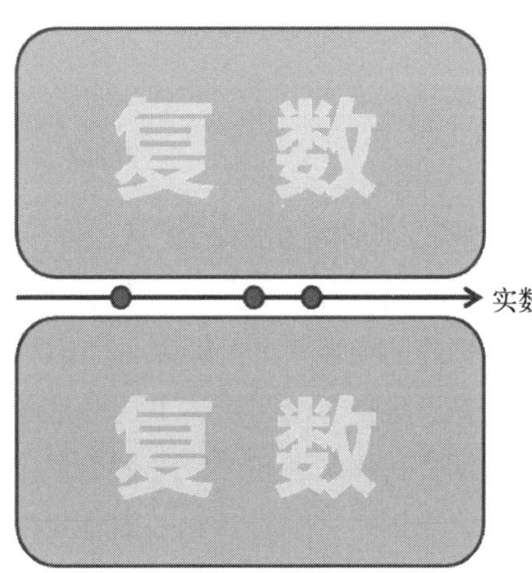

图 86－1　实数与复数的关系示意图

自从 1848 年美国芝加哥期货交易所（CBOT）诞生了第一份期货合约后，交易者一度认为期货已经很牛逼，但是现在看来，期货的盈亏永远只是活在一根直线上，它只是一个线性的工具，而平面上任何一根曲线都是它的衍生品伙伴——期权。

在关系图（见图 86－2）的平面上，任何一根曲线都可以是期权，这根曲线可以由直线进行定点弯折，可以被任意弯曲，也可以被折成几段，它们形成了各式各样的场外期权。

然而，期权的魅力不仅仅是它的范围之广，还在于它的功能之强。这里，仅仅从四个侧面，你就会发现它几乎可以贯穿你一生的交易时空。

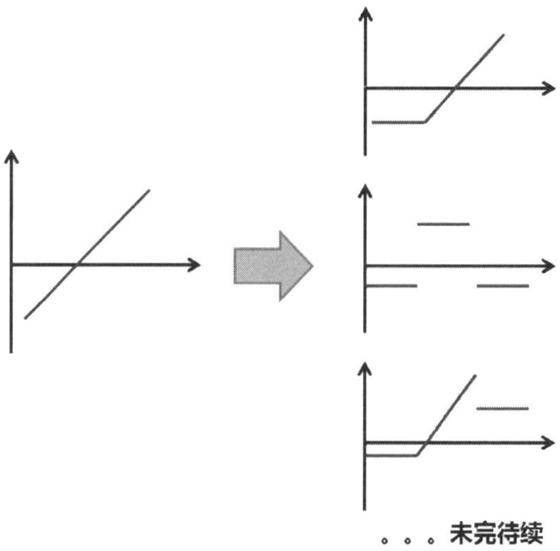

图 86－2　期货与期权的关系示意图

(1) 期权可以变身现货、期货

现货、期货能变身期权吗？回答是否定的！然而，期权可以变身现货、期货吗？那就来看看下面这张图(见图 86－3)所变的魔术吧！

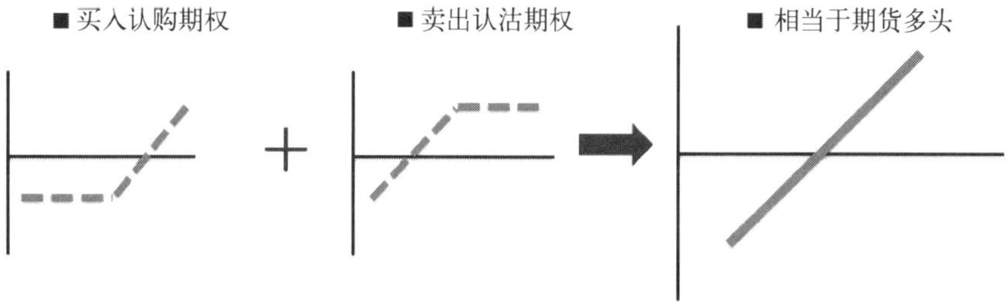

图 86－3　期权变身期货示意图

“买入认购＋卖出认沽”这一组合的盈亏图竟然合成了一条直线！这条直线类似于现货多头或者期货多头，期权也完成了从非线性到线性的华丽转身。

同样的道理，“买入认沽＋卖出认购”这一组合的盈亏图类似于期货空头，可以帮助交易者进行套保对冲，从而分散股指期货的流动性压力。自 2015 年 6 月股灾以后，股指期货长期贴水，期权的各种合成方式也为市场交易者提供了各种套保的新方法，过去只能用期货做的事，现在都能用期权做了。

(2) 期权同样可以产生 Alpha

许多投资者从买入量化基金的那天，可能就听说了一个英文单词“Alpha”，事实上它是希腊字母。所谓“Alpha 基金”，其投资目的就是为了跑赢大盘(基准指数)的基金。怎么来跑赢大盘呢？常见的量化基金往往从基准指数中选出一部分成分股，然后用相应的股指期货加以对冲，以期望选出的股票表现更好一些。然而，每个周期选出的股票一定能跑赢基准指数吗？答案显然是未必，在2017年度“漂亮50+要命3000”的行情下，你能完全选到漂亮50内的成分股吗？难上加难！

有没有什么办法可以轻松产生Alpha呢？还是得靠期权！期权中有两个策略，叫作备兑开仓(Covered Call)与备兑卖出宽跨式(Covered Strangle)。尤其是备兑开仓策略，只要市场不发生大涨，这个策略就类似“持房出租”，每个月收入全部的权利金，这就是创造Alpha的源泉所在！

图86-4展示了2016年2月～2017年4月，某备兑卖出宽跨式期权与50ETF的标准化净值走势图，最后的结果是：相对于50ETF，每月持续滚动备兑卖出宽跨式期权的操作产生了6%左右的Alpha收益。

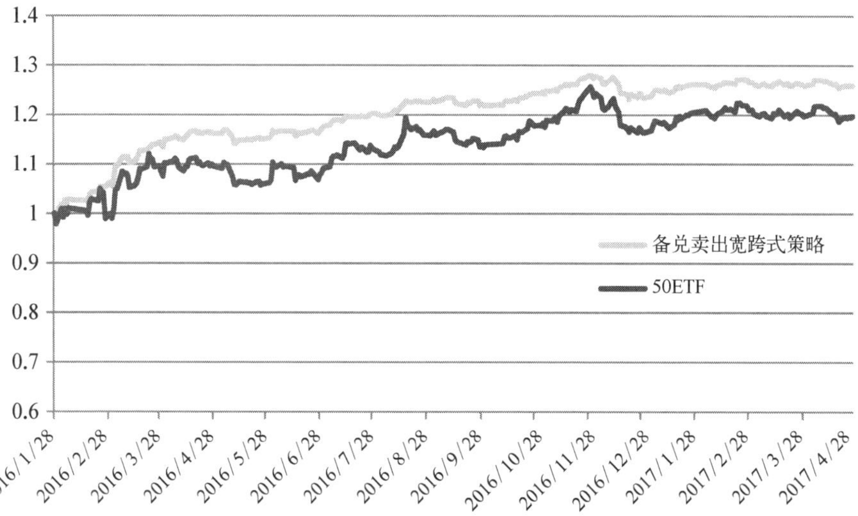

数据来源：Wind，“力的期权工作室”整理。

图86-4　2017年度，备兑卖出宽跨式期权与50ETF的标准化净值走势

(3) 期权是货币基金的好帮手

期权是一种衍生品，看似好像与我们平时买的理财产品、货币基金没有什么关系，但事实真是这样吗？答案同样非也！期权和理财产品的搭配应用，已经成为国外交易者常用的增强收益手法。

原理很简单，我们举个例子，100万元的总资产，留出2万元买一堆半年后到期的认购期权，剩下98万元投资于年利率为4%(半年利率2%)的现金类工具，于是到了半年后，98×(1+2%)约等于100万元。期权那一端无非发生两种情景：一是2万元全部亏光，价值归零，但整体上你的总资产依然是100万元，实现保本；二是2万元变

成了 N 万元（N 完全可能等于 10 以上），此时你除了保本外，获得了期权带来的大量或有收益。这就是所谓 OBPI 策略的原理。

如果有一天，你的朋友和你买了相同收益率的货币基金，最后他一年比你多赚了 5 个点，千万不必惊讶！或许只是他在这一年买对了一两次期权。

(4) 期权可以扩大“相亲”范围

什么叫“相亲”交易，我把这种交易理解成同时买卖两个或两个以上的交易工具，构成一对组合。比如，2017 年，大票的相对表现要远远好于小票，那么回头看，在 2017 年年初最佳的“相亲”交易就是：买入上证 50 指数期货＋卖出中证 500 股指期货。这就是一种配对交易。对于期货而言，可以配对的维度只有跨期（即不同到期月份之间配对），或者跨品种（即不同标的之间配对）。

然而，期权呢？即使是一个品种，T 型报价里布满了几百个合约，足以让你在其中找到自己满意的一对组合！对于单个期权品种而言，你扩大了“相亲”配对的范围，至少存在四种配对方式（见图 86－5）。

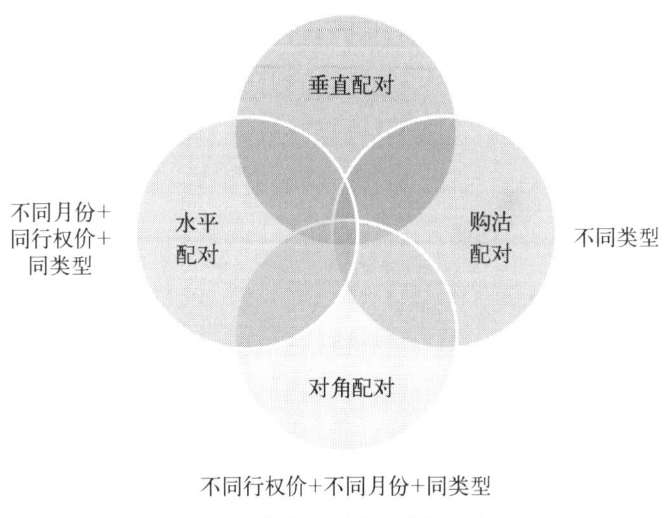

图 86－5　期权配对交易范围示意图

对于某一对交易，你可以在总价差向对你有利方向变化的过程中止盈，也可以在总价差向对你不利方向变化的过程中止损，长期严格按照既定的原则止盈止损，这样可以在很大程度上“免疫”于每一天未知的上涨与下跌！

我想，期权对于整个二级市场的统治力是不言而喻的，它能完成期货力所不及的事情，它让 Alpha 策略变得更加靠谱，它让理财产品重获新生，它让配对交易变得空前灵活！它不仅仅是一种工具，更是贯穿了整个交易时空！

87. 学期权的正确路径是了解整个体系

期权交易需要一个持续的学习过程。学习的路径有时就像交朋友一样，正确的路径会让我们少走很多弯路，也会让我们避开很多误区。在期权交易的道路上，要获得长期稳定的收益，正确的路径应该是了解整个体系，而不是永远依靠期权的杠杆性进行方向博弈。体系可能让我们每年都以盈利告终，而投机性的重仓则很可能让我们的资产完全不在掌控之中。

（1）为何说偶然性的暴利往往是很难实现的？

许多初学者会被期权收益的“翻倍”效应所迷惑。期权本身的权利金较小，标的当日出现大涨大跌，有可能使得某些期权合约的收益率看似较大，但要完完全全踩准那一天的到来，往往需要初学者付出许多想象不到的代价。通常而言，具有“暴利”效应的期权合约拥有两大特征：一是临近到期，二是深度虚值。有时候在T型报价界面中百分之几百甚至几千的收益率，很大程度是因为期权昨日结算价分母小带来的错觉。以2019年2月25日的“50ETF购2月2800”合约为例，这个合约真的可能赚到所谓的192倍吗？几乎不可能！

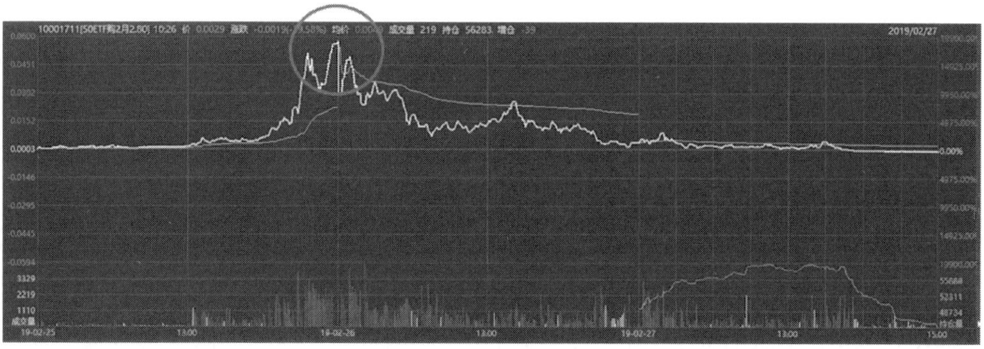

数据来源：Wind。

图87-1 “50ETF购2月2800”合约在2019年2月25日～2019年2月27日三天的分时走势

第一，大部分人不会去买入。由于2019年2月25日距离2月期权合约（50ETF期权）的到期日只剩下两天，按照大概率的情况，“50ETF购2月2800”合约将在两天后价值归零，一文不值，因此，大部分人不会恰好在当日去买入这样的“彩票”。

第二，即使有买入，也不会去重仓买入。既然“50ETF购2月2800”合约在2019年2月25日开盘时属于一张深度虚值的“彩票”，那么如果是你，你会重仓去买入这样的合约吗？就像比赛期间巴西队已经0∶5落后于德国队，就算你再是巴西队的死忠，这时会去下巨注去买入巴西赢的彩票吗？不会！

第三，也没有持仓量让你重仓买入。目前，对于上交所单个期权品种，即使交易量达到一定程度，单账户的总持仓限额也只是10 000张，权利仓持仓限额是5 000张，没有更多的持仓空间让你重仓买入。

第四，深度虚值期权的交易费比例高。国际上，为了限制深度虚值期权合约的投机行为，在交易手续费的收取上，往往是按张数（手数）收取，而很少有交易所按权利金的比例去收取，这就意味着一张1 000元的深度实值期权和一张3元的深度虚值期权，它们的交易费用都是相同的，因此，深度虚值期权的交易费占权利金的比例就显得非常高！

第五，即使有买入，也不可能不提前走。如果你明知两天后所买入的期权极大概率会归为零，那么当这份期权从3元涨到了30元、50元甚至100元，你会不提前平仓吗？除非你根本不知道场内期权原来还可以平仓。

第六，卖在最高点只有极小概率。2019年2月25日，“50ETF购2月2800”合约从开盘3元涨到收盘的581元，这更多只是停留在账面上的，次日开盘后，该合约的价格就因为波动率的下降而跌到了300元以下，而且581元还是前一日收盘集合竞价的结果，可以说卖在最高点的概率非常小。

（2）期权是可以实现全天候的工具

正如我们判断一个人的好与坏一样，很少情况下可以很确信地说这个人是绝对的好人，或是绝对的坏人。同样的道理，对一个市场状态的刻画，无法简单地用非黑即白来形容，更准确的分类方式应该是把市场的状态划分成四个——趋势上行、趋势下行、震荡上行、震荡下行。期权恰恰是二级市场唯一能从四个角度看问题的工具，不同的均线位置关系可以对应不同的操作。在股票交易中，有时候最正确的决定是空仓很长一段时间，但期权不会像股票那样，总有事情可以做，不会面临长期空仓的煎熬。

在普通的量化配置型策略中，我们用的工具都是股票、黄金、美元等现货资产，所以，我们总是在策略的维度上漫步游走，所用工具的丰富度仅仅局限于现货资产。在只有一维的世界里，我们会发现不论怎样研发新的策略，都很难完全克服A股市场的四大投资难点，那就是快牛快熊长震荡、震荡市里择时难、选股风格切换快、现货无法T+0止损。

于是，要在工具的维度上有所突破，就不能仅仅局限于现货和期货。相较于现货资产，期货可以看涨做多，也可以看跌做空；相较于期货，期权不仅可以在趋势市中风

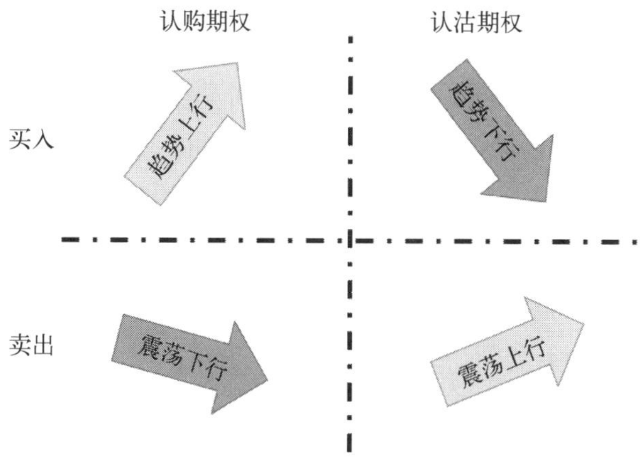

图 87－2　四种市场状态对应四种单腿期权策略

生水起，更能在震荡市中绝处逢生。期权“上得了厅堂，下得了厨房”，可以设计低频策略，也可以设计高频策略；可以用来赚取价差，也可以用来套保套利。快牛快熊长震荡，那就设计合适的趋势震荡大格局切换期权策略，既以小博大，又增强收益；震荡市里择时难，那就不择时了，卖出期权＋Delta 对冲走起；选股风格切换快，那就不频繁换股了，用期权长期套保锁住收益；无法 T＋0 止损，那就在需要时买入一定数量的认沽期权，为应对下行风险保驾护航。

（3）相较于赌方向，期权的体系有多么重要？

在一生的投资中，我们需要的是一个体系让策略切换来得及时，需要的是一个体系让我们穿越中长期的牛与熊，需要的是一个体系让自己避开“黑天鹅”带来的大回撤。

在正确的路径上追寻适合自己的交易体系。有了体系的框架约束，有的年份不亏钱、正收益就是胜利；有的年份，来了一波趋势，拿住了就是一种“暴利”；有的年份，靠期权增强的收益就能天然地跑赢指数。反之，如果没有一个长期的交易体系，就很容易在乎每一天的得与失，每一天的博弈就很像是博彩碰运气，有时一次高收益就会让自己冲昏头脑，但这些终究很难让自己长期地守住收益。

那么究竟何谓体系？一个交易体系，就是交易过程中的每一步都能有原则和计划，从入场信号到仓位分配，从合约选择到离场善后，每一步都能落到实处，每一步都不会模模糊糊。一个体系是否适合一个人，就看这个体系是否能在他身上一以贯之地实施下去；一个体系是否可以复制，就看这个体系能把运气的成分挤出去多少比例。

有很多股评家会说××××是个××底，“婴儿底”也好，“钻石底”也罢，如果真的长期看好，那么接下来呢？如何落到实处？既然××底都看出来了，那么应该何时买？买多少？分多少次买？买错了该怎么办？如果一个评论、一个观点经不起这四个问题的拷问，那么对交易而言它就毫无意义。何时买（卖）？买（卖）多少？分多少次买

(卖)？买(卖)错了该怎么办？这每一步的量化原则都是期权体系的一个组成部分，从中长期的维度看，有了体系就总有一天会在一波趋势中自然赚到高收益。

以中证 500ETF 的均线策略为例，每次收盘前上穿 20 日均线买入 500ETF，每次收盘前下穿 20 日均线就卖出，近 14 年下来竟然会赚到 20 倍以上的收益。一个简单的体系就是一套交易原则，就像均线原则，只是这样的体系太过粗糙，其间的胜率太低，常人难以坚持。运用期权就是为了牺牲一定的赔率，提升一定的胜率，期权的非线性对择时具有一定的容错性，把买入标的换成比率认沽，把卖出标的换成比率认购，我们就可以看到胜率的提升和资产曲线平稳性的提升了。

特别希望与读者们分享的是，期权的正确投资观是了解一个体系，它会确定何时做买方、何时做卖方、何时移仓、何时对冲。在一套正确的、符合期权价格变化规律的体系下，只要坚持下去，收益的玫瑰终究会在某一天绽放。

88. 凉凉夜色，何去何留，浅浅岁月，片片芳菲入水流——备兑开仓的期权人生

（本文作于2017年2月末，基于当时的行情所作的期权策略随笔）

投资之人心波动，犹如凉凉夜色下的爱恨情仇。侠者，视多空轻于鸿毛，不为多喜，不为空悲；视多空如潮汐，月满则亏，水满则溢，在浅浅岁月的时光流逝中，悠然自得行走于江湖，如片片芳菲入水流。

从股票到期货，从期货到期权，如同一个投资经理职业生涯的“三生三世”，每一次“转世”都是一个新的开始，都是一次新的蜕变。如果股票是多头世界的倚天剑，那么期货又让其多了一把空头世界的屠龙刀。然世之多变，时而偏多，时而偏空，时而雄浑，时而悲壮，但更多的时候是一片混沌，在震荡与混沌中孕育出下一次潮起与潮落。

回顾2016年的沪指行情，几乎可以说从2016年1月末开始，市场迈入了一个震荡上行的格局中。若是仔细地对这一年来的指数轨迹进行推敲，可以发现沪指正经历着一波又一波的结构性行情。这一年间，沪指每上涨两到两个半月，其间平均量能在5 500亿～5 600亿元，视为“潮起”；之后回调一个半月，其间平均量能在4 400亿～4 500亿元，视为“潮落”。具体可见表88-1的总结。

表88-1　沪指在2016年1月末开始的一年间，价量变化的规律

时间段	历时时间	绝对涨跌	期间平均量能(亿元)
2016年1月29日～2016年4月15日	两个半月	440点	5 619
2016年4月16日～2016年5月30日	一个半月	−278点	4 406
2016年5月31日～2016年8月15日	两个半月	325点	5 580
2016年8月16日～2016年9月30日	一个半月	−145点	4 424
2016年10月10日～2016年11月30日	两个月	281点	5 582
2016年12月1日～2017年1月16日	一个半月	−198点	4 432

数据来源：Wind，“力的期权工作室”整理。

2017年1月17日，上证50指数率先企稳，此后的一个多月，上证综指又一次跑出了100点的上涨行情，如果市场的大格局不发生重大改变，外围市场和国内政策面

没有明显的打压和利空，本轮上涨的惯性还会延续一会儿。历史的统计规律显示，过去18年间，上证综指在"两会"前一个月的上涨概率高达73.68%，但这一数据在"两会"前五天便跌到了52.63%，"两会"期间也只有57.89%；沪深300指数在"两会"前一个月胜率高达86.67%，但这一数据到了"两会"前5天便下降至53.33%，到了"两会"期间则进一步下降至46.67%。现在已经快到"两会"前五天，期权操作上继续买入期权long Gamma或许已经收效甚微。那么对应这种局面，有什么方法可以在风险可控的前提下增强一些收益，收取一些"租金"呢？

期权是一种可以利用波动"情仇"的工具（买入跨式、宽跨式），也是一种可以挥断波动"情仇"的工具。做期权的卖方，可以在一开始获得权利金收入，然后静静地等待着时间的流逝，让期权的价值像片片芳菲一般入水流去。备兑开仓是一种特殊的期权卖方操作，它通常是在持有标的（510050.SH）的情况下，卖出虚值认购期权，在浅浅岁月的时间流逝中用权利金收入增厚自己的收益。图88-1是一个完整的期权备兑开仓思维图。

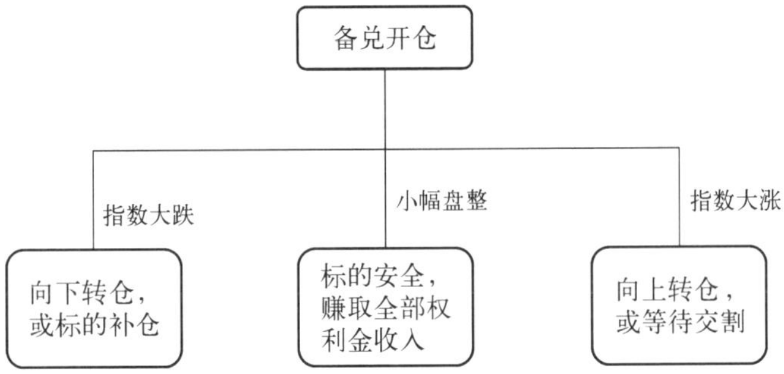

图88-1　备兑开仓的操作思维图

若是50指数在2017年3月22日前大涨，超过了所卖的认购期权的行权价，对策是向上转仓买平原来的认购期权，再卖出开仓更高行权价的认购期权，提高收益空间。

若是50指数在2017年3月22日前大跌，适时对50ETF进行补仓，摊薄50ETF的持仓成本，期权头寸稳稳获得权利金收入。

若是50指数在2017年3月22日前箱体盘整，你便在市场多空"情仇"的博弈中，获得了最大收益，标的安全无事，期权头寸赚取全部权利金收入。

投资之侠者，在乎其三生三世之间对一个策略的一片真心。从2016年2月起，即使期权的隐含波动率在不断下行，50指数却在震荡中不断上行，持之以恒地钟情于备兑开仓，它会给你很好的回报。以下是一张持续备兑卖出认购期权的净值曲线图（见图88-2），图中可见，相较于50指数（深色线），备兑开仓策略（浅色线）具有明显的超额收益。

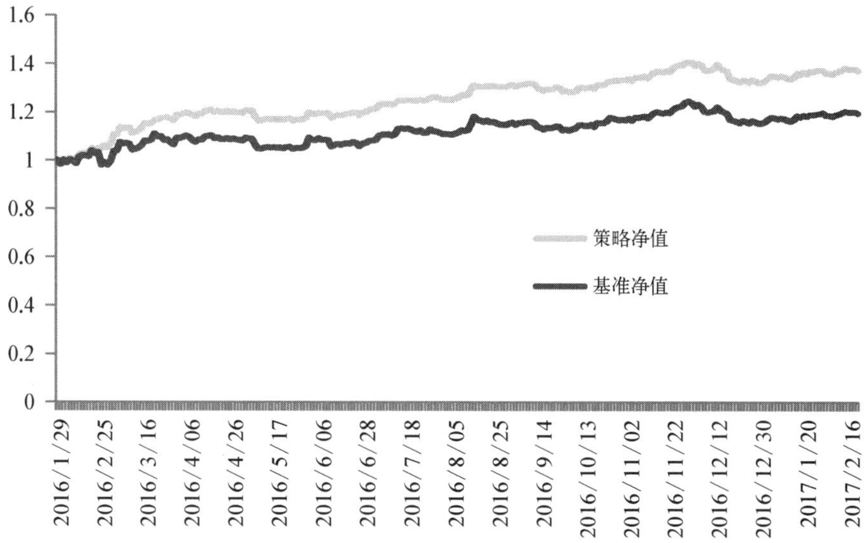

数据来源：Wind，"力的期权工作室"整理。

图 88-2　2016 年 1 月 29 日～2017 年 2 月 28 日，备兑卖出虚 2 档认购期权与 50ETF 的标准化净值走势图

从 2016 年 1 月 29 日到 2017 年 2 月 28 日，备兑卖出认购期权的累计收益率和年化收益率为 37.31%和 36.79%，50 指数则为 19.54%和 19.29%；备兑卖出认购期权的波动率和回撤分别为 11.08%和 5.94%，50 指数则为 14.92%和 7.40%；备兑开仓的月度收益率在这 13 个月内 9 次以收益告终，月胜率高达 69.23%。

看到震荡格局下这样的绩效，不知会不会动摇你对选股、择时这些传统策略的信仰。在箱体震荡的格局中，一周的天意何去何从，一日的结局是多是空，并不是真正决定长期收益的关键，关键是在大格局中找到正确的期权策略。投资之侠者，贵在持之以恒；策略之圣者，贵在穿梭多空；工具之强者，贵在进退两易。期行天下，通权达变，世间唯期权可在浅浅岁月的流逝中，化作春泥呵护着标的之头寸。

89. 致敬一代武侠宗师，做一个有信仰的期权追梦人

“飞雪连天射白鹿，笑书神侠倚碧鸳”，短短 14 个字连成了一代武侠小说宗师金庸先生的创作一生。金庸先生近百年的人生中创作了太多部经典流行的武侠小说，有华人的地方就有你的读者，真诚地向你致敬，你的信仰和情怀鞭策着我的人生。

在古龙的小说中，我们大多会在一开始就看到一个绝世高手的出现，李寻欢的“小李飞刀”也好，陆小凤的“灵犀一指”也罢，我们从不会知道他们的绝世武功是怎么练成的，也不会知道他们的盖世神技是受传于谁的，他们的过去是一种传奇的存在，更是一种神秘的存在。而与之不同的是，在金庸的作品中，我们大多不会看到一出场的盖世神技，而是伴随着人侠的经历，一步一步地看到他们的成长，一步一步地了解这种境界的提升。郭靖与杨过、令狐冲与段誉，许多侠客是从一个武林“菜鸟”开始，在意志与悟性下一步一步练就盖世武功，他们的故事与我们的交易经历是极其类似的，更贴近我们的生活。我们往往不是生来的天才与高手，但我们可以凭借一步步的锤炼和总结让自己变得更强，更有能力。

致敬一代武侠宗师，我愿做一个充满信仰的期权追梦人。期权买方在关键时刻的杀伤力加上卖方自带的时间 Alpha(超额收益)都是我们的投资信仰，如果没有期权这个工具，我或许很难确定地每年给客户们带来正的收益，但有了它，命运就有望掌握在自己的手中了！

做期权的买方就像萧峰的“降龙十八掌”。“降龙十八掌”无愧于巅峰级别的外功，刚猛而具有杀伤力，被称为“天下的阳刚之至”。当一波趋势来临的时候，买方以小博大的杠杆性会得到巨大的发挥。在实盘交易中，诸如日线级别多头/空头排列时，试着分批买入开仓认购/认沽期权，完全有可能取得非常惊人的收益率。以 2018 年初 19 连阳为例，1 月 4 日，50ETF 的日线级别走出了比较罕见的多头排列，买入“50ETF 购 1 月 2900”，成本价在 500 元左右，而持有至到期时，它的市值已经变成了 2 662 元，半个月内的收益率为 432%。

但需要注意的是，“降龙十八掌”很耗劲力，如果使用不当，也容易回伤到自己的身体。教科书上提到期权买方“风险有限、潜在收益无限”，但教科书往往忘记告诉大家

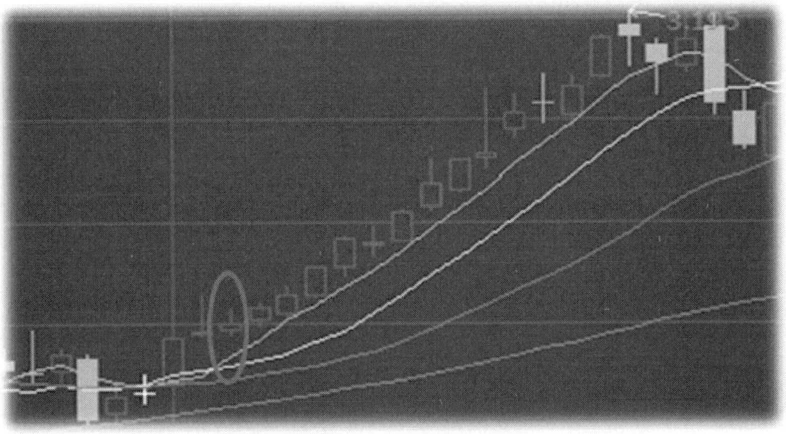

图 89－1　2018 年 1 月，上证 50 指数日 K 线

做期权买方会“经常归零”，这就是期权买方低胜率的特点，我们在每一次使用前是不得不防的，防守的方法主要有移仓、止损等。止损自然不必多说，移仓却是很有讲究的，对于买认购的交易者，向上等张数移仓与向下等金额移仓是一种减仓行为，向上等金额移仓与向下等张数移仓则是一种加仓行为。举个例子，假设我之前买入了 100 张 C2500，如果我平仓了这 100 张 C2500，重新买入开仓 100 张 C2550 期权，这属于一种减仓行为，而重新买入开仓 100 张 C2450 期权，则属于一种加仓行为。

做期权的卖方又像段誉的“六脉神剑”。“六脉神剑”的架势很简单，但功效却非常卓著，原文里的形容是“久习可得奇效”。这恰恰对应着期权交易的卖方。期权卖方的操作其实非常简单，说穿了就是这个月认为涨不过哪个点，或是跌不破哪个点，然后卖出开仓上方的认购期权或是卖出开仓下方的认沽期权，但开仓的节奏尤为重要，只有长久地练习卖出开仓的节奏，才能让中途的回撤变得更小。“六脉神剑”的优点在于可

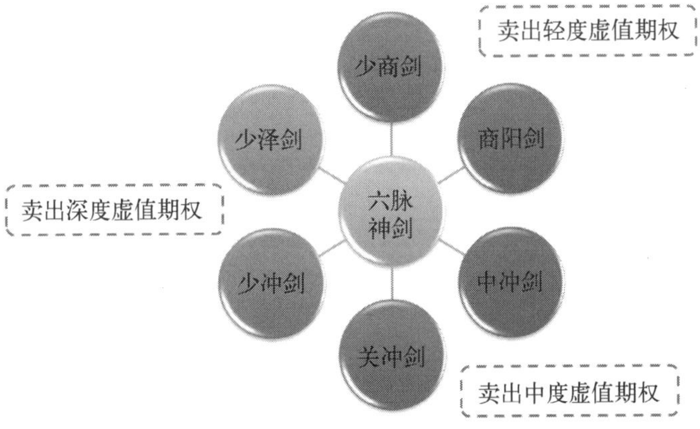

图 89－2　“六脉神剑”与期权卖方的相似性

以远离对手，明明离目标很远，却能致胜于“千里”之外，期权卖方也是如此，可以在远离当前标的价格的情况下为资产增厚收益。“六脉神剑”根据攻击和灵巧性的不同可以分为少商剑、商阳剑、中冲剑、关冲剑、少冲剑以及少泽剑，对应的期权卖方操作就是卖出虚值 1 档、虚值 2 档……虚值 6 档的期权。

卖出虚值 1 档的价差收益固然高一些，但它的退路也更少，风控的灵活性更差，相比之下，尽管卖出虚值 5～6 档的期权权利金收入低一些，但针对它的移仓和风控措施可以做得更为轻灵迅速。

令狐冲的“独孤九剑”类似于期权中的比率价差组合。“独孤九剑”是一种相对平衡的剑法，期权的比率价差组合又恰是买入 M 份认购（认沽），再卖出 N 份认购（认沽），买入持仓可视为卖出持仓的事先对冲，卖出持仓则视为买入持仓的成本润滑。事实上，在实际操作中，“一招鲜”是不可能吃遍天的，买方尽管损失有限，但它的胜率很低；卖方尽管胜率很高，但一次亏损就可能功亏一篑。2018 年 2 月初美股引起的那波波动率急剧上升，让好几家美国对冲基金面临破产，这就是活生生的例子。我们一般不太可能永远靠做买方取胜，也不太可能永远靠做卖方稳定收入，我们需要买卖结合操作。期权的交易核心是有买有卖，然后根据市场环境调整买期权与卖期权的数量比例。“破剑式、破刀式、破枪式……”独孤九剑被誉为“无招胜有招”的代表，比率价差的好处是可以把猜方向在我们交易中的成分尽量降低，守中带攻，跟随着市场的变化而调整比例。

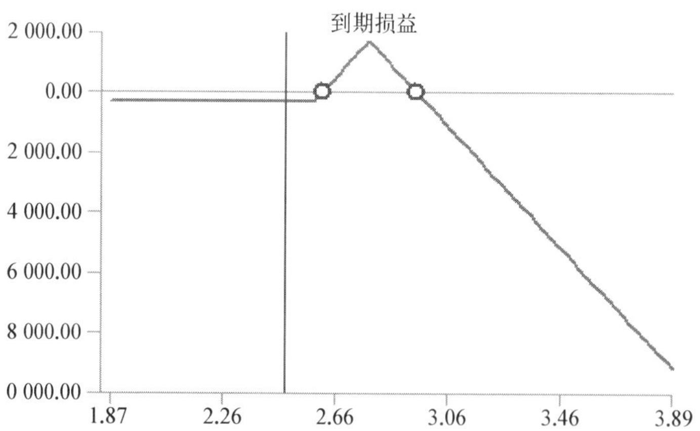

图 89－3　1∶2 正向比率认购价差到期损益示意图

以行权价相距 4 档的 1∶2 正向比率认购价差为例，如果标的价格下行，该组合自带风控，我们最多亏损很小的一笔钱，甚至不需要设置止损点；反之，如果标的价格开始上行，我们一开始所持有的买入头寸就会先产生赚钱效应，设置一个合适的止盈点，把整个组合平仓或继续向上移仓即可。

最后是“斗转星移”，又称为“乾坤大挪移”。它是《倚天屠龙记》中张无忌的武功，“运用之道，存乎一心”，这体现了一个人的内功修炼，每逢紧急关头，往往能让自己从身负千斤转为举重若轻，对应的交易能力则是极端市场环境下的风控。期权的一大功能在于它可以“翻脸不认账”，能在趋势扭转之际，短时间扭转乾坤。期权是二级市场上能把回撤恢复时间降到最低的工具，2018 年的 2 月 7 日、3 月 23 日、6 月 19 日、10 月 11 日，上证 50 和沪指受到美股大跌和贸易战的影响，四次大幅低开低走，这 4 天才是 2018 年度真正考验期权卖方风控能力的时刻。由于大幅低开的存在，我们别无选择，在风控上只有两条路可以走：平仓下方所有的认沽义务仓，在随后的 T+N 内逐步分批反向移仓卖出上方的认购期权；或是开盘立刻买入实值认沽期权或 IH 股指期货对冲，然后收盘后同时解除认沽的买入与卖出持仓。还记得 2018 年 6 月 19 日的情形，如果你在开盘时，各持有 P2550、P2600、P2650 义务仓 100 张，那么当你在开盘买入 200 张 P2700 后，当日收盘时反而把浮亏 74 100 元扭转为浮盈 9 100 元。

为了用好期权这个多功能工具实现长期稳健的收益，我们需要不断地复盘和总结，以此来提升自己的交易和风控境界，就像金庸先生笔下的一位位成长过程中的大侠们，剑随心意，精益求精，不去抱怨这个市场的好与坏，而是见招拆招，把各种曾经的经历化为交易的记忆，尽可能地在下一次遇到类似情形时做出最正确的应对与风控。喜欢金庸的作品，因你对大侠们一步步成长的精细刻画；致敬金庸大师，因你充满情怀和信仰的个性。我们在交易里需要这些信仰，我们在交易的道路上需要这些大格局的情怀。

90. 投资世界的狂想曲
——选股与期权，何尝不是一回事！

都说擅长选股的人不一定适应期权，也有说期权交易者不善于选股。那么，选股与期权，真的就是两根平行线，取了 A 就必须舍弃 B 吗？我的答案是未必。有时候，两个看似风马牛不相及的东西只是戴上了不同的面具、穿上了不同的外衣，其实它们的运作核心本质上是相同的。

理论物理学家喜欢把引力场、电场、磁场等各种场用统一的公式、统一的语言表达出来，建立了统一场论；数学家们也喜欢把看似各不相同的东西统一起来，总结为各种公理和规律，比如数字 1+数字 2=数字 2+数字 1，多项式 $f(x)$ + 多项式 $g(x)$ = 多项式 $g(x)$ + 多项式 $f(x)$，矩阵 A+矩阵 B=矩阵 B+矩阵 A，这种共同的特征就被总结为"交换律"。总结本来就是爱智之学的产物，思考身边的事物，然后突然某一天明白了它们的统一性、同源性。物理规律可以如此，数学性质可以如此，大类投资策略之间也有如出一辙的同源性。选股与期权，这两大策略体系也有着相似点，这相似点不是别的，正是选股的因子暴露值(Factor Exposure)与期权的希腊字母值(Greek Exposure)！

(1) 收益与风险

第一个相似点就在于选股与期权策略的盈亏同源性。量化选股说白了，就像找对象一样，找出一堆因子(理由)，从中选出自己最满意的结果。找对象可以有外貌因子、性格因子、家境因子、学历因子，而选股则可以用估值因子、价值因子、成长因子、技术因子等。如果对象找得好，说明你的择偶因子有效，否则则因子失效；同样地，如果下个月的选股组合相对大盘获得了超额收益，则说明你的选股因子找得好，否则就是失败。因此，量化选股的收益与风险的源头就是这些因子暴露值。

期权交易何尝不是如此！期权交易的核心是每个希腊字母的暴露值，方向性策略主要暴露 Delta 这个希腊字母，波动性策略主要暴露 Gamma 和 Vega 这两个希腊字母。可以说，"成也萧何，败也萧何"，对于方向性看涨策略而言，正 Delta 是整个组合收入的主要来源，但一旦标的价格的走势出现反向的情况，正 Delta 也就成为整个组合亏损的主要来源；同样的道理，对于看多波动性策略而言，Delta 这个希腊字母约为

0，正 Gamma 接过接力棒，成为整个组合的收入主要来源，可一旦标的出现了一动不动的盘整行情，正 Gamma 也将成为整个组合的亏损主因。

(2) 做多与做空

第二个相似点就在于两大策略都可以做多和做空自己的暴露值(Exposure)。通常，在没有融券机制的市场中，我们总认为选股仅仅是一个多头的市场。没错！从工具操作的角度看，股票通常只能做多。但是，如果我们换个角度看呢？

在量化选股策略中，一般总是选出几个主要因子暴露值，然后按因子值大小把股票进行降序或升序排列，分成 N 组，最后选择第 1 组的股票作为当期的股票备选池。你有没有想过，在做这个处理的时候，你已经进行了做多和做空的操作，只不过你做多、做空的不是股票，而是因子暴露值。如果定义按因子值降序排序后选择第 1 组股票的行为是做多因子暴露值(Long Factor Exposure)，那么按因子值升序排序后选择第 1 组股票的行为就是做空因子暴露值(Short Factor Exposure)。于是，最简单的小市值策略就是一个做空市值因子暴露的策略，低估值策略就是一个做空估值因子暴露的策略。

同样地，把期权的希腊字母值与选股的因子暴露值进行类比，你就会发现期权交易又何尝不是如此呢！希腊字母也能够进行双向交易，可以做多某个希腊字母，也可以做空某个希腊字母。当期权组合的 Delta 为正时，称为做多 Delta，即 long Delta，表示这是一个看涨的策略；当期权组合的 Delta 为负时，称为做空 Delta，即 short Delta，表示这是一个看跌的策略。当期权组合的 Gamma 为正时，称为做多 Gamma，即 long Gamma，表示这是一个看多波动性的策略；当期权组合的 Gamma 为负时，称为做空 Gamma，即 short Gamma，就表示这是一个看空波动性的策略。

(3) 中性化

第三个相似点就是选股和期权策略都可以把自己的某个暴露值中性化。中性化说白了就是尽量剔除某个因素，比如相亲时有的人说他不在乎外表，这就说明他把外貌这个因子给中性化了。

在量化选股的领域，每个因子暴露值都可以被中性化，比如我不希望选出的股票池偏向于某个行业，那么我就可以对行业哑变量这个因子中性化；比如我不希望选出的股票池总是偏向于小市值，那么我就可以对市值这个因子暴露值进行中性化。可以说，中性化是使得选股风格偏向稳定、不走向极端的一种经典的处理方法。

那么，期权交易有没有中性化这件事情呢？毫无疑问是有的。所谓"希腊字母值的中性化"，就是不断调整自己的头寸，使得整个期权组合在这个希腊字母值上的暴露值为 0，比如 Delta 中性的意思就是指整个期权组合的 Delta 为 0。在实战交易中，期权做市商就会把 Delta、Gamma 这些主要的希腊字母值中性化，为的就是不希望在这些希腊字母上有风险的暴露，从而影响他们在期权买卖价差上的主要收入。某些机构投资者也发行了许多波动率交易的产品，其核心思想就是每天调整头寸，把整个组合的 Delta 调整为 0，主要去赚 Gamma 和 Vega 的钱。

(4) 归因分析

第四个相似点则是选股和期权策略都可以按自己的暴露值进行归因分析。“归因分析”不是什么新名词，只是寻找我今天或者当月赚钱和亏损的原因。还是拿相亲做比喻，好友 A 的婚姻很幸福，事后经过归因分析发现他胜在了性格因子上；好友 B 的婚姻很失败，事后经过归因分析发现他败在了外貌因子上。量化选股也是一样，有一套固定的方法，比如分析 IC、IR、ICIR、t 统计量等，每个月的月末可以分析出我这个月赚的钱主要来源于哪个因子，是市值因子，还是估值因子，还是技术性因子。

期权交易同样有着“牛逼”的归因分析！它的归因分析就是按照每个希腊字母值进行归因分析。过去在 Credit Suisse，他们每天的盘后分析很大一块工作量就是按照希腊字母对当日头寸盈亏进行归因分析，这成为每个期权交易实习生的基本功。那么期权盈亏等于什么呢？它有一个近似完美的 Taylor 公式，等于 Delta×标的价格的变化量+0.5×Gamma×标的价格变化量的平方+Vega×波动率变化量+Theta×时间变化量+残差项。通过这个公式，你就可以分析出每一天，甚至每一个小时，你的期权组合赚了多少 Delta 的钱、多少 Gamma 的钱、多少 Vega 的钱、多少 Theta 的钱……

(5) 择时与轮动

第五个也是最后一个目前想到的相似点就是：选股与期权策略都能按照自己的暴露值进行动量或反转择时(即相对于暴露值的右侧交易与左侧交易)。

普通的量化选股，总是取定 3～10 个因子，然后一成不变地使用这个因子的排序进行选股；然而“花无百日红”，世界上没有一个因子能够持续稳定地有效，于是产生了高阶一些的量化选股策略，那就是因子择时(轮动)策略。这是个什么东西呢？很简单，选择 30 个以上的因子作为因子库，站在当下，看每个因子在过去 N 个月(周)的表现，按表现从好到坏排序。如果你持有动量思维，相信过去好的未来还会好，那么你就用表现最好的几个因子进行下个周期的选股，这就是我所谓的暴露值的右侧交易，是一种惯性思维；如果你的信仰是反转思维，相信过去好的未来反而会不好，那么你就用表现最差的几个因子进行下个周期的选股，这就是我所谓的暴露值的左侧交易，是一种“哪壶不开提哪壶”的思维。

最后，再来看看期权交易。期权交易又何尝不是如此呢！期权的因子择时本质上就是按照希腊字母值的择时，如果你是右侧交易思维，认为过去 N 日表现好的希腊字母值下一日还能发挥功效，那么你就应该在这个希腊字母值上继续暴露，比如正Delta是过去 N 日归因下来提供贡献最多的希腊字母，于是你继续 long Delta，继续持有认购多头，甚至加仓认购多头。如果你是左侧交易思维，认为过去 N 日表现好的希腊字母值在未来的几天已经很难持续贡献正收益了，那么你可以降低这个希腊字母值上的风险暴露，转而暴露其他的某个希腊字母值。其实，希腊字母暴露值的择时（轮动）是一种大格局上的择时，当市场由多转空、由空转多、由趋势转震荡或由震荡转趋势的时候，正是验证希腊字母择时模型的好时机。

说了那么多，奏完了一曲浦江边的"狂想曲"，把全文的思路汇聚在表 90－1 中。

表 90－1　选股与期权相似性的要点总结

相似点	量化选股策略	期 权 策 略
暴露值	因子暴露值	希腊字母值
收益与风险	因子值是盈亏的源头	希腊字母值是盈亏的源头
做多与做空	做多因子值：按因子值降序排序选股 做空因子值：按因子值升序排序选股	做多希腊字母值：组合希腊值为正 做空希腊字母值：组合希腊值为负
可中性化	如市值因子中性化	如 Delta 中性化
归因分析	本周期内主要赚哪个因子值的钱	本周期内主要赚哪个希腊字母值的钱
择时与轮动	按过去因子表现好坏确定下期因子权重	按过去每个希腊字母值表现好坏确定下一日头寸

91. 预测是左，对策是右，以高考的命题谱写我的期权投资观

在投资的大千世界里，每一天的交易都离不开最关键的两个词，那就是“预测”与“对策”。所谓“预测思维”，就是依赖于基本面、技术面、资金面等各种各样的因子，通过主观判断，或用量化的方法构建出的模型信号，对未来一周、一日甚至日内的走势进行涨跌的预测。而所谓“对策思维”，就是在每一次下单交易之前，就已经想好了各式各样的善后方法，怎么止盈、怎么止损、怎么移仓、怎么对冲等。

任何一次投资决策和交易，事实上都是“预测”与“对策”两个名词的加权平均。一个完整的交易过程，完全依赖于“预测”，你将会在预期相反时被打个措手不及；而完全不依赖于“预测”，那也没有“对策”二字可言了。所以，在我们的交易思维中，每个人都会赋予“预测”和“对策”不同的权重，两者权重之和恰好等于1。

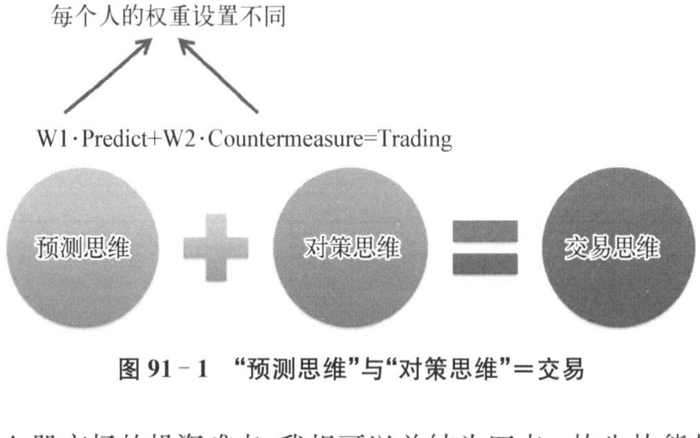

图 91-1 “预测思维”与“对策思维”=交易

回望现在A股市场的投资难点，我想可以总结为四点：快牛快熊长震荡，震荡市里择时难，选股风格切换快，无法T+0止盈止损。因此，在这四大难点的牵制(或者叫摩擦成本)下，就个人而言，我觉得完全基于“预测”而不去考虑“对策”的交易是非常可怕的！

一般而言，“预测”二字应该在一个比较短的时间窗口才会体现出有效性，时间窗口越长，有效性就会衰减。如果你做了足够多的量化回溯测试，你就会发现几乎任何

一个日频、周频的择时预测模型，胜率要超过 70%是极其困难的；几乎任何一个选股因子的预测有效性指标要持续大于 10%(这个数越大越好)，都是奇迹般的存在。可以说，根据伯努利的大数定律，任何一个选股或择时因子，如果不加入最新信息的优化，它们的胜率都会慢慢趋于 50%，也就是从 10 年以上的长期维度看，努力预测与抛硬币也许别无两样！那么，怎么办呢？

这时候，我的投资观认为，必须逐步降低"预测"思维的权重，逐步调高"对策"思维的权重。而"对策"靠的是什么？传统的"对策"只能依靠止盈止损，因为 A 股市场工具有限，你只能通过卖出股票而了结头寸，但现在却已经完全不同了！当你开始期权交易的那天起，除了传统的止盈止损外，我们在考虑"对策"时，有着更多善后办法。

来看看期权交易的"四部曲"吧！前两步是预期对应策略，也就是"预测"思维，而最后一步就是"善后"，这就是"对策"思维。一次有效的期权交易，它一定不会只有"预测"，而是加入了"对策"，甚至"对策"思维的权重会非常高。

图 91－2　期权交易"四部曲"示意图

那么，你会问我，在操作时究竟具体怎么善后呢？这里我们举两个例子，告诉你"对策"与"善后"的重要性。

第一个是看不跌卖认沽。从"预测"的角度看，我是根据主观或模型判断接下去一段时间会不跌而已。但从"对策"的角度，就需要思考：如果真的发生大跌，我该怎么办？每个人心中的对策可以不同：

比如，标的下跌到一定点位后，我就把认沽义务仓平仓止损。

比如，认沽权利金上浮到一定比例后，我就平仓止损。

又如，认沽权利金上浮到一定比例后，我平仓现有认沽头寸，继续向下转仓开立较低行权价的认沽空头。

再如，某个技术指标破位后，转换策略改为卖出认购期权。

这些都已经属于"对策"思维，而不再是"预测"思维。

第二个是看不涨卖认购。从“预测”的角度看，我是根据主观或模型判断接下去一段时间不会大涨而已。但从“对策”的角度，就需要思考：如果真的市场大涨，我该怎么办？同样地，每个人心中的对策可以不同：

比如，标的上涨到一定点位后，我就把认购义务仓平仓止损。

比如，认购权利金上浮到一定比例后，我就平仓止损。

再如，我加入一个有条件对冲的“对策”：每天收盘前观察一下标的价格与行权价格的大小关系，如果标的价格收盘前 N 分钟高于行权价格，则买入对应数量（即10 000份）50ETF；如果标的价格收盘前 N 分钟不高于行权价格，则持仓不变，不进行任何操作。

那么，在第三种对策下，我这样长久做下来会是什么样的结果呢？我以每个行权周期首日卖出一手虚1档认购期权为例，整个行权周期的总盈亏和收益率如表91－1所示。

表91－1　某卖认购“对策”盈亏、收益率的统计情况

行权周期序号	盈　亏	收益率
1	915	22.75%
2	572	13.71%
3	−1 223	−21.12%
4	−1 455	−49.48%
5	1 406	34.30%
6	535	12.22%
7	111	2.62%
8	558	17.10%
9	−456	−13.19%
10	−541	−15.48%
11	616	18.28%
12	−524	−20.76%
13	189	12.01%
14	132	4.15%
15	−153	−5.28%
16	169	5.83%
17	116	3.83%
18	145	4.76%
19	334	12.16%
20	160	5.10%
21	6	0.19%
22	−736	−22.01%
23	125	4.39%
24	99	3.08%

（续表）

行权周期序号	盈　亏	收益率
25	220	7.45%
26	−215	−7.27%
27	−81	−2.77%
28	42	1.13%
29	132	3.71%
30	−45	−1.34%
31	−171	−4.73%
32	284	7.69%
33	255	6.51%
34	200	6.14%
35	556	13.79%
36	520	13.68%
37	−80	−1.81%
38	−324	−7.76%
39	−370	−11.47%
40	−708	−18.45%
41	−783	−22.72%
42	511	15.25%
43	351	9.46%
44	−722	−20.80%
45	373	10.08%
46	121	3.28%
47	170	5.67%
48	435	12.99%
49	−1 491	−37.07%
50	653	15.95%
51	742	19.19%
52	470	13.08%
合计	总盈亏＝5 391 元	胜率＝65.38%

数据来源：Wind,“力的期权工作室”整理,2015 年 2 月 9 日～2019 年 6 月 26 日。

可以发现,总共 52 个行权周期的胜率达到了 65.38%,已经超过大多数选股与择时模型的月度胜率。相对于单纯地不进行善后的裸卖认购策略,收益更高,亏损变小。

我想,“预测”是左,“对策”是右。股海沉浮,似行走江湖。交易者无非分为两类:天才与凡人。天才寡而凡人众,然凡人未必不能战胜天才,龟兔赛跑即如是。故之于长期交易,与其日复一日地预测,不如思其每一种情景下的对策。如与我预测一致我该如何,如不一致我又该如何,此其所以能长存于市场也!

92. 为什么巴菲特说“投资很简单,但不容易”?

每个股民都想成为巴菲特,都想在沉浮的股海中寻找到自己的宝藏。然而,大部分人的投资成绩单都似乎印证了“股市里七人输,两人和,一人赢”的戏言。事实上,巴菲特曾经说过一句十分经典的话:“投资很简单,但不容易。”这就像某个学生要考CFA一样,每天努力温习一点点,就会在一年后的考试中取得好成绩,看似很简单,可是要每天坚持做到温习却十分不容易。投资与生活中的很多事非常类似,是对人性的考验与磨炼,你可能经过三年的怀疑获得了真相,你可能经历十年的波动最终获得幸福,能不能获得幸福,关键还得看一件事:你是不是能够坚持某条大道至简的道路,一以贯之到底!大多数投资者与巴菲特的不同或许就在于此,他一辈子八十载做到了这一点,“不以物喜,不以己悲”。

先来看看我们经常挂在嘴边的A股市场吧,从长期看它真的不赚钱吗?从长期看它又真的跑不赢指数吗?我们来测试一个大道至简的策略,那就是在过去的十三四年里,用100万元的本金按复利投资于A股市场,严格按照上穿N日均线(N根据你的风险偏好选择)买入对应指数ETF,下穿N日均线则卖出,下面会是你的成绩单:

(1) 沪深300

表92-1 沪深300指数单均线择时的绩效指标

入参	累计收益率	年化收益率	年化波动率	最大回撤	胜率	盈亏比
5	265.88%	9.65%	18.55%	41.06%	39.34%	2.18
10	298.29%	10.31%	18.31%	44.53%	32.86%	3.17
20	1 198.13%	19.97%	18.22%	28.11%	29.27%	6.57
30	832.10%	17.18%	18.53%	28.82%	29.03%	6.83
60	1 020.01%	18.72%	18.10%	42.15%	20.93%	16.52
120	1 272.70%	20.45%	18.67%	33.95%	27.08%	28.40

数据来源:Wind,“力的期权工作室”整理,2005年1月1日~2019年6月30日。

(2) 中证 500

表 92 - 2　中证 500 指数单均线择时的绩效指标

入　参	累计收益率	年化收益率	年化波动率	最大回撤	胜　率	盈亏比
5	1 532.73%	21.94%	20.84%	37.71%	43.74%	2.30
10	1 020.52%	18.72%	21.21%	44.57%	35.77%	3.43
20	2 456.44%	25.89%	20.81%	41.93%	34.15%	6.02
30	1 349.98%	20.92%	21.24%	47.86%	28.57%	7.16
60	1 503.23%	21.78%	21.19%	47.15%	25.32%	14.29
120	852.19%	17.36%	22.04%	53.30%	27.27%	13.12

数据来源：Wind，“力的期权工作室”整理，2005 年 1 月 1 日～2019 年 6 月 30 日。

(3) 中小板

表 93 - 3　中小板指数单均线择时的绩效指标

入　参	累计收益率	年化收益率	年化波动率	最大回撤	胜　率	盈亏比
5	259.70%	10.26%	20.86%	50.17%	40.29%	2.07
10	311.44%	11.39%	20.98%	47.15%	34.43%	2.93
20	810.28%	18.35%	20.88%	40.74%	30.49%	5.33
30	922.79%	19.40%	20.97%	39.21%	30.77%	6.05
60	599.10%	15.99%	20.68%	44.07%	19.78%	13.45
120	179.27%	8.15%	21.01%	57.77%	18.57%	10.56

数据来源：Wind，“力的期权工作室”整理，2006 年 1 月 1 日～2019 年 6 月 30 日。

(4) 创业板

表 93 - 4　创业板指数单均线择时的绩效指标

入　参	累计收益率	年化收益率	年化波动率	最大回撤	胜　率	盈亏比
5	110.84%	8.90%	20.38%	43.44%	39.79%	2.05
10	63.37%	5.77%	21.45%	56.21%	29.67%	3.11
20	120.45%	9.46%	21.47%	54.75%	24.60%	4.99
30	248.63%	15.34%	21.18%	50.86%	27.91%	6.54
60	46.77%	4.48%	21.77%	53.78%	12.68%	12.00
120	15.13%	1.62%	20.78%	61.36%	10.91%	11.89

数据来源：Wind，“力的期权工作室”整理，2010 年 7 月 1 日～2019 年 6 月 30 日。

（5）上证 50

表 93 - 5　上证 50 指数单均线择时的绩效指标

入　参	累计收益率	年化收益率	年化波动率	最大回撤	胜　率	盈亏比
5	243.06%	9.15%	18.95%	43.02%	37.90%	2.28
10	242.87%	9.15%	18.81%	44.66%	31.91%	3.20
20	495.18%	13.51%	18.65%	39.48%	25.84%	5.78
30	419.65%	12.42%	18.52%	36.00%	25.83%	5.91
60	664.47%	15.54%	18.73%	47.14%	20.43%	12.67
120	673.33%	15.64%	19.03%	52.14%	21.67%	18.75

数据来源：Wind，“力的期权工作室”整理，2005 年 1 月 1 日～2019 年 6 月 30 日。

结果已经说明了一些问题，对于国内权益类资产，就这么一个如此简单的投资策略，能够让你从 100 万元赚到 500 万元甚至 1 000 万元，权益类资产还是能够跑赢 CPI 同比增速的，甚至是除了过去房地产市场以外赚钱效应最快的市场。然而，每次上穿、下穿时你都能严格执行策略吗？不要说个人了，许多机构也不敢轻言一定，你或许会因为它的低胜率而放弃，你或许会因为它在途中连败了 10 次而放弃，你或许会因为周围人的噪声和“小聪明”而放弃。还是巴菲特的那句话，“投资很简单，但不容易”，从这样一个简单的策略实施就可以看出一以贯之是多么困难，然而，赚钱机会永远是留给坚持者的，因此坚持又是多么重要。

那么，简单的择时策略需要坚持，期权策略需不需要坚持呢？回答也是肯定的，许多期权的初涉者经常因为一笔亏损而从此远离期权市场，或是经历过一次爆仓而从此远离期权市场。这样的做法无异于鸵鸟政策，要想在市场上赚钱，必须全面学习这个市场上的工具，回头总结自己为什么会亏损，为什么会爆仓，是资金管理不好，还是心太贪没有按照原则止盈止损。相信真正的成功投资者都是一个爱思考、爱总结的学习者。如果我们没有承受过市场回撤带来的痛苦，我们又有什么理由一定会享受上涨带来的快乐呢？下面，我们用数据说话，举两个例子，帮大家回顾一些常用的期权策略，如果从期权上市至今一直坚持到现在，结果会是如何。

（1）保险策略

图 92 - 1 就是 2015 年 2 月 9 日到 2019 年 6 月 30 日，坚持买入虚 1 档认沽保险策略给你带来的结果。近四年来，经过了其间“千股涨停、千股跌停、千股横盘”的洗礼后，策略把最大回撤从基准指数的 44.97%降低至 18.30%，10%左右的年化收益成绩单目前还能放在自己的面前。

数据来源：Wind，“力的期权工作室”整理。

图 92－1 “持有上证 50ETF＋买入平值认沽保险”策略的净值走势

(2) 牛市价差策略

图 92－2 就是 2015 年 2 月 9 日到 2019 年 6 月 30 日，始终用 20％仓位作为保证金坚持 95－110 牛市价差策略的结果。尽管在 2015 年 3～5 月期间，该策略并未给你带来过于丰厚的收益，远逊于部分风格极偏的个股，但坚持下来的结果还是获得了 10％左右的年化收益率和 1.06 的收益回撤比。

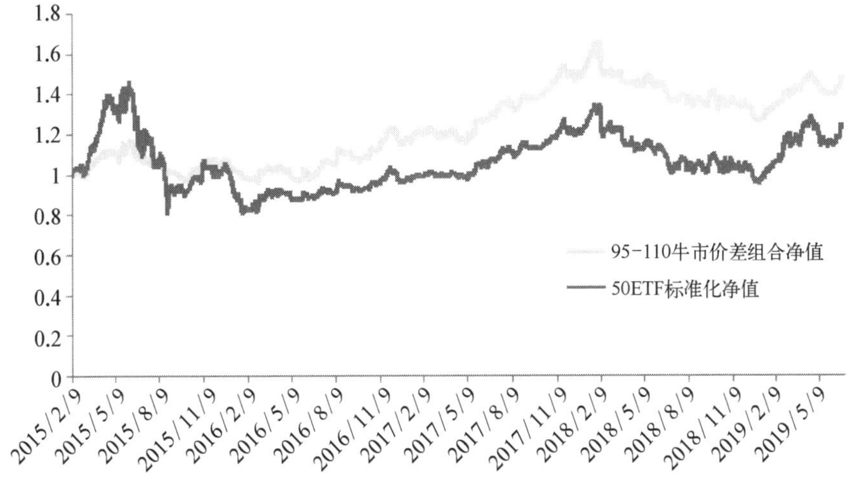

数据来源：Wind，“力的期权工作室”整理。

图 92－2 用 20％仓位“买实 1 档认购，卖虚 2 档同月份认购”牛市价差组合的净值走势

(3) 买入认购对角线策略

由于备兑开仓策略无法防范巨幅回撤风险，但它却是一个“持房收租”的收益增强型策略，为了修补备兑开仓无限的下行风险敞口，我们往往可以通过买入远月认购期权(下行风险有限)的方式去代替标的现货，形成了一个备兑开仓的变体策略，它就是买入认购对角线策略。图 92－3 反映了 2015 年 2 月 9 日到 2019 年 6 月 30 日，始终用 20% 仓位作为保证金坚持 95－110 买入认购对角线策略的结果。近四年坚持下来，尽管指数多次遭遇下行考验，但它依然稳稳跑赢基准 50 指数，年化收益率达到 9.06%，相对 50 指数基准高出了 3 个点左右，同样胜过同期市场大部分理财的收益率。

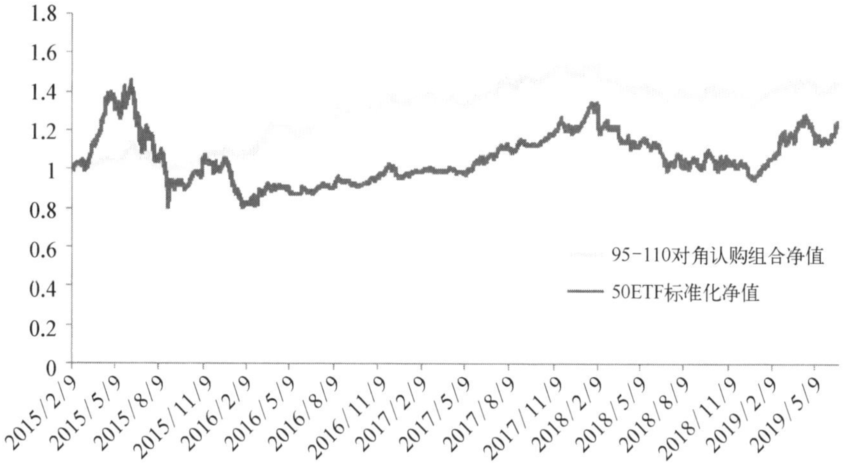

数据来源：Wind，“力的期权工作室”整理。

图 92－3　用 20%仓位“买实 1 档下月认购，卖虚 2 档当月认购”组合的净值走势

“投资很简单，但不容易”，巴菲特对一种风格的坚持是对人性弱点的挑战，更是一本活生生的教科书，或许这才是投资心理的最高境界。在期权的实盘交易中，我们需要许多坚持，坚持按信号入场与离场，坚持触发某道风控阈值时进行移仓，坚持触发另一道风控阈值时进行 Delta 或 Gamma 对冲，坚持总资产回撤 a 以后兜底止损，不抱以侥幸心理。从期权上市至今看，坚持期权的某一种单类策略到现在似乎都是赚钱的胜利者，然而其间的心路历程一定不会像净值曲线那样简单，需要一以贯之地坚持，而不是一周一次的风格切换，这才是投资里最不容易的！

93. 对 James Cordier 爆仓事件的思考——衍生品交易永远离不开的三大生命线

2018 年 11 月的某天，朋友圈里传遍了一篇关于期权爆仓的文章。那么，爆仓的人是谁呢？他就是 James Cordier，曾撰写了 *The Complete Guide to Option Selling* 一书，但却在不久前在其公司管理的产品中遭遇了灾难性的爆仓。相关分析认为，美国天然气 20%以上的暴涨，成为他爆仓的主因。

听到这个消息，我的第一反应便是“风控”二字。任何一笔衍生品交易会爆仓，往往是自信膨胀后的不断加仓，忽略了“黑天鹅”风险而导致的。回望过去 30 年，因衍生品交易发生灾难性爆仓的案例其实已经不算少数。

1998 年，俄罗斯国债大面积违约，导致两位诺贝尔奖得主 Scholes 和 Merton 开立的 LTCM(长期资本管理公司)在几天内爆仓倒闭。

2009 年，外汇累计期权(Accumulator)，本质上是在下方裸卖多档虚值认沽期权，让中信泰富等众多客户在欧元、澳元意外大幅贬值的情况下爆仓，巨亏 150 多亿元。

2018 年 2 月，由于美联储加息路径加快，美国 VIX 指数从 15 日左右三天内暴涨到 53，导致一大批做空 VIX 期货的交易者爆仓。有一家美国对冲基金尽管过去三年间从 5 万美元赚到了 400 万美元，但却在短短几天内因风控失误而亏完了三年所赚的利润。

“盈亏同源”，这句话一点都不错，任何交易上的暴利或是财富迅速累积，背后往往蕴含着你可能不了解的盲点。暴利永远是 99.9%以外概率的事件，而即便是获得暴利的 0.1%的人群也未必能长期盈利，他们亏损甚至大亏的时候也不会告诉你。

从时间和空间的维度看，过去 100 多年，不论是低频交易世界的彼得·林奇、巴菲特，还是高频交易世界的西蒙斯，长期年化收益率基本上位于 15%～20%。这么看并非认命，而是必须认清一个事实：如果把时间线拉得很长看，这样的长期稳健投资收益或许已经是大多数人心智上的极限收益，一年赚 100%事实上并不困难，困难的是在完备的风控体系下每年都赚取 10%以上的收益。因此，长期稳健是我们投资的信仰，我们信仰的是稳健的复利，而不应是衍生品在某些时候带来的暴利。

对于衍生品的交易而言，将 30%的精力放在策略，70%的精力放在风控，是一个始终不变的铁律。如果从胜率与赔率的角度去刻画期权的买方与卖方，那么期权买方属于低胜率、高赔率的操作，而期权卖方属于高胜率、低赔率的操作。正是因为期权卖方有着高胜率，卖出深度虚值期权的胜率更高，往往会让很多人麻痹其中，不自觉地加仓、加仓再加仓，总觉得“黑天鹅”不会在当月发生，从而自信膨胀，无视风控。

从 James Cordier 的遭遇中，我们可以吸取很多经验教训。我想，对于期权卖方，甚至衍生品交易而言，我们每个月、每一周甚至每一天都要回顾以下三条生命线。

(1) 首先是仓位控制

事实上，我们平时所说的移仓、买入对冲、Delta-Gamma 对冲，这些风控措施都属于事后风控，也就是市场出现极端行情时我们应该如何快速地操作。然而，什么样的风控是最大的风控呢？经历了贸易战、人民币贬值、突然大利好、A 股市场 N 次的意外暴涨暴跌后，我的回答只有一个，最大的风控就是仓位控制，它是最大的事前风控，有了低仓位的保障才会有后面的资金腾挪出来去移仓、去 Delta 对冲、去 Gamma 对冲。“仓位控制”这四个字，说说容易，似乎每个人口中都会说，但这恰恰是最不容易做到的。许多交易者本来想好的仓位控制，因为“手痒痒了”，因为周围人的噪声，因为担心时间价值衰减得太快，而开始快速加仓，开始失去理智。在我们目前的产品交易体系中，将仓位控制看得比任何策略层面的开发都要重，因为这才是我们的生存命脉！我通常会设置以下几个原则，强制自己控制仓位：

① 每个合约的卖出仓位不超过 10%；

② 到期前两周前，所有卖出合约的仓位不超过 20%；

③ 到期前两周到一周之间，所有卖出合约的仓位不超过 30%；

④ 到期前一周到一天之间，所有卖出合约的仓位不超过 50%；

⑤ 到期前最后一天，视情况再增加一些仓位。

仓位轻，就像一叶轻舟，很容易掉转船头，很容易进行移仓和希腊字母对冲操作；仓位一重，则像一个老人一样，移动缓慢，甚至不小心摔跤。2018 年 10 月 22 日的 50 指数暴涨曾经让前几日看似虚值得不得了的 C2700 合约从 10 元上涨到接近 100 元，2018 年 2 月 9 日的 50 指数暴跌和波动率的快速上行使得最虚值的认沽期权上涨到了 550 元。如果是 70%以上的仓位去卖这个合约，那么盘中一定已经触及了爆仓；但如果只是低仓位，那么一切都还来得及处理。

(2) 其次是压力测试

市场上有着许多资方，也有着许多期权类产品，资方们总是喜欢根据过往实盘业绩来筛选管理人，就好比总是用一个业绩因子来选股一样。然而，对于期权类产品而言，管理人本身的风控理念和能力要比过去实盘业绩重要得多。如果我是一个 FOF

投资经理，如果我有一笔资金需要委外投资期权类产品，我更在乎的是管理人对于压力测试和风控体系的构建。如果风控措施运用得当，2018 年 3 月 23 日贸易战首日引起的 3%跳空缺口、2018 年 6 月 19 日千股跌停的低开低走、2018 年 10 月初的连续大跌所产生的回撤，都是可以修复的。我们需要知道的是，这个基金当天是怎样处理这些极端局面的，他们又是如何恢复这些回撤的。

所谓“压力测试”，它在实盘投资中比回溯测试要重要得多。对于任何策略，我们都可以通过调整参数或加入新的参数把过往的回溯净值曲线调试得很棒，但压力测试是不能进行隐瞒的，压力测试的目的不是要调试出一根好的历史曲线，而是要模拟后面 N 个交易日出现极端行情时，我们现有的持仓能否扛得住，我们现有的可用资金是否扛得住。一个好的期权压力测试系统，我想至少需要具备这些要素：

① 如果明天低开 2%以上(3%、4%……)，卖出持仓的希腊字母会发生多大的漂移，盈亏大概会是怎样，什么风控措施最为有效(移仓还是对冲)，需要对冲多少数量，有没有触及兜底式止损。

② 如果明天开盘隐波上升 20%以上(30%、40%……)，卖出持仓的希腊字母会发生多大的漂移，盈亏大概会是怎样，什么风控措施最为有效(移仓还是对冲)，需要对冲多少数量，有没有触及兜底式止损。

③ 如果明天标的跳空，同时隐波暴涨，卖出持仓的希腊字母会发生多大的漂移，盈亏大概会是怎样，什么风控措施最为有效(移仓还是对冲)，需要对冲多少数量，有没有触及兜底式止损。

压力测试就是要打有准备的仗，为明天最坏的情况做好打算。

(3) 最后是兜底止损

不论何时，不论哪一个年份，太平盛世也好，牛熊转换也好，我们对自己的资产始终需要设置一个兜底止损的止损点。一旦总资产相对于上一个高点回撤超过 a，则立刻平仓所有风险持仓，毫不犹豫，坚决执行！除非你的仓位非常高，否则大多数爆仓都不会是一下子的，而是有着几个小时，甚至一两天的止损余地。当时 LTCM 是在几天内爆仓破产的，如果他们设置了 a 的兜底式止损线，第一天触发止损阈值时先平仓再说，先认输再说，就不会有更大的灾难发生。实际上，不论我们的事后风控措施有多花哨、多高明，a 的兜底式止损线一定要设，必须要设，它是散户们的“救命稻草”，它是投资经理们延续职业生涯的底线。

敬畏市场！别因为过去的胜利而盲目自大，事前的仓位控制＋压力测试＋兜底式止损，我相信这才是衍生品交易的三大生命线，我坚信这一点！

94. 藏在期权实战世界里的七个黄金比例

最近恰逢一位中学生来咨询一道数学问题，在图 94 - 1 中，“黄金比例”一词忽然浮现在我的脑海中。本文中，我想与读者一起分享一些自己的实战体会，分享藏在期权实战世界中的七个黄金比例。

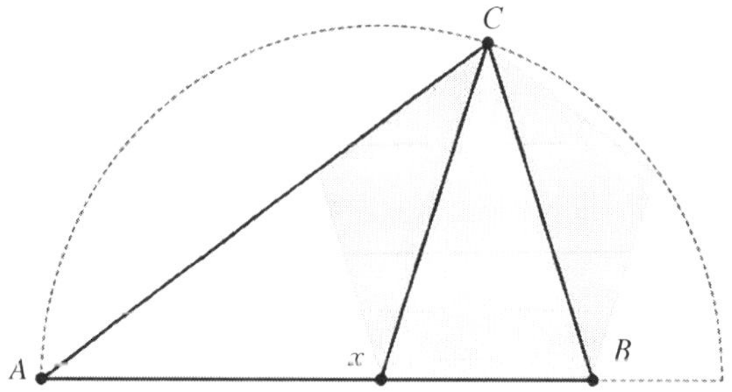

图 94 - 1　黄金比例的平面几何示意图

(1) 预测与风控的黄金比例

一个交易体系必须是由预测体系和风控体系构成的。通常，我们会依赖基本面、资金面、技术面、事件性等因子，通过主观判断或者量化的方法得出一个综合的入场信号，然后按照这个入场信号建立头寸，这一部分就是交易体系的预测部分。

由于“炒股”这两个字在广大投资者内心根深蒂固，而选股更多地依赖财报分析和技术分析来预测进场的时点，所以就导致许多投资者进入期权市场前会自然而然地忽略交易体系的另一个重要组成部分，那就是风控部分。所谓“风控”，就是建仓以后在触发风控信号后我们应该怎样善后，让我们保住浮盈或是尽量减少浮亏。

在期权交易中，风控的措施太丰富，甚至盖过了预测部分的风头，一次错误的预测入场可以用及时的风控善后修补，扭亏为盈。举个简单的例子，上穿某根均线后卖出了认沽，然后标的下穿均线时转为卖购。

(2) 量化与经验的黄金比例

只要是量化交易模型，那么它的逻辑就一定是输入一定数量的参数，通过一种数据处理方法过滤出一个建仓信号，然后根据事先设定的风控阈值进行止盈止损等善后。量化交易是一个严谨的交易模式，可以避免很多人为不冷静导致的冒进风险。

然而，量化模型在许多市场中的交易和风控端或许只能起到60%的作用，因为无论对于哪个量化模型，一套有效的参数是不会亘古不变的，也不会放之四海而皆准的。量化模型的最大劣势便是历史上的最优参数(称为"样本内")未必在未来一年中(称为"样本外")还能成为最优参数，而这一短暂的失效可能会导致资产曲线连续几个月发生回撤，或突然发生一个大的回撤。而这些恰恰需要剩余40%的主观经验去适时调整，比如，回撤累计到达一定程度后，我们需要再优化量化模型；又如，"黑天鹅"到来之时，先于正常的风控阈值提前对冲善后。

(3) 买方与卖方的黄金比例

期权交易中，不论是认购还是认沽，买方是支付权利金的，卖方是缴纳保证金的。以一张上证50ETF平值期权为例，保证金可能是权利金的5倍左右。假如你带着100万元进入期权市场，由于买方很高的杠杆性，你不敢也不应该把全部的资产像买彩票一样只做买方，而满仓做卖方也会在发生"黑天鹅"时(如2018年2月7日～2018年2月9日、2019年2月25日)让你"一夜回到解放前"。

在管理一个专户时，我们一定要给自己设置一个买方/卖方的最大仓位限额。通常而言，一个行权周期内(上一个行权日结束到这个行权日期间)，卖出开仓需要注意把控节奏，所占用的保证金不要迅速地超过60%，否则一旦发生"黑天鹅"或是标的方向急速转变，保证金上浮后就很容易失去移仓腾挪的资金空间，也就是没有可用资金进行移仓了。而在剩余的不到40%的仓位中，我们可以再留出一小部分仓位用期权买入持仓对冲卖方的风险，或是在某些确定性较强的波段中用买方以小博大。

(4) 基本面与技术面的黄金比例

期权具有精确制导的功能，对标的走势的时间和空间判断得越精确，选择对应的期权策略就会比买入指数和期货赚得多很多。然而，再花哨的期权策略还是替代不了对标的走势的判断。

与选股不同，在指数期权交易中，基本面分析相对用得少一些，可以花费30%～40%的精力主要用于对每个月的大格局进行判断，判断标的在当月是偏多还是偏空。

剩下的60%～70%的精力还是要花在技术面分析上。一方面，从预测的角度看，我们需要结合均线、布林线、乖离率等指标对当月的空间和时间大致给出一个判断，比如50指数在一个月内是不是大概率涨不过2800点，是不是大概率跌不破2200点等，于是卖出合适的相对安全的期权；另一方面，从风控的角度看，期权交易体系是极其强调风控的，技术指标又是所有因子中对趋势最敏感的，往往能防住趋势大拐点的风险，所以在善后信号的设计上，更要用到技术面的信息。

(5) 左侧交易与右侧交易的黄金比例

在股票投资中，我们本质上是看好一家公司的长期基本面，然后在它的股价估值还比较低的时候建仓，因此，股票投资中有许多成功的案例是先知先觉的，都是以左侧交易而成功的。然而，衍生品却不能过多采用左侧交易。这不奇怪！你会发现身边听说的期货CTA基金绝大多数都是趋势追踪的，而不是做趋势反转的，趋势追踪就是一种右侧交易。

买卖期货需要占用保证金，卖出期权占用保证金，如果左侧重仓或是持续补仓，很有可能会导致最终的爆仓，倒在黎明破晓前；同样地，尽管买入期权不占用保证金，但期权的买方天天面临着时间价值衰减的风险，如果一个标的的右侧趋势一直没有起来，而我们持续地在左侧买入轻度虚值的期权，最终所有的权利金成本都会以归零告终。所以，在期权交易中，我们平时进行仓位控制时，最多留出30%的资金进行左侧交易，剩下的70%仓位进行右侧交易，一旦左侧交易的仓位满仓后，我们就要开始注意善后风控了。

(6) 日内交易与日频交易的黄金比例

期权交易的一大好处是可以进行T+0日内回转交易，这个好处可以帮助我们设计CTA趋势追踪型的策略，也可以设计无风险套利、统计套利等策略。然而，投资交易中有一个“不可能三角”，那就是收益、回撤、资金容量的互相矛盾。日内高频、次高频策略往往有这样一个特点：收益回撤比高，止盈止损及时，但资金容量相对有限，受到交易费用、冲击成本等因素的影响大，交易费用差1元对一年的收益率可能会差3～5个点。因此，如果你管理的资产达到千万级别以上，当一个市场的盘口价差和深度并没有达到流动性很棒时，日内交易的策略就会自动地占到总资产仓位的30%～40%，而剩下60%～70%的仓位就会留给日频交易模块。

好在在期权交易中，日频的收益效果未必会比日内的效果差，时间价值的损耗就是靠一天一天日频耗出来的，当你觉得某个指数上不会涨过某个点、下不会跌破某个点时，为什么不用一定的仓位来卖出期权，简单持有而赚取时间价值衰减呢?!

(7) 移仓与对冲的黄金比例

在之前的文章中我们曾经说过，卖出期权是高胜率、低赔率的策略，它就像卖保险，一般不会有事，而一旦出事，则可能把过去一年的收益全部赔完，因此，卖出期权的风控措施是期权交易核心中的核心。可以这么说，卖出期权的风控能够做好了，一年的收益率才能得到真正的保障。

通常，在卖出期权以后，交易者通常有两个常用的风控措施：一个是移仓，一个是买入对冲。所谓“移仓”，就是平仓原来的卖出持仓，然后同向、或者反向、或者双向卖出更安全的期权。举个简单的例子，某日 50ETF 暴跌 2%接近 2.400，如果我日间还持有 P2350，我应该怎么办？果断买平 P2350，再卖开 P2300 和 C2500，这就是一次双向移仓。而所谓“买入对冲”，就是根据 Delta、Gamma 等指标，以及手中有风险的卖出持仓数量，估算出需要买入的期权张数，然后及时买入开仓对冲风险，这一招我在 2018 年 3 月 23 日和 2018 年 6 月 19 日都采用了，当日开盘时我手中持有下方卖出认沽的头寸，由于大盘低开很多，已经失去了最佳移仓时机，于是我决定一开盘就买入认沽对冲下方风险，这就是买入对冲的风控。

在期权交易中，移仓本质上是用时间和空间来换取收益，之前的浮亏是很有可能在移仓后赚回来的，适用于 60%～70%的市场环境。而每一次买入对冲往往要支付一笔高买低卖的潜在对冲成本，更多的是用在剩余 30%～40%比较恶劣的市场环境中(如大幅跳空，或盘中突然大幅跳水)。

95. 从心底刨出的十条期权感悟

对于国内期权交易者而言，过去的几年是颇具考验的，其间我们经历了一波大牛市，也共同面对过几波断崖式下跌，又经历过一个月甚至更久的箱体震荡。2018 年 3 月末的贸易战跳空近在眼前，2018 年 1 月的 19 连阳也并不遥远，在过去的几年里，我们有着收益的乐趣，也有短暂回撤的苦楚，然而“绝望之于虚妄，正与希望相同”，在乐趣和苦楚里的复盘体验才是留给我们下一次交易最大的财富。在本文中，我把这些交易过程里的体验总结成 10 条，与大家一起分享，也与大家一起交流。

第一条：如果说买期权需要用卖期权来降低博弈成本，那么，卖期权需要用买期权来对冲潜在风险。因此，当你的持仓是以买期权为底仓，那么，卖期权的持仓对你而言就起到了降低成本的作用；当你的持仓是卖期权为底仓，那么，买期权的持仓对你而言就起到了对冲风险的作用。

第二条：如果说在股票交易中策略和风控的重要性分别占到 70%和 30%，那么，在期货交易中策略和风控的重要性基本上为五五开，然而在期权交易中策略和风控的重要性却应该掉个个儿，分别占到 30%和 70%。那是因为股票交易中的风控只能止损和降仓，期货交易中可以快捷反手、多空互转，而在期权交易中移仓、转换、对冲、止损多种风控措施，不论是风控的丰富性，还是风控的重要性，都已经被提升到一个更高的高度。

第三条：如果说选股操作是在 3 000 多家上市公司中选择你认为质地好的股票，那么，期权操作就是在 N 种市场状态中选择你认为未来几个月(或几周、几日)内最有可能出现的市场状态，并用期权策略与之搭配对应。因此，从这个角度看，期权操作与选股操作的本质是同源的，期权有 N 种策略，本无伯仲之分，我们需要做的是构建一套轮动体系去映射市场预期与期权策略这两个集合。

第四条：如果用五年的时间跨度来衡量一个投资人的业绩，相信能做到全天候曲线的资产体系唯有风险平价体系，而能做到全天候的工具体系中必然包含期权这一工具。因为在资产体系中，正是有着大量债券的仓位才能平滑净值的波动；而在工具体系中，正是有着期权才能在不同市场环境中做到技多不愁。

第五条：如果一个期权投资人一辈子只想靠买期权或卖期权来玩转全部市场状态，这是不可能实现的。这就像上证50和创业板指数，一辈子不可能总玩大票不亏钱或总玩小票不亏钱。所谓“盈亏同源”，一直用某种操作获胜同样会在某种市场环境中发生类似的亏损。期权交易的核心必须有买有卖，我们每天需要做的就是结合最新的市场信息去调整每日买与卖的比例而已。

第六条：如果说股票交易最大的难点就是牛熊切换的预测，那么，期权交易的最大难点就是波动率环境的急速切换。这种拐点的预测可遇而不可求，相较于这样的预测，更多的精力不妨置于善后措施中。当我们来不及进行买卖期权切换或是认购认沽切换时，唯一能让我们继续长存于市场的方式就是边对冲、边止损。

第七条：如果说看一个人的关键是看他的秉性，那么，做好期权交易的关键就是吃透标的。除了无风险套利和统计套利型策略之外，期权交易的重中之重是必须全面仔细地吃透期权标的。全面是从广度着手，搜集各种与标的有关的信息；仔细是从深度着手，提炼其中更有用的信息。期权交易不在于交易多少品种，而在于对交易的品种是否看得精细。所谓期权具有精确制导功能，就是基于对标的的预期有多精细，越精细的预期配上期权这一工具才会发挥巨大的威力。因此，对期权标的吃得越透，期权才能在交易上更好地助你一臂之力。

第八条：如果说一个人的性格会受到多重、多类型的因素影响（比如一个人的基因、父母的言传身教，或是社会大环境的影响），那么，优秀的标的择时体系也不会仅仅依赖于一类因子。在预测标的走势的优秀择时体系中，择时因子往往包括技术性因子、资金面因子、事件类因子、市场行为类因子。技术性因子负责兜底趋势的终结与开启，资金面因子和市场行为类因子负责捕捉市场最新动向，事件类因子负责考察国内和外围最新事件的影响，多个方面因素综合起来得出的共振信号才可能成为放心的信号。

第九条：如果期货交易中存在着几种组合（正向套利、反向套利、蝶式套利等），那么，期权交易中则有几十种组合。然而，即使期权组合策略有数十种之多，它们并不是为建而建的。事实上，所有的期权组合全部来源于四个单腿策略的构建，可以说源于四腿，胜于四腿，本质上可以视为对单腿策略的修补。随着行情的不断变化，随着你想法上的变化，期权组合被逐渐地构建起来，从而实现了你对未来优化过的想法。

第十条：如果策略按交易频率可分为低频和高频策略，那么，期权是一个“上得厅堂、下得厨房”的工具，使用它既可以设计出低频型策略，也可以设计出高频型策略。然而，两者同样没有伯仲之分，低频的期权策略未必就比高频的策略差，就像巴菲特的盈利模式未必逊于西蒙斯一样。低频的收益可以更高，高频的回撤可以更小，但两者在一年里的收益回撤比上则完全可能不相上下。

96. 盘前、盘中与盘后，我所热爱的期权交易 8 小时

（本文仅从已参与国内期权交易的机构投资者角度出发）

从大三下半学期开始，我找到了金融中最数学的一片领域、数学中最金融的一个契合点，那就是期权，也慢慢发现了期权这个工具的无尽魅力。这个喜好帮我做出了之后人生的一个又一个决定。不论是撰写卖方报告，或是参与国内首个场内期权规则的设计，还是如今每一天的期权交易。我感恩这些年工作的 8 小时从未离开过它，它像钢琴家的琴键，它像数学家的纸笔，它像非线性的曲线，它像雨过天晴的彩虹。

有时候想，如果这个市场上没有场内期权，我或许不会选择投资这个行业，因为我无法把命运尽可能地掌握在自己手中，因为我无法给予我的客户更确定的收益。在期权交易的这 8 小时里，我们等待机会，我们有买有卖，我们注意防守，我们如履薄冰，当我们用严谨的态度对待每一天的交易时，期权这个工具就会慢慢让我们实现变现。盘前 1 小时，盘中 4 小时，以及盘后 3 小时，我热爱期权交易的 8 小时，我也无悔于期权交易这个在国内看来暂时还小众的选择。

(1) 盘前 1 小时

每个交易者一早起来都有自己习惯的做事流程，以保证自己在盘前的精神状态达到最好。或许对我而言，音乐是让自己在盘前进入最佳状态的方式。不论是听李斯特的《钟》，还是柴可夫斯基的《第一钢琴协奏曲》，只要在路上能让我集中注意力，燃起交易斗志的曲子，我都会列入我的单曲循环列表。让自己保持一天的斗志，我想这就是盘前需要做的第一件事情！

接着第二件事就是更新各大数据库，这成为我每个交易日必然经历的流程。通过 Wind 等原始数据源，我需要做的就是把底层数据库的数据提取出来，把类似于 SQL 的数据结构转化为我喜欢和偏好的数据结构，然后保存在程序中。通常而言，每日开盘前需要更新 Stock、Industry、Future、Option 四大数据库。各大数据库的作用有三个：一是用来更新各种已经完成的回溯测试，二是为平时突发奇想的新主意

提供回测上的数据支持，三是用来完成每日盘后的归因分析。以其中的 Option Database 为例，它至少需要包含期权合约代码、名称、行权价格、合约单位、到期日期、日频行情数据（开盘价、收盘价、结算价、隐波、各个希腊字母、成交量、持仓量等）、日内 tick 数据（价、量、隐波、希腊字母等）。只有事先把数据库构建好，才能在后续回测时大幅提高效率。所以，Database 和 Backtestor 两个程序应该是一个先后构建的关系。

除了惯例的晨会外，盘前的第三件事就是全部扫描一遍隔夜存在的各种可能遗漏的公开信息，比如美联储决议，欧洲央行决议，QFII、沪深港通等最新外资动态，外盘 A50 低开高开情况等，竭尽所能对昨晚模型输出的信号和形成的决策进行补充。

（2）盘中 4 小时

终于等到了 9:15，从集合竞价到连续竞价。一般而言，一个相对完善的期权交易策略体系应该是低频与高频的结合、日频与日内的结合、趋势与震荡的结合。低频与高频、日频与日内，没有绝对的优劣之分，只有是否真正适合当前市场风格之分。所以，我也一定会把总资产分为几块，某一块仅仅运用一些低频的期权策略，此类策略对流动性要求不高，容量较大，换手率低，不用每时每刻盯着，但它们往往是提高净值的大头；而有些仓位则需要运用相对高频的期权策略，此类策略对期权流动性要求高，容量较小，相对交易成本会比较敏感，属于每天赚些小钱，积少成多，聚沙成塔。两者互相补充，目的只有一个，那就是互相能接得上力，从而提高净值的周胜率。

开盘后，打开已经编写好的实时监控系统，对各期权交易模块进行信号和交易张数的计算，尤其对于期权日内模块，谨慎并严格地按照每一次信号的要求操作，在算法交易上用均价下单代替单点下单控制交易滑点，用限价与市价的结合下单模式，尽可能降低冲击成本，以贴近甚至超越回测最优价格完成成交。

在交易的 4 小时内，我必须意识到 50 指数可能经历各种各样的动荡，可能一顿爆拉，然后最后半小时跳水，也可能是先跳水跳到你失去信仰，然后尾盘拉出一根长下影。但不论是什么情况，根据前一晚已经制订好的周密计划，遇到情况毫不犹豫地执行才是王道！

在每天的盘中，止盈止损和仓位控制这两个老话题会经常在你脑中浮现。先说止盈止损，由于做市商的存在，50ETF 期权的盘口移动速度非常之快（许多人都会说期权市场流动性一般，其实你看一看盘口就知道答案了），如果不提前设定止盈止损点事先挂单，会导致很多策略的实际收益出现巨大滑点。所以，预先设置止盈止损限价单是非常重要的。再是仓位控制，对于一个产品而言，所有的仓位控制都是基于这个月或这个周期已经制定好的风险限额（通俗地说，就是最多准备亏多少）来调整的。当实时模型信号进入中性区域时，收益多少时开始降低仓位，分批止盈；亏损多少时开始降低仓位，分批止损。当模型实时信号进入极端区域时，收益多少时可以适当加仓，亏损多少时可以适当补仓。

与股票、期货实盘交易不同的是，期权的价格变化不是线性的（也就是说，不是标的变动 1 tick，期权价格就变动 1 tick）。期权交易者必须对期权价格和保证金的变化结构有着很清晰的认识，根据这些认识，再结合你的回撤承受力，就会有助于你在交易系统中设置合适的止盈止损阈值。在买入期权后，我们需要对 Theta 这个希腊字母很敏感，深刻了解从第几天开始，这个 Theta 效应已经不可忽略，于是设计出你心里的止损日；在卖出期权后，我们需要对 Gamma 这个希腊字母很敏感，一旦期权从虚值走向了实值，期权的浮亏就会像加速运动那样突然变大，观察过这样的浮亏速度后，你将自然而然得出你心里的止损点位。

(3) 盘后 3 小时

如果说盘中的盯盘是一种对期权交易感觉的提升与锻炼，那么盘后的复盘就是对过去犯下错误的总结与深化。复盘是一个非常有意思的过程，也像照镜子一样，是一个面对前 4 小时自己的过程。心情好的时候要复盘，心情不好的时候更要复盘；净值涨了要复盘，净值跌了更要复盘。复盘的内容有许多，至少可以包括以下三个方面：

一是回顾当日日内与 50 指数相关的公开信息，我想至少可以包含以下信息：

① 当日 50 指数成分股的板块轮动过程，究竟是金融、消费、地产、白酒等哪个板块的资金占主导；

② IH 的前 20 大持仓机构的多空单对比情况；

③ 50ETF 期权的隐含波动率曲面结构，主力合约的隐含波动率比值关系；

④ 整体的认购认沽交易比、每个月份的认购认沽交易比；

⑤ 整体的认购认沽持仓比、每个月份的认购认沽持仓比；

⑥ 波动率指数（现在需要自己算）、认购本身的波动率指数（需要自己算）、认沽本身的波动率指数（需要自己算）等信息。

二是归因分析。多因子选股的归因分析通常是根据当周的收益对各个风格因子进行归因，从而分析出这周到底是动量反转因子更有效还是市盈率因子有效等。期权交易也有着自己的归因分析法，那就是我今天的期权盈亏（PnL）到底来自哪个希腊字母，我赚的是 Delta 的钱，还是 Gamma 的钱，赚的是 Vega 的钱，还是 Theta 的钱。每日的盈亏归因分析基于期权价格的泰勒（Taylor）公式，最后总结成以下这张表格（见表 96－1）。

表 96-1　某简单策略的归因表格

	合约 A	合约 B	50ETF	合　计
持仓数量	10	10		—
市场价格变化	−17 260.00	23 100.00	−5 877.70	−37.70
Delta	−19 431.51	25 319.18	−5 877.70	9.97
Gamma	2 146.18	2 439.09	—	4 585.26
Theta	−2 203.07	−1 742.78	—	−3 945.86
Vega	2 808.99	−3 336.10	—	−527.11
Epsilon	−580.59	420.62	—	−159.97

三是根据量化模型的最新收盘信号和最新政策面信息制订下一日操作计划。计划中尽量想到最坏情况，就像公司风控部门每天会看 VaR、ES 等指标一样。期权交易分成四部曲，即预期、策略、开仓、善后，什么情况都有相应的对策，信号的预测是进攻，对策则是防守，一支好的球队不可能只会攻不会守，也不能只会守不会攻，所以需要做的不仅仅是根据信号知道明天要干什么，更是要把最坏的情况想到，然后想好相应的对策。另外，盘中和盘后真的是相辅相成，盘中形成的更好的防守经验，可以总结成量化指标进行新的压力测试，压力测试下来不错的指标可以进一步运用于实战，不断优化。

97. 再回首“湘北五虎”，梦中的大类资产配置感悟

一部好的动画片，能够让一个人在人生的不同阶段都有着不同的解读。20 世纪 90 年代的动漫《灌篮高手》就是这样一部好的动画片，年幼时的看点是故事中的搞笑情节，高中时的看点是一个个天才的球技，而如今再回首神奈川的“湘北五虎”，我更多感受到的是投资世界的五大类策略。现在就让我们用一杯咖啡的时间，在神奈川的球场上完整地体会一遍大类策略吧。

(1) 赤木刚宪——大类资产配置策略

赤木是湘北篮球队的中流砥柱，是整场比赛的决定者。对于湘北队而言，赤木毫无疑问是球队真正的攻防核心，不在场时球队就如同缺少了主心骨。赤木的状态越差，球队获胜的概率就越低；赤木的状态越好，球队获胜的概率就越高。

大类资产配置策略也是如此。早在 1986～1991 年，Gary Brinson 等人的两项著名研究表明，平均来看，资产配置决定了投资组合收益方差的 91.5%，股票选择为 4.6%，择时为 1.8%，其他因素为 2.1%。这一研究成果颠覆了我们长期以来觉得选股第一的思维，告诉了我们大类资产配置才是投资收入的最主要来源。

事实上，我们都有着这样的体会：有时候你个股选得再好，还是难以避免踩到“地雷”。真正的投资高手并非只玩得转一类资产，而是能在股票、债券、外汇、大宗商品甚至房地产上实现穿梭自如。选对大类资产才是王道，想想 2015 年股灾期间就知道了，在错误的时间选择了错误的资产，即使你再牛，“三杯两盏淡酒”，又怎敌他“千股跌停”呢！

(2) 流川枫——行业轮动与选股策略

流川枫，冷酷的代名词！年纪轻轻就同赤木、阿牧一起获得了县内“五虎”的殊荣，立志成为日本最强高中生的他，更是在全国大赛上火力全开，成为湘北队内二号支柱。

正如 Brinson 的研究结果所示，行业和股票选择对投资收入的贡献度次之。当你的模型告诉你目前的大类资产应该超配股票时，行业的优选和个股的精选便是跑赢大盘的制胜法宝。

一个好的行业轮动和量化选股策略能够抓到最合适的因子，比如窄幅震荡市中哪个因子最好、宽幅震荡市中哪个因子最好，波动性小的环境中哪个因子最好、波动性大

的环境中哪个因子最好。这活脱脱地像处于巅峰的流川枫，他能在对阵仙道时使用胯下急停的技术，能在面对翔阳时用灌篮为球队打开局面，更能在与山王工业一战中使用传球技术助攻樱木完成绝杀。

(3) 樱木花道——衍生品策略

湘北的队长赤木刚宪曾经说过："掌控了篮板球，就掌控了比赛。"樱木是赤木的继承者，海南一役赤木因伤下场后，樱木化身为"金刚弟弟"咬住了比分。可以说，没有赤木的教导就没有樱木的成长，所以，如果把赤木视为大类资产，樱木就是这些资产的衍生品。

衍生品策略包括期权的低、高频策略，期货的低、高频策略，还有一些场外衍生品的灵活配置。

当然，比喻樱木是衍生品策略，还有另一个原因，那就是他惊人的弹跳力和爆发力。所谓"爆发力"，就是花很短的时间就能完成一件很大的事情，这如同投资中的以小博大。以简单的买入认购期权策略为例，回顾 2015 年的那波牛市途中，当时 4 月份到期的某行权价认购期权，3 月 5 日～4 月 13 日，由于大盘的上涨，这张期权已经从单价 422 元涨到了 5 464 元，价格涨幅约为 1 194%，远远超过 50 指数在同期 28%的涨幅和沪深 300 在同期 27%的涨幅，让我们彻头彻尾地见识了衍生品的"弹跳力"和"爆发力"。

数据来源：Wind，"力的期权工作室"整理。

图 97-1 2015 年 3 月 5 日～2015 年 4 月 13 日，50ETF 某认购期权的价格走势

(4) 三井寿——择时策略

三井寿，因膝伤荒废两年的前 MVP 球员，被誉为湘北篮球队最神秘的男子！这一切都完全符合择时策略神秘莫测的特性。

择时策略，通俗地说，就是用模型的信号告诉你明天开盘该买还是该卖。这怎么可能呢？完全正确，当然不可能。所以，择时策略往往都有这样的特点：要么是“高胜率、低赔率”（交易的正确概率很高，但每次只能赚取一点点就平仓走人），要么是“低胜率、高赔率”（交易的正确率不高，但正确时的平均收益率远大于错误时的平均亏损率）。前者可以比喻成一个平时大多数时间都很准，但得分都不是太关键的三分球射手，而三井寿，就像是高赔率的择时策略，尽管状态不好时也会投失手，但一旦想起了萌萌的安西教练，就燃起了“小宇宙”（比如翔阳一战、山王工业一战），他便能在赤木和流川枫同时失灵时，用连续三分球帮助球队走出困境，赢得比赛胜利。

（5）宫城良田——CTA 策略

宫城良田，看似其貌不扬，身高只有一米六八，却被誉为神奈川的“电光火石”，是湘北进攻体系的“发动机”。宫城的最大特点就是快！而在所有的大类投资策略中，最能体现“快”字的就是 CTA 策略。

CTA 策略属于日内高频交易策略，通过捕捉和提炼日内分钟甚至更短时间的信息，得到日内交易信号，然后日内开平仓，所有的一切都尽量在日内完成。比如日内均线策略，以 1 分钟数据为例，沪深 300 指数分钟收盘价上穿 20 分钟均线时，就买入，下穿就卖出；如果日内一直不下穿，就收盘平仓，不留隔夜仓。这就是最简单的一种 CTA 策略。

我们可不要小瞧了 CTA 策略，正如鲁迅的一句话，“躲进小屋成一统，管他春夏与秋冬”，正是由于它的高频性，可以避开日线级别的很多噪声，从而将收益置于大势环境之外，做到管它是趋势市还是震荡市，只要日内有波动、四季会更替，我就有可能赚钱。图 97 - 2 就是某个利用期权作为工具实施的 CTA 策略在近 4 年的净值走势。

正如湘北的称霸全国离不开每个队员，成功的投资也离不开每大类策略的混合轮动。

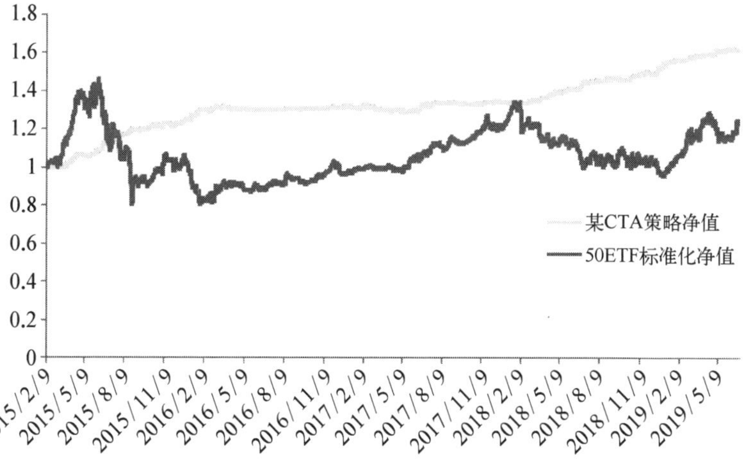

数据来源：Wind，“力的期权工作室”整理。

图 97 - 2　2015 年 2 月 9 日～2019 年 6 月 30 日，某 50ETF 期权日内 CTA 策略的净值走势

98. 为什么期权更容易创造长期稳健的收益——2017年中国国际期货大会演讲节选

有时候我经常在想，全市场有那么多被动型基金，加之近些年沪深300、上证50走得那么好，主动管理型基金要想跑赢上证50等指数已经很不容易。既然如此，那么未来主动管理型基金的核心竞争力究竟在何方呢？我想在今后的国内市场，一个资产管理产品，它的核心竞争力或者说它的卖点不会仅仅在于其收益能不能跑赢指数，更在于其收益风险比能不能显著地跑赢指数。实际上，投资上从不缺乏"短跑冠军"，一年100%的收益率并非遥不可及，而连续十年稳定的10%、稳定的高夏普比曲线却更能吸引持续的大资金流入。

那么，要在收益风险比上跑赢指数，要做出长期稳健的收益曲线，为什么期权更容易实现呢？我思考了很久，通过理论回溯和实践，我想大概可以归纳出四个方面：一是期权对于择时系统具有容错性，二是期权同时具有预测性和对策性，三是期权具备与其他资产的可搭配性，四是期权的多维度交易性。

首先，我们来看看期权对于择时系统的容错性。这个概念可能比较新颖，因为大家平时不管是自己做投资还是做投资顾问，都会向自己的投资人或者投资者给予建议，做投资哪块最难，是资产配置、选股还是择时？我自己实践下来的感觉是择时，Gary Brinson过去的经典报告中也说到过，择时在收益率的贡献度中只占1.7%。择时很困难！择时困难的原因很简单，大部分择时系统都是动量系统或称趋势跟踪系统，这样的择时系统天然就有滞后性。当这个系统发出信号的时候，你的资产已经先回撤了一部分，通过每次进进出出，然后用一个低胜率、高赔率的方法获得长期收益。回过头去看，这样的策略大概率是盈利的，但落实到每一天，低胜率、高赔率却很难坚持。我们来看一个超级简单的策略，投资中证500，收盘上穿20日均线就买入，收盘下穿20日均线就卖出，12年下来你的累计收益率高达2 652%，然而它的胜率不到1/3，可能在某个年份里你会面临连错10次以上的风险。

对于上证50指数，这个择时系统同样是低胜率、高赔率的，把均线时间窗口从20日换成60日，上穿买入，下穿卖出，15年中可以赚6倍以上，但胜率只有1/5。这就印证了巴菲特所说的一句话，"投资很简单，但是不容易"。这与我们平时健身一样，我们可能觉得健身这件事情，一周去两次，做完之后，夏天的时候肌肉秀出来很酷很性感，但是有多少人真的能坚持下去，虽然知道这件事情是对的。我们在择时系统的这种天然劣势下，怎么办？有时候就可以靠卖期权来代替买指数。期权对于择时系统有一定容错性，因为卖期权不仅在赚方向性的钱，它同时还做空波动率，还赚取了每一天时间的衰减，你用期权在波动率和时间维度上赚的钱就是对择时滞后性的一种弥补。下面是一根回测曲线（见图 98－1），你可以认为参数是样本内优化出来的，但是这并不重要，重要的是它提供了一个思想，就是同样利用一根均线，但是每次上下不是买现货而是卖期权，它的效果就比很难坚持的现货择时要好很多。回测期间，月胜率超过 70％，最长连败月份 3 个月，这样一来，我们坚持下去的信仰就变高很多了。

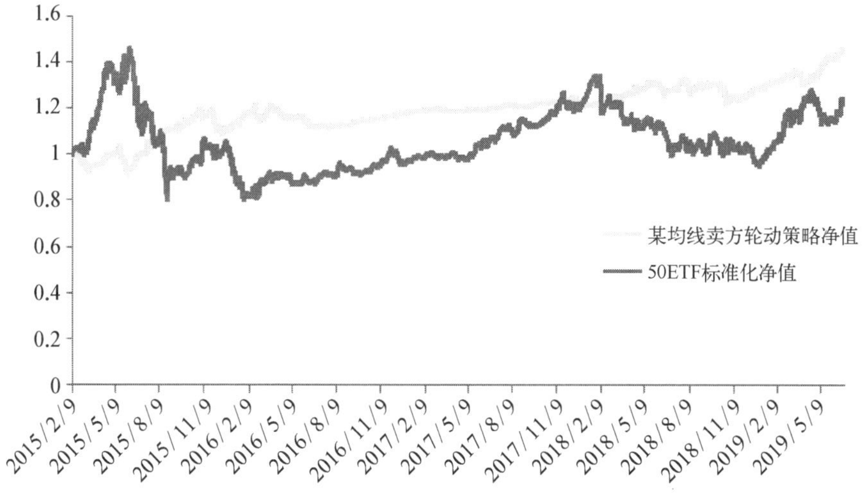

数据来源：Wind，“力的期权工作室”整理。

图 98－1　某上证 50 均线择时期权空头策略回溯结果

第二个方面是期权兼具预测性和对策性。我们经常说左侧交易和右侧交易，左侧交易就是预测，右侧就是跟随对策。作为投资很难 100％预测，也很难 100％对策。其实交易的思维是加权平均出来的，一般性的现货工具很难给出很高效的预测体系，但通过期权市场反映出的市场行为特征，比如期现成交比、成交持仓比、认购认沽比、波动率指数因子，可以为你明天或者下周的预测提供一定的依据，这是期权的预测性。然而，期权不仅具有预测性，还具有对策性。最简单的例子，我接下来一个月认为下方有支撑而卖认沽，看不跌卖认沽这是预测。问题是，我们要想好万一我们卖认沽失败了，该怎么办？万一卖认沽后标的价格持续下跌，我们该怎么办？买现货的唯一善后方法就是平仓止损，而期权本身就自带很多的对策和善后行为，我们可以通过买卖现货进行 Delta 对冲，也可以通过买不同行权价或不同月份的期权进行对冲，甚至可以对期权进行向上向下移仓从而起到拖延时间，等待标的回调结束等，这就是期权带给我们的对策性。

第三个方面是期权与其他资产的可搭配性。拿固收和股票来说，期权和固收搭配有一个国际市场的策略，简称为 OBPI（Option-Based Portfolio Insurance），意思就是一开始 1 000 万元的本金，拿出 950 万元投资于债券或者其他高利率的产品，剩下的 50 万元就去买期权或者做风险有限的期权策略，一年以后或者半年以后，市场方向看对了，50 万元期权很可能赚到 500 万元，950 万元产生的本利和差不多正好是 1 000 万元，于是就构成了一个类保本的策略，这就是期权和固收产品的搭配。

那么，期权和股票怎么搭配呢？我做了一个简单的回溯，从 2015 年到现在，什么股票最稳定？我们都知道是白马股。虽然说白马股在股灾中、在熔断中遭受到了错杀，但是从所有股票中来找，茅台、美的、恒瑞、招行、华泰、中国平安依然是在这两年间走得最好的股票。回过头来看，假设 2015 年 2 月 9 日就等权买入这 6 只白马股（招商银行、中国平安、华泰证券、恒瑞医药、贵州茅台、美的集团），其中三只金融白马、三只消费白马，构成"消费与金融 3＋3 组合"，然后每个月都用当月虚值 1 档的认沽期权做套保，每个月买入等市值的认沽期权做套保，每个月滚动地往后做，做下来对冲后的结果与不做套保的结果对比如何？如图 98－2 所示，从 2015 年 2 月 9 日到 2019 年 6 月 30 日，年化收益率从 28.07%提高到 37.61%，最大回撤从 30.05%降低到 15.19%，用期权做白马股的套保可以做到收益回撤比高达 2.48，仅仅持有这六只白马股是做不出这样的绩效结果的。事实上，如果不套保，我们最终的问题是什么？拿不住这些股票！比如茅台从 300 元错杀到 150 元，你拿得住吗?！比如茅台 15 天内从 800 元涨到了 1 000 元，你还拿得住吗?！如果有期权套保，我就很可能拿住了。这就是期权和股票的搭配，用期权可以保留上行收益，同时防范下行风险。

数据来源：Wind，"力的期权工作室"整理。

图 98－2 "消费与金融 3＋3 组合"期权套保回溯结果

第四个方面就是期权的多维度交易性。期权既可以在趋势市中有所作为，也可以在震荡市中有所作为。这是期货所不具备的，期货属于线性工具，线性工具和非线性工具的本质区别就在于非线性工具能在震荡市中有所作为。不管你对下个月行情的判断是看大涨或者看大跌或者不涨不跌，在期权策略的集合中都可以找到对应的策略去匹配你的判断，从而形成你的预期与策略之间的映射。

简单看一个震荡市中有所作为的例子，这是我自己实盘中的案例：2017 年 9 月 6 日到 2017 年 9 月 26 日，整个市场涨也涨不多、跌也跌不下去，处在非常窄幅的箱体震荡中。基于“十九大”前市场或以维稳为主，风险偏好不会迅速放大的判断，我选择同时卖出当月认购与认沽期权。我们可以看到以下三根曲线的利润：浅色线是卖虚 1 档认购与认沽，深色线是卖虚 2 档认购与认沽，次深色线是卖虚 3 档认购与认沽。在指数趋势不明时，用期权做空波动率这一功能就能帮助自己在一个月里干点事情，弥补其他策略的亏损。

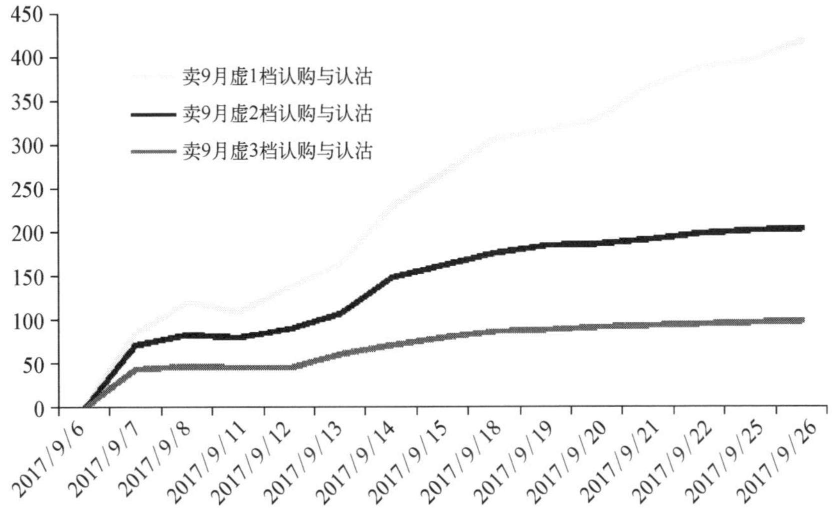

数据来源：Wind，“力的期权工作室”整理。

图 98－3　2017 年 9 月 6 日～2017 年 9 月 26 日卖出宽跨式策略的利润

又如，2016 年 1 月 28 日第三轮股灾结束到 2016 年 12 月 30 日，这段时间所有指数在慢慢复苏。在你很难有获取非常明显超额收益的时候，备兑开仓这一简单的策略就能产生天然的超额收益。如果我运用选股策略创造阿尔法(相对指数的超额收益)，每个月相对来说心里还是不太放心的，觉得可能这个因子在这个月或是下个月暂时失效了，不延续了。但是，人生中最确定的事情是时间是流逝的，投资中时间流逝更是最确定的事，时间流逝就是期权策略中天然的阿尔法来源，也是我更为放心的一种阿尔法。

99. 在未来的量化时代，期权依旧风华绝代

最近在重新回顾“阿尔法狗”(AlphaGo)的往事，它是第一个击败人类职业围棋选手、第一个战胜围棋世界冠军的人工智能机器人。

2016年末、2017年初，该程序在中国棋类网站上以“大师”(Master)为注册账号名，与中、日、韩数十位围棋高手进行快棋对决，连续60局无一败绩。而此后AlphaGo经过短短3天的自我训练，新版AlphaGo Zero就强势打败了此前战胜李世石的旧版AlphaGo，战绩是100∶0；40天自我训练后，AlphaGo Zero又打败了AlphaGo Master版本，而“Master”曾打败过前世界排名第一的柯洁。它是由Google旗下DeepMind公司所开发的一套程序，其主要工作原理正是如今火热的机器深度学习。

让我们再把视线聚焦到美国的脸面——华尔街(WallStreet)，从2011年到2016年五年时间，以Betterment和Wealthfront为首的智能投顾科技公司异军突起，Betterment已经掌管了超过50亿美元的资产，Wealthfront管理了超过43亿美元的资产。而这些科技公司也让传统的银行和资产管理机构看到了一个全新的领域，纷纷投资转向智能投顾的发展。智能投顾、人工智能的运用似乎已经成为锐不可当的金融新趋势，以至于很多人联想到了中国证券市场量化投资的未来。

(1) 未来量化界的猜想

几乎可以确信的是，人工智能、智能投顾之类的新技术一定会在未来5～10年内迅速渗透入券商、基金、保险等各种机构投资者的日常投资决策中。有了智能投顾后，每个投资经理几乎都能够做量化投资，把自己的想法输入，把自己心里的规则告诉计算机，甚至会有很多平台提供各种已有的策略库供你使用测试，回测不再是难事，会编写多种程序的投资经理也不再稀奇。

然而，这样的“智能”投资就真的没有缺陷了吗？至少我的观点是否定的。在围棋上，AlphaGo可以轻松战胜人脑，因为它相当于是几千万甚至几亿个人脑的集合。然而，在投资世界中，AlphaGo却永远不会因为无敌而寂寞。最简单的一个道理就是反证法，假如每个人都用了一家公司的智能投顾，那市场还有对手方吗？市场还有价量吗？

比理论物理更难是投资世界中的K线，投资世界的千变万化，就像宇宙一样庞大，它所形成的未来的每一条路径都是无数个人基于客观事实和主观情绪共同作用的

结果。如果说围棋的招数有几千几万招的话，那么未来股市价量的走势将是围棋招式的无穷多倍，所以即使是机器也无法完全模拟和预测每个月、每周甚至是每日的行情路径。或许可以说，只要机器无法完全模拟人心，智能投顾就永远有缺陷。

(2) 在智能投顾的时代，什么样的人能持久战胜市场?

我想，不论是过去、现在还是未来的智能投顾时代，能持久赚钱的人毕竟是极少数的。人性的弱点是机器永远不能克服的痛。如果我们把投资这件事想成是一个平面，一根轴是策略丰富的维度，另一根轴就是工具丰富的维度。在普通的量化配置型策略中，我们用的工具都是股票、黄金、美元等现货资产，所以我们总是在策略的维度上漫步游走，或许一个投资者可以精通任何量化配置型策略，但其所用工具的丰富度仅仅局限于现货资产。

那么，如何从策略的一维世界提升到策略丰富度、工具丰富度的二维世界呢？只有依靠衍生品帮助我们完成这个飞跃。为什么期权重要？就是因为它是最灵活的衍生品，可以让我们完美地在工具这个维度施展才华。

为了让读者更好地理解我的比喻，我还想再提及一下我的投资世界观，它是一个三维的世界，第一个维度是策略的丰富度，第二个维度是工具的丰富度，第三个维度则是绝对收益的大小(也可以是收益回撤比大小)。每个人只要做投资，就会游走在这个二维平面中，许多散户只喜欢买股票，那么他就站在了图 99－1 的第三个象限中。量化选股呢？工具是股票，是简单的，但策略涉及定期或不定期换仓、因子的权重调整，是复杂的，多为专业机构投资者使用，处在第四个象限中。期权交易呢？简单的单腿策略处在第二象限，复杂的组合策略、套利策略、波动率策略处在第一象限中。

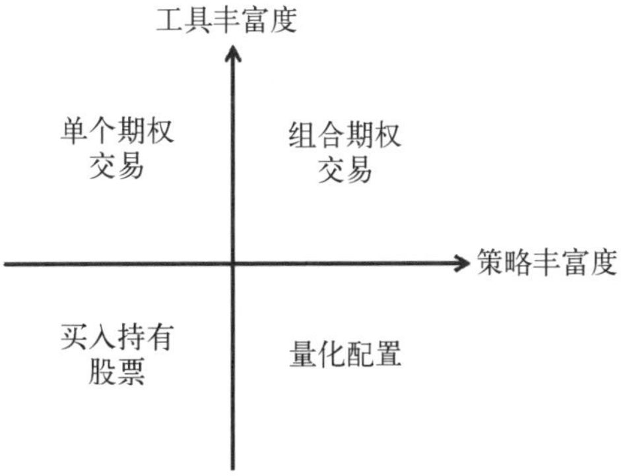

图 99－1　我的投资世界观示意图

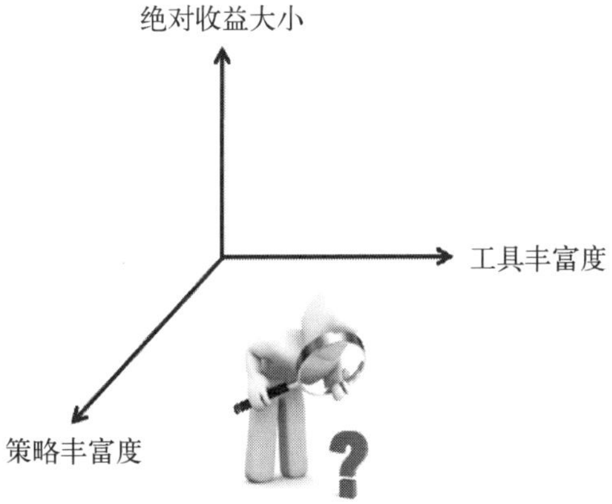

图 99－2　“STAR”空间三维示意图

在图 99－1 中，量化配置、期权交易，两者完全可以相辅相成。一个人投资成功，无非是策略的丰富性产生了绝对收益，或是工具的丰富性产生了绝对收益。这构成了

“策略丰富度—工具丰富度—绝对收益”STAR 空间（Strategy-Tool-Absolute Return Space）。

真正能够持久战胜市场的人，一定不是仅在一个维度上兜圈子的人，而是在策略和工具两个维度都有所突破、有所平衡的人。三大投资大师巴菲特、索罗斯、西蒙斯正是在这两个维度都做到了极致，巴菲特屡次运用卖出期权策略低吸股票，索罗斯运用期权的杠杆性在外汇市场上屡有斩获，西蒙斯更是运用期权实现了一次又一次的统计套利。

（3）即使处在“AlphaGo”横行的时代，为什么期权依旧能风华绝代？

因为其他投资工具永远无法实现以下四点：

① 期权可以精确地实现自己的信仰

以前如果有两个投资经理，一个投资经理的水平明显高于另一个，但两个人赚的钱却可能是一样的。因为大家都只能买股票，赚取的都是股票的价差收益率。可是有了期权之后，情况就完全不同了。

假如有四个投资经理对 50 指数有着如下看法：A 认为 50 指数会上涨；B 认为 50 指数 10 天内会上涨；C 认为 50 指数在 10 天内会上涨，并且涨幅超过 5%；D 认为 50 指数在 10 天内会上涨，且涨幅在 5%到 10%之间。

如果市场上只有 50ETF，大家都去买现货，大家赚的都是现货价差的收益率，即使再有能力的投资经理也拉不开差距。但有了期权后，四个投资经理就会根据自己的预期分别选用四个截然不同的策略：买入 50 指数基金、买入平值认购、买入轻度虚值认购、构建牛市价差。最后的收益率自然是完全不同了。事实会证明，运用期权后，你对后市的信仰越坚定越精确，你就赚得越多，就越能超越市场整体表现。

② 期权可以超越单纯的数据挖掘

不论是做资产配置、选股还是择时，免不了为了回测结果漂亮而在参数上过度挖掘优化，最终找到一个历史上看起来还不错的策略。然而，投资与研究不同，当参数经过了过度挖掘后，扪心自问一句，下个月，这个模型还有效吗？我想是不确定的。而运用期权，则可以突破单纯的数据挖掘，在方向、波动率、时间三个维度寻找到对应的策略。期权，让我们进入了一个立体化交易的时代，你不仅可以赚多空博弈的钱，还能赚波动率博弈的钱，更能赚时间流逝的钱。从这三个维度分别开发新策略，然后在这三个维度上动态赋权，无疑会比单纯的数据挖掘靠谱得多！

③ 期权可以快速穿梭于趋势与震荡之间

行情往往可划分为趋势行情和震荡行情。熟悉期权交易的投资者都知道，趋势市中倾向于买入期权，震荡市中倾向于卖出期权。趋势市中应该在风险可控的情况下利用期权以小博大的功能放大收益，震荡市中应该在稳住方向性风险敞口的基础上尽可能多地赚取时间价值的衰减。所以，从趋势到震荡的策略切换，对期权而言，仅仅就是一个快捷反手，直接从买平仓转化为卖开仓就可以了。同样的道理，从震荡到趋势的策略切换，直接从卖平仓转化为买开仓就可以了。我过去在瑞士信贷银行期权团队深造时，他们的研究员早已不再使用传统的多空择时信号，而是把策略信号分为两个，1 表示趋势，0 表示震荡，当策略给出趋势信号时买期权，当策略给出震荡信号时卖期权，中间的切换就是一个快捷反手。

④ 期权可以在不爆仓的情况下穿梭于低频和高频的世界

与期货的买方不同，买期权只有权利没有义务，因此整个过程不用缴纳保证金。买期权既可以长期投资，又可以超短线交易。

关于运用期权长期投资，巴菲特早就给我们上过很好的一课。

2008 年全球金融危机爆发时，巴菲特斥资 50 亿美元入股高盛，获得股息率为 10%的优先股；同时还获得此后 5 年内任意时间（美式期权）购入 50 亿美元高盛普通股的认购期权，行权价格为每股 115 美元。5 年后，这批期权在 2013 年 10 月 1 日到期，此时高盛的股价是 160 美元左右，高于行权价格 39%，巴菲特在到期日才对所有的期权行权，总共获利 19.5 亿美元。

而对于高频交易，期权也是一个很好的选择。当我们运用日内择时模型，在日内分钟甚至秒级别发出多空信号时，我们就可以用多空信号对应买认购或买认沽的操作。这实际上就是运用期权设计出了一个 CTA 策略，它可以抓取日内资金面、情绪面的微小变化，从而帮助自己构造出一个长期在概率上赚钱的策略。

说了那么多，我想在未来的量化时代，随着越来越先进的智能投顾、量化平台的引入，个人投资者也会越来越依赖机构投资者的信息和专业优势，A 股散户化转向机构化的那一天也不是不可预见。当机构投资者占比越来越高，智能投顾背后的因子挖掘趋于高度同质化时，有效的因子也会越来越少，市场也会越来越趋于有效。当大家开始像现在的美国人一样青睐指数化投资时，期权创造绝对收益的功能将会越来越凸显。正像上文所说，当策略的维度无法突破时，你必须依赖于工具维度的突破。或许有一天，在中国，机构投资者对期权的认知度会达到一个空前的高度，完成一次历史性的飞跃。

100. 信心,耐心,决心,逐步完成从体系到知行合一的升华

记得十年前还在瑞士留学时,学业过程比想象中要艰难,苏黎世理工的“魔鬼”式课程与训练让身边的每一位同窗都时刻保持着状态,一个叫“Testat”的东西让我们时刻督促着自己,课程分为14周,如果一个学期的作业通过率低于60%或者70%,将可能无法拿到参加期末考试的资格,即使拿到了资格,也将在下学期开学前两周以笔试和口试的形式进行。在这一艰难的处境里,父母和我说了三个词“信心、耐心、决心”,让我至今记忆犹新。当时被我奉为努力毕业的座右铭,没想到某一天也会成为我做期权交易,不,应该说是整个职业道路的座右铭。

当时的生活处境实际上与现在很像,当时每周关心的第一要务就是作业能否通过,以获得参加期末考试的资格而避免重修,而现在在工作中最关心的事情就是周净值表现如何,有没有与不给力的行情一样出现大的回撤,这周有没有做得比上周更好。

市场上永远存在各种评论的声音,这些评论有没有用呢?我的心里自然会有一杆秤,所有的评论,或是对今天盘面的总结,它能帮你了解今天市场的走势,它能帮你捕捉已经发生的信息;或是对明天盘面的预测。然而,缺口会不会回补、下周会不会反弹,事实上预测永远只是一个概率,100%准确的预测是不可能的,股市的预测准确率比天气预报要低得多,因为影响股市的因子要多得多,如果明天特朗普发推特了,你还如何预测呢?如果明天有一个重磅消息出台,导致盘中大资金集体杀入,你又如何预测呢?因此,我始终坚信,在交易的落实中,预测一定要与对策相结合。

日常交易中,比预测更重要的是体系。何谓体系?就是交易的每一步能有原则和计划,从入场到仓位、从合约到善后,每一步都能落到实处,每一步都不会模模糊糊。股票分析师们会说大格局长期看好,那么接下来呢?如何落到实处?如果一个观点经不起三个问题(何时买?买多少?买错了怎么办?)的拷问,那么对交易而言就毫无意义。每一步的量化原则都是体系的一个组成部分,从中长期的维度看,有了体系会在一波趋势中自然赚到“暴利”。

然而,有了体系依然不够,如果只是有体系,为什么成功的交易者还是少数?真的是好的体系、有效的体系少吗?其实也并非如此,一个长期有效的体系可能非常简单,

比如均线系统，在均线系统体系中，有入场信号，有离场信号，也可以设置仓位管理原则，但为什么大家多数做不到？因为在交易中，比体系更难的事是知行合一。

知行合一为什么难？因为它需要我们的心智拥有三个超凡的要素，那就是交易中最难做到的三个词"信心、耐心、决心"。

信心来自哪里？来自对市场反复观察复盘的经验，来自对各种策略体系回溯后的感悟。多因子选股、多因子择时、期货 CTA、期权波动率交易、期权统计套利，有多少遍回溯就有多少次感悟，各种各样的策略都回溯过，确实就会对不同策略适用的场景环境产生共鸣，确实就会对它们的胜率、盈亏比、失效的环境产生较为深刻的认识，知道什么指标才是长期最有效的指标，知道什么才是大道至简。同样的操作，做过一百次会有一百次的认识，如果在一年的实盘中成功实施过一种策略体系，知道什么时候下多大仓位，这同样会给我们带来更多的信心。但无论如何，既然选择了做交易，我们就需要在正确的体系下满怀信心地去面对各种中途的挫折。

耐心又是指什么？耐心是在每一天实操中比信心更重要的因素。做交易的每一天，并不是越有为就越能赚钱，有时候完全可能会多做多错。评判的关键在于策略与风控体系有没有让你今天做交易。如果体系没有发出信号，或许这一天就是以逆回购作为收尾。

以期权买方入场为例，在没有信号的情况下不轻易想当然地抄底，做末日轮也得有理有据。保持耐心，等待强势的右侧信号，这样不仅能提高做买方的胜率，也能让买方的持有时间变得长一些，真正赚到大的趋势。再以期权卖方为例，不着急在隐波过低时重仓，耐心等待隐波的中值回归，在隐波回升时以合适的节奏建仓。2019 年 3 月份，对于上方卖购过快重仓会是什么结果想必大家都看到了。耐心这个素质对于一名投资经理有多重要，真的不言而喻！我们不用为体系中某次错误信号而后悔，而应该对体系以外那些失去耐心的擅自行动进行检讨。

最后的那个决心是什么？应该是从知到行的那份坚决的心、那份坚持的心。交易中止损永远是对的，即使错了它也是对的；死扛永远是错的，即使它对了也是错的。当我们从一个交易体系落实到每一天的交易执行时，所需要的就是不留情面的那份决心。当体系释放入场信号时，以仓位信号作为指导开始建仓；当体系释放风控信号时，该移仓的情景移仓，该对冲的情景对冲，该止损的时候止损。钱永远是有机会赚回来的，但如果失去了果断的决心，则会让我们无法集中精神贯彻交易，这对我来说感觉更加可怕！著名的对冲基金大师——西蒙斯为什么选择程序化交易？他为什么能保持年化收益率的连胜？也许我们总是会去猜测他是一个伟大的数学家，他有我们不知道的模型，他有我们不知道的参数处理方法，但我更愿意相信他用程序化交易，做量化投资是为了更好地克服人性的弱点，实现体系与执行的知行合一。

做交易是金融圈里最历练人性的分支。资金的数量级不同，所获得的历练也会不同。几万到几十万甚至几百万并不少见，因为输了大不了我几个月的工作白干；但从几千万到几个亿，从几个亿到几十亿的成功者就凤毛麟角了，输得起和输不起的不同心态会极大程度上影响着人的知行合一。自营与资管的不同，所获得的历练也不相同。你经常可以听到某个自营盘号称自己翻几倍了、翻几十倍了，但你很少听到某个资管盘某年翻倍了。那是因为翻几倍的代价往往是中途的大波动、大回撤，自营盘可以捂着不说，不管中途回撤多大，只要我扛得住，只要行情给我机会，我就可能看到“黎明”；而资管盘则完全不同，大的回撤意味着客户的赎回，意味着有可能达到预警清盘线，在此过程中就有可能倒在黎明前的黑暗中。一个人用自有资金实现财富自由可以用十年，十年中可以九年输、一年靠赔率大赚。但如果放到资管盘，则资金根本不会给你第十年机会，甚至第五年机会，资管是用他人的钱，对交易者心志上的磨炼更加强大。

信心、耐心、决心！这些素质胜过一切预测，这些素质胜过千言万语，这些素质才真的是能把体系通往知行合一的桥梁所在！